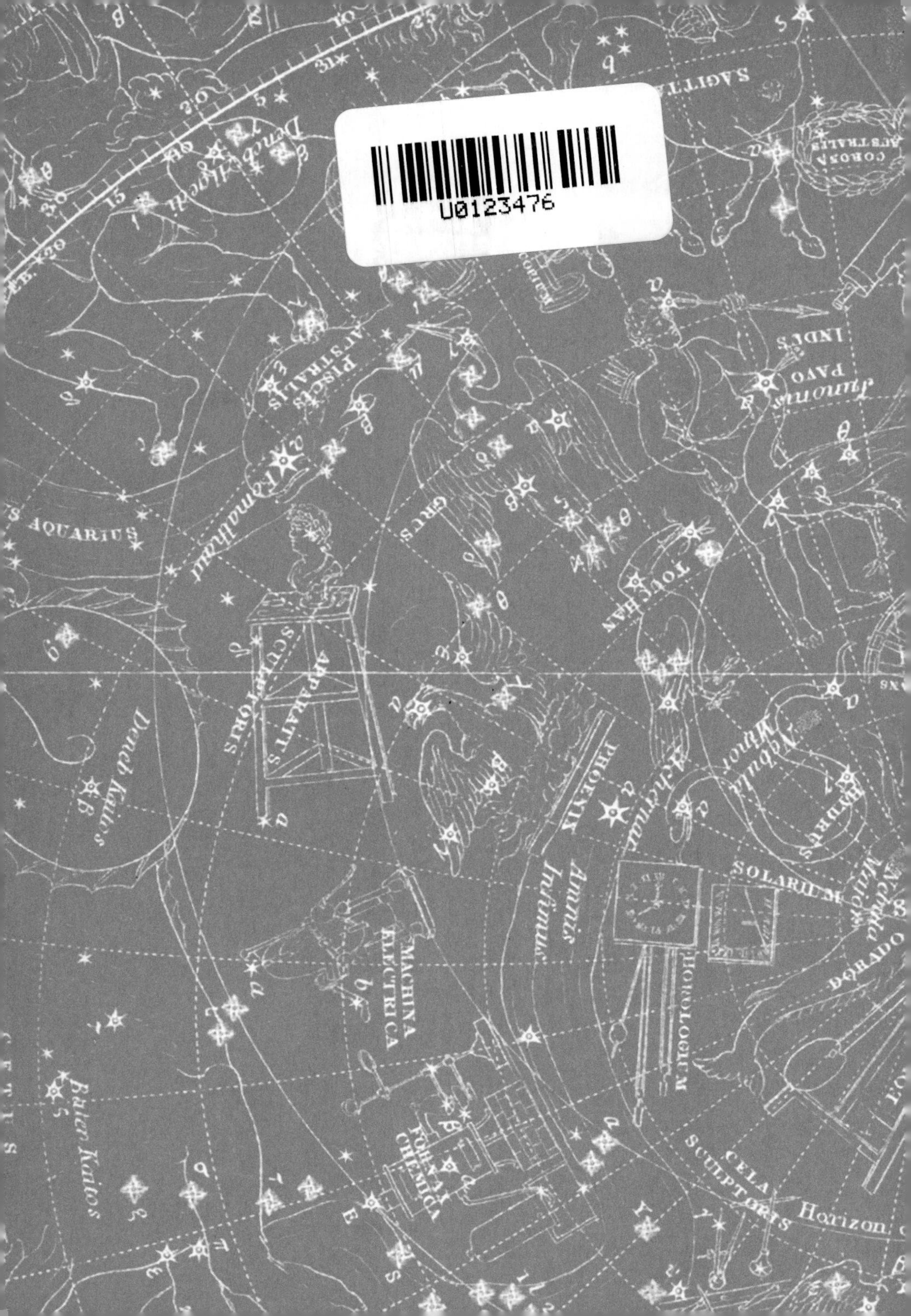
AQUARIUS
PISCIS AUSTRALIS
Fomalhaut
GRUS
TOUCHAN
INDUS
PAVO
CORONA AUSTRALIS
APPARATUS SCULPTORIS
PHOENIX
Achernar
Deneb Kaitos
Baten Kaitos
MACHINA ELECTRICA
FORNAX CHEMICA
HOROLOGIUM
SOLARIUM
HYDRUS
DORADO
CELA SCULPTORIS
Horizon

U0123476

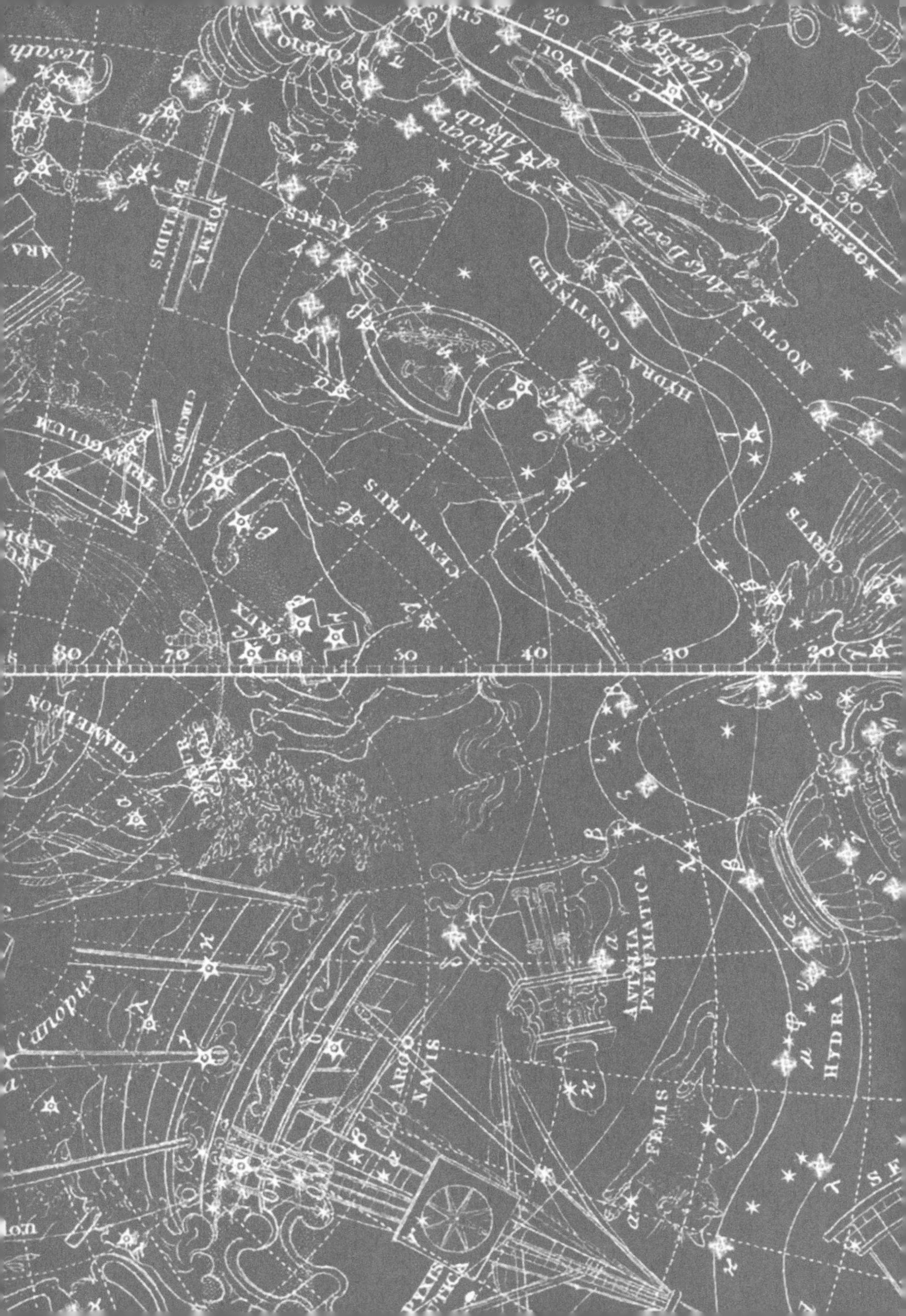
CENTAURUS
HYDRA CONTINUED
NOCTUA
CORVUS
CRUX
NORMA EUCLIDIS
TRIANGULUM
CIRCINUS
CHAMAELEON
ROBUR CAROLI
ANTLIA PNEUMATICA
ARGO NAVIS
FELIS
HYDRA
Canopus
80
70
60
50
40
30
20

當代占星研究

The Contemporary Astrologer's Handbook

An in-depth guide to interpreting your horoscope

蘇・湯普金｜SUE TOMPKINS——著
胡因夢——譯

目次

◎推薦序

開啟你的占星地圖——探索生命的無限可能

「一個占星師面對星盤時，不是急著問自己：我知道了什麼或看到了什麼？而是先提醒自己那些我所不知道的部分。一旦你明瞭了自己的限度，你就知道要保持一種謙虛的態度來看星盤」。當我乍聞湯普金老師這麼說時，有種醍醐慣頂的感受，長久以來困擾我的想法與限制，頓時豁然開朗。本書作者湯普金老師，算是我正式踏入心理占星學界的啟蒙恩師，對於占星，她有著獨到的見解。

湯普金老師於二〇〇〇年創立「倫敦占星學院」，而我從倫敦占星學院開始，也陸續參加過許多不同學院的課程，其中許多老師都是湯普金老師的學生。從湯普金老師與承襲他教學風格的老師身上，我看到了相似的大師身影，他們在探討星盤時，會盡量保持客觀的態度，用豐富的占星符號原型來詮釋星盤，保留更多的空間給當事人來演繹。同時，他們必須擁有豐富的符號認知，包含神話、心理、世俗各面向的充分瞭解，以利用這些知識替前來諮商的個案，開創出更多的可能性。

舉例來說吧！太陽符號在占星學中不但暗示著心理上的自我意識和追求、父親或男性伴侶，也可以是神話中克服挑戰、建立自己神廟（榮耀）的阿波羅，或象徵著國家領導者及物質上的黃金。所以當你看到一個太陽金牛座的人時，你不會急著說：「啊！這是一個愛錢的人。」因為這樣說「是也不是！」（Yes and No！是湯普金老師的口頭禪），因為他可能意識到自己是個重視物質的人，或將這個形象投射到父親或男性伴侶身上，讓他們表現出重視物質的態度；也可能透過物質累積來榮耀自己。當我明瞭這一點後，才理解為何在占星學院中，老師們不急於教你怎麼推算流年，或告訴你土星在第八宮的人就是這種命？而是仔細帶你探索行星、宮位、星座原型，讓你對每種占星符號有踏實的認識，對每個人自身能夠作的改變有足夠的認知，對命運有謙卑的態度，然後才教授如何解讀星盤中的種種可能。

華人占星學界長久以來，一直以宿命的觀點在討論占星，但如果我們能與湯普金老師一樣，相信星盤會提供更多可能性，而自己可以用不同的視野來看待世界，或以謙卑的態度來面對那些我們無法掌握的一切，那麼，湯普金老師將會帶給你一個全新的占星世界。她的文字、思想與鑽研占星超過三十年的精髓，都將在這本《當代占星研究》中呈現出來。本書是「倫敦占星學院」的教科書，如今譯為中文，相信對於未來提升華人在占星學界的表現會更有幫助。

在倫敦占星學院受業於湯普金老師與Melanie Reinhart老師，受惠最多的並非那些高深的解盤技巧、如何斷定此人格局的論調，或不斷以數據證實占星影響力的立場，而是大師們在詮釋占星時的謙卑態度。這和東方命理界動輒自稱大師，自認鐵口直斷的態度大相逕庭。他們面對個案或討論時，鼓勵提醒我們去瞭解一個人潛在的發展可能——這就是人文占星學與心理占星學的基礎精神，將星盤看做是一個種子袋或一張地圖，這幅地圖上不只一條路徑，而我們隨時都有不同的人生岔路可供選擇。你準備好了嗎？讓我們一起跟著湯普金老師，透過占星符號來認識生命的種種可能。

魯道夫於倫敦，二〇〇九年六月十一日

（國際占星學院創辦人）

◎推薦序

蘇·湯普金——一位占星師的成長過程

《當代占星研究》這本由蘇·湯普金女士撰述的專業論著，是倫敦占星學院的教科書，其於二〇〇六年甫一出版，就在國際間掀起暢銷熱潮，占星家魯道夫從倫敦帶至巴黎給我，讓我有幸能拜讀此書。二〇〇九年夏天，積木文化出版中譯本，我想對喜歡占星書的廣大華文讀者來說，絕對是值得引頸期待的好消息，也是占星界的一大盛事！

本書以「工具書」的方式撰述，內容針對占星學中「星座」、「宮位」、「相位」等三位一體的諸多概念有深入解釋，不但為許多想進入占星世界、認識自身靈魂密碼的讀者打下扎實的「基本功」，更能幫助已入門的讀者重新爬梳占星知識。它提供像字典一樣的查索功能，只要排出個人星盤，便可援引本書，和真實的生命作比對，讓我們更深刻地「讀人」。

作者蘇·湯普金女士為擁有三十年經驗的資深占星學家、教師、諮商師、作家，以及自然療法專家。她能成為一個優秀的占星師，其中很重要的原因是對人性的好奇。蘇曾說過她從小內向，所以喜歡靜靜地「讀人」！其曾祖母就對占星學很有興趣，可惜在蘇出生前就過世了！她的第一本啟蒙書是早期的占星經典《Linda Goodman's Sun signs》（這本論著也是台灣很多占星師的啟蒙書，包括我自己。）其後她參加Jeff Mayo老師的函授進修，並於一九七九年得到結業證書，日後也成為占星天后Liz Greene的門生。各位讀者若有意追隨蘇·湯普金女士的腳步成為一位占星學家，也不妨參考這間位於倫敦，成立一九七三年的占星函授學校，同時也是「倫敦占星學院」的姐妹校。

The Mayo School of Astrology,
BCM Box 175, London WC1N 3XX, UK
Email: enquiries@mayoastrology.com
http://www.mayoastrology.com/

蘇・湯普金女士和克莉斯汀・泰德（Christine Tate）於二〇〇〇年成立了「倫敦占星學院」（簡稱LSA）這所眾所矚目的專業學府，更於二〇〇三年獲頒英國占星協會察理士・哈維獎（Charles Harvey Award），肯定她在占星領域的傑出貢獻，這是一種終生的榮譽。此外，蘇・湯普金以自然療法解決從占星命盤上發現的感情與生理問題，成功結合了兩者的精髓，並於印度成立海外培訓地。我目前也有意結合兩者，進行相關的研究。

《當代占星研究》請到胡因夢小姐精譯，因夢譯占星書的譯筆，早已打造出專業的光環，我在此衷心為好友慶賀。因夢和我同為輔仁大學同期同學，那時早上搭車經常看到這一位輔大校花，就這樣結下緣分，不其然在往後的漫長人生道途上，我們的內在成長竟也朝同個方向行進，這份細若游絲卻綿延不盡的緣份，真是令人格外珍惜。本書作者將千人以上的諮商經驗融入書中，還收錄了與Melanie Reinhart合著的篇章，介紹「凱龍星」和「奈瑟斯」（Nessus，或稱惡毒星）。我研究發現，命盤奈瑟斯合太陽九十冥王星，的確有惡毒星的特質，解盤時從惡毒星的方向去詮釋，將會有極大的發現和震憾！

吳安蘭於台北，二〇〇九

當代占星研究的多元面向

◎譯者序

學習任何一門知識或技藝時最快的入門方式，就是先了解這個領域裡貢獻良多的大師們各有什麼專長和心得。就生活在東方世界的占星學子而言，閱讀卓然有成的占星家著作，應該是最省時省力和省學費的方式了；這也是我自己長久以來的一種學習模式。

目前歐美占星學界有好幾位值得關注的大師，譬如本書作者——蘇・湯普金（Sue Tompkins）、合著本書的Melanie Reinhart、倫敦心理占星學院創辦人Liz Greene和已故的事業夥伴Howard Sasportas，以及其生前的伴侶Erin Sullivan，還有我從二〇〇七年開始為華文讀者引介的史蒂芬・阿若優（Stephen Arroyo）。當然，目前仍活躍於美國的Jeff Green、Robert Hand、Alan Oken、Noel Tyle、Tracy Mark，或已故大師Dane Rudhyar及C.E.O Carter，都曾慷慨無私地將其心得與全世界的讀者分享。

從這些老師的著作中，我們學習到的不必然是占星學的專業技術，而更是這些研究者檢視星盤時背後的哲學和心理學觀點，或靈修體驗、宗教信念及其他領域的學養，如此我們方能使占星學和更宏大的生命目的連結，而不至於侷限在術數的窠臼中。從這個觀點來比較這些老師的思想和詮釋，我們會發現，蘇・湯普金是其中較為傾向於結合心理占星學派與事件派的資深研究者。

回歸傳統，似乎是天體的海王星與天王星合相於摩羯座（一九九三年）之後的發展趨勢，原因是七〇年代後的心理學導向之占星學，已流於過度分析本命盤的心理內涵，而逐漸脫離了占星學與事件、國家、動物王國、健康、時尚、語源、化學元素及其他豐富外在現象之間的聯結性。本書的詮釋方向，很明顯地是企圖涵蓋心理層面及上述外在現象。

蘇以平實幽默、老練專業而又略帶嘲諷的文字風格，為一本原屬於工具式的基本教科書，注入了豐富的人文底蘊和趣味。在第一章裡，蘇為讀者解析了占星學背後的神秘學法則及哲學理念。宿命論與自由意志的悖論，幾乎是每一個占星學的門外漢必定會提出的質疑，而蘇以「生命地圖」的概念，巧妙地消融了「Fate and Will」的兩難之局，讓讀者從一種被定業「鎖碼」的無奈感解脫，進而發掘本命盤所承諾的發展潛力和選擇的可能性。

自第二章以降，蘇逐一說明占星的基本要素——星座的元素特質、人格模式、行星和天文學、神話學、人格面向、能量、身體、外在事件、金屬等各個生命介面之間的關係、行星落星座組合成的內在與外在意義、行星與行星相位所形成的複雜人格導向、宮位所代表生命領域裡的人生劇情；月交點、凱龍星、人馬星群及小行星，最後進入綜合性的解析，以個案為例，做出內外兼具的平衡觀察與詮釋。預計在不久的將來，積木文化將出版蘇的另一本經典著作《占星相位研究》（Aspects in Astrology），我也應允將其翻譯出來，因此讀者在未來將有機會，更完整地看到蘇在相位上的精闢心理剖析，請拭目以待。

總地來看，本書內涵的確有別於坊間可見的其他占星教材。我在翻譯的過程中受惠良多，但願近三十萬字的翻譯心血，能夠為有心深入於占星學的讀者們帶來一些啟發，讓我們對自己、他人及世界，產生更豁達、更客觀的認識。

胡因夢於台北，二〇〇九

第一章
占星學的哲學背景

事事有時節，
天下任何事皆有定時……

——舊約訓道篇第三章第一節

自從有文明以來，每個文化裡都出現過某種形式的占星學。西洋占星學是在紀元前數千年前出現的；它的根源是在現代的伊拉克、部分的敘利亞和土耳其一帶。占星學的歷史久遠而複雜，其哲學背景甚至更複雜。

任何一個學習占星學一段時間的人，都會發現這門學問的確精準有效，於是就產生了一個問題：「它的原理究竟是什麼？」然後心底又會出現一些深層的疑問：「我為什麼會在這裡？」「上帝究竟是誰？」如同任何一個豐富而令人興奮的學問一樣，占星學也會使我們產生許多疑問和解答。遺憾的是，占星學的許多哲學分枝課題無法在這裡詳加探討，所以只好暫時擱置一旁。以下我要探討的是一般性的哲學法則，也是我個人運用和觀察占星學的基礎。

宿命論和自由意志

占星師和未來將成為占星師的人都想克服一個難題——宿命論和自由意志的議題。如果占星學真的如此精確無誤的話，是否意味著我們的人生是命定的？對我而言，這個問題的答案既非「是」，也非「不是」。毫無疑問地，我們必須為自己的人生及成敗負起全責，而且某種程度上，也必須為自己週遭發生的事負責。我們身上發生的事及我們的行為舉止，都可以從我們的星盤裡看出種種端倪。星盤基本上就是一張有關生命潛能的地圖，它就像是畫了許多種子的圖表，能夠顯示出我們將會成為的模樣，或許觀察宿命論和自由意志的方式，就是看一看這張星宮圖裡有些什麼主題。現在，不妨將你誕生時的星宮圖想像成卡拉哈力沙漠的地圖，而我的則是英國伯明罕的地圖。我們可以說卡拉哈力是你的命運所在地，伯明罕則是我的命運地盤，而我們的選擇和潛力都大不相同。我的道路是高高低低的，地圖裡面還有運河及我可以時常去晃盪的商店，但我並不一定會去造訪我地圖裡的所有地點；至於你的那張卡拉哈力沙漠地圖，代表的則是其他的選擇：鄉間、遊樂區等……，你可以選擇放牧、狩獵、聆聽織布鳥的聲音，或觀賞眼前的大槐樹。因此我們雙方都有某種程度的自由意志，但我們的選擇也都受到地圖範圍的侷限。你可以說這份侷限就是我們的宿命。

當然一個人的星盤並不是存在於真空中；我們都受制於更大的命運——譬如我們國家的命運。同樣地，我們國家的命運也受制於地球的命運。占星學提供了一個讓我們觀察這兩種命運的機會，這麼做會讓我們增加自由意志運作的空間。政府、商業行為和各種事件，凡是有開端的東西，都可以呈現在星盤中。

大宇宙與小宇宙

從玄學、新時代和治療系統的觀點來看，宇宙萬物本是一個整體，其中的每個部分都是相互依存的；事實上，過往的煉金術和今日的量子力學，都把這種觀點視為核心精髓。這種觀點又延伸出了許多旁枝，因為宇宙萬物如果是一個整體，而萬物都是它的一部分的話，那麼傷害其中的一小部分（即使是一隻小螞蟻），也意味著在傷害整體和我們自己。這種觀點就是源自於大宇宙和小宇宙的關聯性。換句話說，所有顯化在大宇宙裡的事物和事件，都能反映出每個人或小宇宙的內在。科學已經把大自然的一切事物化約成一百一十八種元素，因此每個人體內都包含了週遭的萬物——所有的植物、動物、礦物和天體。

赫密士秘密教誨

煉金術是由赫密士・崔思莫吉司特斯（Hermes Trismegistus）發展出來的哲學理念。如果他是一個人而非一群人，那麼他存在的時間可能是紀元前一九〇〇年左右，他一向被視為字母、天文學、數學、占星學和煉金術的鼻祖。他的秘密教誨只透露給一些來自遠方、有誠意認真學習的學生，據說這所神秘的學院位於埃及境內。以「赫密士的方式密封」（hermetically sealed）這句話，就是在暗示其秘密教誨有多麼神秘。他的教誨是由老師以口耳相傳的方式傳授給學生，一般稱之為「卡巴拉密教」（Kybalion），其中有七個宇宙法則，透過占星學的執業過程，這些法則已經被證實是真實不虛的。

（一）唯心法則（The principle of mentalism）

這個法則可能是最不容易理解的，或許應該先擱置一旁。簡而言之，這個法則指的是宇宙萬物皆為「一切萬有」（All That Is）唯心所造。這個法則涉及的是上主的無限性和永恆性，因此對大部分人而言是不可知的議題。

（二）上下一致法則（The principle of correspondence）

它指的是天上如是，人間亦然；也可以說內在如何，外在就如何。換句話說，在物質次元發生的事，源頭乃是在心智和靈性次元。身體上的現象往往是源自於內心；它們反映出了彼此。剛才提到的大宇宙和小宇宙的概念，也是上下一致法則的例子之一，下文我們會更深入地探討這個主題。

（三）能量振動法則（The principle of vibration）

這意味著沒有任何事物是靜止的，萬事萬物都在不斷地變動。即使是地球——這個感覺上十分堅實的東西，也是不斷繞著太陽和自己的軌道運轉。哲學家和科學家自古以來一直在敘述相同的一件事：亞里斯多德（紀元前三八四～三二二）曾說過，一切事物都在運動中，但我們一直忽略了這個事實；赫拉克利特斯（紀元前五三五～四七五）也曾主張，世界就像一條川流不息的河，因此你不可能兩次都踏進同樣的河中。所有的事物都在振動，或者說都有其振動頻率，改變振動頻率就能改變外在現象。最高振動頻率的水就是蒸氣，振動頻率最低的水則是冰；水藉由頻率的改變而示現成不同的形狀。

（四）兩極或二元法則（The principle of polarity or duality）

此法則是指一切事物都有對立的一面，而對立的兩面本質上是相同的。以上和下、黑暗與光明的概念為例，事實上根本沒有所謂的上，也沒有所謂的下；它們是相對性的存在。這種二元法則也可以用在情緒層面，譬如愛與恨、喜悅和沮喪都是一體兩面。

（五）週期循環法則（The principle of rhythm）

這個法則的意思是，萬事萬物皆有週期循環，譬如潮汐有退潮，也有漲潮。萬物皆有出入和升降，也都會經歷誕生、成長、毀壞和死亡；死亡既可以看成開端，也可以當成結尾。生命的週期循環有數千種，每一天的變化、每一次的呼吸，都算是一個循環。有的生命的週期循環只維持幾秒鐘，有的則維持數百萬年。如果每個人都接受了這個可謂十分明顯的真相，那麼我們就得承認一切事物都會經歷誕生、成長、毀壞和死亡，當然也包括地球在內。以目前的情況來看，地球或西方社會的演進的確已經到達中年，甚至是中晚年的階段。我之所以會下這個結論，乃是因為觀察到生命的速度一直在加快，特別是在城市裡面。這有點像人老了經常會說時間過得太快，而到了臨終階段甚至過得更快，但是對孩子而言，事情進行的速度則似乎太緩慢了。

（六）因果法則（The principle of cause and effect）

這個法則指的是每個因都會造成一種果，每個果也都有它的因。萬事萬物都是按照這個法則運行，因此並沒有所謂的「巧合」（coincidence）。每個肇因都有許多層次，連那些看似意外的事件，也是由某種因素或多重因素造成的。因果法則也可以定義成「影響力法則」（The law of consequence），因為每個思想、行為或事件都會產生反彈力，即使是一閃而逝的念頭，也會促成一些行動。所以我們的話語和行動無論多麼瑣碎，都會造成一些結果，影響到一些事情，而那些受到影響的事物，也會反過來影響其他的事物。每一個心念、情緒或生理反應，都會投射成外在的結果，而那股能量也會彈回到我們身上，就像回力棒一樣。

在東方世界裡，因果法則即是所謂的「業力」（Karma），而且不只是顯現在這一輩子裡。按照邏輯推演下去，自然就產生了輪迴轉世的概念。許多占星師不一定相信輪迴轉世（我本人對這一點抱持開放態度），其實接受因果法則不代表必須相信輪迴轉世的概念。無論讀者個人的信念是什麼，我們現在都必須探討一下「輪迴觀」。輪迴觀主張肉體只是一個載具，當肉體死亡時，靈魂會脫離肉體，然後獲得重生。身體被視為一具讓人活出靈魂使命的工具，每個人在每一世裡都會收穫過去世播下的種子，同時也會再度播下未來世將收成的種子。因此根據轉世法則，我們的思想和行為總會反彈到我們身上，包括這一世及未來世，所以每時每刻我們都在創造此生的下一個階段，以及未來的多生多世。雖然我們過去世的行為留下了一些遺產，而且帶來了某種程度的侷限（這種侷限可以定義為我們的命運），但我們仍然可以改變未來的命運。雖然我們無法改變過去已經發生的事，但仍然可以改變面對眼前事件的態度，因為改變態度和想法，就能改變行為和命運。

（七）陰陽法則（The princeple of gender）

這個法則指的是一切事物都有陰陽兩面。陽的這一面是外向的、積極的和煽動的，陰的這一面則是向內的及帶有接收性的——當然這包括了身心靈三個層次。即使是和一個人交談的過程，我們都可以看到其中的陰陽法則。說話的那一方表現的是陽性模式，聆聽的那一方則表現出陰性模式。在占星學裡面，火象和風象星座代表的是陽性法則，土象和水象星座代表陰性法則。在行星方面，太陽和火星顯然帶有陽性特質，月亮和金星則顯然帶有陰性特質。

進一步探討上下一致法則

雖然我們是住在一個以太陽為中心的宇宙裡，但由於地球自轉的緣故，所以我們每天的活動好像是以地球為中心，太陽和所有的行星反而好像是繞著我們運轉。雖然本命盤的繪製有時是以太陽為中心，但比較常見的繪製方式還是以人類經驗的角度為準，因此往往描述成以地球為中心。

想像一下你正行走在地球上，四周沒有任何建築物阻擋你的視線。你腳下的土地就是你的地平線，因此你可以朝東看，也可以向西看，可以觀賞日出，也可以觀賞日落。吃中飯時太陽在你的頭頂，黃昏時分太陽就消失了。請記住，你的地平線和別人的地平線是不一樣的，除非他們和你站在同樣的地點，而這就是我們觀察一張星宮圖的起點。此圖的上方代表的是白晝，下方代表的則是夜晚。

人生地圖：上下一致法則的著眼點

假設現在並沒有在下雨，那麼一天之中最濕的時段是何時？答案是露水落在地面的清晨時分。白天裡太陽高高掛在天上，製造了熱和乾的效應，而日落是一天之中最乾的時刻。正午時分氣溫很熱，但下午其實更熱。同樣地，氣溫在子夜過後是最冷的時段。一整年的情況也是如此：大致而言，春天比較潮濕，秋天比較乾燥，夏天比較熱，冬天則比較冷。其實每個人的人生也是大同小異：嬰兒時期我們是最滋潤的，隨著年齡的增長我們變得越來越乾，因此老年經常被描繪成秋季；這時葉子都乾枯了，骨骼也開始脆化，皮膚則滿佈皺紋。

我們也可以把地、水、火、風、色彩和味道加進我們的人生地圖裡。譬如水很顯然和藍色有關，而鹹味和藍色的海水不是一向連在一塊兒的嗎？紅色則是代表火，在太陽的照射之下，果實會越來越甜，當洋蔥或其他的蔬菜被炒熟時，也會變得很甜。我們的年紀越大，性格越刻薄，而苦澀的食物似乎和大地也比較接近。風元素往往和冷的感覺相關——如果我們的食物很燙，我們會吹吹它，讓它涼一點。如果我們把牛奶放在空氣裡，它會變酸。（請參閱21頁圖表）當我們想讓溫度低一點的時候，會利用風扇、空調或電冰箱。月亮的變化週期也可以納入這個圖表中，而秋分和春分、夏至和冬至以及指南針，也可以包括進來。

請留意這個圖表的目的是要幫助我們了解上下一致法則是怎麼運作的——這是一張概略的人生地圖，所以不該和本命盤混淆。在不同的文化裡，元素和四季各有不同的版本，這個特定的圖表和一般占星師及草藥醫師使用的模型不同，因為他們沿用的是柏拉圖的概念，把風看成是暖和濕的元素。這個圖表和我個人的經驗比較吻合，它應該有歷史的脈絡，因為西元第四世紀的卓越醫者菲利斯提恩（Philistion）似乎特別偏愛它。但這不意味占星師都應該採用這個圖表，或者初學者都應該了解它。我甚至無法信心滿滿地聲稱它是絕對正確的。它只是能將一天、一年或一生的概略狀況反映出來，而且許多不相干的事情，似乎也可以透過它看出彼此的關聯性。

煉金師和占星師一向採信上下一致法則，我懷疑是否有任何占星師不相信發炎現象和火星有關。的確，占星學本身就是一種研究上下一致法則的學問。研究上下的關聯性最令人興奮的是，它涉及

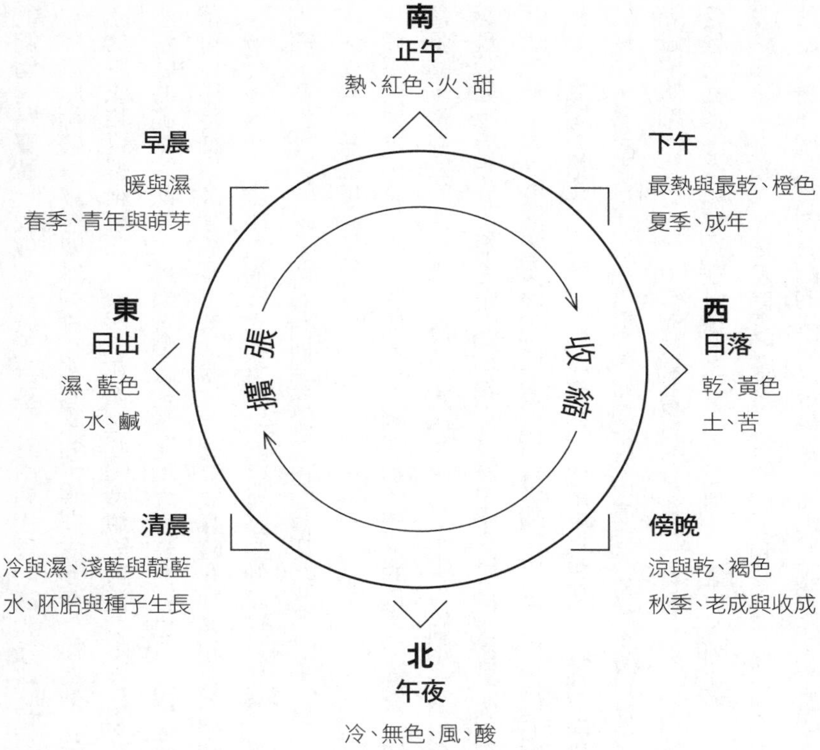
南
正午
熱、紅色、火、甜
早晨
暖與濕
春季、青年與萌芽
下午
最熱與最乾、橙色
夏季、成年
東
日出
濕、藍色
水、鹹
擴張
收縮
西
日落
乾、黃色
土、苦
清晨
冷與濕、淺藍與靛藍
水、胚胎與種子生長
傍晚
涼與乾、褐色
秋季、老成與收成
北
午夜
冷、無色、風、酸

的範圍非常寬廣。我愈來愈發現行星、星座和相位的確和某些動物有關。舉個例子，鳥類大體而言和寶瓶座相關（請參閱93頁），如果想更精確地研究每一種鳥類，就應該把十二星座也納入考量：家禽可能和巨蟹座有關；天鵝、孔雀之類的鳥類則歸獅子座管轄；譬如麻雀的小型鳥類，屬於處女座管轄的範疇；此外，昆蟲、爬蟲類、花和大型動物，也可以用這種方式歸類，甚至其他的事物也都可以用這種方式來觀察，譬如當你看到新聞媒體有許多和警察相關的報導時，你就會發現天體有許多行星落在金牛座；高爾夫球選手則通常有強烈的摩羯座能量，或者有水星與土星的相位；歐洲人經常會在天王星推進時到澳洲去旅遊。只要稍微研究一下，我們就會明白為什麼某些活動或地方，總是和特定的象徵符號相關。

你不需要走出屋外，只要觀察世上的活動和天上的行星，就會了解萬物之間的關聯性。下一頁的這張圖，是倫敦的報紙Metro於二〇〇〇年六月二十八日刊登的頭版消息。如果你仔細檢視的話，會發現版面上方有一行建議讀者關切新上映的電影「Chicken Run」的消息，而英國網球選手提姆・翰門（Tim Henman）的成績表現則刊登在最後一頁（譯注：Henman這個名字之中的「Hen」字，是母雞的意思）；大廚尼格拉・勞森（Nigella Lawson）在第十頁也寫了一篇有關雞的文章。這些消息全都帶有家禽的意味，看起來實在有點滑稽，然而觀察宇宙運作的方式，每每都會有一種滑稽的感覺。此外，這份報紙頭版的大標題是：「Family Backs Danbo Suspect」。Danbo在法文裡有個類似的字——Dindon——意思就是火雞！這個標題裡既提到了「家」也提到了「雞」，因此任何一個占星師如果發現那一天的太陽、水星、金星、火星及南交點都落在巨蟹座（和家庭、食物及家禽有關的星座），是不會感到意外的。另一個和食物有關的星座是金牛座，而那一天月亮、木星和土星都落在這個星座上。觀察入

FREE

METRO

Wednesday, June 28, 2000 www.metro.co.uk

First review of Chicken Run
Page 3

Police inspect the wrecked car lying at the foot of the cliffs

Five survive as car falls 150ft down cliff

FIVE teenagers were injured but alive after their car fell 150ft down a cliff yesterday.
Two girls and one boy were on the critical list in hospital last night. Two other boys have serious injuries.
The blue Ford Fiesta crashed over the cliff at a beauty spot called Sugar Loaf, a mile east of Beachy Head at Eastbourne, East Sussex at 4.45pm. The car landed bonnet-first on chalk boulders before skidding on its roof to the water edge.
The 17-year-old driver and four passengers were all thrown clear.
Witness Ian Slothron, 38, from Brighton, said: 'The car seemed to come from nowhere. As it came down I could hear screaming. It was quite frightening.'

Family backs Dando suspect

BY DAVID FISHER

THE family of the man charged with murdering TV presenter Jill Dando last night broke their silence to insist he was innocent.

In their first public statement on the charges, the relatives of Barry Bulsara said they were 'shocked and devastated' that he had been linked to the crime.

They added they would 'stand by him without reservation'.

Jobless Bulsara, 40, is accused of shooting 37-year-old Miss Dando outside her home in Fulham, West London, in April last year.

The statement, signed The Family of Barry George – his original name – read: 'Barry has been charged with a terrible crime and we are shocked and devastated by the allegation. We wish to state that we love Barry, support him and stand by him without reservation.

'Despite publications to the contrary, we know Barry to be well-mannered and considerate by nature.

'Barry has good and close friends and we, as his family, love him very much.

'We believe in Barry's innocence and continue to do so. We will seek justice on his behalf and we place our faith in God and in the judicial system at this difficult time.'

The family went on to voice their worries about Bulsara's treatment at top-security Belmarsh prison in South-East London, where he is being held on remand.

They said: 'We would all like to take this opportunity to register our concerns as to Barry's treatment since he has been in prison. We hope and pray that the prison will respect Barry's basic human rights.'

The statement continued with a request for the media to respect the privacy of Bulsara's family in England and that of his wife Itsuko, and her family, in Japan.

Bulsara, who lived a few roads away from Miss Dando in Fulham, was remanded in custody by Bow Street magistrates on Monday to reappear at a committal hearing on July 25.

There was no immediate response from Miss Dando's family.

NEWS

Mowlam under fire for attack on royals
Page 2

Labour MP criticises 'president Blair'
Page 2

Walters in credit card scams
Page 7

SPORT

Henman restores British pride
Back Page

PLUS

Nigella Lawson on fear and fowl
Page 10

The latest on the Internet in @ METRO
Page 17

WIN an exotic Tunisian holiday
Page 26

PUZZLES: 41 CITY: 43

微的占星師可能會在頭版的這一頁發現更多的巨蟹座蹤跡，如果他們願意這麼做的話。

所有的新聞報導無可避免地都能反映出天體當時的情況，甚至不必侷限於新聞報導；即使是輕鬆的娛樂活動，也能反映出天體的情況。不論你選擇哪一天來進行觀察，無論你選擇的是哪一種媒體（電視比較容易一些），都可能發現當天的星體位置和發生的事件有關。不過當然，研究占星學最佳的方式還是觀察自己的人生裡發生的事，以及周遭人的生活情況。

雖然目前的科學不流行以經驗性的方式進行觀察，但以我個人的經驗來看，只要我們能勤加檢視自己觀察到的事物，這仍是非常有效的學習方式。就以占星家兼煉金師帕拉賽爾瑟斯（Paracelsus, 1493-1541）為例，他是現代醫學、生化學、藥學、生理學之父；他的老師——也就是他的父親威勒姆斯（Wilhelmus）。父親教導他不要仰賴書籍或其他權威人物的意見，而是要直接觀察大自然，從自己的主觀經驗來進行研究，他照辦了。從他之後，人類的知識有了驚人的進展，但我們所知仍然有限，而且許多知識已經失傳。威勒姆斯的建言從今日的角度來看，其真實性完全不遜於十六世紀。從主觀經驗的角度去進行科學觀察是正確的，因為任何事的發生都不是意外，正如榮格所言：「在任何時刻誕生或成就的事，必定帶有那個時刻的特質。」從各個不同的角度來觀察和研究占星學，我們會有許多的發現，而且相當有趣。

每個人看待世界的方式都不一樣，詮釋的方式也不相同。占星師的任務就是從更大的視野來理解事情，譬如從內在的、神秘的或靈魂的角度——有點像神職人員、薩滿、心理治療師的角度——來看這個世界。如果這聽起來太玄的話，不妨可以把天宮圖看成是一張生命地圖，而占星師只是個解圖者。地圖可以讓我們注意到以往忽略的事情，也能幫助我們看到自己與一切事物的關係，或者幫我們發現屬於自己的道路。占星師的工作能讓我們尋找人生方向的過程變得比較容易一些。這並不意味專業占星師應該告訴個案往哪個方向走，而是要幫助個案看到自己目前所處的狀態為何。舉個例子，布拉格斯太太去詢問一位占星師有關她工作方面的事。她不喜歡目前的工作，因為她覺得上司太專制，令她很受不了。她說她覺得自己被壓榨和受到威脅，因此希望占星師能告訴她是否該辭職、去找另外一份工作。當然占星師會觀察個案是否該找新的工作、自己當老闆、改變工作跑道或是退休，而答案的確可以從天宮圖裡看出來，占星師甚至可能預測出將來會發生的事，不過當然，布拉格斯太太也應該為自己做決定。此外，事情也會因為我們有了覺知而改變——能量永遠會隨著想法的改變而起變化。

占星師的工作比較不是預測未來，而是詮釋當下正在發生什麼事。譬如布拉格斯太太的冥王星可能落在十宮，而天體的土星正和冥王星合相，這個相位能描繪出她目前的感覺和情況。十宮代表的是包括父母在內的權威人物，占星師很清楚這一點，所以會詢問布拉格斯太太是否覺得目前的上司，很像她童年裡的某個權威人物，或者她對那個人的感覺和對現在上司的感覺很相似。布拉格斯太太的回答很可能是：「你提出的這個問題真有意思，我的上司的確很像我的母親一樣令我害怕。我以前總覺得老是遭到她的批判。我現在的心情就像回到五歲時一樣。」接著占星師就會告訴布拉格斯太太，她正在把早期的無能感投射到目前的情況上面。布拉格斯太太以前在面對母親時總有一種無能的感覺，不過她現在已經不是小孩了，所以應該有能力坦然地面對上司。其實上天給了她一個機會，讓她克服早期和母親的問題。這次諮商之後，布拉格斯太太也許會以截然不同的角度來看自己的情況。她可能會發現若是不處理無能和被批判的感覺，未來仍舊會遇到相同的情況，畢竟我們總是帶著自己的心理包袱在經驗人生。雖然換工作和換上司也可能是非常妥當的處理方式，但更重要的是無論她的選擇為何，都得帶著更高的覺知去面對，而且她必須為自己做出決定，並為自己的決定負責。

同時還有一個問題要考量，那就是到底她的父母和上司是真的過於苛責她，還是她把對自己的批判投射到這兩個權威人物身上了。但這樣的探討可能得留到下一次諮商才來進行。

以我來看，占星師的工作就是去發現目前情況的內在真相是什麼。占星學可以用各種方式增加我們的覺知，也可以讓我們對各式各樣的情況看得更清楚。為了達成這個目的，研究占星學的學生必須熟悉天宮圖的基本語言——元素、星座、行星、宮位及相位。

第二章 元素與模式

元素

自從化學週期表及一百一十八種元素被發現之後，「元素」這個字的複雜性已經遠遠超過地、水、火、風的概念。雖然如此，這四個基本元素仍然能提供基本的結構，以便我們觀察大自然和人類的行為。

四元素代表四種基本的接收和消化外在刺激的方式。這四種方式可以總結成下面的詮釋：

- 火元素代表的是讓事情發生的驅力，或是證實及確立這股驅力的一種需求，以及賦與它意義的渴望。
- 土元素代表的是讓內在驅力變成具體現實，以及想觸摸和聞其味的渴望。
- 風元素代表的是溝通、定名和建立概念的驅力。
- 水元素代表的則是在情感層面產生連結的驅力，並且想要知道這份連結是否愉悅。

四元素是黃道的基本結構，因此能幫助我們了解十二星座的性質。每個人的天宮圖都是由四元素及其特質組合成的，但某些星盤會強化或缺少其中的一些元素。了解元素和其代表的模式能使我們對星座有更深的認識，讓我們更加了解整張天宮圖。接下來的論述主要著眼在四元素象徵的人類經驗，以及從元素的強化或缺乏的情況來看出公司、國家及事件的背後真相。舉個例子，代表意外事件的星盤裡往往缺少土元素。

火象星座：牡羊座、獅子座、射手座

火能提供溫暖和光明的感覺。由於火總是向上燃燒，所以火象星座也帶有高昂、熱切及充滿信心的特質。火象人通常很享受生活，樂觀開朗，甚至帶有老虎般的活力。火象人即使遇到挫折，也會像火堆上暫時添了木材一樣，沒多久又再度炙熱地燃燒起來。典型的火象人很少生悶氣，但如果星盤裡還有強烈的土元素和水元素，那麼這些元素的濕氣就會影響火的燃燒，而風元素卻有煽風點火的效應。

火象星座通常比較有願景，也有激勵人的才能；每一個火象星座都會以自己的方式行動。牡羊座的驅力是成為拓荒者、戰士，為目標奮鬥的人；獅子座會以忠誠、高尚和重視聲譽的特質來啟發別人；射手座則會促使別人追求意義和成長，包括身心靈三個層面。因此，火元素的目的就是帶領、啟發和賦予別人信心，火象星座是正向和外向的，同時帶有一種自發性。火元素也能促成事情，產生激勵作用，所以典型火象人非常不喜歡消極被動的態度，而且會輕視只是「存在」（being）的人生觀。火元素的速度通常很快，做事衝動，而且對事情完成時的狀態有一種願景。火象人能嗅到未來的可能性，深信自己的願景會成為事實，並能說服別人相信事情終可達成。

過度發展的火元素往往因燃燒過度，而出現階段性的瓦解。這類人有可能造成別人過度耗損精力，特別是那些實事求是類型的人，因為火象人熱切的願景很少能落實成行動，多半得靠別人來完成。

火元素的才能比較偏向理想主義而非現實主義。這類人很不容易出現穩定、平衡、敏感、同理和細膩的特質，但必須檢視星盤的其他部分。

土象星座：金牛座、處女座、摩羯座

我們的地球是滋養萬物的地方；我們在上面種植各種東西，落實地活在其上，因此土象人顯得比較可靠、足以被仰賴。這類人周到、實際和踏實，對責任義務、謀生、照料身體等事情，覺得很自在。土象人懂得和物質世界的侷限調和一致。他們了解金錢和財物的重要性，能夠接受自己和他人對這些事物的仰仗。土元素關切的是真實的世界，不像火元素那麼憧憬未來。每個土象星座都能接受眼前的現實和具體的事物。金牛座和摩羯座非常渴望生產出具體的東西，尤其是可以被看見和衡量的東西。土元素和物質相處得很和諧，若缺乏物質保障會沒有安全感。處女座也帶有這種特質，但因為它是變動星座，而且主宰行星是水星，所以是最不典型的土象星座；它比較帶有風或「沙子」的特質。

土象星座關切的是經濟和物質層面的安全保障。某些土象人很渴望擁有高品質的物質生活，有的卻覺得擁有物質保障不一定非得致富。土象星座的物質需求比較起來不算太多，許多土象人只要有起碼的經濟基礎，就覺得很舒服了。這類人的性格通常是穩定而平衡的。若無其事地說冷笑話，是這類人的特質之一。

如果星盤裡的土元素過多，則可能會過度重視物質，不允許自己的物質保障受到威脅。這類人不太願意冒險，即使改變已經是必要的事。最糟的情況是變得狹窄、過度謹慎、保守和傳統，甚至會變成例行公事的奴隸。如果有火元素或帶有熱切特質的行星，就可以減輕上述的傾向。

風象星座：雙子座、天秤座、寶瓶座

風沒有任何具體形狀，它可以上下左右到處流通。風代表左右流通的活動，也象徵風象人的平衡特質。所有的聲音，包括說話和音樂，都必須仰賴風來傳達，因為聲音是藉由能量振動而產生。火元素代表的是願景，土元素是把願景變成產物，風元素則負責將其告知所有人。風元素的任務也包括對生產出來的東西做出意義上的詮釋，以及為事情提出計畫和方案。

風元素被強化的人非常渴望與人溝通交流，因此關係對他們言是最重要的部分。風象人由於不把情緒投注到關係裡，所以具有高超的社交技巧；他們很懂得施與受的藝術，不會產生不必要的防衛性，也不容易被攪擾。風象人由於能冷靜地觀察事物，所以才能發展出社交技巧。風元素會增加理性和客觀性，以及從長計議的能力。典型的風象人對你的觀點會很感興趣，也很願意理解，但不一定會贊同你。沒有一個風象星座和動物有關，這意味著這些星座是比較文明的。

風象人最佳的品質是優雅、富人道精神和彬彬有禮。他們能覺知別人的權力，也懂得公平待人；如果發展過度的話，則會變得過於理性、喜歡用腦、崇尚理論，而且不實際。風象人總是從某種公式和模式在看待人生，所以會把真實的生命經驗化約成一種方程式。然而真實的世界和理論往往相距甚遠，因此在最糟的情況下，風象人會變成理論和法則的奴隸，與外在的世界及自己的需求脫節。過多的風元素也會造成猶豫不決、焦慮和注意力不集中。

水象星座：巨蟹座、天蠍座、雙魚座

水元素可以變成各式各樣的形狀：川流不息的小溪、綿綿細雨、停滯不動的池塘或是驚濤駭浪。水顯然是濕的，因此能淨化、滋潤或是把東西溶解掉；缺少了它，生命就不存在了。水沒有固定形狀，它會隨著不同的容器改變形狀和色彩，而且總是往低處流。

水象星座比較內向低調，它關切的是情緒的安全感和歸屬感。巨蟹座最關切的是提供歸屬感的家庭，天蠍座在意的是強烈的親密關係，雙魚座則傾向於眾生一體和靈性上的歸屬感。水必須置於杯中才覺得有規範；水象星座能反映和它在一起的所有事物。水象人很容易受環境影響，有融入的能力，而且十分敏感。他們會把周遭人的感覺、細微的心態和各種變化接收進來，然後加以消化吸收，再把不必要的東西排除掉。最糟的情況下，水象人會被洪水淹沒，亦即無法抵抗周遭複雜細微的信息。由於這份敏感性，水象人顯得格外脆弱、易感，繼而變得過度自保和守密。大部分的水象星座都有一種表面平靜、底部卻暗潮洶湧的特質。如果運作良好，水會是最有同理心和善於回應的元素，這類人能夠完全覺察到你的感受。但水元素如果太氾濫，就可能無法區分自己和他人的感覺、過於執著、依賴、不理性、喜歡操控，或是過度認同週遭發生的事。

元素的組合

了解了每個元素之後，就比較容易理解各種元素的組合會是什麼情況。簡而言之，火與土的組合可能缺乏細膩的覺知，但會顯現出強大的動力，成為一個不畏艱險，能夠將事情落實的理想主義者。火與風的組合往往是懷抱著偉大理論的理想主義者。火與水的組合則是真正具有創造力的人，不過情緒起伏很大。土與水的組合會帶來滋養的能力和負責的態度，十分關切自己和他人的安全保障。土和風的組合帶來的是枯躁和實際的特質，不過也有實事求是的智慧和幽默感。風與水的組合則會特別重視關係，對人性瞭如指掌。

缺乏某些元素

由於每張星盤裡都有十二個星座，所以不可能真的缺少任何元素，但很可能沒有行星落在特定的元素上，或者落在特定元素上的行星很少。如果有這種情況的話，缺少的那個元素的性格弱點就會變得十分明顯，這意味著會從潛意識或缺乏覺知的狀態去運作。這類人似乎無法控制和處理那個特定元素象徵的性格特質，而那個元素通常會以負向的方式展現出來。舉個例子，由於火元素代表的是直覺力，因此缺乏火元素的人可能帶有負向的直覺；換句話說，他們總是預期不好的事會發生在自己身上，但缺乏火元素卻有利於撰寫犯罪或恐怖小說。

由於人類多半會全力朝著性格整合的方向發展，所以會試圖轉化缺少特定元素帶來的問題。因此一個缺乏風元素的人，可能會選擇星盤裡風元素被強化的人做伴侶，或者可能成為圖書管理員、諮商師，從別處尋找補償。我們不但要考量落在特定元素上的行星有多少，而且要考量這個行星落在哪裡。假如我們有四個行星落在水元素和第七宮裡，卻完全不帶有水象人的特質，那麼就意味著我們的伴侶可能會顯現出水元素的特質。

在實際諮商時，我們會發現，元素的缺乏可能以各種方式顯現出來，因此重點應該放在那些被強化的元素上。如果星盤裡完全沒有元素不平衡的情況，就不能透過元素來了解星盤。以下列出的是元素缺乏的心理狀態和顯現方式。

- 一般而言，缺少某種元素可能會令一個人無法掌控相關的能量。譬如缺少水元素的人比較無法掌控情感。缺少的那個元素，基本上會讓一個人在相關領域的運作較為遲緩。
- 人們也可能在缺少的元素所代表的事物上，產生較為強烈的傾向——他們可能會從事和那個元素相關的行業。有時過度強化或過度不強化某個星座，顯現出來的狀態都差不多。
- 人們往往以幼稚和不成熟的方式，來展現缺乏的那個元素的特質。舉例來說，缺乏土元素的人對裸露身體比較沒有羞恥感，也比較覺察不到他們裸露出來的身體對別人造成的影響。
- 人們對自己缺乏的元素所象徵的事物也可能特別敏感，容易被觸動。譬如缺乏風元素的人可能會在意別人低估了他的智力，水元素不足的人則很怕別人說他不夠敏感。

- 由於這份敏感性，人們往往會尋求補償，因此缺少水元素的人可能會送花及賀卡給你，缺少風元素則喜歡蒐集資歷和書籍。
- 人們也可能在自己缺乏的元素所象徵的事物上面，顯現出輕視的特質，或是批判那個生命領域，對於在那個領域裡表現得遊刃有餘的人，做出負面的詮釋。因此，缺少風元素的人可能不喜歡知識份子；缺少水元素的人，會對那些太情緒化或太會取悅的人抱持懷疑態度；缺少土元素的人可能會指責別人太物化或是太虛榮；缺少火元素的人則可能不喜歡有賭徒性格的人，或那些憑運氣就能過關的人。

構成元素缺乏的條件

在元素缺乏的條件上面，占星學並沒有嚴格的規定。大部分的人都沒有很明顯元素不平衡的情況，因此在看盤時最好把注意力集中在被強化的要素上。你應該記住的重點是，行星落入的元素不可能是完全平衡的，而且外行星的元素通常都不是重點所在。譬如冥王星可能會在一個星座待三十年之久，天王星和海王星會在一個星座待七年和十四年，而木星和土星也不及個人行星來得重要。

相位和宮位的重要性

像其他的個人行星一樣（尤其是太陽、月亮及上升點的主宰行星），上升點的星座元素也很重要，而天頂的元素則是可以被忽略的，因為它並不是一張星盤裡的個人性要點。但一個人若是沒有任何行星落在特定的元素上，而這個元素又恰好顯現在上升點上，那麼按照我的經驗來看，此人反而能意識到缺乏此元素的問題，而會藉由上升點的星座，將此元素的能量展現出來。如果一個人沒有土象行星，但土象宮位裡卻擠進了許多行星，那麼此人就會在他的職業活動裡解決土元素缺乏的問題。如果天頂的元素在星盤的其他地方都找不到，也可能在職業上顯現出這個元素的特質，瑪麗蓮・夢露就是一個很好的例子。瑪麗蓮除了凱龍星之外，沒有任何一個行星落在土象元素上，但她的天頂是落在金牛座，因此她的職業總是把焦點放在她的身體上面，甚至可以說她的身體就是她的名望所在，但她的心理狀態卻完全顯現了土元素缺乏的情況。

沒有行星落在火元素

缺少火元素會顯現成缺乏動力和活力（不過得視太陽、火星和木星落在什麼元素上），這類人對自己和人生也時常缺乏信賴感及自信心。缺少火元素的人很難像孩子一樣相信，「事情終究會沒問題的」。這類人的直覺多半帶有負面傾向，總覺得不好的事將發生在自己身上，譬如遭到攻擊、被搶劫、被謀殺，或是發生交通意外。他們也可能有迷信傾向，許多人因缺乏火元素而選擇上教堂、找占星師或通靈者求教；他們以為一旦知道了最壞的情況是什麼，就可以有所準備，而且多半不知道命運是操在自己手上的。缺乏火元素的人比較適合簡明易懂的協助方式，因此占星和塔羅諮商對他們都很有幫助，因為這些途徑會令他們意識到更多的的可能性。遊戲和歡樂的情境也能幫助他們，因為火元素缺乏的人不太有能力「放下」。

沒有行星落在土元素

土元素缺乏使人無法與金錢及物質連結，但也可能過於耽溺物質世界，而且對大自然有一種過度天真的激賞。這些人會對身體著迷，甚至有種想要展示的幼稚需求，譬如模特兒或那些穿著過於裸露、曲線畢露的人。經常參加天體營的人，也可能缺少落在土元素的行星。疑心病（hypochondria）也是缺少土元素的顯現方式之一，這類人經常懷疑自己得了不治之症，但真相可能只是忘了休息一下去吃午餐！缺少土元素也可能造成上癮症，因為這類人不知道何時該停下來，也不懂得知足。如果星盤裡的土星被強化的話，上癮傾向就會減輕一些，但海王星卻會強化這種傾向。這類人容易魯莽、忘東忘西或是欠債。缺少土元素適合的治療方式，通常是瑜珈、按摩、園藝或運動；只要能幫助這類人認清身體的治療方式都很適合。

沒有行星落在風元素

缺少風元素最大的問題，就是無法意會自己的行動或他人行動的意義。這類人也很難看到大局，而這勢必會帶來一些問題，因為顧全大局能幫助我們以實事求是的方式處理事情，令我們意識到自己和他人的需求。因此，缺少風元素的人很難與人合作或妥協，也很難以理性的方式採取行動，他們鮮少客觀看待自己的問題，或容易耽溺在自己的痛苦之中。還有些人在面對陌生人和陌生情境時，會顯現出焦慮的反應，或者很難做出必要的改變；他們會把事情想像得很糟，容易擔憂或做出最糟的預言。但缺乏風元素並不意味智力不足或缺少思維能力（愛因斯坦就缺少風元素），而是在溝通和學習時比較缺乏信心，容易被別人的意見影響。缺少風元素的人通常很喜歡地圖及能提供方向的事物，譬如心理學和占星學對他們就很有利，因為能增加客觀性和實際的著眼點。

沒有行星落在水元素

缺少水元素最大的困難就是不易消化感覺。缺少水元素的人之中，有一部分的人可能完全無法將別人和自己的感覺連結，甚至到達無同理心的程度。這類人覺得「情感」是令人痛苦的東西，所以會過度地將其壓抑下來，原因是早期有創傷經驗。他們並不是喪失了情感，而是無法以老練的方式和感覺相處，所以無法善加控制，這就像水龍頭失靈一樣，很難控制情緒的來去。缺少水元素也可能顯現成超級敏感的特質：和愛人吵一架之後，就以為關係已經到達盡頭，因此處理不好的水元素會帶來易怒、防衛性強、情感容易受傷等傾向。這類人也可能階段性地執著於某個人，感覺上好像被情緒淹沒似的。缺少水元素的人往往以情緒化的方式表達自己的感覺，也容易被那些以天真的方式表達情感的人吸引。音樂和繪畫這一類的藝術形式，都很有利於水元素缺乏的人，因為這能提供一個出口，讓他們表達情感。他們也很適合從事和人相關的工作。

星座模式（性質）三分法

十二星座除了可以分成四種元素外，也可以模式、性質或特質區分為三組。了解星座模式三分法，可以使我們對整張星盤有進一步的認識。這些星座在模式上如果有不平衡

	火元素	土元素	風元素	水元素
創始星座	牡羊座	摩羯座	天秤座	巨蟹座
固定星座	獅子座	金牛座	寶瓶座	天蠍座
變動星座	射手座	處女座	雙子座	雙魚座

的情況，也能說明一個人將如何看待和處理衝突矛盾。由於人生本身就是衝突矛盾的，因此我們可以說星座的模式顯現的是處理人生的方式。每一張星盤裡都有十二個星座，而大部分星盤的模式之間都有一種平衡性，不過有的也會顯現出明顯的偏重和缺乏。如果有這種情況的話，就是理解一張星盤的重點之一。據統計，大約有百分之四十的星盤裡帶有T型相位（T-square，請參閱349頁），但只有百分之五的星盤裡會出現大十字（Grand cross，請參閱350頁）。理解T型相位和大十字，首先就是要檢視這些相位落入的星座模式。

創始星座：牡羊座、巨蟹座、天秤座、摩羯座

太陽進入每一個創始星座，都是南北半球四季的開端，因此創始星座的特質和開端、新的開始及改變，有緊密的關係。但是分開來看，每一個創始星座的開創特質卻比較不明顯。牡羊座關切的當然是往前拓展，但巨蟹座卻顯得很害羞，天秤座則有猶豫不決的傾向。雖然如此，每一個創始星座仍然會在自己的領域裡促成一些事情。創始（cardinal）這個字源自於拉丁文的cardo，意思是生命的「樞紐」（hinges）。因此創始星座關切的是生命的主要衝突和議題。衝突是指日常生活裡有許多力量在拉扯著我們，因而產生了時間、興趣、資源等各方面的衝突。對許多人而言，生活的確像是多頭馬車一樣，既要往前開創、

做個先驅、實踐自己要做的事（牡羊座），又要尊重別人的需求、與別人合作及結合（天秤座），還得在社會建立受人尊崇的地位、擁有事業成就（摩羯座），同時要照顧到家庭及父母的需求（巨蟹座）和要求，此外自己還要扮演父母的角色（巨蟹座和摩羯座）。

那些和創始星座十分相應的人，很容易把衝突當成是從外面來的力量，故而無法映照出內在的矛盾。他們的能量多半花在面對外在的挑戰上，而且很想征服這些挑戰。創始型的人不會因循成規；如果他們覺得不快樂，很快會去追求新的目標。他們十分有行動力，不怕捲起袖管開創事業。如果創始星座過於被強化的話，很容易製造危機。這類人的開創力、行動力和機會主義傾向，往往會帶來巨大的驅力和活力，而且不喜歡受限制。他們不願被別人或外在情況制約，喜歡發號施令，所以他們總是坐在駕駛座上面，即使還未學會開車。他們急於以自己的方式做自己想做的事，尤其是那些有T型相位的人；有大十字的人這種傾向甚至更明顯一些，高度的競爭性會讓他們反體制，反抗一般人做事的方式。這種不計一切要採取行動的人，通常不善於規劃，很容易與人正面衝突。他們極需培養穩定平

創始星座

發展良好	發展過度	發展不足
•有能力開創事情	•永遠都在開始新的計畫，但很難完成	•缺乏開創力 需要人推一把
•自動自發 •以目標為導向	•很難與人合作，因為這會改變原先的目標	•因循成規（近於固定星座） •逃避挑戰（近於變動星座）
•善於處裡危機	•容易製造危機和麻煩	•竭力避免危機
•與當下連結	•只關切眼前的議題	•逃避真實生活

固定星座

發展良好	過度發展	發展不足
•果決而有毅力	•頑固、缺乏伸縮性	•缺乏力量和持續力
•意志力強	•意志力過強	•缺乏意志力
•堅定、值得信賴、忠誠	•僵固、執拗 缺乏適應力	•不堅定、優柔寡斷
•有堅持力 •抗拒改變	•因循成規 •動彈不得	•任何事都不能堅持
•只要一發動，就有極大的動力	•傾向於保存精力	•隨波逐流 （特別像是變動星座）

衡的心態，並且要接受自己和他人的侷限。

從身體健康的角度來看，創始星座和受疾病攻擊及突發的疾病有關。如果突發的疾病沒有妥當地照料，就等於在自我設限；身體這個有機體若是不能恢復健康、變得更強壯，便可能會死亡。在現代西方社會裡，突發的疾病已經不太常見了，因為一出現病癥，就會用抗生素將其壓抑下來。

固定星座：金牛座、獅子座、天蠍座、寶瓶座

固定星座最大的特質就是執著：金牛座執著於物質世界，只相信具體的事物；獅子座執著於自尊；天蠍座執著於情感；寶瓶座執著於理念。

固定星座會帶來毅力、穩定度、持續力和可靠性，而且比較有持久力。因為固定型的人能夠忍受變動型和創始型人所不能忍受的情境，因此比較有持續力。固定型的人適合與你長期相處，他們的專注能量比較像是拉馬車的馬而非賽馬。但這類人的缺點是容易因循成規，停滯在某種情況裡，他們不容易放下人、感覺、事情或概念，而且抗拒改變。這類星

座有點像是一個季節的中段，譬如仲夏，這時春季早已過去而秋季還沒有蹤影。這個時段是建構期，目的是為創始星座開拓出來的東西奠定基礎，所以這種能量是專注的、強烈的和持久的。固定型的人很善於維持和保有既定的地位。固定星座同時帶有一種很難變動的特質，似乎往哪個方向移動都不太可能，那些由固定星座形成T型相位或大十字的人，往往顯得特別頑固、果決、有毅力和不願妥協。這類人最大的缺點就是相信強權就是公理，因此必須培養彈性。

從健康和身體的觀點來看，固定星座和慢性病有關：這些長年發展出來的疾病，會讓這類人的速度變得緩慢，而且似乎很難治癒，只有忍耐一途了。毒素會慢慢損害身體，令這些人必須承受痛苦。

變動星座：雙子座、處女座、射手座、雙魚座

變動星座等同於四季的尾聲，如夏末秋初之際。這類人善於面對不確定的情況及目標的改變。他們能夠面對

變動星座

發展良好	發展過度	發展不足
• 適應性高	• 過於配合	• 無法配合和服從
• 可以和任何一種情境共處	• 太容易分心	
• 各種方向都能包容	• 不善於排除	
• 有調整能力	• 不需配合時卻一味配合 • 應該堅持時卻改變態度	• 不能調整和適應
• 好奇、喜歡搜尋	• 缺乏目標和方向	• 目標改變會覺得不舒服
	• 注意力分散、焦慮	• 狹窄

變動和過渡期，隨時準備應變。他們不期待事情能持久，有不安於室的傾向。

所有的變動星座都關切理念（雙子座、處女座）或信仰（射手座、雙魚座）。這類人傾向於閱讀、高談闊論或是把人生哲學化，所以他們的挑戰就是必須學習實際地過日子。變動星座在乎的是跟生命本身的關係，所以既不渴望權力，也不以目標為導向。雖然他們對付出承諾有點羞怯，但卻是最容易相處的類型，而且不會跟隨他人的腳步。這類人會停留在他們感興趣的事情上面，否則就會不安於室地追求下一個目標。當他們面臨衝突、不和諧及挑戰時，往往會藉由改變方向來逃避。如果這些星座形成了T型相位或大十字相位，通常很難建立目標，達成一些成就。這類有T型相位和大十字的人特別焦慮不安和缺乏耐力，他們若想有生產力，必須發展出自我紀律，並且要訂立實際的目標。變動型的人缺乏追根究柢的驅力和毅力（固定星座的特質），以及往上攀升的能力（創始星座的特質），但這類人很有適應各種情況的本能。變動星座有時也被稱為「普通」（common）星座，這是因為一般人多半採取適應的方式來面對人生，不普通的人則是要世界屈就於他們。

從健康的觀點來看，這類星座最大的問題就是缺乏抵抗力。這類人會注意到風吹草動的訊息，每當要付出承諾和做決定時，都會有焦慮感。

第三章 黃道十二星座

我們可以把黃道十二星座描述成「存在的方式」（way of being）或能量類型。大部分的人對自己的太陽星座都很熟悉，其實每個行星的表現方式都會被它所落入的星座影響。同樣地，每一個宮位的活動也會被它的宮頭星座影響。

我們必須記住，星座並不像報紙裡的太陽星座專欄或一般占星書籍所說的那麼重要。行星、行星之間的關係及相位，在本命盤的詮釋上遠比星座重要得多。星座就像是文字中的形容詞，行星則像是名詞。

象徵與象形符號

每個星座都有其象徵，譬如牡羊座的象徵是公羊，金牛座的象徵是公牛等。象徵基本上是在傳遞概括或簡潔的意義。如同行星一樣，每個星座也有其符號圖騰；它們能快速地傳達每個星座的意義和相關內涵。各個社會運用的語言雖然有所不同，但是都有立即傳達信息、使人一看就懂的標誌，因此我們也可以像認路標一樣地辨認占星學的象徵與符號。

星座代表成長的不同階段

星座也可以看成是一個人成長的不同階段。舉個例子，牡羊座代表的是開疆闢土的階段，金牛座代表的是在土地上建構的階段，雙子座代表的是開始學習如何與鄰居互動的階段，巨蟹座則是成立家庭的階段。我們可以按照黃道十二星座編出一套成長的故事，而每個星座都比上個星座的狀態更複雜一些。在牡羊座的階段裡，我們的自我仍然處於稚嫩的未發育時期，但歷經十二個星座之後，我們已經認清了自己和他人、社會及整體宇宙的關係。當我們到達雙魚座的時候，靈性的面向就會發展出來。

另一個要注意的重點是星座的順序。每個星座都會試圖彌補上一個星座的缺失或發展過度的部分，所以會與上一個星座做出相對的反應。

星座的分類

星座可以按照其元素或表現方式來分類，也有以其他方式來區分星座的，譬如認識元素或表現形式的平衡與否，也是一種了解星盤的入門方式。

十二星座以四個為一組，恰好可以分成三大區塊。第一個區塊是由牡羊座、金牛座、雙子座、巨蟹座所組成，它們關切的是人生的基本事物，或者可以說是生存的基本需求。接下來的獅子座、處女座、天秤座及天蠍座，則開始冒險投入社會，探索關係中的種種議題。最後的四個星座——射手座、摩羯座、寶瓶座及雙魚座，關切的則是集體和宇宙性事物，其中，雙魚座也和靈性的次元有關。有時一張星盤會強調這三組星座中的某一組，而這往往是理解整張星盤及個人的重要入手之處。舉個例子，一個人的星盤裡如果沒有行星落在前四個星座（如果我們考量的是宮位，則要注意前四個宮位），那麼此人就會把個人需求擱置一旁或完全忽略。如果星盤裡沒有任何行星落在後面四個星座或宮位，那麼此人就會忽略人生或世界的宏觀議題。但這個概念不需要太強調，因為還有其他因素需要考量，譬如被佔據的宮位和被佔據的星座有相同的屬性（例如完全沒有任何行星落在最後四個星座和最後四個宮位），這就顯得很重要了。

身體的部位

由於一張星盤裡十二星座都會出現，所以思考健康議題時，應該考量整張星盤，而不只是星座。大體而言，從星座來考量健康議題，要觀察的除了太陽星座，還有六宮的宮頭星座及上升點的星座，同時要留意土星的星座位置也代表身體比較脆弱的部位。

觀察星座時必須考量的重點

認識星座可以幫助你詮釋星盤裡的行星和四交點，本書裡與行星有關的「工具式」（Cook Book）解析部分，也可以在這方面提供一些參考。

由於坊間的一些占星書對太陽星座已經有許多討論，所以本書不再強調這一部分。本書裡描繪的太陽星座特質，比較側重在我們努力想達成的狀態，而非我們已經擁有的性格特質。

十二個星座都分佈在整張星盤裡；你可以從宮位和宮頭星座，譬如金牛座或雙子座，看到哪個生命領域最具有這些星座的特質。不要忘了宮頭星座的主宰行星也能帶給你許多信息（這部分的解釋請參閱457頁的內文）。

♈

牡羊座

元素：火　表現模式：創始
主宰行星：火星

象徵及符號

牡羊座的象徵是一頭公羊，也可以詮釋成公羊的角和鼻子，或所謂的「破城槌」(battering ram)。牡羊座始於春季的第一天（北半球），象徵一個新的開始。牡羊座管轄身體的頭部，其符號同時也代表人的眉毛和鼻子。

星座特質

身為黃道第一個星座，牡羊座關切的是新的開端。這個星座最主要的心理特質是喜歡搶第一、容易受傷、天真而不造作。任何一個行星落在牡羊座，都會被這種搶先和喜歡競爭的特質影響。除了喜歡搶先之外，在我的經驗裡，牡羊型人似乎是最佳的模仿者：你擁有什麼，牡羊人也想擁有。只要聽到一個好想法，牡羊人很快會將其發揚光大，並因此而成名，就好像別人從未有過這個想法似的。牡羊人對自己的發現如同孩子般興高采烈，他們意識不到無數人早已有過相同的認識。開拓者雖然有探究未知的勇氣，但首度做某件事也意味著準備不周，難怪牡羊座一向和強烈、熱切、不成熟、天真、衝動、魯莽及不顧後果有關。這些特質同時也表現出年輕、活力充沛和開創精神，不過有時也會惹事生非，陷入困境。神話故事裡的那些俠客英雄或騎著白馬拯救落難女子的武士，多半都頂著牡羊座的光環。讓我再補充一點，行星落入牡羊座既代表拯救者，也代表被拯救的對象，而且不一定是男人救女人。

牡羊座需要行動；做為一個以行動掛帥的星座，靜待事情發生絕非它的風格，因此牡羊人總是勇往直前迎向人生。擁有特定的目標能夠將這個星座最佳的一面顯現出來，這意味著他們必須為某件事或某個人努力奮鬥，至少得找點事做。牡羊人善於快速做決定或排解紛爭，只要是帶著追逐或征服成分的事，都很適合他們。反之，需要內省、自我質疑或妥協，則往往不是牡羊人擅長的。

牡羊座帶有傲慢、衝動、不耐煩及不顧後果的特質，但這個星座的活力與熱情很能鼓舞他人採取行動。落在牡羊座的任何一個行星，都能激勵整張星宮圖的其他部分採取行動。從另一個角度來看，有強烈牡羊能量的人也可能極為自我中心和帶有機會主義傾向，他們一意孤行的處事方式可能會導致反社會傾向，或是觸犯到那些較為含蓄的人。牡羊人處置事情的態度既誠實又直接，他們從不繞圈子。有強烈牡羊傾向的人很難看見別人的觀點，也不容易與人合作。這個星座最大的弱點是無法讓自己從眼前的事物中抽離出來，似乎凡事都和他們的自我有關。

太陽或月亮落在牡羊座的人經常被指控為專橫霸道，但這個星座並不真的對權力或領導地位感興趣。牡羊人既不需要也不尋求他人的贊同、許可或合作，牡羊人只想以自己的方式做事；換句話說，他們不想被任何人或星盤裡的任何能量阻擾、拘束、羈絆。行星落在牡羊座成困難相位經常會帶來一種挫敗感，原因是這類人喜歡插嘴，而旁人或許不會以友善的方式回應這種任意干預的態度，甚至可能制止這種行為。牡羊人的這種強制態度多半源自於行動的需求，以及對他人或緩慢步調的不耐煩。牡羊人不喜歡等別人做決定，或是花太多時間準備行動，因此他們不善於團隊活動，總覺得別人的速度太慢。他們非常善於處理事情或完成手上的工作，但通常缺乏持續力。這個星座的目的是開創而不必然是完成。

這類人樂於見到挑戰，如果有某種程度的準備，成功的機率將會提高許多。當他們面臨障礙的時候，若是能了解結果總是得來不易，或許就能降低挫敗感。由於火星主宰牡羊座，所以太陽或月亮落在牡羊座的人，經常會在事與願違時大發牢騷。傳統占星理論將這個星座的關鍵詞定義為「我要」，這的確是很貼切的描述，不過「我立刻要」或許更精確一點。占星家約翰・亞歷山大（John Alexander）很精確地觀察出太陽落牡羊座的人時常覺得被拋棄或冷落，這是因為他們很難與人合作所導致的困境。舉個例子，不妨想像一下某位牡羊人的同伴們很想去當地的中國餐館吃晚飯，而此人卻獨獨想吃墨西哥餐廳的外賣速食，結果當夥伴們離開他去吃酸辣湯和炒麵時，他竟然覺得非常驚訝。這種被冷落的感覺同時也反映出牡羊人多麼渴望投入眼前的活動，因此重點不是他被冷落了，而是他非常想參一腳。

大範圍

歷史上的一些善於侵略和殖民的國家，多半帶有牡羊特質，英國就是其中的一個例子（必須同時參照摩羯座）。我曾經說過，從海外移民到英國的人，本命盤裡往往有強烈的牡羊座傾向。在動物王國裡，公羊以及那些為了交配而相互爭鬥的動物，都可以看成是牡羊類型。領域觀強烈、作風魯莽、胸前有紅色羽毛的知更鳥，也帶有牡羊特質。

色彩／品味／風格

代表「前進」的紅色是典型的牡羊座色彩，但黑白兩色也包括在內，因為深受這個星座影響的人，看事物的方式往往非黑即白。在品味方面，牡羊座喜歡強烈的風格，譬如愛穿色彩鮮豔的服裝，偏好最時髦的髮型或最短的迷你裙。牡羊人也喜歡戴帽子，即使是太陽或月亮移位進入牡羊座，也會讓那些非牡羊型的人戴起帽子來。更精確地說，本命盤裡的太陽與水星合相在牡羊座的人，尤其喜歡戴帽子。

身體的部位

牡羊座統轄的是人體的頭部，它除了會造成與頭部相關的一些失調症（頭痛、偏頭痛、腦震盪、腦神經痛）之外，還有許多與頭部相關的辭彙，都可以用來描述這個星座。牡羊法則可能會導致衝動和不顧後果，只有當這些人學會深思之後，成功才容易降臨。簡而言之，牡羊人必須學習思考。不懂得三思而行，往往令這些人遭到意外災害，譬如可能傷到眼睛或頭部。許多牡羊人都有高挺的鼻子和顯眼的眉毛，或者臉部有傷疤。太陽落牡羊座的人，經常以他們的直接逼視他人而著稱，比較害羞的類型則會在走路時避開人們的眼神。

行星落在牡羊座

行星落在牡羊座通常會加快速度，而且會以衝動、冒險、果決及勇敢的方式展現能量，但是與這個行星相關的行動不一定能持久。勇敢大膽的特質也可以納入與此行星相關的心理面向。任何一個落在牡羊座的行星，都帶有競爭傾向（請留意，土星落在牡羊座可能會害怕競爭，或者不敢搶先，但又怕無法搶先）。

宮頭是牡羊座的宮位

在這個生命領域裡，我們會顯現出勇敢大膽的特質。我們會在這個領域裡勇於開創，也可能帶有競爭性，除了急於採取行動，也可能激勵別人採取行動。這個生命領域促使我們說出：「我要做自己想做的事，而且是在我想要的時刻去做。」在這個領域裡我們總是先行動後思考。舉個例子，七宮宮頭如果落在牡羊座，代表此人的伴侶或是對合夥關係的需求，會促使他採取行動。

♉ 金牛座

元素：土　表現模式：固定
主宰行星：金星

象徵及符號

金牛座的符號是一隻公牛的頭和角。公牛的形象是強而有力的：這種動物的行為相當遲緩，然而一旦被激怒，卻力大無窮。公牛可以說是一座活生生的堡壘、城牆或拒馬，因為它的體積龐大，力量驚人。被閹割的成熟公牛能夠毫不費力地拖運最沉重的貨物，同時它也是繁殖力強的動物。棒球隊經常稱自己為蠻牛（芝加哥蠻牛隊），以顯示隊伍的力量和耐力。公牛也象徵多產，某些人甚至把金牛座的符號看成是通往子宮的輸卵管。

星座特質

如果牡羊座的任務是開創，那麼金牛座的任務就是維持、扎根和累積。牡羊座渴望的是「做為」，金牛座則既不想做什麼，也不想反思或推測。金牛座的本能只是「存在」以及「擁有」。金牛人追求的是生產與獲取，然後繼續保有他獲得的東西，難怪這個星座會以佔有慾著稱。

金牛座是十二星座裡最有耐力、最踏實的一個，也是最沉著、平靜以及有耐性的星座：它就像是一棵橡樹而非柳樹。橡樹不像柳樹那麼有伸縮性，但我們必須明白，靠在橡樹上更令人覺得舒服，而你的確可以依靠那些星盤裡有強烈金牛座傾向的人。金牛座若非頑強固執，就必定是果決和不屈不撓的，這隻從容不迫的公牛如果不情願，你很難拉動它、推動它或逼它做任何事。如果有一些重要行星落在金牛座（譬如火星），那麼抗拒改變的傾向很可能導致蠻橫的行為，特別是那些尚未學會以健康清明的方式滿足欲望的人。任何一個農夫都能證實平日溫馴的牛若是遭到壓迫（壓迫可以定義為不當的干擾），往往會變得有攻擊性，不過大體而言，金牛座的攻擊性還是比較被動的。

金牛座雖然不是最有想像力的星座，卻被賜予了通情達理、實事求是的能力。如果有許多行星都落在金牛座，那麼此人通常不會想改變生活方式，而且會在大部分的生命領域裡追求穩定性和地位。他們的許多決定都源自於有意無意地渴望過寧靜生活，以及強烈地想維護自我。金牛人的哲學就是要維持現狀——最好是永遠維持現狀，或者至少得有細嚼慢嚥的機會。如果星盤裡的其他元素也有相同特質，那麼金牛型的人是不會干預或過問他人之事的。同樣地，他們也不喜歡受到別人的干擾。

實事求是及不喜歡純理論性的事物，導致金牛人不會輕易相信無法看見或觸摸到的事物。他們喜歡過簡單的生活，在大部分的狀況下都偏好儉樸自然。金牛人不善於應付複雜的人或複雜的情況，實事求是和踏實的作風，使得這類人不喜歡多餘的包裝。他們能一眼洞穿瞎扯的話語，而且頗能欣賞低俗的幽默。

金牛座關切的是生產及建構具體事物。「建構」無疑是任何一個行星落在金牛座的關鍵詞。這類人有能力緩慢而堅定地付出努力，這種踏實的作風終將帶來一些財富。教育家並不是典型金牛人會扮演的角色，但若是有這個必要，他們通常會以簡單明瞭、按部就班的方式教導別人。

金牛人也非常關切安全感及穩定性的議題。對星盤裡金牛座被強化的人而言，家庭、食物及身體的安全保障等人生的基本事物，都是不能遭到危害的，因此他們不會輕易去做任何可能危及健康和物質保障的事。對那些喜歡自由和冒險的人來說，金牛人似乎太苦幹和守舊了些。

基本上金牛人是冷靜自制的，他們不容易被痛苦或快樂的情緒影響，這是因為他們有能力平靜地接受一切發生的事，將其視為不可避免的結果。因此，金牛座比任何一個星座更接近自然。金牛人欣賞大自然的美、土地生產出來的食物和豐富的資源，這種傾向為人生和藝術帶來了良好的協調感。自然界的韻律基本上是不變的，這或許是金牛人能夠在大自然裡泰然自若的另一個原因，他們能與自然連結，也包括和身體的需求及能力連結。這個星座不但踏實而感性，同時還有高度發展的知覺能力——特別是味覺、嗅覺和觸覺。金牛座對形式和質感的敏銳知覺，十分利於從事和織品有關的行業，同時也利於發展與觸覺有關的技術，譬如按摩、芳香療法或徒手療法。建築業、音樂、農業及園藝，都是金牛人適合從事的工作。凡是和嘴有關的事，金牛人也很擅長——唱歌和品嚐食物，所以歌唱也是這類人適合從事的工作。某些金牛座被強化的人顯現出的脆弱易感，可能會發展成對舒適和美好生活的上癮傾向。金牛座也是有點自我耽溺和懶散的星座；這類人容易怠惰或停滯不前，他們善於保存精力而非應用精力。

雙腳（或四足）踏實地站在地面上，而且擁有良好的協調感，使得金牛座成為黃道十二星座中最穩健清醒的星座之一。在情緒、性愛和憤怒的管理上面，這類人帶有一種靜默的抗拒心態，通常性慾被激起的速度比較緩慢，但是有相當程度的持久力。這個星座的踏實特質也促成了一種幽默感，但這類人的笑料多半源自於人性的某些基本特質。除非本命盤裡有其他重要元素，否則金牛人的幽默通常是單純而土味十足的。

堅強可能是這個星座的另一個關鍵特質。金牛人就像一頭公牛那麼堅決和穩定，能夠安靜地檢視來到他面前的任何一股能量。因此，金牛人的力量足以鎮定地面對焦慮、維護自我，但也可能阻礙成長和改變。

大範圍

雖然射手座傳統上與西班牙有關，但是我認為西班牙這個國家應該屬於金牛座。這是透過個案研究及和歸納與西班牙有關的新聞而得到的結論，因為西班牙一向以鬥牛著稱。這個國家裡有許多看似鄉土的人，可是當你和他們熟識之後，卻發現他們相當富有。家畜（尤其是公牛），包括豬在內的農場動物，也會令人聯想起金牛座。換句話說，這些動物最終都成了人類的食物！請留意，警察也經常被稱為「豬」（Pigs），我認為這個行業與金牛座是有關聯的，金牛座也可以用來象徵巡警的沉重步伐。私家偵探則跟金牛座成對立相的天蠍座有關。愛爾蘭是另一個與金牛座連結的國家，對於這個觀點，我既無法否決也不能確認，不過由於這個國家田園風味十足，所以還算是合理的說法。

色彩／品味／風格

金牛座通常與清柔淡雅的自然色彩相關，譬如淡粉色、青色或藍綠色。這類人也喜歡印花布料，而且品味較保守。無論金牛人喜歡何種色彩，通常他們都熱愛織品，特別是觸感舒適的布料，如絲絨或真絲。

身體的部位

金牛座統轄的是人體的頸部，也包括甲狀腺和喉部在內。金牛人的頸部若不是修長而優美，就是粗粗壯壯的。金牛座也是一個與美好嗓音有關的星座。在健康上面，這類人的喉嚨容易發炎，頸部容易僵硬疼痛。

行星落在金牛座

行星落在金牛座的運作速度往往比較緩慢、單純和謹慎。金牛座為任何一個行星帶來了穩定及傳統的特質，也會染上與金錢及美有關的色彩，至少和擁有的概念相關。

宮頭是金牛座的宮位

在這個宮位裡，我們會覺得錢要花得有價值。舉個例子，某位女士二宮的宮頭是金牛座，她告訴我，她只會在大減價時去買名設計師的服裝！在金牛宮裡我們會顯得比較傳統、踏實或自我保護，同時會展現出可靠和實事求是的特質。我們也會在這個領域裡展現出佔有慾。假如七宮宮頭是金牛座，那麼此人就會吸引佔有慾強的伴侶，或者對伴侶產生強烈的佔有慾。

♊ 雙子座

元素：風　表現模式：變動

主宰行星：水星

象徵及符號

兩條平行的直線被上下兩道半弧銜接，就是雙子座的符號，它也代表雙重性。所謂的「東奔西跑」，頗能傳神地描繪雙子座的精神；這類人總是從某個地方或狀態，移動到另一個地方或狀態。

星座特質

雙子座的法則就是連結。這個象徵超級互聯網的星座，十分關切人、地方及概念的串聯，其目的就是溝通、交流和聯想。雙子座的工作是擷取資訊、加以調查分析，然後將其散佈出去。與雙子座對立的射手座考量的則是資訊的意義，另一個由水星主宰的處女座，負責的則是決定眼前的資訊是否有用；若是無用，它就會將其淘汰掉。雙子座的任務僅僅在於蒐集資訊和傳播，因此雙子人既是學者，也是八卦消息的散佈者，這兩者蒐集了資訊之後，就會將其傳遞給對方。蒐集與事實相關的資訊，必須有開放的態度，因此任何一種檢查尺度都會阻礙這份自由性。基本上，太強烈的是非觀念也會限制這類人的發展，難怪雙子座一向被視為無道德觀念的星座。那些有強烈雙子傾向的人多半有敏捷的頭腦，而且很有韌性，充滿著好奇心。好奇心強可能是這個星座最顯著的特質。

善於應變，富伸縮性和適應性，喜歡變化和多樣性，導致雙子人不斷地追求各式各樣的任務，而且儘可能以各種方式達成任務（不像前面的金牛座只喜歡以同樣的方式做同樣的事）。基於這個理由，雙子人往往對生命抱持實驗態度，凡事都不太認真，總是暫時停留在某種狀態裡。他們害怕付出承諾，對各種可能性皆抱持開放態度。

雙子座和其他變動星座一樣，都不是以目標為導向，因為目標暗示著長遠的承諾，但雙子人偏愛的卻是短程旅行，而且非常喜歡在途中脫軌或節外生枝。雙子座比其他任何一個星座都博雜，他的研究方向通常不專一，而且往往是因為一時興起的決定。然而，人生最大的滿足是來自於深刻的經驗，細嚼慢嚥才能品嚐到真正的滋味；雙子人的風格卻是從一朵花跳到另一朵花，這種花蝴蝶般的存在方式不但會造成焦慮不安，而且會帶來不滿足感。基於這個理由，一個人的星盤如果強化了這個一知半解的星座，很容易導致缺憾感，即便當事者正熱衷於眼前的某種活動。

雙子人是卓越的經紀人，他們總是能把A與B連在一起，因此可以說是十分善於串聯的星座。這類人不喜歡被排除於外，很急於參與，但又渴望能自由活動，隨時有個出口，不致於過度受限或責任繁重。雙子人是最佳的雜技師，他們不停地把玩著人、時間、地點和概念。

如果有許多行星落在雙子座，通常會有語文才華。這類人熱愛各種遊戲，特別是打撲克牌。他們也喜歡騎腳踏車、打網球、溜直排輪，對各式各樣的知識或訊息的交流都有興趣。雖然本命盤很難衡量出一個人的智力，但是有強烈雙子傾向的人通常是聰明的。

從最糟的角度來看，這個容易感到乏味的星座，可能會導致輕浮、匆忙、游移不定及善變。如果本命盤有強烈的土星傾向或有許多固定星座，那麼這類特質就會減輕一些。雙子座也會造成容易上當或多疑的性格，因為很難發展出深度。對一切事物抱持開放態度和無法篩檢資訊，往往會變得很難做決定，因此典型的雙子人容易顯現三心兩意的態度。如同古羅馬的雙面守門神（Janus）一樣，雙子座也能同時面對不同的方向。

從最佳的角度來看，有強烈雙子傾向的人是多才多藝和善於應變的。這類人通常很時髦，能夠領先潮流，善於社交應酬，顯得十分忙碌。總之，雙子座是個有趣的星座，行星落在雙子座可能會追求新奇之事，也可能製造出能帶來新奇事物的人。這個星座也跟年輕人有關，特別是那些渴望變化，但又不想在沒有足夠經驗之下就付出承諾的年輕人。這類人如同小飛俠一般，終生都能保持年輕，尤其是星盤裡有強烈雙子座和射手座對立性的人；如果火元素強而土元素弱，就更容易有這種特質。

從第三宮和水星可以看出更明顯的雙子傾向，若是有許多行星落在雙子座，也可以看出兄弟姊妹的特質以及此人與他們的關係。

大範圍

昆蟲界通常與雙子座相關，尤其是會飛的昆蟲、蛾類及蝴蝶。同時我也發現，當行星推進或離開落在雙子座的火星時，往往和大黃蜂或蜜蜂之類會螫人的昆蟲產生關聯。雙子座也掌管猴族，而善於模仿的鳥類，譬如鸚鵡、烏鴉和仿聲鳥，也都跟雙子座的能量相關。倫敦這個變化多端的商業都會，多少世紀以來一直和雙子座連在一塊兒，威廉•勒利在一六六六年九月做出有關倫敦大火的預言，就是源自於看見了一個被火焚燒的木雕孿生像。

色彩／品味／風格

這是一個摩登又注重時尚的星座。與雙子座的主宰行星水星相關的顏色是黃色——這個帶有激勵作用的色彩一向和溝通及心智活動有關，基於這個原因，以往的精神療養院的牆壁都是漆成黃色。黃色是一種喜悅的能量，因此頗能代表朝著光明和快樂的方向改變的雙子座。這類人喜歡直線條而非彎曲的線條。在品味方面，雙子座很難被歸類，他們喜歡各式各樣的色彩與風格。

身體的部位

雙子座主宰著肺、手臂和手，根據我的經驗，它和四肢都有關係。一個人若是因為某種理由而行動有困難，這種情況可以從行星落在本命盤的三宮或雙子座的相位看出端倪。雙子座是一個緊張、容易擔憂的星座，尤其是許多行星都落在這個星座的話。面對別人的期待，他們的這種傾向會更明顯。水星類型的人及有強烈雙子特質的人，很容易有抽菸的習慣（一開始只是想用雙手來做些事），或者比其他類型的人更不喜歡抽煙。這個星座的關鍵部位是呼吸系統。

行星落在雙子座

雙子座為任何一個行星帶來了輕鬆愉快的特質，幾乎像是增添了空氣似的。那個行星不但會變得輕快而不嚴肅，同時也會變得難以捉摸，注意力分散。但土星是個例外，因為雙子座會讓土星過度專注的傾向變得分散一些。與土星相關的心理議題如果受到雙子座的影響，會比較容易表達出來；我們會因此而渴望了解這個行星代表的心理面向。雙子座也和年輕人有關：假如金星或火星是落在雙子座，尤其是火星，那麼此人和愛人的年紀便可能有明顯差距。

宮頭是雙子座的宮位

宮頭星座是雙子座的宮位通常帶有一種雙重性：舉個例子，落在七宮頭代表有兩次婚姻，落在六宮頭代表有兩份工作，落在四宮和十宮頭則可能有兩對父母。兄弟姊妹也會是這個宮位裡的重要主題，而且此宮和上學的時段有關。與這個宮位相關的活動可能會比較多樣化，此人也會以高度的好奇心，以及理性和知性的觀點，來看待這個宮位的活動。

♋ 巨蟹座

元素：水　表現模式：創始
主宰行星：月亮

象徵及符號

巨蟹座的象徵是一隻螃蟹，其符號可以看成是螃蟹的一對鉗子，以保護的姿態圍成了一個圓圈。這個符號看起來也很像反轉的69數字。螃蟹的硬殼是用來保護它的柔軟身軀的，而巨蟹人也有這種傾向：外殼很硬，防衛性很強，但內在是柔軟濕潤的。這個符號也代表胸部（巨蟹座管轄的身體部位）和搖籃般的手臂。這兩種意象都象徵滋養及母性本質。

星座特質

巨蟹座強調的是家、家庭以及過去。這類人渴望安全感，有強烈的歸屬趨力。巨蟹座傾向十分明顯的人通常熱愛歷史和古董。歷史和家族都能帶來一種延續感，擁有過去的歷史令這類人產生一種情緒上的安全感，歸屬於一個家族也能提供安全感。巨蟹座能扮演家族裡的重要角色，主要的任務就是抵擋外來的威脅。

雖然巨蟹座是一個創始星座，但是它處理事情的方式並不直接了當。就像螃蟹的動作一樣，巨蟹人也傾向於旁敲側擊，拐彎抹角；他們是很善於此道的。當一個人需要某種程度的保護時，退縮到自己的殼裡或繞道而行，都是有利的做法，但也可能因此而避開了那些應該面對的問題。如同螃蟹有一對巨大的鉗子，能夠牢牢地鉗住某個東西，巨蟹型的人也會緊抓不放，顯得相當執著。

拐彎抹角、繞道而行，往往是為了掩飾害羞和靦腆的本質，旁敲側擊總比直接面對要容易得多。那些有許多行星落在巨蟹座的人或許防衛性真的很強，但也有狡猾的一面。狡猾、保守的態度以及緊抓不放的特質，演變成了理財方面的技巧，或者可以說是「善於持家」。這類人的領域觀，還伴隨著積攢財物和吝嗇的傾向。

巨蟹座一向以想像力、敏感性及同理心著稱，它的能量是柔和而順服的，不過防衛性也極強。巨蟹型的人不但想保護自己，也想保護他的家族，甚至他的國家；巨蟹人很可能變成愛國主義者。那些有強烈巨蟹傾向的人容易自認為遭受到威脅，他們會用各種方式來回應他感覺到的威脅，而反應的模式通常是易怒、陰鬱和不悅。巨蟹座是個情緒化的星座，更正向的說法則是能夠意識到情緒的變化。這類人對輕藐的態度（可能是想像出來的，也可能是真實的）十分敏感。

這個星座的保護傾向和同理特質，會令這類人產生滋養、照料和扮演母親的衝動。落在巨蟹座的行星會展現出兩種滋養方式，一是照料小孩，一是從事園藝方面的工作。巨蟹座也有強烈的築巢習性，對巨蟹人而言，家是帶來安全保障的終極場所。從落在巨蟹座的行星落的宮位，可以看出一個人創造出家的感覺的生命領域。

如果說雙子座象徵的是孩童、青年人、天真、不懼怕恐怖的人生及健忘等特質，那麼巨蟹座代表的就是母性。這類人永遠能覺知到危險，而且從不輕忽眼前發生的事。由於螃蟹堅硬的外殼可以保護其脆弱的身體，因此有強烈巨蟹傾向的人脾氣也相當乖戾。換句話說，他們可能會情緒化、悲觀及帶有負面傾向。但我們必須補充的是，幽默感仍然是巨蟹座的重要部分，因為歡笑能夠增加歸屬感。阿道斯・赫胥黎（Aldous Huxlery）的「圈內對圈外的敵意」理論（in-group / out-group），或許可以用來探討巨蟹座和幽默感的本質。巨蟹人樂意為他所屬的團體做任何事；他們的諷刺笑話通常都是針對圈外人，因此這類人可能很難適應外國人或外國事物。

「頑固」是這個星座的另一個關鍵詞。就像是螃蟹的鉗子一樣，這個星座的頑固和執著傾向或許是十二星座裡最強的。巨蟹人不容易放下過往的歷史或家人，或者任何一個支持系統。巨蟹人不論多老都會執著於舊有的人事物，這種執著傾向會讓他們產生強烈的佔有慾、小題大作的態度，以及令人透不過氣來的掌控性。

這個星座和良好的記憶有關，不過巨蟹人容易記得情緒而非事實，譬如三十年前的某個假日曾經出現過的感覺。巨蟹座是個多愁善感的星座，如果有許多行星落在這個星座，則會有收藏和囤積的傾向。典型的巨蟹人不願意忘懷過去，也不想讓你忘掉過去。他們不但執著於你，不願放下你，同時也希望你執著於他們。他們被需要的需求是十分強烈的，因為這能帶來一種安全感。據統計顯示，星盤裡有強烈巨蟹座傾向的人，可能是最長壽的，因為這和頑強的議題有關。雖然癌症（根據我的經驗）和巨蟹座有密切關係，但是有許多行星落在巨蟹座的讀者無需為此驚慌，因為西方社會很少有人不受這個疾病波及。從你星盤裡的巨蟹座落入的宮位，可以看出你可能會與癌症面對面的生命領域，以及何人可能罹患癌症。請注意，對甲殼類動物的研究統稱為甲殼類動物學，而「癌症」這個疾病的名稱很可能就是從螃蟹得來的，因為其能量和螃蟹一樣頑強。拉丁文裡的cancer真的意味著「螃蟹」（crab）。

大範圍

擁有豐富歷史和遺產的國家，通常和巨蟹座的能量相應。那些重視家族的國家，譬如蘇格蘭和義大利（黑手黨）就是明顯的例子。在動物王國裡，這個星座和甲殼類動物有關，如螃蟹及其他的海底生物，但不包括漁類。海龜及陸龜也受巨蟹座和摩羯座的兩極對立性（土星落巨蟹座也包含在內）所影響。有關雞的故事都是在行星通過巨蟹座的時候激發出來的。或許這個星座和金牛座一樣，也和乳牛有關聯。由於大象擁有良好的記憶及緊密的家族關係，所以也可能屬於巨蟹座（至少和巨蟹座／摩羯座的兩極性有關）。我的一個同類療法個案，有四個行星落在巨蟹座，適合他的處方竟然是最具有固著性的植物——鐵線蓮！

色彩／品味／風格

巨蟹座的顏色是白色、銀色及珍珠色。巨蟹座被強化或上升點落在巨蟹座的人，給人的第一印象往往是他們的白色或淡色系服裝，他們也喜歡自然的淺色調，服裝的類型大多寬鬆而飄逸，選擇的傢俱則是舒適柔軟的。他們喜歡古董，而且品味比較傳統。還有的人喜歡小裝飾品，以及那些令人回憶起過往的東西。

身體的部位

胃、膽囊、部分的消化器官（不包括腸道）及胸部，都屬於巨蟹座管轄的範圍。上升點落巨蟹座或有重要行星落在這個星座的人，通常胸部都很大。巨蟹座的主宰行星月亮，可能會強化這個星座不耐濕冷及鼻黏膜容易發炎的傾向。這類人裡面有一小部分走路很像螃蟹，原因是生理上有某些問題。

行星落在巨蟹座

任何一個行星落在巨蟹座，都帶有母性或滋養保護的特質，但必須觀察是什麼行星或宮位落在巨蟹座，才能決定這份滋養的特質是來自施方或受方。任何一個行星落在巨蟹座——包括外行星，也包括宮頭是巨蟹座的宮位——都能顯現此人的母親的經歷，即使一般認為巨蟹座並不是最首要的代表母親的象徵。行星落巨蟹座不但能使我們了解我們的生母，而且可以說明我們成長過程中所有的照料者。

宮頭是巨蟹座的宮位

這個宮位代表我們受到保護和滋養的生命領域。舉個例子，八宮頭如果是巨蟹座，意味著此人可能會照料別人的錢。六宮或十宮頭如果落在巨蟹座，則代表此人的工作可能涉及提供他人滋養、安全及保障。七宮頭如果落在巨蟹座，往往會在一對一的關係裡展現母性特質。如果是落在十一宮的宮頭，或許朋友們會提供家一般的安全感；或者我們會照料我們的朋友，而他們也喜歡照顧我們。

♌ 獅子座

元素：火　表現模式：固定
主宰行星：太陽

象徵及符號

獅子座的象徵就是動物中的獅子，它雄偉、高尚、勇敢、受人尊崇。其實這個說法有點誇大，獅子雖然看似勇猛，其實專挑最弱小的動物，而且是從背後攻擊，公獅子甚至會去偷母獅子的獵物。這個星座符號則是象徵著獅子的鬃毛和尾巴。

星座特質

神話故事裡國王與王后的形象非常適用於獅子座，大貓的雄偉和驕傲也很能代表這個星座。獅子人性格最好的一點就是自尊自重，最糟的一點則是自大和高傲；國王只有在忠誠子民的擁戴下才能稱王，因此獲得別人的認可是獅子人最重要的心理特質，獅子座追求的一向是發掘出以何種方式才能使自我變得獨特和重要。落在獅子座的行星可以描繪一個人如何獲得地位感、讚美和矚目的人格面向。受獅子座強烈影響的人，不可能甘於成為一名阿諛者，但成為舞台焦點也不可避免地會讓他人扮演小角色。

貴族和權威人物通常擁有忠貞不二的隨從，因此獅子人也會吸引來一些攀龍附鳳、善於奉承的追隨者。獅子座最大的弱點就在於，太天真地相信自己為眾人所矚目。這類人相當虛榮，容易得意洋洋，而且眾所皆知，神話裡的貴族通常都偏袒自己人。這類人也會選擇地位比他們低下的人聯姻，或許這是為了突顯他們的卓越性，但也許只是想浸淫在被奉承的氛圍裡。獅子也像大部分的貓類一樣喜歡被撫摸。或許擁有忠貞的下屬的確是必要的，因為有了他們才能阻擋被篡位的威脅。任何一個養過家貓的人（請留意，貓似乎強烈地受處女座影響）都知道，貓通常會找高高在上的有利地點來保護自己。同樣地，獅子型的人也喜歡保持高昂狀態，高昂不但意指社會地位，同時也帶有樂觀自信的味道。就像其他火象星座一樣，獅子座也喜歡保持居高臨下的姿態。

探討獅子座時很難擺脫顯要的形象。從最佳的角度來看，它代表的是一個有智慧而又仁慈的統治者，當然統治者也可能是專制的；同時，統治者也意味著凌駕於眾人之上，而且是以紆尊降貴的態度面對那些地位較低的人。但是一個真正自信而成功的領袖，往往會以實事求是的態度面對自己的顯赫地位，而且對自己或自己的地位都有十足的信心。能夠關懷和覺知到他人，並且能啟發他人，子民們才能沐浴在領袖的熱情之中。只有在懷疑的壓力下，獅子人才會因缺乏價值感而必須成為矚目焦點。如果你很清楚自己是卓越的，就不需要別人一直給你肯定了。溫暖、忠誠、慷慨及寬宏大量，是獅子人最重要的特質；他們不像巨蟹人那樣容易積怨。它們就像所有的火象人一樣，具有一種快活的本質，而且總是興致高昂。這類人不容易被擊倒或壓制，他們的大方不只表現在刷信用卡，而是精神和行為上，這類人都是慷慨的。最佳情況下他們會展現出溫暖寬大的胸懷。任何一項任務獅子人都能勝任，因此從各方面來看，他們都很適合扮演領導者的角色。或許他們並不很適合實際操作，但如果真的認同了某個人的能力，他們也很懂得委派合適的人去執行任務。掌權者必須擁有信心和熱情，而且必須有正向態度，同時又能處理任何一個難題或缺失，包括真實的以及想像的。領袖必須忠於手上正進行的計畫，而且必須激起他人的忠誠認同。

仔細觀察一下你會發現，獅子人總是不停地在演出，很擅長虛張聲勢。這很像股市裡的情況：當投資人對商品失去信心時，股價就會直直滑落。股價的漲跌不必然和真實情況有關，重點在於持股人對整個情況的看法，因此獅子人的伎倆就是維持住別人對他們的信心，或激發別人的信心，當然，他們更是最佳演員。獅子人的另一嗜好則是選擇比較缺乏信心或能力的伙伴（也許是無意識地）——銀行總裁絕不能讓他的伙伴有機會對大眾宣告國王沒穿衣服，或是這家銀行必須賣掉旗下的某個公司的股份。

這種善於表演和虛張聲勢的能力以及被認可的需求，使得獅子座成為娛樂業、尤其是表演事業最主要的星座。星盤裡如果有顯著的獅子座與雙魚座傾向，那麼生活裡最重要的活動就是演戲了。大體來說，獅子座是一個最具有創造力的星座，而創造意味著全心投入於眼前正在進行的事。獅子座的確有這方面的才華。

一個人如果有某種程度的自我價值感，那麼落在獅子座的行星就能展現最佳的一面，如此才能把獅子座的慷慨和寬宏大量，以正向方式展露出來。有強烈獅子座傾向的人既需要被尊重，又喜歡發號施令。獅子人的自尊自重能帶來適切的自豪，但反過來看，自豪也可能是他們的問題根源。害怕達不到自己的高標準，有時會讓這類人舉步不前，不敢嘗試任何事情。獅子人最怕被人恥笑，而且不願冒險被人當成傻瓜。如果有許多行星都落在獅子座，那麼此人便可能自視過高，甚至有誇耀和自欺傾向。

大範圍

在動物王國裡，獅子座很顯然象徵著大型貓科動物（尤其是獅子），但也跟天鵝之類的高貴動物有關。孔雀也可能屬於獅子座。我有一位好友於多爾塞特的斯旺尼吉（譯注：Swanage 為英格蘭貴族的度假勝地）建立了一個家，他有三個行星落在獅子座，而且是在象徵家的四宮裡面。

色彩／品味／風格

這類人以他們的品味、外表或家為榮。他們可能喜愛鮮豔色彩（寶藍色以及溫暖、明亮、強烈的顏色），有時也喜歡穿戴得金光閃閃。他們通常會創造出鮮明的個人風格。但並不是每個獅子人都喜歡宏偉的家，不過即使是比較低調內向的類型，也渴望帶給人深刻的印象。有時連土星落在獅子座也會帶來拔尖出眾的獅子座風格——這種人可能無意識地害怕被忽略。

身體的部位

心臟是跟獅子座有關的主要器官，但脊椎和上背部也和獅子座有關。由於獅子座極為關切自己的尊嚴和榮耀，而且必須是正直的，因此這個星座和背部有關並不奇怪。過度耽溺和奢侈的生活，往往是獅子座人墮落的原因。他們就像大孩子一般，而且非常喜歡小孩，但自己的子嗣並不多。

行星落在獅子座

除了土星之外，其他落在獅子座的行星通常都渴望被關注和欣賞。它們可能以戲劇化、賣弄或信心十足的方式展現自己。舉個例子，一個人的水星如果是落在獅子座，無疑地，此人對自己的意見通常非常有把握。金星或火星落在獅子座，則可能選擇值得向人炫耀的伴侶，至少是足以自豪的對象。同樣地，這類人也會努力使自己成為令伴侶驕傲的對象。

宮頭是獅子座的宮位

宮頭是獅子座的宮位會讓一個人覺得活力十足，展露出最耀眼的光芒。這個宮位可能是精神和行為上最能展現慷慨特質的生命領域；自豪也可能是這個宮位裡的活動經常出現的心理議題。這個宮位的活動，和主宰行星太陽落入的宮位及星座，往往有密切關聯，所以也必須審視一番。

♍ 處女座

元素：土　表現模式：變動
主宰行星：水星或其他小行星※

象徵及符號

處女座的象徵是一個純潔的少女，穿著飄逸的袍子，手上拿著一束玉米穗。至於其符號到底代表什麼，並沒有定論，或許可以看成是玉米莖。在北緯一帶，處女座時節乃是收成的階段，這時的農作物已經成熟了，裡面充滿著營養素，因此農人會在此時將收成的作物分類，測出它們的重量。同樣地，純潔的少女也長大了，她已經出落得像個成熟女子，但如果她願意的話，還是可以保有自己的獨立性。她必須很仔細地揀選追求她的人。全穀類顯然比加工後的穀類更富有營養，而純潔的少女也具有未經指染的貞德。灶神及修女經常和這個星座連在一起，爐灶和家乃是古羅馬社會的背景布幕，灶神和修女們負責的是確保羅馬的聖火不滅，如果聖火滅了，羅馬便可能遭受最恐怖的詛咒及厄運。因此我們可以說，灶神的處子們被委以重任，確保羅馬這個城市能繼續運作下去。

星座特質

處女座最關切的就是把麥子和外殼分開來，換句話說，它必須決定什麼是有用的，什麼是無用的，然後將無用的淘汰掉（其實負責淘汰的最後往往是天蠍座，結果處女座總是消化不良），處女

※註：某些主要的小行星，如穀神星、灶神星、智神星及健康神星，也和處女座有關，甚至可能是處女座真正的主宰行星。在474頁裡，讀者可以找到更多有關小行星的訊息。

座人關切的是事物的運作方式，所以他們必須按順序來選擇什麼必須立即完成，什麼可以留待以後再完成。

如同水星掌管的另一個星座雙子座一樣，處女座也渴望獲得資訊，但雙子座希望掌握所有的資訊，而處女座只想要有用的訊息，因此處女座人有一種與生俱來的辨識力，以及按輕重緩急行事的才能。他們有過濾和揀選的本能。若想辨認X和Y的不同，決定什麼是好的什麼是壞的，就必須有評鑑和分析的能力，而處女座的主要才能就是評鑑和分析。處女座適合扮演任何一種與品管有關的角色。這個星座也會力求完美，如果無法達到完美，處女座就會確保事情能夠生效和繼續運作下去。處女座的問題就在於關切小節上的缺點，而忽視了整體的美。如同接下來的天秤座一樣，處女座也可能因猶豫不決而動彈不得（基於某些理由，天秤座的這種傾向比較弱一些）。因猶豫而造成的焦慮，通常是出自於害怕事情會出錯，或者萬一做錯了決定，缺點會更明顯。一般的處女座人通常沒什麼顯赫的成就，由於他們對大責重任或權勢地位缺乏胃口，所以往往得遷就那些不願苦幹但比較有自信的上司的強勢作風。

處女座的特質與前一個獅子座正好相反，因為處女座對誇示或炫耀感到很不好意思，而且能以百倍的速度立即看透虛張聲勢。處女座的角色在黃道眾神殿裡是必須服務，而且是沉著地服務。處女座人寧願選擇偽裝的謙遜，也不願賣弄或誇示。這類人多半很低調、渴望把事情做好、不願誇張自負。處女座關切的是瑣碎的事物，但處女座人成功的秘訣也就在於對細節的關注，以及總是能留意到他人忽略的事。基本上，處女座是非常有觀察力的，但那些受處女座強烈影響的人也可能被細節綑綁，而見樹不見林。處女座人由於不斷地分析某個局部（或雞蛋裡挑骨頭），故而錯失了事物的要點及核心部分。處女座不但對外在世界吹毛求疵，同時也是最自我苛求的星座，然而它也是最謙遜不擺架子的星座。同樣地，行星落在處女座也會被星盤裡更外向的能量壓縮，那些受這個星座強烈影響的人，往往是小心謹慎有所保留的，他們不關切權力和成就，時常懷著善意，展現出友好的態度。

處女座人或許不像獅子座人那麼有創造力，但是比獅子座人更有技藝。這個星座一向與手藝和技藝有關，這點並不足為奇，因為大部分的技藝需要的特質，處女座早就擁有了，包括刻苦磨鍊技術的耐力、不斷追求改善、有自我批判能力，能夠看出什麼是好的什麼是壞的；處女座人有許多都成了木匠、鐘錶製造者或其他的藝匠。老處女以及小題大作的單身漢，也往往和處女座相關。克莉絲汀（Agatha Christie, 1890-1976）小說裡的兩名人物，瑪爾波小姐和海格利・普拉特，就是代表處女座的不朽人物（艾格莎的太陽和上升點都落在處女座）。

身為十二星座之中比較獨立的一個星座，處女座關切的另一個議題就是身體的健康（如果這個星座被強化了，也可能會時常懷疑自己有病）。這種傾向往往源自於不想倚賴他人。處女座人喜歡服務別人，卻很難接受別人的服務，而生病暗示著必需接受別人的服務。

許多描寫太陽星座的書籍都提到處女座人愛整齊，其實他們往往相當不整齊（除非有強烈的天秤座傾向）。處女座和雙魚座這兩個對立的星座都傾向於雜亂無章，但處女座對某些事物仍然會斤斤計較，而任何行星落在處女座，也都會顯現出一絲不苟或小心翼翼的特質。處女座雖然是一個土象星座，但可能是最不帶有土性的（更像是沙子），雖然如此，它關切的仍然是實際和富有生產力的存在方式。由於實事求是的作風，而且經常陷入瑣事之中，因此處女座人在最佳情況下，很明白自已無法顧全所有的事物，故而必須考量什麼才是最優先的選擇（這會示現成列清單的習慣）。那些深受處女座影響的人極少強調整齊，但通常十分愛乾淨。

大範圍

歷史上，寵物一向是養來服侍主人的，因此像家貓和牧羊犬這類的寵物，特別與處女座相應。齧齒類動物，尤其是吃穀類的老鼠，無疑也跟處女座有關。由於處女座和六宮相關，所以通常用來代表小動物。瑞士一向有乾淨的形象，並且精於製造手錶和布穀鳥自鳴鐘，因此也是由處女座掌管的國家，越南顯然是另一個例子。此外像迷你裙和迷你車這樣的嬌小形象，也和處女座有關。

色彩／品味／風格

與其它的土象星座一樣，處女座在設計上偏愛簡單俐落的風格，服裝方面也往往保持低調。處女座人雖然也喜歡色彩，但比較傾向於中性顏色。他們不喜歡太繁複的設計，通常偏好格子、細線條以及小圓點的花紋。他們喜愛天然材質，特別重視設計精美的日常用品，譬如廚房用具。

身體的部位

傳統認為處女座和小腸有關（包括十二指腸、空腸、迴腸），或許脾臟也包括在內。小腸的工作帶有典型的處女座特質，因為它的任務是負責輸送和吸收食物，方式是把大塊的食物分解成小分子。在各器官中脾臟的功能一向受到爭議，但醫生大多認為它的作用主要是保護我們不受細菌感染和防止組織腐敗。除了扮演讓我們保持清潔的角色之外，脾臟一向不受醫療團隊重視，這也是很典型的處女座特質。處女座人通常是細緻嬌弱的，卻十分擅長養生保健，無疑地，這是因為處女座愛乾淨、懂得節制及挑剔。但是它容易擔憂的傾向，也可能損害健康。

行星落在處女座

任何一個行星落在處女座，都會有某種程度的分辨、識別及評鑑的能力。那些星盤裡有月亮或金星落在處女座的人，很可能會批判身邊重要的人，而且會分析與這些人的關係。行星落在處女座也帶有小氣的心理特質。

宮頭星座是處女座的宮位

這個宮位可能是當事者最容易展現批判性的領域，與這個宮位相關的活動，也會顯現自我批判和低估自己的傾向。此人會在這個領域裡尋求服務他人的機會。

♎ 天秤座

元素：風　表現模式：創始
主宰行星：金星

……在老練的外交手腕底端，不難發現道德上的懦弱傾向和缺乏誠意。當我們在觀照艾弗洛戴蒂的子女時……，不禁發現泡沫乃是空談的另一個名稱，其特質之一，就是將自己輕柔地覆蓋於水面，因此你不可能在水底發現它。

——依莎貝爾．佩根（Isabelle Pagan），《從先驅到詩人》（From pionner to Poet）

象徵及符號

天秤座的符號是一座天秤；這個象徵很貼切，因為這個星座主要關切的就是平衡性的問題。北半球的太陽每一年都會在九月二十二日的秋分進入天秤座（南半球則是在春分），這個時節的晝夜是完全均等的。

星座特質

天秤座是黃道裡唯一由無機物所象徵的星座。缺乏動物性，意味著天秤座是一個非常文明的星座，這既是它的福份，也是它的詛咒。當一個人過度文明時，就得冒著喪失不文明的人性的危險，因為人性裡的一些特質（譬如憤怒和忌妒）都是身而為人的重要部分。從另一個角度來看，天秤座的文明態度，正是一個開化社會達成和平與秩序的必要條件。受天秤座強烈影響的人，通常能夠和任何人相處。

天秤這個象徵同時也揭露了天秤座最主要的特質：衡量事物的輕重。公正性當然也包含在內，只有當我們仔細衡量相反的觀點時，才能做出公正的決定。有能力妥協以及具備調解安撫的能力，也是天秤人的武器之一。或許沒有任何一個星座有這麼大的潛力，能夠幫助團體成員達成協議。這個特殊的才能不但有利於外交領域，也可以用來幫助正在考慮分居或離婚中的婚姻伴侶。以服務和謙遜為導向的處女座比較缺乏自主性，因此可能製造出上下階級的關係，而天秤座則矯正了這種不平衡的傾向，因為它關切的是平等與合夥關係，所以沒有任何一方是居高位的。天秤座總是以平等的態度對待別人，而且是第一個展現出這種風範的星座。

天秤座是一個扮演橋樑角色的星座，除了有能力在人和國家之間搭起一座橋之外，現實世界裡的橋和橋牌也都是由天秤座管轄。橋能夠讓事物連結，也讓人們獲得了本來無法取得的東西。天秤人善於玩橋牌，因為這種遊戲必須有四個人才玩得起來，而且必須有策略和說服力。天秤人是長於謀略的，也善於操縱人及事件情況。天秤人會以各種不同的方式將底牌藏在袖子裡，因為洩漏底牌可能會破壞和諧的情境。

受天秤座強烈影響的人，經常發現自己很難處在祥和的狀況裡，尤其是太陽和上升點落在天秤座的人。他們遭遇的各種鬥爭，往往大過他們所能承擔的，不過如果我們理解到，和事佬需要戰爭才能達成調停的目的，就不會為這點感到驚訝了。同時天秤型的人也容易發出「這太不公平了！」的哀號——這種著眼點也會用來正當化法庭裡的訴訟或軍事行動。

優雅是另一個天秤座的特質，我指的優雅是不費力就能表現出美、禮貌、典雅的舉止、洗鍊的態度或魅力；這些特質可能會藉由社交和體態展現出來。天秤座很懂分寸，由於其主宰行星是金星，所以這類人厭惡鄙俗、草率、粗野或魯莽的作風。這個星座以懶散著稱，這無疑是因為天秤人不喜歡弄髒他們的玉手——這個說法可以詮釋成好幾種層次。由於他們憎恨鄙俗和骯髒，所以可能會規避掉人生的一大部分，讓別人去處理這些不稱頭的事。由於天秤座極為重視關係，而且是相當溫馨又注重社交生活的人，所以天秤人很難面對關係裡的衝突，以及更深刻的情緒或激情。許多占星學的學子都以為天秤座是一個愛的星座，其實不然。因為愛的感受是充滿著騷動的，而天秤人真正關切的是關係的互動、相互作用、和諧性、調合性及妥協——這些都是婚姻的基石，所以婚姻關係才是天秤人最關切的事。

如同另一個由金星主宰的星座——金牛座——一樣，天秤座也不喜歡讓局面失去平衡而導致不和諧。天秤人非常渴望別人的贊同，深怕推翻了別人的看法會危及關係。事實上，這種傾向往往會造成反效果。不喜歡正面衝突就是天秤人經常陷入衝突的原因之一，這意味著當困難出現時他們通常不會去面對。問題一旦被藏到地毯下面，未解決的心理議題就會變得更嚴重。這類人在婚姻中會想盡辦法保持和諧，但這麼做等於沒有敞開心胸相互交流，因為困難有時反而能增加雙方的親密性，以及對彼此的了解。

天秤座基本上不喜歡破壞任何事情，所以是個比較保守的星座。它的態度和品味都比較內斂。天秤座也重視秩序（因為秩序能帶來和諧！）及平衡性。這個星座比處女座要整齊得多，後者比較關切清潔與否的問題。天秤座對秩序的熱愛可以透過好幾種方式表現；譬如天秤人不喜歡他的關係出現麻煩，他們也不喜歡事情或情況混淆不清。

一心一意追求和諧乃是天秤人的創造來源。即使一個天秤人沒有成為藝術家，也會重視環境的美感。如果他們有音樂方面的愛好，比較會偏向曲調優美和諧的音樂。

有趣的是，天秤座的弱點也埋藏在追求公平和諧的需求之中，因為這會導致猶豫不決的傾向。不斷地衡量會讓這類人很難做決定，特別是過程裡，如果無法覺知自己更深的真相，或自己真正想要的是什麼。其實從某個角度來看，天秤人早已做了選擇。他們的確知道自己要什麼：他們要的就是和諧，以及最不會導致混亂的選擇。換句話說，他們要的就是不做任何決定。如果一個人總是在衡量怎麼選擇才能帶來最高的秩序、友誼、祥和及合作的可能性，是很容易變得猶豫不決的。天秤人渴望關係，因為他需要一個人站在天秤的另一端，一個能夠回應他的觀點、扮演共鳴板的人。然而無法堅持自己的觀點、採取騎牆態度，也可能變得過於依賴（典型的天秤人既不喜歡自己做決定，也不喜歡單獨一個人做任何事）或不誠懇。

天秤座很善於留給人良好的第一印象，因此適合在櫃檯服務，或者負責接待的工作（如果上升點落在天秤座的話，尤其會展現出這種特質），因為上升點在意的就是帶給人的第一印象。與美容業有關的各種事物也和天秤座相關。

大範圍

希臘一向被視為西方文明的搖籃，這是文明的天秤人最愛去的地方。在動物王國裡，天秤座或許和那些觀賞性的動物有關。傳統占星學認為天秤座掌管的是蜥蜴這樣的小爬蟲類，這個論點我很難確定或否定。

色彩／品味／風格

天秤座被強化的人喜歡那些不會過時而無須經常改變的風格，因此他們熱愛古典式的服裝、裝潢及音樂，和諧性一向是天秤人的品味重點。讓我們再回到希臘是西方文明的搖籃這個概念；假設你在某個人家裡看到許多希臘女神或男神的雕像，你幾乎可以確定這家的主人星盤裡一定有天秤座被強化的情況。

身體的部位

傳統認為腰部和天秤座有關，因此這個星座掌管的是腎臟、腎上腺素及腰的下半部。在中醫理論中，腎臟和一個人的恐懼情緒是相關的，而恐懼也是每當天秤人面對挑戰時，往往都會出現的情緒。

行星落在天秤座

天秤座為任何一個行星帶來了精緻的特質，追求平衡性也是這個行星不可避免的議題。除了下降點及下降點的主宰行星之外，任何一個行星落在天秤座，都可能是跟婚姻有關的元素；它如果不能描繪出婚姻伴侶的特質，就能描述這份關係本身。

宮頭是天秤座的宮位

伴侶和伴侶議題都會受這個宮位影響。有時這個宮位也可以顯示伴侶是在何處找到的，但金星、火星或第七宮的主宰行星的影響力更強烈一些。從宮頭是天秤座的宮位，可以看出一個人最渴望與夥伴共事的生命領域。

♏

天蠍座

元素：水　表現模式：固定
主宰行星：冥王星（現代）或火星（傳統）

從技術上來說，只有當水變成冰的時候才能被操控。像天蠍座這樣的冰山，顯然很少揭露自己；它的大部分都潛伏在水裡，珍藏了起來。

——馬丁・佛萊曼（Martin Freeman），《如何詮釋本命盤》（How to interpret a Birth Chart）

象徵及符號

天蠍座的象徵是一隻蠍子，這個生物激起了人們巨大的恐懼，但一千三百種蠍類之中，只有二十種會危及人類。蠍子存在於地球的歷史已經非常久遠，各種類型的棲息地都可以發現它們。它們之中有許多同類可以好幾個月不吃東西，而仍然能存活。它們喜歡晝伏夜出，總是待在和外界隔絕的陰暗角落裡。這個星座的符號與處女座有點類似，但尾巴是一個朝外的箭頭，似乎代表受威脅時，能夠機警地立即螫傷對方。除了蠍子之外，老鷹、鳳凰及鴿子，都是它常見的象徵符號；它們代表的是這個星座錯綜複雜的心理特質。

星座特質

天蠍座擁有巨大的力量，其力量源自於心理和情緒，但生理上也很強悍。天蠍人的力量埋藏在克己自制的能力和精力之中。那些受天蠍座強烈影響的人，很難接受自己或他人的弱點和不及之處。他們拒絕被任何人或情況操縱，這種傾向令他們變得不屈不撓、懂得自律，而且有強大的意志力。這些特質也解釋了為什麼天蠍座以治療能力著稱。據說天蠍人的力量也會令他們有高度的掌控性，但這種對他人的掌控性，往往能協助人度過危機、超越以往的能力和侷限。

我們可以說天蠍人因危機而不斷進步。如果說天秤人懼怕的是鄙俗的事物或推翻別人的看法，那麼天蠍人擁有任何看法的理由，就是為了推翻別人。所以對天蠍型的人而言，所有的事都必須親自閱歷一番，包括人生的每個面向在內。從這個角度來看，天蠍人不畏懼、不退縮而又果敢。

天蠍座是個多采多姿、熱情、感受強烈的星座；畢竟，危機時刻是不容保持中立的。如果說天秤人總是逃避極端性，那麼天蠍人則會沉緬在極端的狀況裡。由於其主宰行星是火星和冥王星，因此生存變成天蠍座的巨大議題，實不足為奇。在最糟的情況下，那些星盤裡有強烈天蠍傾向的人，往往會為了生存而把每件事都變成一場戰役，不論這場戰役是否真的存在。他們很容易覺得受威脅——這些威脅或許是真的，也可能是想像出來的。這個星座的高度敏感性，使得這類人很容易覺得受迫害。從好的一面來看，他們有超越一般人之上的同理心，特別是對那些覺得受迫害或是有偏執狂的人，天蠍人是相當有慈悲心的，他們能夠深刻地了解人類的情感以及種種的心理反應。

絕不從表面看事物，會導致懷疑的態度和某種程度的「犬儒主義」(cynicism，認為世上沒有白吃的午餐)。有強烈天蠍傾向的人最大的問題，就在於信賴與不信賴之間的衝突。他們必須偶爾放鬆一點，接受自己的過失，學習寬恕自己和他人，而且得學會分享。如同對面的金牛座一樣，天蠍座也以佔有慾著稱，這類人很難接納次要地位。天蠍座和牡羊座一樣也喜歡搶先，不過它在乎的比較是關係和性上面是否能領先。到達黃道的處女座階段，少女就像怒放的鮮花一樣可以被摘下來了；到達天秤座的階段，婚姻和伴侶關係變成了焦點，因此接下來的天蠍座與性有關，的確是理所當然。實際上，許多受天蠍座強烈影響的人過的往往是獨身生活。天蠍座一向和極端作風有關。

第八宮、土星、冥王星及凱龍星，都和死亡有關，但唯一能強烈意識到死亡或各種轉化經驗的，只有天蠍座。天蠍人和牡羊人一樣也帶有戰士特質，這兩個由火星主宰的星座最大的不同，就在於牡羊座比較直接和公開，天蠍座則是以較為隱密的方式在運作。天蠍人雖然不懼怕死亡，卻又非常關切生存議題，牡羊人則帶著一種「鬼才在乎」的天真態度，因此很少思考被打敗的可能性。或許某種程度上天蠍人已經與死亡和解，所以才會選擇全神貫注地活著。他們可能會對危機上癮，而且喜歡克服困難，獲得真正的轉化和蛻變。飽嚐人生的高低起伏、活在剃刀邊緣、擁有極端的經驗，都是天蠍人可能閱歷的生命內涵。感受痛苦，強烈地體驗所有的事物，總比無感強得多。

天蠍座是水象星座中最善於保密的，同時也最了解如何瞞騙、進行秘密破壞和不動聲色。受天蠍座強烈影響的人，可能會緊緊抓住自己的財物，也會抓住自己的情緒和痛苦不放；這個星座在情感上不易寬恕和妥協。如同所有的固定星座一樣，執著也是這個頑強果決星座的重要元素。這裡指的執著主要是針對痛苦、危機和戲劇化的反應而言，但天蠍人的內心不論蘊釀著多麼大的風暴，一般旁觀者很難看得出來：天蠍人的情緒能量就像冰山一樣，只有一小部分可以讓你看到。

如果說天秤座是最善於妥協的星座，那麼天蠍座就是最不肯妥協的星座，而獅子座則是最忠誠的星座。天蠍人很少展現出和善可親的模樣，不過他們的情感是誠懇的。如果有許多行星都落在天蠍座，那麼此人往往具有洞察力和機警的覺知，而且他們相信自己感覺的程度大過風象型的天秤人。雖然天蠍人除了領域觀之外，還帶有不易寬恕、無情及不理性的特質，但忌妒或報復心並不是天蠍人所獨有的，天蠍人只是不畏懼這一類的情緒，而且認為必須經歷過這些情緒之後，才能真的蛻變。

由於喜歡探秘，因此天蠍人往往被神秘的事物吸引，如玄學、心理學、考古學或是帶有偵察特質的事物。這個星座非常善於研究和探察。

大範圍

這個星座與蠍子以及看似無害卻會激起恐懼的生物有關。譬如蜘蛛和螞蟻等節肢動物，也屬於天蠍座管轄，此外還有老鷹、鵟、獵鷹、烏鴉和白嘴鴉、吸血和吃腐肉的動物（譬如血蛭和禿鷹），以及那些清理屍體和排泄物的動物，一般而言都和天蠍座有關。從類似的觀點來看，日本人喜歡吃生魚片及切腹的風俗，也和這個星座有關聯。

色彩／品味／風格

天蠍人喜歡的是強烈的色彩、味道及品味，而非淡而無味的東西。它們欣賞的是強烈而大膽的言論。黑色及深紅色（凝固之血的顏色！）也是他們喜愛的顏色。

身體的部位

天蠍座掌管的是排泄和生殖器官：包括直腸、膀胱和生殖器。若想保有健康，就不能累積情緒，對天蠍座被強化的人而言更是如此。

行星落在天蠍座

任何一個行星落在天蠍座，都帶有強烈、熱情和隱密的反應模式。不論這個行星釋放的是什麼信息，都不容易透露給旁觀者。天蠍座會增加深度，因此行星落在天蠍座可能與死亡或瀕死經驗有關，但必須看星盤裡的其他元素是否支持這個結論。

宮頭是天蠍座的宮位

在這個生命領域裡，當事者會堅持或者被命運安排，去面對某種程度的熱情與深度。此人很難在這個領域裡輕鬆過日子。如果天蠍座是落在三宮、九宮或十一宮的宮頭，那麼此人很可能對心理學或玄學有興趣，而且有研究才能。如果是落在關係宮位（三宮、五宮、七宮、八宮或十一宮），就會在關係裡產生複雜的情緒干擾。

♐ 射手座

元素：火　表現模式：變動
主宰行星：木星

象徵及符號

射手座的象徵符號是個半人半馬的生物，手中拿著一把弓箭。其符號則是指向右上方的一支箭。

射手座永遠渴望向上發展——包括朝著天堂或上帝發展，或是超越此地和此刻。

星座的特質

如果說天蠍人總是深切地投入，而且對投入的人或事非常執著、充滿著熱情，那麼射手型的人偏好的則是隨興的生活，因為他們需要空間和自由，以便自在地流浪、徘徊和探索。探索和尋找乃是射手座的關鍵議題，這類人永遠渴望走得更遠，得到進一步的發展。這個星座帶有一種遊牧民族或浪跡天涯的感覺，它可能是十二個星座裡興趣最廣泛的星座。

天蠍人對射手型的人散發的信心、樂觀及信賴的態度，覺得相當難以理解。比較外向輕率的射手型人，往往帶有一種老虎般的特質，他們既活潑又愛喧鬧，態度和反應都十分誇張。最佳的情況是這類人很懂得歡樂，有能力散播喜悅。由木星主宰又有賭徒傾向（往往會實踐出來），射手型的人對過度嚴肅的生活感到極為厭煩。他們有膽識、精力充沛、富冒險精神，因此挫敗感不會延續下去。他們總是能寬恕、慷慨而富有善意，遭受重大挫敗之後，典型的射手座人能夠立即復原，重新開始。他們誇張的反應顯示出射手座並不是最細緻的星座。受射手座強烈影響的人，可能因缺乏細膩的覺知而展現出草率的作風；這個星座帶有一種粗心大意和不懂得節制的特質。它的確可以和兩種不同類型的牛仔連在一塊兒：一是西部影片裡最常見的那種敢於冒險的放牧者，另一種則是滿口承諾卻懶於實踐的建築工。DIY商店裡擠滿了那些低估專業技術的業餘者，他們充滿著高昂的興致，對手上的計畫非常認同。只有射手型的人才會以為實現計畫就像強力推銷員宣稱的那麼簡單。

誠實、開放、不虛偽以及正直，這類人同時也以飽受「口蹄疫」（foot and mouth diease）之苦著稱。換句話說，這個星座還有另一個眾所皆知的粗率習性——說話非常不懂得分寸。

如果說天蠍人關切的是「深度」，那麼射手型的人則會被「幅度」吸引。廣泛的興趣和理解乃是射手座與生俱來的存在方式。射手座一向對大畫面著迷，而且痛恨瑣碎渺小的事物，包括那些令他們覺得小心眼或卑劣的人事物。射手座天生就能看見事情的核心精神，這個星座被強化的人通常能立即抓住某個議題的要旨，卻不喜歡處理細節。射手座不喜歡任何一種侷限，因為侷限不利於探索。對射手座而言，最糟的一種侷限就是變得「成熟」這個概念，因為那代表情感的約束、責任及義務。射手座和黃道帶對面的雙子座一樣，都不喜歡長大成人。

射手座關切的是未來、成長及道德倫理。以未來為導向，可能會顯現成對時尚和潮流的興趣，或是喜歡趕時髦。此外，許多射手型的人也往往被新奇的事物吸引。和對面的雙子座一樣，這類人同樣會一時興起而短暫地對某件事感興趣。他們關注未來的傾向，可能顯現成對教育及青年人的關懷。這個星座同時也關注對與錯的議題，被這個星座強烈影響的人，可能有愛說教和自我合理化傾向，不過大部分都會對正義、倫理及道德議題感有想法。

以未來為導向以及能抓住事物的精髓，伴隨著興致高昂的特質，帶給射手人教育、行銷、旅行、政治及宗教方面的才能。最後這兩種行業之所以適合這類人，是因為射手座代表黃道裡比較認同社會、關懷社會運作方式的一個發展階段。

射手型的人有非常活躍的心智，無論在生理上或心智上，他們都渴望行萬里路。射手座是個與旅行有關的星座，這個星座也善於運動，不過這一點和我的經驗並不符合（除非星盤裡有顯著的火星能量）。雖然如此，這個星座還是很善於行走。這類人喜歡開闊的空間，生理上和心智上都是如此。他們喜歡空曠、自由、敞亮的地方。在擁擠的地方或家裡，他們會很不舒服。在各方面他們都喜歡光線明亮的感覺。情緒上，這類人也渴望擁有空間，不受約束。和其他的變動星座一樣，他們也害怕付出承諾。

典型的射手座人對當下不感興趣，他們追求的是長程目標，認為眼前的事永遠都是乏味的，故而選擇予以忽略。在心理上，這類人把眼光放得很遠，但是他們看得到遠方卻看不見近處。看不見近處會令一個人變得笨拙，所以這類人的確有小丑般的特質。

射手座的另一個笨拙的例子，就是對情感有關的事非常率性而天真。這可能是因為他們不想過度投入某個生命領域，免得被拉下來；這個星座會想盡辦法停留在高處來看待其他人的、甚至是他們自己的動機，因此總像是處於陌生領域一般。他們的人生觀令他們覺得別人擔憂的事是微不足道、不值得煩惱的。從另一方面來看，射手這個星座也有誇張的傾向，所以星盤裡有射手座落入的宮位，往往代表一個人把事情誇大的生命領域。如果說處女座和極微、迷你風格及小事情有關，那麼射手座涵蓋的就是大事情或「迷嬉（Maxi）風格」。

射手座或許也跟拖延有關。太陽落在射手座的人很難按時完工：他們太樂觀地認為自己能勝任一切；約會時他們也經常遲到，而且時常把今日應該完成的事拖延到明天。基本上，受射手座強烈影響的人往往會過度放大自己，因為主宰行星木星帶有一種擴張的本質。木星也帶有崇高的本質，所以射手座是一個理想主義而非現實性的星座。即使是最內向的射手型人，也還是會興高采烈地投入某件事，這種興高采烈的特質既能帶來啟發性，也可能帶給別人一種不妥當的感覺，端看旁觀者抱持何種世界觀，以及當時的情況是什麼。

大範圍

射手座的主宰行星是木星和海王星，它掌管馬和大型的狗——被人們拿來賭博的動物——和隨季節遷徙的動物，有一部分也跟這個星座相關。射手座人很喜歡狩獵，所以這個星座也跟狩獵時帶在身邊的動物有關（獵狗和馬），或許也包括那些被獵殺的動物。美國這個國家的誕生時間有點爭議，但是它的遼闊空間、牛仔、自由女神像和多樣化的宗教信仰，都不得不讓人認為它除了太陽落巨蟹座之外，上升點很可能是落在射手座。

色彩／品味／風格

射手座比其他星座更喜歡抽象思考和偉大理論，因此某些射手型的人也喜歡抽象圖案。射手座被強化的人，非常喜愛混雜的圖案和衝突的色彩，有的外表甚至顯得很滑稽。一小部分的人會穿著十分大膽。此外射手型的人也帶有童子軍和少女團員（Girl Guide）的特質。還有的人喜歡穿卡其裝！

身體的部位

臀部和大腿是由射手座掌管。某些人的這個部位顯得十分脆弱（容易得坐骨神經痛、風濕痛及關節炎），還有的人這些部位顯得碩大或特別有力。

行星落在射手座

任何一個行星落在射手座都帶有喜悅、興致高昂和慷慨的特質，但是也帶有誇張和過份的傾向。在最糟的情況下，射手座會為那個特定的行星帶來粗心大意、草率、缺乏紀律的心理特質。水星、火星甚至土星如果落在射手座，經常會以高傲、專橫、甚至自我合理化的態度行事。

宮頭是射手座的宮位

長途旅行、外國或外國人，往往會透過這個宮位呈現出來。如果射手座是落在四宮頭，此人便可能到國外居住；落在八宮頭，則可能到國外投資；落在十一宮頭，可能很喜歡異國朋友，依此類推。或許因為木星是射手座的主宰行星，所以和人馬宮位相關的活動通常都非常幸運，而這個生命領域也可能呈現出慷慨和誇大的特質。如果有這種情況，那麼木星的相位和座落的位置，往往是闡明這種情況的關鍵。

摩羯座

元素：土　表現模式：創始
主宰行星：土星

象徵及符號

拉丁文裡的Capricornus指的是帶角的山羊，其符號可以視為某種動物的臉和角。在北緯地帶，每年當太陽進入摩羯座時，會到達離南方最遠的一個點，這個時節的正午時分，太陽會高高掛在頭頂上；通過這個點（冬至）之後，太陽就像山羊穩健的腳步一般，朝著天空越來越高地往上攀升。這個星座更古老的象徵是神話裡的海羊——一隻頭長得像山羊，尾部卻像魚的生物，或許摩羯座的符號包括了山羊和魚尾巴。所謂太陽的「南門」（Southern gate），一向被視為死人的靈魂的終極去處，而魚的尾巴也暗示著一種消解作用。

星座特質

摩羯座會省思射手座的熱切、不負責任、樂觀主義及快活的特質，其方式是把更清醒負責的存在方式注入黃道的劇情中。如果說射手座的典型特質是不受約束和熱愛各種類型的逾越方式，那麼摩羯座就應該說是以自我克制著稱了。

摩羯座是最關切社會結構、組織及基層幹部的星座，因此它最能適應「建制」。這類人尊重長者、經驗和一切經得起時間考驗的事物。他們喜歡石頭及岩石，有些人則會投入礦業、農業或挖路之類與地殼相關的工作，所以那些星盤裡有強烈摩羯傾向的人非常熱愛土地，這類人是堅忍不拔、從不脫軌、像岩石般穩定的人。這個星座的目的就是維護傳統和權威性，而且願意跟從傳統和權威，也可能負責形塑社會的規範及準則。摩羯人有一種自我約束力，由於他們尊崇長者和經驗，所以也善於服從。在領域觀之外，通常他們也能接受階級制度；除了服從比他們年長的人，這類人也會期待年青一輩的人臣服於他們。即使這類人的星盤裡顯現出對階級制度的厭惡，而且不易服從規範，他們仍然能意識到階級、身分和長幼尊卑的順序。

除了以謹慎、自尊自重和勤勞著稱之外，摩羯座可能是黃道十二星座中最世俗的一個。身為土象星座的摩羯座，關切的就是物質世界，而其由土星主宰，因此也關切現實和老化的歷程。這些主題導致這類人十分在意年老時能否擁有物質保障，在經濟上依賴別人，是他們相當憎惡的事。傳統認為摩羯人老了之後反而看起來比較年輕，感覺上也比實際年齡小，但小時候卻比同齡的孩子看起來老成。

當摩羯人達成了具體成果時是最舒服的時刻。太陽落在摩羯座的人往往有旺盛的企圖心，但他們的企圖心不像獅子座是為了誇示和成名，而是想成就能經得起時間考驗的事業。摩羯人是高尚而不浮誇的。有耐性是他們的另一種特質；那些摩羯座被強化的人很少匆忙行事（除非火星的能量很強）。他們通常很高興充當學徒。這個專注的星座也非常具組織力和規劃能力。他們在時間上的規劃能力對射手型的人而言簡直難以理解；這裡指的時間規劃包括日常生活，也包括一生。由於有強烈的秩序感，所以對效率高、有組織力又懂得自制的摩羯人而言，管理他人是件很容易的事，不論是否扮演主管的角色，摩羯人都很善於掌理大局。他們不但懂得自制，也有能力治理人、事及環境，但行星落在這個星座並不一定會以專橫或跋扈的方式做事。摩羯座的另一個議題就是尊重，他們尊重那些值得被尊敬的人，而且不會輕易做出喪失尊嚴的事。摩羯人的行為有點正經八百（也可能有點生硬和老派），因為他們很想博得別人的敬重。摩羯人不論從事什麼行業，都會做得很專業，某些行星落在這個有專業傾向的星座上，可能會對親密關係造成一些困難。

觀察山羊的特質，可以提醒我們這個星座的許多特性。山羊能適應各種氣候，而且刻苦耐勞，容易養活，因為它什麼東西都吃，尤其愛吃雜草。山羊往山頂攀登的時候，沒有一步是不穩健的，而這會反映出摩羯人總是選擇妥當、理性和謹慎的道路，山羊或許會從一個峭壁跳到另一個峭壁上，但方式仍然是謹慎小心的。那些有強烈摩羯傾向的人，就像山羊一般機靈地評估著各種情況，而且知道何處可以向上一躍。由克什米爾羊毛做成的克什米爾毛線，打從羅馬帝國之前到現在，一向被視為奢華的織品。不論是克什米爾山羊或是牧場裡養的山羊，通常都是很有經濟價值的動物。

摩羯座的本質不但勤勉，而且是最關切工業生產的一個星座。在一個社會裡，摩羯人往往有兩種典型，一是帶有斯巴達作風和自我否定傾向的低收入勞工，他們是許多社會的棟樑；或許可以說是社會的代罪羔羊，承載著整個社會的重擔，創造出了它的財富，卻無法獲得公平的回報，甚至會變成國家的負擔（在神話和真實生活裡，山羊一向是拿來當成祭祀的犧牲品）。另一種類型，則是來自於社會的上層和中上層，他們可能是政府官員或是有大量土地的鄉紳，而且家族可能好幾代都是顯要人士（這兩種人都有漫長的家譜可以追溯）。後面這種有顯赫歷史的世家子弟，保存了社會的傳統，而且內心裡也固守這些傳統，甚至可能形塑出一個社會的法律結構。

即使這個星座顯得比較保守，但對玄學卻十分感興趣，主要是因為摩羯座關切所有掌理世界的原則和律法，而玄學基本上就是一種宇宙律法。

大範圍

在國家方面，印度的種性制度似乎和摩羯座的能量有部分是相應的。英國在一〇六六年及一八〇一年的天宮圖裡，都有太陽落在摩羯座。英國一向以它的階級意識著稱，約克郡和德貝郡的無漿石牆形象，很能呼應摩羯座的特質。在動物王國裡，山羊顯然歸摩羯座管轄，或許也包括騾子、驢子、駱駝及承載重物的獸類。那些帶有蹄的動物，也是由摩羯座管轄。摩洛哥似乎特別具有摩羯座或土星特質，因為這個國家有許多驢子、駱駝、建築物及阿特拉斯山（譯注：在神話裡，阿特拉斯 Atlas 因背叛眾神而被罰以雙肩扛天，所以代表負重擔的人。）

身體的部位

這個星座與膝蓋相關，由於其主宰行星是土星，所以也管轄皮膚、關節及整個骨架，這類人的皮膚問題通常源自不安全感和焦慮感。聽覺也是由土星掌管，所以也可能是摩羯人的問題之一。那些有強烈摩羯傾向，特別是上升點落在摩羯座的人，通常臉部的稜角及骨骼都十分明顯，牙齒要不是很好，就是有明顯的問題（必須視相位來決定）。

色彩／風格／品味

這類人基於對天然材質的喜愛，往往會選擇石頭和木材作為建築和家屋的材質。他們對形式、結構及歲月的重視，也表現在服裝、音樂和品味上的傳統傾向。他們偏好暗沉的大地色彩，如灰色、碳灰色、深藍色，因為他們通常在都市裡工作，或者必須注重專業形象。

行星落在摩羯座

任何一個落在摩羯座的行星都會以謹慎、自制和壓抑的方式表現出來，這個行星也可以描述此人人生經驗中的父親。金星和火星如果落在這個星座，也許會在父親身上投射虛構的崇高形象。他們和伴侶之間也很可能有年齡上的顯著差異。

宮頭是摩羯座的宮位

人們會以相當認真的態度面對這個生命領域，而且它會激發自制力和嚴格的態度。這個宮位通常與一個人經驗到的父親有關，而土星座落的宮位及相位，也能提供更多這方面的資訊。

寶瓶座

元素：風　表現模式：固定
主宰行星：天王星（現代）或土星（傳統）

象徵及符號

寶瓶座的象徵是一個拿著水甕往下注水的人，更古早的形象則是一個女人單膝跪在地上，把甕裡的水往下倒；後來甕裡的水演變成了兩道彎曲的線條，而成為寶瓶座的符號。太陽每年進入寶瓶座的時間是二月，這個月份羅馬人會把事情暫時擱下，去清理他們的家以及附屬的建築物。拉丁文裡Februarius的意思，真的就是「淨化的月份」，因此施水者可以被詮釋成把過往的一切洗乾淨、準備重新開始的人。這個形象的確很適合用來描繪極有前瞻性、思想進步而好改革的寶瓶座。那兩道象徵寶瓶座的彎曲線條，也可用來象徵大海（一切生命的源頭）、電波（寶瓶座一向和電或電子有關），還有地球的能量及磁場；水則往往被詮釋成宇宙知識的來源，而且是應該傳達給所有人的。全球性的網際網路最能代表寶瓶座精神。

星座的特質

寶瓶座最關切的就是自由和平等。如同另一個風象星座天秤座一樣，寶瓶座也關切公平與否的問題。被摩羯座人所擁戴或至少尊崇的階級結構，對寶瓶人而言很顯然不是公平或平等的理念。寶瓶座是屬於街上一般大眾——湯姆、迪克與哈利——的星座。寶瓶座的理想（請勿和太陽落寶瓶座的一般特質混淆）是相信人人皆有獨特性，但也沒有任何人是獨特的。寶瓶人沒時間崇拜英雄，也比較不崇拜名人。基本上，他們不喜歡任何階級性或特權。

如同其他風象星座一樣，寶瓶座也帶有好奇的特質，或者說是一種「抽離的興趣」，這個星座以客觀性、全觀能力和抽離的態度著稱。其實寶瓶人深知真正的客觀性是不存在的，但這個星座的確比其他星座更接近客觀狀態。寶瓶人同時也以理性、人道精神和富邏輯性著稱；對典型的寶瓶人而言，如果一種律法（科學或社會的法則）能適用於一個人，就必定能適用於所有人；如果它能應用在人類身上，就應該能運用在動物王國裡。在最佳情況下，寶瓶人拒絕接受國與國、人與人之間的疆界，包括種族主義、階級區分、性別差異、性取向等。因此寶瓶人擁有進步和寬廣的視野，但也可能和社會大眾步調不一致，缺乏現實感。

寶瓶人抽離的態度對他們的重要關係人而言，也許是好消息，也許是壞消息；我們總希望朋友或愛人和我們的關係是全心全意的，無論如何我們都想要一個站在自己這一邊的好夥伴，但寶瓶人卻傾向於站在真理那一邊。典型的寶瓶人善於洞察每個人的觀點，如果他們覺得你的立場不完全正確，是不可能急切地去支持你的。典型的寶瓶人不認同血濃於水的概念，也不認同職責和義務，他們相信的是事物的原則，同時也有強烈的社會良知。寶瓶人的理想主義傾向代替了摩羯人的責任義務觀念，而主張關係和組織都該奠基於自由抉擇，以及人與人的合作意願。那些星盤裡有強烈寶瓶傾向的人，會竭盡所能地讓這份理想成為現實；許多寶瓶人都秉持著教條主義，有點像當時蘇聯推動共產主義時，強迫人接受其共同合作的原則，即使那些人不甘願或沒興趣。

寶瓶人對真相的關切很自然會導致直言不諱、說話欠缺技巧以及非常誠實；「求真」或許是更正確的字眼，因為要達到這一點，寶瓶人必須「獨立行動」。

受這個星座強烈影響的人，通常是表裡如一，說什麼就是什麼；至少在他說話的那段時間是如此。這個星座也往往有堅定的看法。在太陽星座占星學裡，寶瓶座通常被貼上冷淡、疏離的標籤，其實這類人很渴望誠懇待人。典型的寶瓶人對人非常感興趣，他們喜歡研究人為何會有某種表現，同時也關懷整體人類。你可以把典型的寶瓶人丟到任何一個社交情況裡，他們都會顯得友善、開放，對眼前的人充滿著興趣。寶瓶人可能是十二星座裡最友善的，但是在私人層面，他們喜歡的人並不多，只有少數人可以和他們保持深交。那些認為寶瓶人是冷淡疏離的人，可能察覺不到他們已經遭到寶瓶人的排拒了。典型寶瓶人眼中的自己是真實而誠懇的，他們絕不會假裝喜歡你，也不會去追求一份他們不想開始的關係。

雖然如此，寶瓶座畢竟是個風象星座，因此還是需要人際關係的，但他們需要的是朋友而非家人。那個說「你無法選擇家人，但是你可以選擇朋友。」的人，很可能就帶有強烈的寶瓶傾向。夥伴關係和友誼——擁有一個知心的夥伴或朋友——對寶瓶人而言是很重要的事。他們經常被指控為一天到晚和老友暱在一起（源於希臘文的chronios，cronyism這個希臘文的意思就是「長期的老友」）。許多寶瓶人雖然對人友善，卻不會和每個人成為深交。這個星座或許是黃道裡面最寬大，卻又最沒有包容力的星座。理智上，寶瓶人可能百分之百願意和眾生站在一起，情感上他們卻排拒大部分的人。寶瓶人排拒他人有各種不同的理由，列在黑名單前面的幾個理由，通常是不誠懇、勢力、說話膚淺以及心胸狹窄。

寶瓶人也以反傳統或不合乎正統著稱，但那些和這個星座非常相應的人，很少是真正極端或喜歡革命的，除非星盤裡還有強烈的天王星能量。寶瓶座本身並不喜歡改變，而且帶有溫和的性格，但比較外向的類型卻會堅持己見和愛操控。內向型的人即使經常顯現出溫和的特質，也仍然可能頑強而自認無所不知。

寶瓶人帶有一種獨立精神和強烈的自主性，他們不容別人干預或告訴他們該如何思考和做事。受這個星座強烈影響的人，堅持每件事都要做主。他們可能對別人的說法很感興趣，但最後仍然會獨立判斷。你也許喜歡或不喜歡某人或某事，但這並不會讓你的寶瓶朋友產生和你一樣的感受。他們在每件事上都相當獨立；那些受這個星座強烈影響的人根本不在乎別人怎麼想。他們不會選擇取悅別人的生活方式，或者跨出青春期的反叛作風，更不會被時尚潮流所操縱。堅守自己的原則和評斷，會讓典型的寶瓶人看似傲慢自大，但其實他們只是更信賴自己的判斷罷了。

寶瓶人和科學及科技相關，部分是因為他們關切的是自認為的進步，譬如他們會發明機器人來幫助人類變得更自由一點，不再需要去做一些麻痺頭腦的工作；他們也渴望治療人的疾病。（事實上，機器往往使人被裁員，所以人們反而想重拾原來的工作，不論那份工作多麼乏味無聊。此外，科學雖然發明了許多治療疾病的方法，其實只是把病癥壓住了。）

大範圍

許多有強烈寶瓶傾向的人都很喜歡大自然及野外生活。在動物王國裡，寶瓶座絕對和鳥類有關，因為這類動物象徵的是自由。不過另外有一種說法表示，會遷徙的鳥類，往往是藉由對電磁場的偵測來找到正確方向。許多賞鳥人也多半有強烈的寶瓶傾向，當然其他如天文學家、占星家及航空業者（飛行員、空服員、航管人員等）這些被天空吸引的人，也受其影響。

色彩／品味／風格

這類人對現代或老舊的風格都很喜歡，而且會把兩者混合在一起。他們排斥俗麗的東西，比較喜歡樸實的風格。銅青色（electric blue）、海藍色、藍綠色都是寶瓶座的顏色。有時他們也喜歡活潑的色彩。典型的寶瓶人喜歡的服裝通常帶有異國風，或帶有強烈的個人風格。他們會把最新流行的服裝，與老祖母丟在一旁的衣服，或是從牛津飢荒救濟會裡掏來的衣服搭配在一起。許多人都發現寶瓶人反應出一種半男半女的特質，這種特質也顯現在神話裡的天王馬拉諾斯（等同於寶瓶座的現代主宰行星——天王星）身上，因為他是個遭到閹割的神祇。

身體的部位

腳踝是寶瓶座主要掌管的部位，但也包括膝蓋以下到腳部的小腿。如果說獅子座這個與寶瓶座對立的星座掌管的是心臟，那麼寶瓶座主宰的就是整個循環系統。心臟病突發和中風，往往都是從腿部的血栓開始的。太陽落在寶瓶座是失勢的位置（請參閱328頁），因此它顯然不是一個最有力量的星座。這個星座的主宰行星天王星似乎和神經系統有關，所以從這類人身上可以觀察到一種緊張的特質。

行星落在寶瓶座

個人行星落在寶瓶座會顯現出獨立、非典型、非正統以及不依照正軌的態度。不論社會的其他人贊同與否，落在寶瓶座的行星往往會按照自己的方式行事。

宮頭是寶瓶座的宮位

這個宮位通常會顯現出朋友的重要性。舉個例子，如果是落在七宮宮頭，朋友就會變成終身夥伴，反之亦然。如果是落在三宮頭，則可能結交一些筆友。

♓ 雙魚座

元素：水　表現模式：變動

主宰行星：海王星（現代）或木星（傳統）

象徵及符號

雙魚座的符號是兩隻朝著相反方向游去的魚。其實魚在游的時候是沒什麼特定方向的，或許就像典型的雙魚人一樣，它們必須選擇往上游或是往下游。

星座特質

如果一個人經常使用「靈魂」「至樂」或「恩賜」之類的詞彙，往往會在其星盤裡顯現出強烈的雙魚座傾向。許多人發現和雙魚座有關的特質及生命領域，都帶有強烈的基督教色彩。基督徒把自己看成是「漁夫」，甚至用魚做為他們的象徵。自我犧牲或是救贖者、殉教及贖罪等等的概念，都是基督教的主要動機，也是分享魚獲、清洗耶穌的腳的故事來源。耶穌和猶太人或異邦人都能相融，包括妓女、乞丐、痲瘋病患及罪犯在內。同樣地，在最高層次運作的雙魚人，也完全沒有人與人的界線，他們不認為自己比那些精神病患、窮困的人、缺乏教育的人或那些下層階級的罪犯要高等。雙魚座關切的是宇宙的整體性和普世性。雖然這種精神並不一定符合一般雙魚人的狀態，但雙魚座在黃道的發展階段，的確能教導我們宇宙萬物的相依相生性。宇宙裡的任何一個成員，怎麼可能比其他的要高等呢？到了雙魚座的演化階段，外在的元素就不再那麼重要了（乞丐或瘋瘋病患只是外在的標籤罷了），真正重要的是心靈的發展。而心靈的發展可能（我用「可能」這個字眼，是因為它或許無法被證實）涉及因果律的平衡，包括過去世曾經發生過的事，以及此生早期發生的事。人的確可能藉由治療受苦的人及承擔（而非展露）自己的痛苦，來平衡過往曾經做出的傷害。換句話說，就是要償還過往的重大業債。雙魚座和十二宮也許和各種形式的奴役行為有關，而奴役和業債也有關聯，因為當我們欠債時，便遭遇了討債者的奴役。

星盤裡的雙魚座特質就像水彩畫的色彩一樣，是彼此滲透的，因此很難說什麼是純粹的雙魚座特質。行星落在雙魚座也很容易被與其產生相位的行星所影響。雙魚座不但是十二星座裡最出塵的一個星座，同時也是自我感最薄弱的。同樣地，落在雙魚座的行星很少在星盤裡佔有主導地位，它們會被介入的行星能量犧牲掉。

如同其他的變動星座一樣，雙魚座也害怕付出承諾。有強烈雙魚座傾向的人通常是難以捉摸的；他們痛恨被明確定位，因此，星盤裡有雙魚座的部分，也不容易下定義、分類或闡明。理查・艾德曼（Richard Ideman）這位已故的美國占星家，曾在演講中把雙魚人描述成「不是我，不是此地，不是現在。」我認為這是對雙魚座能量最完美的總結。受雙魚座強烈影響的人，通常帶有難以捉摸和充滿著憧憬的特質，這類人一旦有了清晰的定義或達成了明確的目標，不知怎地就溜跑了或滑走了。

如果說寶瓶人對自己的觀點非常確信，充滿著定見，而且堅持要找到真相，那麼雙魚人所抱持的態度卻是，真相極少是表裡如一的，它永遠帶來相反的一面。雙魚人的人生導向是擁抱而非排拒。雙魚人不喜歡下論斷和尋求接納的特質，既是他們的恩賜，也是他們的詛咒。從正面來看，他們的包容、接納和體恤的能力，使得雙魚座成為黃道裡面最有慈悲心和愛心的星座。就像對面的處女座一樣，雙魚座也有謙遜和友善的傾向。自我感不強烈（或許可以說是自我感薄弱），意味著有強烈雙魚傾向的人非常脆弱易感。從負面的角度來看，星盤裡有強烈雙魚傾向的人，不但可能缺乏定見，而且可能意志力薄弱、容易受人影響、被牽著走。

缺乏強而有力的身分認同，能夠使人變成極佳的演員，因此典型的雙魚人是非常能屈能伸、容易進入角色的人，無我的特質也會讓這類人願意犧牲自己。那種無我和犧牲的特質，可以說是這個星座的正向體現，不過前提是必須帶著覺知將這些特質活出來。基本上，把自己奉獻給某件事或某個人，會把雙魚座最佳的一面帶出來，但除非「他者」（指人或計畫）能夠讓這類人找到目標而落實下來，否則他們便可能像魚一樣到處漂游。不過總地來說，雙魚人並不會太屈就，他們通常會逃避過多的責任、困難、粗糙的生活，以及令人生厭的事。雙魚座一向有點怠惰，因此雙魚人雖然意圖良善，但是愛作夢和迷糊的特質，也可能阻止他們真的捲起袖管去幫助別人。此外，傾向於認同受害者，也會讓雙魚人扮演戒毒治療者的角色，或者是讓自己變成了麻醉品的上癮者。如果這類人的受害意識非常明顯，那麼不論他們在做什麼，都會期待別人為他們完成這件事，或等著別人來營救他們。這是因為雙魚人一向對自己的弱點或不妥之處，沒有良心不安的感覺。

這個星座的理想主義傾向遠遠大過於現實傾向。這並不代表雙魚座無法實事求是——這個星座包含了前面十一個星座的種子，所以什麼能力都有——只是雙魚人很容易問自己：「現實有什麼好？」渴望和憧憬是雙魚特質的一部分，失望、幻滅和自憐則是另外一部分。那些有強烈雙魚傾向的人，對於後院裡是否藏有小精靈之類的事，是最能持開放心態的，甚至很樂意假裝它們的確存在。對雙魚人而言，新奇的想法總是值得付出關注。身為變動星座，雙魚座的興趣導向也比較具包容性，因此對那個有關精靈的問題，他們的反應往往是：「我們怎麼知道有或沒有？」或者「我們有什麼資格說它們不存在？」這個星座的開放態度既是它最大的本錢，也會讓那些實際的人為其冠上容易受騙和糊裡糊塗的罪名。但是那些批評雙魚人的人，也可能喪失從想像或幻想中獲得真理及啟悟的機會。

我們可以說，黃道十二星座都有其獨特的創意，而雙魚人的確是其中的藝術家，因為藝術家就是把世界反映給我們的一面鏡子。映照——一種把真相反映出來的能力——可能是雙魚人最大的長才。雙魚人的想像力也伴隨著一種需要為某個情況或某人著迷的傾向，舞蹈、詩詞這類藝術的形式是非常吸引雙魚人的，他們也可能具備這方面的才氣，因為這兩種藝術形式都帶有自然流露和表達的特質。

大範圍

在動物王國裡，雙魚座顯然掌管魚類世界，可能也包括海裡的哺乳類動物，如海豚、海獅及鯨魚等。另外，其他的寄生動物或植物也可能受其管轄，至少有一部分是。我發現某些人的行星推進或移位入雙魚座時，往往會選擇去古巴或阿拉伯國家度假，而我發現那些被阿拉伯國家吸引的西方人，星盤裡則通常有強烈的雙魚座傾向或是十二宮被強化，尤其是跟火星形成相位。

色彩／風格／品味

雙魚人通常喜歡飄逸和舒適的風格，有時也沒什麼特定的品味。他們在服裝和居家裝潢上，並沒有什麼能特別加以描述的典型。某些情況下，這類人也喜歡豪華和異國風，如波西米亞風或都會型時尚。他們對鞋子有明顯的收藏癖好（不一定會穿）。旁人經常發現這類人很難選到舒適的鞋子。濃密的頭髮也是另一項特質。

身體的部位

雙腳使我們的身體與大地連結，令我們與史前地貌的假想線（Earth's ley lines）及其精微能量銜接，而腳通常是由雙魚座所掌管。從某個面向來看，我們的腳也是我們和靈性次元連結的部分。腳象徵著謙卑，或者也可以看成是門徒為耶穌洗腳的心態。總之，腳代表的就是雙魚人脆弱的部分。缺乏自我感會讓雙魚人特別容易罹患憂鬱症，或對酒精和迷幻藥物上癮，然而就像本書不斷提醒的，我們還是必須詳細觀察整張星盤才行，而雙魚座絕不是唯一代表這類問題的星座。

行星落在雙魚座

早先我曾經提到，落在雙魚座的行星很少是一張星盤裡的主導能量，而且很容易受介入的其他行星影響。月亮和金星如果落在雙魚座，就會富有想像力和同理心，如果是火星和土星落在雙魚座，則可能失去具體方向。這個星座會減低行星的性魅力，但是會增強自由流動的感覺和浪漫感。

宮頭是雙魚座的宮位

與這個宮位有關的活動，會喚起一個人的同理心與慈悲心。舉個例子，五宮宮頭如果是雙魚座，代表此人可能會同情孩子的遭遇，而有想要拯救他們的傾向。五宮也會顯現出一個人創造力的表現模式，其方式可能是藉由水彩畫、戲劇、音樂，特別是舞蹈表現出來。（當然整張星盤都必須加以研究）如同行星落在雙魚座一樣，宮頭星座如果是雙魚座，這個生命領域裡就會有某種程度的犧牲或苦難，至少在這個領域裡，此人的自我需求是沒什麼重要性的。

相互對立的六組星座

嚴格說來，黃道十二星座不太可能成為六組對立的星座，因為它們彼此是一個連貫的統一體。特定一組星座的任何一方，都無法在缺乏對立星座的相關特質下單獨存在。舉個例子，老師（射手座）如果缺少了學生（雙子座），就無法教導什麼了，所以每個星座都可以從對面的這個星座學到許多東西。同樣地，一個星座的極端特質，也會受對面星座的影響而獲得調節。有時一張星盤會特別顯現出一種兩極性，如果是這樣，我們就必須格外留意，因為這種兩極性代表兩個星座之間的衝突性，但也代表了人格的某種強烈特質。

牡羊座與天秤座

這個組合代表的是競爭與合作的一體兩面，也代表性別之爭、戰爭與和平、我對應我們，以及社會化（天秤座）與反社會（牡羊座）行為。牡羊人堅持的是個人的選擇和自主性，天秤人則重視雙方的抉擇、互惠的安排以及社會契約。牡羊人喜歡單獨行動，天秤人喜歡與夥伴一同行動，而且是透過妥協和一致的看法而達成的。牡羊人追求的是自我實現，天秤人追求的是夥伴關係。牡羊人誠實、坦率、直言不諱，但注重社交技巧的天秤人卻因為著重關係的和諧及策略，而可能察覺不到自己真正的感受，或是善於隱藏它們。牡羊人很直接，天秤人喜歡繞圈子。牡羊人會把他們的底牌攤在桌上（因而遭到戰場上的挫敗），善於謀略的天秤人卻會把事情藏在心裡。不喜歡遭到橫阻或任何阻礙的牡羊人，一心只想獲得自由、排除掉任何阻礙；天秤人最關切的則是秩序，包括社會及物質層面。牡羊人非常果決，天秤人喜歡留給他人做決定（天秤人可能相當猶豫不決、搖擺不定）。牡羊人因為熱情而無法看見別人的觀點，而且善於戰鬥。天秤人由於不太投入、試圖扮演橋樑角色並達成協議或妥協，而往往規避掉危險。天秤人考量的是公平、正義和責任義務的達成，牡羊人則喜歡保持坦誠，希望趕快把事情做成。牡羊人有操控傾向，天秤人很可能被操控。由於不夠老練和天真，所以牡羊人勇於嘗試新的事物，天秤人卻由於不喜歡掀起波瀾或太堅持自我，而只能興奮地在一旁觀望。牡羊人主動、積極，天秤人喜歡從容不迫地做事。

金牛座與天蠍座

這一對星座關切的是性、欲望及擁有權。其中的金牛座關注的是建構，天蠍座則渴望摧毀。兩個星座都想掌握與金錢、財物及愛人有關的議題。兩者對於人和資源都有佔有慾，但金牛座比較傾向於累積東西，天蠍座則較關切情感層面的佔有權，典型的天蠍人企圖掌握那些在情感層面與他們有緊密關係的人。對金牛座的人而言，身體是享樂以及獲得滿足的來源，天蠍座對性行為的觀點則是渴望在情感上和另一個人連結。如果說金牛座喜歡累積財物，那麼天蠍座尋求的就是深刻的生命經驗。一般的金牛人雖然享受大自然、佔有慾強，但是也對食物、庇護所、性等基本需求容易感到滿足；追求穩定性和熟悉感的金牛人，通常會平靜地接納眼前的事物，而且毫不質疑地在其上建構人生。反之，天蠍人的欲望則複雜得多，對他們而言，孤獨的生活是無法帶來幸福的。這類人很容易不滿足，而且極為渴望擁有更多的人生經驗（並加以分析一番），不論過程有多麼痛苦。因此，天蠍人容易被不熟悉的事物引誘，即使這意味著摧毀既有的一切。金牛人可以教導天蠍人如何接納、培養耐性，天蠍人則能引領金牛人活得更深刻，更有熱情。

雙子座與射手座

這兩個星座都關切知識的蒐集和傳播，以及和教育及旅行有關的一切事物，這對星座的特質就像小飛俠彼得潘一樣。星盤裡這兩個星座的特質如果都很明顯，那麼此人的心理結構就可能帶著強烈的不想長大的傾向。雖然兩個星座都善於傳播想法，但其中的雙子座比較像是採訪記者，射手座則像是廣播員和出版家。射手人把自己看成是老師、傳道者及提供建言的人，雙子人則把自己當成學生。雙子人蒐集和分享事實，因為渴望知道所有的事而忽略了整體性，而且學得快，忘得也快。反之，射手人追求的則是宏觀視野，而且能夠記住議題的核心，卻容易忽略細節。雙子人喜歡拆解東西，以便研究它的運作方式，射手型的人追求的則是哲學理念，以及如何把東西組合在一起（即使它們彼此並不適合！）雙子人活在眼前這一刻，射手人則活在未來。雙子人詢問的是「為什麼？」

射手人質疑的則是「為什麼不？」雙子人興趣非常博雜（通常針對眼前的事物），射手人則對遠方的事物感興趣。雙子座是一個帶有質疑傾向的星座，而且基本上缺乏道德感（道德會阻礙資訊的蒐集），射手座關切的往往是教會、國家及道德議題。雙子人熱愛玩遊戲和所有的戲法，射手人本身就像個滑稽的丑角。

巨蟹座與摩羯座

這兩個星座與傳統的父母角色有關。巨蟹座的本質裡帶有一種母性，摩羯座則帶有父親的特質。任何一個落在巨蟹座與摩羯座的行星，往往都能顯現出此人經驗裡的母親和父親。如果這兩個星座在星盤裡有明顯的能量，那麼此人與父母的關係，以及自己如何扮演父母的角色，就會是最重要的人生經驗。巨蟹人懂得照料家人，因為他們覺得家能帶來滋養和保護。摩羯人照料家，是因為他們認為對家人或是與土地有關的律法，都有一份責任。因此，這兩個星座都和家以及國家的地位有關，而且兩者在社會都扮演維護和保存的角色。巨蟹座與海有關聯，摩羯座則跟土地（尤其是地殼）關係密切。巨蟹人溫和柔順、情感流暢，摩羯人則顯得冷硬，懂得遵守原則，而且喜歡管訓那些不守規矩的人。巨蟹座和家及家庭有關，摩羯座則跟家所組成的社會有關。巨蟹人多愁善感，摩羯人實事求是。巨蟹人執著於過去，推崇長者及傳統的摩羯人則關注眼前的事物，喜歡做未來的規劃。巨蟹人喜歡回憶，摩羯人則會謹慎地前瞻。巨蟹人依賴心強，摩羯人不想倚靠任何人，所以非常獨立。

獅子座與寶瓶座

獅子座與寶瓶座涉及的是個人和集體的權威性。獅子座同時也代表藝術，寶瓶座則代表科學。如果這組具有強大意志力的星座在星盤裡有明顯的影響力，那麼此人就很難接受他人或權威人物的建言。獅子人關切的是自我表現，寶瓶人關切的則是大團體能否自由地表現和自理。寶瓶人與科技有關，因此在最佳情況下，他們可以幫助人從疾病和艱苦的工作中解脫，不過代價是忽略個人性。獅子座是領袖、統治者和元首的星座，寶瓶座則跟一般大眾有關。或者我們可以說，獅子座代表國王，寶瓶座關切的則是王國。這對星座帶有核心部分（獅子座）以及邊緣地帶（寶瓶座）的意味。舉個例子，獅子人喜歡投入於眼前正在進行的事，寶瓶人則是抽離的旁觀者。獅子座關切的是個人的獨特性和榮耀，寶瓶座則傾向於排斥個人利益和名聲，視其為對他人的損害。獅子座發展到極端會變成獨裁，寶瓶座這一方如果發展到極端，也可能演變成一種個人顯得毫無重要性的社會，當人們喪失自己的身分認同和重要性時，創造力（獅子座）也就遭到了打壓。這兩個星座都關切社會化的過程。獅子座是一個愛玩樂、創造和享受的星座，而玩樂一向能增強社交技巧。寶瓶座則是一個與朋友——或許可以稱為玩伴——有關的星座。

處女座與雙魚座

這兩個星座都關切服務議題。如果星盤裡這兩個星座被強化，那麼此人的行為會帶有謙遜、樸素及自我抹煞的特質。雖然如此，善於批判和分辨的處女座，在興趣導向上的包容性是很低的；而雙魚座尋求的卻是整體性與合一性，所以能夠包容任何人及任何事。處女座善於批判，雙魚座善於接納。處女座看見的是缺點，雙魚座則會忽略缺點。處女座非常入世，雙魚座非常出世。處女人尋求的是一種狀況裡的現實，當他們認識眼前情況的特性時會有一種安全感。雙魚人則不喜歡任何形式的特性，而且會不顧一切逃避他所認為的侷限，在現實層面有些漫不經心。處女人喜歡把東西分類，雖然有時也會不整齊，卻有能力將資訊理出頭緒，而且做事很有效率，雙魚人則往往是雜亂無章的。處女人有區分事物的才華，喜歡透過顯微鏡看人生；雙魚人關切的則是更大的整體，而且不在意特定的局部，因此喜歡透過望遠鏡看人生。處女座關注的是如何保持身體的健康，但喜歡從各個局部去診斷及治療；雙魚座關切的則是如何消融掉身體的侷限，而且會從身心靈整體觀來看待健康議題。處女人追求的是正確答案，雙魚人認為正確的答案通常會誤導人，而且難以捕捉（雙魚人認為一切事情都是相對的）。處女人善於掌握物質材料，是很好的手藝人；雙魚人則是善於運用色彩的藝術家。處女人喜歡研究學問，雙魚人則傾向於發揮想像力和親自去經驗。處女人可能是謙卑的僕人，雙魚人則是臣服的傾向大過於服務的意願。

第四章
行星和其他重要星體

西方大眾或許是受了小報的影響，認為占星學主要談的就是黃道十二星座，但真相絕非如此。把焦點集中在星座上面，就等於對禮物的包裝紙付出過多關注；而禮物通常比外面的包裝更重要！許多占星師的確喜歡用星座來詮釋，也有許多是透過對太陽星座占星學的熱衷，而進入到真正的占星學，其實正確地運用占星學的確無須求助於星座。當然星座還是有其重要性，但是被賦予的意義往往會在別的地方帶來啟示。占星學所有的象徵符號裡面，只有一個符號不可忽視，那就是行星，還有行星之間的關係以及它們的相位。行星提供的這些資料相當深奧，有許多專書都在探討其中的議題，我們可能花一輩子時間研究行星的意義，但仍然有許多未發現的內涵。在過往，這個章節或許只需下一個簡單的「行星」標題就夠了，但自從冥王星被降格為小行星之後，這樣的標題便益發顯得不妥當了，特別是太陽其實是個恆星，而月球只是地球的一個衛星罷了。

太陽 ⊙

我們都是蟲子，但我認為我是隻會發光的蟲子。

——邱吉爾

天文學

太陽是太陽系裡的一個恆星。它提供我們熱力與光，讓生命能夠存活下去。

- 與地球的距離：大約九千三百萬英哩（一億五千萬公里），也可說是天文單位的一哩。
- 直徑：大約是八十六萬五千英哩（一百四十萬公里）。它比地球大了一百倍，比月球大了四百倍；太陽真是巨大無比！
- 地球繞太陽一周是三六五．二五天。

神話學

每一種文化裡都有和太陽相關的神話。對古人而言，太陽是英雄的象徵，因為每晚他都會消失不見，和自然裡的某種力量搏鬥一番，到了黎明才又英勇地返回。在希臘神話裡，太陽與宙斯最引以為榮的愛子阿波羅有關。阿波羅的誕生相當艱困，他的母親蕾托是宙斯的另一個女人。周圍的每個人都很懼怕宙斯善妒的妻子賀拉，如果他們幫助蕾托生產，賀拉一定會被觸怒的。後來蕾托在一個名叫德洛斯的荒島上準備生產，但因為賀拉阻止了助產的女神前來協助蕾托，所以孩子生得非常辛苦。故事裡描述阿波羅的誕生花了九天九夜的時間，最後還是他的雙胞胎姊姊阿特密斯協助他出生的；阿波羅在那個月的第七天終於誕生在一棵棕櫚樹下。每當我們進行某件困難而不熟悉的事，或是努力想達成某件事的時候，我們就是在用這種英雄的模式做事（感覺上就像難產一般）。

阿波羅後來逐漸長大成人，雖然外表看上去很英俊，但在親密關係的維持上卻不怎麼成功，這可能是因為他一開始就有些和女性相處的困難（他畢竟是父親宙斯的兒子），或者說是人格不夠深刻，追求愛人的方式就像看準了目標一箭射去的弓箭手似的。人一旦設定了目標，其他的生命領域必然會遭到忽略。

現代神話人物——好萊塢英雄

現代阿波羅可以在好萊塢的電影裡看到，那些乾淨俐落的美國男孩，如同超級英雄一般，總是能做出偉大的事來。他們看起來就像是漫畫裡的英雄人物，或是剪下來的紙人似的，一切都顯得很表面化。他們通常是一個隊伍裡的巨星，而且是女人追逐的理想婚姻對象。他們通常不是同性戀者、醜人或矮子，不但絕不戴眼鏡，而且不笨拙、不叛逆，也從不誤入歧途。他們根本不像是真人，但總是能召引來英雄崇拜，而且是年輕人爭相仿效的偶像。他們的性格毫無瑕疵（英雄一向是高尚的），永遠能達成偉大的任務，譬如拯救人類的文明。這類電影通常會在觀眾沒來得及看見英雄後續的發展時就結束了。

隨著年紀的增長，有思想的成年人逐漸明白了人類情境的複雜性。我們開始意識到實事求是的價值，而且發現大部分的事情都是相對的，每一項決定都會帶來特定的後果；人一旦成熟就無法確定任何事了。但好萊塢的英雄只有正反兩個面向，而且永遠能保持年輕，不過他們往往是誠懇、有原則的人。真正成熟的人不可避免地會被生活和犯過的錯誤沾污，因此英雄雖然獲得了智慧、慈悲和成熟度（由其他行星提供的特質），可再也不是徹頭徹尾的英雄了。英雄是年輕人必要的性格結構之一，是能夠帶來靈感和身分認同的一種自我形象。

自我和身分認同

太陽只是太空裡無數的恆星之中的一個，它能夠帶來光與熱，除此之外就沒什麼特別之處了。但是從另一方面來看，它顯然是至關重要的，因為缺少了太陽，地球上就沒有生命了。同樣地，每個人都是無數人之中的一份子，但每個人都覺得自己很重要，這是因為在西方文化裡人人都以自我為中心；世界是繞著自己在運轉的。亦即從地球上來看，太陽是繞著我們在轉，而不是地球繞著太陽在轉。印度占星學對太陽的觀點與這種自我中心思想恰好相反，它認為太陽的本質是邪惡的，因為印度傳統的世界觀強調的是集體價值，因此把西方人對自我的過度執著，看成是損傷整體宇宙福祉的一種心靈垂死現象。

太陽雖然是星盤詮釋上最簡單的一種能量形式，但是要精確地定義太陽代表的個人性卻相當困難。有時人們會將其描述成「自我」，但這要看「自我」的意義究竟是什麼。如果以榮格下過的定義來詮釋，自我應該是一個人的「全」我，那麼太陽就不太符合這種詮釋，因為全我顯然和整張星盤都有關係，甚至還要藉助星盤以外的東西來解釋才夠完整。不過太陽的確和自我、我們認為的自己以及我們的身份認同有關。其他的行星和太陽形成的相位（還有太陽落入的星座和宮位），都會影響我們認同自己的方式，以及我們對自己的看法。我們對自己是否有正向看法？我們的自我形象是否很差？我們真的有自我形象嗎？這些問題都可以從太陽的相位看出來。太陽也許無法正確地描述我們是誰，因為這很難以固定不變的方式來詮釋，不過太陽的確能說明我們渴望被看見的形象。我們會費盡心力去維護這個形象，因為那是我們引以為榮的。一個人往往會以太陽代表的特質為榮，也會沉緬在太陽帶來的信息之中，因此十幾歲的年輕人耽溺於英雄崇拜，是不足為怪的事。

榮格（Carl Gustav Jung, 1875-1961）和他的追隨者採用「個體化」（individuate）這個詞彙，來描述成為一個獨特存有的發展過程。基本上，如果一個人已經完成了個體化過程，那麼他和其他人就截然不同了。按理說，太陽描述的就是個體化背後的那股趨力。

太陽不僅僅代表自我和身分認同。如同太陽維繫住整個太陽系一樣，在星盤裡，它也扮演著一種整合的角色，就像交響樂團的指揮一樣。太陽的符號看起來像是細胞裡有個細胞核，因此它也代表我們整個存在的核心、人格的主要特質。

在一張星盤裡，太陽描述的是我們在何處渴望被賞識，或者以何種方式被賞識。如果得不到賞識或是被賞識得不夠，那麼太陽掌管的心理面向，就無法超越渴望被矚目的慣性模式。因此，太陽說明了我們在自我身分認同上的苦心追求。的確，在某種程度上，每當我們採用「我」這個字的時候，至少有一部分的心態是來自太陽。

生命、活力和意志力

在地球上太陽是一切生命的能源，它帶給人活力和意志力，有點像神聖的光能這個概念。它在整張星盤裡的能量，代表的是一個人的生命基本趨力。那些太陽能量比較強的人通常有能力享受人生，容易散發出光彩，因為他們十分有活力。不妨把某些人的太陽想像成一盞一百五十瓦的燈泡，當他們走進屋裡時，立即照亮了整間屋子，對比之下，其他人只是四十瓦的燈泡罷了。當人們傳達太陽的信息時，會覺得十分有活力，舉個例子，你的太陽也許是落在三宮裡，所以你在課堂裡面特別覺得有能量。或者你的太陽是落在五宮裡，那麼你在派對裡就會覺得格外有精力。太陽如果和星盤裡的其他行星成重要相位，那麼太陽就會帶給那個星體力量及活力，就像天上的烈日提供光與熱一樣。被太陽觸及（某個宮位或某個行星）的任何一個元素，立即會變得光明和溫暖；不論那是哪個行星，聚光燈都會照在上面，於是它就被照亮了。相位（請參閱第五章）當然必須從兩方面來看，因此觸及到太陽的其他行星（譬如土星），也可能耗損太陽的能量和力量，如同墨鏡把太陽強烈的光減弱了一般。

目標

太陽和人生最重要的事件及決定有關。基本上，它關切的是我們人生的使命和首要目標；它能道出我們內在靈魂的探索方向。很顯然整張星盤也都在述說我們的人生目的、任務及探索方向，但太陽在整張星盤裡扮演了幾乎像是主導的角色。其實不論是或不是主導趨力，它都是整張星盤的焦點所在。

目地、意圖和方向

我們可以說太陽代表的是「我想要」（月亮代表的則是「我需要」），也可以說「這就是我的人生目的，我的意圖，我的方向。」或「我要在這裡做我自己。我要在這裡成為一個獨特的人，而且是以自己的方式成為一個獨立的人。」太陽象徵的是環繞著自我在運轉的那個部分，和太陽形成的相位描述的則是一個人能否接納自己，能否以自我中心的方式存在（星盤的其他部分當然也有關係）。因此，太陽的相位強烈地影響一個人的自信心和自尊心，不過自信心也會起變化：不是增長，就是衰退。

英雄之旅

人生可以描述成一場英雄之旅，星盤裡的太陽通常有權力決定以何種方式、在何處成為一名英雄，至少是以我們自己的方式去達成。太陽所在之處就是我們的核心特質；這個部分是一張星盤裡最耀眼的地方。還未踏上英雄之旅以前，太陽描述的是我們心中的英雄形象，包括我們最崇拜的是誰，最想一爭高下的是什麼活動（這和我們幼年時的父親形象有關），雖然我們無法全然意識到這其中的心理運作。從定義上來看，英雄代表的是一個無庸置疑的高尚人物，英雄人物一向具有使命感，而且自力更生、絕不追隨他人。這場英雄之旅不論多麼複雜，多少帶有以下特質：

- 英雄必須有人生的目的、任務、挑戰和探索的方向。他們的任務不但是為自己而設的，也是對集體的一種貢獻。成功地達成任務，可以為英雄帶來某種程度的名望，斬獲一小份的不朽。
- 為了達成任務，英雄必須離開安全熟悉的環境，而這是由月亮所象徵的。他或她必須獨自探究未知。
- 道途中一定會有許多障礙和勝利。基本上這項任務必須是艱鉅的，而且無法確保成功。想像你正在觀賞一齣好萊塢電影，劇情的設計必須讓英雄有失敗的可能性，否則故事就不精采了，還不如觀賞粉刷好的牆壁如何變乾算了！以天文學的角度來描述，英雄失敗的可能性就和日蝕一樣罕見。為了達成使命，天空仍然會暫時變黑，太陽還是必須消失，不過當然不是在白天。「日蝕」這個字源自希臘文，意思就是「失敗、遭到遺棄或消失不見」。

- 道途上一定會出現協助的人，當然還有讓任務變得更輕鬆或是更困難的敵手（這可以從太陽的相位看出來）。英雄為什麼會吸引敵人，是個顯明易懂的道理，因為當他們站在聚光燈下的時候，其他人不可避免地只有站在陰影裡的份了。同樣地，天空中的太陽既耀眼又炙熱，因此其他的星體自然顯得微不足道而黯淡；當太陽不見的時候，我們也看不見其他的星星了。
- 道途中也會出現一些引誘，提供誘惑的人通常是「壞人」；他們希望英雄喪失恩寵，選擇捷徑，這些誘惑都可以從我們的太陽相位看出來。如果英雄真的屈服於這些引誘而喪失了英雄最重要的元素——高尚的人格，那麼英雄就換上了其他行星的能量、色彩與樣貌，而不再是英雄了。

當然，高尚人格不但意味著誠實、正直，同時也代表完整及不分裂。太陽符號的那個圓圈，長久以來一直象徵著完整。

父親

星盤裡的太陽一向能描述父親，包括親生父親及成長過程中的父權人物，至少它象徵著一個人體會到的父親。雖然如此，但整張星盤還有其他的元素，也都能描繪出雙親的狀態。總之，太陽（以及土星）通常是代表父親的基本要素，包括他的謀生方式在內。太陽落入的宮位則能顯示父親最重視的生命領域——甚至比星盤的案主還重要——因為這個生命領域會讓父親離開他的孩子。不過太陽落一宮的人可能會覺得他們才是父親生命中最重要的部分。在某種程度上，孩子的注意力也會朝著那個方向發展；她或他從父親那裡學到這個生命領域是重要的，所以應該把注意力和焦點放在上面。如果說宮位代表的是父親注意力的焦點，那麼太陽的星座和相位就能說明父親的人生發生了什麼事，以及他是怎樣的人。太陽的確可以被視為父親的英雄之旅，以及是否真的達成了。由於一個人的一生中可能有好幾個父權式人物，因此太陽往往能描述這幾個人的某個特定面向，不論他們之間有多大差異，當然十宮和四宮頭星座的主宰行星也能說明這件事。但父親如果徹底消失了（這是經常可以見到的現象），那麼他在一個人的心理層面和發展過程中的角色，往往是更重要的。此人會編織一套故事（或多或少以現實情況為基礎），來解釋父親的缺席。

重要性

不論太陽能否描述父親重視的生命領域，它通常代表我們自己重視的特質和領域。它落入的宮位則能描繪出我們關注的焦點。那個宮位可以顯現出我們在何處、以何種方式、基於何種理由，引起旁人注意——這裡指的是童年。與太陽相關的領域，是我們最能展現自己的地方。

丈夫以及生命中的男性

太陽（加上火星）不但能描繪出一個人的父親，也能描述女人的重要伴侶、重要的男人以及一般男性。如果某位女士生命中沒有男性伴侶，那麼太陽代表的就是她的內在男性形象。理想上，女性應該可以活出內在的男性形象。自從女權運動出現之後，女人變得更獨立自主，但占星學的這項觀察仍然沒有太大改變。

未來導向

太陽法則關切的是未來。它代表一個人的發展方向（別忘了阿波羅是個弓箭手），但月亮關切的卻是過往的歷史，以及我們的源頭。

世俗或事件派占星學

由於太陽掌管著我們的太陽系，而且與成就、權力、名望、影響力及領導能力有關，所以太陽也代表一個國家的元首或組織的首腦。

金屬

黃金。這是金屬中最有價值、最有光澤的一種。它黃澄澄的顏色就像太陽本身。如同最偉大的英雄一樣，黃金是不會褪色和生鏽的，這些特質使得它變得如此有價值。黃金通常使人聯想到永恆不朽，所以結成夫婦的男女才會交換黃金戒指來承諾永恆不變的愛。鑽石也可能由太陽掌管，因為它也十分有價值，而且稀少和耀眼。水晶象徵的自我，也屬於太陽的管轄範圍。

身體和活力

身體最重要的器官就是心臟。打從誕生的那一刻起，它就不停地工作，一直到我們死亡為止。它像是幫浦一樣提供我們生命所需的能量。

我們的生命活力毫無疑問也是由太陽供給的。從奧秘占星學的角度來看，它和我們背後的神秘能源有關。這個能源使我們有本事自療疾病，活化整個生命系統；這可能就是現代醫學所謂的免疫系統的作用力。希臘神話也有支持這個觀點的講法，因為阿波羅就是醫療之神阿斯克勒皮俄斯（Asclepius，他的神奇醫療技術高超到可以讓死者復生）的父親。太陽的圓圈符號一向代表完整性和健康。「健康」（health）、「完整」（whole）以及「神聖」（holy），全都源自於同樣的英文字根 hal。

重新詮釋太陽的意涵

太陽落入的宮位

太陽落入的宮位如果不是首要的生命領域，也是重要的生命領域之一。透過這個宮位裡的活動，個人才能達成最高的成就，感受到最大的活力。如同前文曾經提到過的，孩子會在這個生命領域裡首度得到別人的注意。舉個例子，太陽如果是落在三宮，代表一個年輕人會在學校裡因當班長而得到榮耀；太陽如果落在六宮，則代表一個孩子可能因生病而獲得旁人的關注；如果一個人的太陽是落在六宮，而此人不幸中風了，那麼這個宮位在此人的一生中都會持續保持著重要性。太陽落入的宮位也往往代表父親關注的生命領域：落在六宮可能代表父親永遠在工作；落在十一宮代表父親經常和伴侶外出或是為社區服務；落在十二宮則代表父親隱藏在幕後等。如果一個宮位的主宰行星是太陽（宮頭是獅子座），也會帶來與太陽有關的重要信息。由太陽主宰的宮位以及太陽落入的宮位，彼此也有密切關係。

太陽落入的星座

太陽落入的星座通常代表一種形容詞。讓我們想像一下某人的太陽是落在天蠍座五宮，基本上，此人會覺得富創意的自我表現是生命很重要的展現，而且五宮象徵的遊戲也很重要。此人可能很喜歡去劇院看戲；落在天蠍座則代表他喜歡的是與生老病死或性有關的人生主題，他也可能喜歡歌劇或悲劇，但對於太過輕鬆或娛樂性過高的劇情則缺乏興趣。太陽落五宮也會讓人覺得小孩很重要；落在天蠍座則代表此人可能有掌控性很高的孩子，或者他喜歡掌控下一代（或其他人）。第三章將會提供許多資訊，以解釋太陽星座的意義，但我們必須記住太陽比較無法描述你是什麼樣的人，它代表的是一個人的發展方向：此人想要變成的狀態、人生目標和必須面對的挑戰。

太陽的相位

太陽會活化星盤裡與它有關的星體，為其帶來力量。它會照亮那個星體。舉個例子，如果太陽和火星有緊密相位，那麼此人的體力、耐力就會增強，勇氣和大膽的傾向也會被強化，而且可能變得衝動不顧後果。

月亮☽

他們毀了你，你的媽媽和爸爸。他們並不想這麼做，但的確做了這檔事。他們把弱點全部灌注給你，還特別為你添了一些額外的缺點。

——菲利浦・拉爾金《This be the Verse》

天文學

雖然太陽的直徑是月球的四百倍，但是從地球上來看，日、月的大小幾乎一樣。太陽的體積雖然大了許多，不過因為距離地球（九千三百萬英哩或一億五千萬公里）比較遙遠，所以看起來和月球大小相等。占星家通常會說日月的體積因大小相等，所以在星盤裡的重要性也相同。由於這兩個星球和我們的距離最近，所以會跟我們最關注的事物聯結在一起，也因為它們的大小看起來相同，才可能出現日蝕，不過前提是氣候的條件必須具備；如果條件具足，太陽就會被月球完全覆蓋。

- 與地球的距離：月球距離地球大約是二十三萬九千英哩或三十八萬四千公里。
- 直徑：大約是兩千一百六十英哩或三千四百七十六公里，也就是地球的四分之一大。
- 運轉周期：月球每二十七、三天自轉一周，這也是它大約繞地球一周的時間。由於時間的長短很接近，所以月球看上去似乎沒什麼變化。一九五九年，蘇聯一架不載人的太空船拍下了月球比較遙遠的一面。十年之後，在一九六九年的七月二十日，太空人阿姆斯壯（Neil Armstrong）和艾德林（Buzz Aldrin）登上了月球。

* 日光的百分之七反射出來變成了月光。即使是月圓，日光仍然比月光亮四十萬倍。
* 月球每個月在一個星座只會停留兩天半的時間。每日運轉的速度大約是十三度十二分，或是兩個小時走一度。

神話學

每個文化裡都有許多和月亮相關的神話。與月亮聯結在一起的女神，通常關注的是生育、扶養小孩及耕種方面的問題。世界各地都有和月亮相關的節慶；舉個例子，北半球的復活節就是定在春分後的第一個月圓之日（此即復活節會落在三月二十二日至四月二十五日之間的理由）。

希臘神話裡和月亮聯結在一起的女神如下：阿特密斯是與新月或滿月聯結的年輕女神；狄米特是跟月圓有關的成熟女神；海克提則是一位和月虧相關的智慧女神。阿特密斯就是希臘版本的羅馬女神黛安納。阿特密斯既是蕾托和宙斯的女兒，也是阿波羅的雙胞胎姊姊，據說她曾協助阿波羅誕生到人世（請參閱111頁）。她不但是守護嬰兒誕生的女神，也是保護年輕孩子的神祇。更特別的是，她是不受艾弗洛黛蒂迷惑的三位女神之一（其他的兩位是海斯提亞和雅典娜）。她同時也是處女之身的狩獵女神。她和凡人及天神都能友善共處，而且負責守護年輕女性和野生動物。她經常被描述成足蹬銀色涼鞋飛舞過森林和草原，身後總是跟隨著一群小仙女。基本上，阿特密斯的角色是管轄女性從女孩變為女人的蛻變過程，同時也協助男性長大成人。如果說狄米特等於母親的原型，那麼阿特密絲就是獨立而自主的少女。她一向被描繪成性情果敢暴烈，她的弟弟阿波羅（占星學裡的太陽）則顯現出高尚和英雄的特質。阿特密斯是一位捍衛貞操的女性，當獵人艾克提昂偷看她沐浴時，她立即把這名獵人變成了一隻鹿；這名獵人後來竟然被自己的獵犬撕成碎片吃了。根據荷馬的說法，阿特密斯的母親蕾托曾遭到尼奧比的羞辱，因為她有十二個孩子，蕾托只有兩個。阿波羅為此殺掉了尼奧比的六個兒子做為懲罰，阿特密斯也宰掉了她的六個女兒。從上述我們可以看出這些女神激烈的保護天性。

狄米特這位掌管生育和農作物的月圓女神，象徵的則是完全成熟的女性，希臘文的 meter 指的就是母親，因此狄米特（Demeter）也可以翻譯成「大地之母」。與狄米特相關的故事之中，最重要的一段就是她的女兒波西鳳被海地斯綁架這件事。由於不知道女兒的下落，狄米特感到非常沮喪，或許是因為太哀傷，竟然忘了照料大地，於是地上的一切生命都開始衰萎、死亡（象徵著冬天）；一直到春天來臨，她才和波西鳳團圓。這則故事描述的是母性的力量，這股力量強大到凌駕於一切事物之上。假設阿特密斯代表的是少女，狄米特象徵的就是母親，而月虧女神海克提則跟更年期後的女性有關。她經常被描述成智慧女性，有三個頭（有的說是三個狗頭，或是一個頭裡既有狗，也有熊和馬的頭。）因為有這麼多的頭，所以她無所不知，什麼都能看見。代表生命十字路口的這位女神，四面八方的東西她都看得見，這位智慧女性可以在人們面臨十字路口時提出忠告，而且上年紀總是一件令人恐懼的事，所以海克提往往被視為令人恐懼的女巫。海克提的智慧以及超自然力量，完全展現在海地斯綁架波西鳳這件事上面，因為她是唯一知道這件事的人。後來她被封為冥府女神，做為協助狄米特找到女兒的饋賞。身為冥府女神，海克提負責的是確保死後的靈魂能安全抵達冥府。這三位和月亮聯結在一起的希臘女神，顯然關切的都是過渡時期的狀態；海克提關切的則是人生的末期和結束的時刻。

母親與嬰兒

月亮代表的是母親及我們內在的那個嬰兒。月亮的星座、宮位及相位，往往能生動地描述我們所體認到的母親。它們不但代表生我們的這位女性，同時也象徵後續的照料者，尤其是指導我們如何做女人和當母親的教養者。我們心目中的母親形象以及我們對母親的體認，都極為重要。母親不但是賜給我們生命的人，也是奪走我們生命的人，她提供我們無條件的愛、慰藉、安全保障以及牽制我們的方法，但也可能是摧毀或是吞吃嬰兒的人。她可能是個令人感到窒息的人，有著女巫、蜘蛛或章魚般的恐怖形象，她也可能是善於誘惑、性能量很強的女人，或一個有可能閹割男人的女性。另外還有一種形象則是無所不知、一切了然於心、不帶有批判性的智慧女性。

童年期的照料者如果提供了情緒和生理上的滋養，便可能孕育出知足常樂、無憂無慮的成人。但如果養育出了問題，此人就會覺得空虛、不滿足、缺乏安全感，而且會有各式各樣的情緒問題，甚至生理上都會出現困難。身為占星家，我們都十分清楚，這個過程比童年生活造成某種人格類型的說法，還要複雜得多，因為一個人誕生下來就擁有了屬於自己的本命盤，而這時童年尚未開始。總之，本命盤可以視為一個工具，幫助我們了解前世帶來的印記，如何形成了成年後的行為模式。

其實單靠月亮就能描述一個人的母親，是很誇張的說法，因為天頂和天底的星座及其主宰行星，加上落在十宮與四宮裡的行星，都可以描述早期身邊的照料者。即使是落在巨蟹座的任何一個行星，也都能提供這方面的訊息。同時月亮也代表嬰兒這方面的狀況，因為月亮象徵的是我們比較脆弱、依賴和需要照料的一面。我們的內在仍然有一個需要被照料的小嬰兒。

行為與習性

和嬰兒緊密相處過的人都知道，他們對「去」（Go！）這個字有強烈的感覺，而且即使是誕生下來才幾個星期，也會對別人臉上燦爛的笑容產生反應。出生後頭三個月他們就會對喜悅、憎惡、憤怒及哀傷的情緒起反應，而且也有能力表達這些情緒。嬰兒生來就有這些情緒上的本能，因為和照料者的情感緊密連結，才能繼續存活下去。不論童年出現的情緒機制是什麼，月亮通常能描述一個人終身的情緒反應模式。嬰兒很快就學會了何種信號才能使他們的需求得到滿足，長大之後，他們的這些習性和肢體語言也會一直維持下去。星盤裡任何一個重要的活動都能促成我們的行為模式，而月亮特別和行為的反應模式有關。這些反應不但是立即出現的，而且是自動化以及無法覺知的，因此幾乎是一種本能。

需求、安全及保護

月亮可以道出我們的需求（這與帶著覺知的渴望是不同的），其目的是獲得安全保障。在某種程度上，我們會執著於和月亮相關的事物以獲得安全感，這會帶給我們一種扎根於世上的感覺。月亮描述的是我們接受保護以及保護他人的整體態度。但我們究竟是如何保護自己和他人的呢？其實月亮代表的是我們對特定情況的感覺（譬如我們是否認為那是一種危險的情況），以及我們會在這種情況裡想什麼和做什麼，來確保自己和他人的安全。

每當我們感覺受威脅的時候，都會回到月亮的模式裡。月亮代表的是能得到慰藉或熟悉感的事物，難怪在困難時刻，我們會回歸到月亮的行為模式裡。舉些例子或許能幫助我們了解，譬如月亮落巨蟹座的人也許會回到母親身邊，月亮落雙子座則可能去上課或開始閱讀書籍。一個人的月亮如果和火星有緊密相位，則往往會在壓力下變得易怒和控制不住情緒，即使平常似乎很能掌控自己的行為，這類人也可能捲起袖管投入新的計畫。月亮和木星有緊密相位的人則會渴望提升自己、超越眼前的困境，或者會假裝困難根本不存在，以擴大自己的視野。但月亮和土星有緊密相位的人，則會退縮到內心世界，把天窗釘上木條，守護住自己的資源。

情緒與感覺

我們的信念通常和我們的感覺有關，包括對自己和世界。如果我們對自己的感覺是正向的，就會反射出樂觀愉悅的情緒，如果我們覺得憤怒或沮喪，也會把這些感覺反射給自己。基本上，月亮描述的就是我們的情緒。有的人會展現出各式各樣的情緒狀態，有的人則沒有多大變化。我們的月亮能描繪出每天的心情起伏——可能會產生的情緒和理由，而我們對自己的感覺以及慣常的情緒狀態，也會影響我們散發出去的磁場。更有甚者，我們發出去的信號連帶也會影響別人對我們的感覺。從物理的層面來看，月亮本身不發光，它只能反映太陽的光；同樣地，從心理層面來看，月亮也會反射和映照出人與人之間的情緒變化。月亮是一個負責反饋的行星，因此我們的滋養能力也會反射成對自己或世界的感覺。如果我們對自己的感覺良好，就會有能力照料別人，但若是覺得煩厭，可能也不會有足夠的條件超越自己的需求；月亮描述的就是我們的直覺感受。有一種詮釋月亮的簡單方法，尤其是月亮的相位，那就是以「對……敏感」這句話來思考。譬如月亮與火星有相位的人，可能對危機或不和諧狀態特別敏感，月亮與天王星有相位的人，則會對局外人的處境特別敏感，並對遭到排拒格外有感覺。

過去的記憶和執著

和天底以及四宮一樣，月亮也能描述我們的背景和傳承：我們的種種源頭。如果說太陽代表的是未來性，月亮關切的就是過往以及對過往的記憶，包括能夠意識到和無法意識到的個人歷史。月亮描繪的是把自己往回拉的行為模式，譬如對人、地方、事物或概念的執著。這樣的感受和記憶可能會阻止我們向前進展，但它們的確也能提供安全感、歸屬感和熟悉感。人老了之後會覺得自己已經沒有太多東西可以期待，所以會有一種回顧過往的需求，因此，月亮代表的心理狀態不但在童年時期很活躍，在老年也是如此。

月亮與日常生活

當人們進入遲暮之年，會愈來越在意家常小事，國家大事也變成與清理花園或準備午餐同等重要。月亮也帶有這種意味，因為月亮關切的全是一些日常事物，不像太陽關切的是人生的重大決定，月亮描述的是我們以何種方式維護情緒和身體的福祉，不論我們的年紀多大，這份努力都得在日常生活裡實踐出來。

啟動的原則

月亮就像是比賽一開始鳴槍施令的作用力，在占星學裡，它主要扮演的是讓事件發生的角色（新月、滿月、月蝕，以及影響力較小的象限月 Quarter Moons）。占星家會運用各種技巧，來推斷國家或個人生命裡的特定時刻所發生的事，其中的一個方法就是研究行星的推進，看看這些行星和個人本命盤的要素有什麼關係。月相的週期循環會讓「等著要發生的事」真的發生。

家

月亮能描繪出我們對他人以及對日常情境的適應性，還有我們的家居生活。不過天底、與天底的相位、其主宰行星以及落入四宮的行星，往往更能適切地描述家的情況。雖然如此，月亮仍然是家的主要象徵符號，特別是跟情緒及家的氛圍相關的面向。家是提供安全感的地方，它就像是成年人的子宮，一個可以讓我們退避的地方，同時它也能讓我們的情緒和身體有個停泊之處。家是讓我們再度出發完成太陽使命的基地，因此我們的月亮可以描繪出：

- 居家環境和裝潢。
- 我們的生活方式（整潔還是淩亂）。
- 我們會住在何處（國外、拖車裡、海邊、教堂改裝的建築物，或是火車軌道旁等）。
- 我們喜歡的同居對象（以及我們對這些人的適應情況）。

女性法則

月亮和金星一樣（甚至更顯著些）代表女性以及生命裡重要的照料者。在異性戀男士的星盤裡，月亮幾乎總是能描述他的女性伴侶，以及他與女性相處的經驗。讀者必須謹記在心的是，投射出來的能量比自己活出來的能量要更激烈、更生動，因此一個女人的月亮如果是落在獅子座，並不會展現喜歡出鋒頭的戲劇激情女王（drama queen）作風，但是一個男人的月亮如果落在獅子座，他的女伴卻可能展現這樣的特質。

公眾和大眾

月亮代表公眾和大眾的感覺。例如電視上的常客、成功政客之類的名人，通常都有顯著的月亮能量（譬如月亮與上升點或天頂合相），因為他們的本領就在於能感受到觀眾的脈動，並且能產生貼切的反應。在事件占星學派裡，月亮一向能描繪人的狀態。

食物

月亮是本命盤裡代表食物和飲食習慣的元素，雖然某些星座（金牛座和巨蟹座）也對食物很感興趣。星盤裡的月亮的確能描述：

- 廣義的食物。如同我們已經了解的，月亮代表的是我們支持他人的方式，以及我們被支持所產生的感覺，還包括什麼東西能滋養我們，什麼是我們需要的反饋，以及自動給予他人的回應。同時它也代表我們詮釋這些反饋的方式，其實我們引發的反應也會回過來造成我們自己的反應。
- 如何吃飯，在何時吃飯（進食快或慢、還是有規律的？喜歡吃大餐或者吃得很簡單？或會在生氣時吃東西？）以及為什麼會去吃東西。舉個例子，有些人是為了得到情緒的慰藉而吃，有的人則發現焦慮會破壞他們的胃口。
- 吃些什麼（甜的、辣的、鹹的、素食，還是肉食）？
- 飲食失調（食慾減退或容易飢餓），以及治療這些問題的方式和問題的起因。舉個例子，月亮落摩羯座的人喜歡吃鬆脆的食物；落在雙子座的人喜歡各式各樣的食物；落射手座的人喜歡外國食物；落天蠍座的人喜歡吃魚。如果月亮與火星有相位，則喜歡吃辛辣的東西，而且吃得很快。月亮與金星成緊密相位通常喜歡吃甜食，而且會有一位用甜食來撫慰小孩的母親。

身體

月亮掌管潮汐的變化，由於我們的身體有百分之七十的水，因此月亮與荷爾蒙及體液有關是不足為奇的事，包括我們的淋巴系統、月經週期以及和懷孕生子有關的一切事物。月亮同時也掌管胃和乳房，當然巨蟹座在這方面無疑地也很重要。月亮同時也顯示出我們消化經驗和食物的方式，因此在消化系統上扮演著重要角色，它和巨蟹座一樣，也和記憶力有關。

金屬

月亮和銀有關——包括色彩和質地。銀是一種稀有、昂貴及富有光澤的金屬，雖然比黃金的價格要低一些。它很容易做成器皿，因為柔軟度高，易於敲成薄片或做成銀線。和月亮反映出太陽的光一樣，銀也是最能清晰映照東西的金屬，基於這個理由，自古以來它就被製成鏡子。數千年來它也一直是珠寶和裝飾品的原料，上個世紀開始它更被利用來沖洗照片。鋁是另一種和月亮有關的金屬，有趣的是，某些研究者將鋁和老年癡呆症作聯結（癡呆症與記憶力的喪失有關，患者會回歸到嬰兒時期），而月亮一向和吸收法則、嬰兒狀態、接收性及反應聯結在一起。鋁也能代替銀製成鏡子，同時在照相技術上也用得著它。食物以及飲食都和月亮有關聯；食物經常用鋁箔紙來包裹，餐具也經常是鋁製品，可能不銹鋼也是由月亮掌管，而這是另一種會用來做餐具的金屬。

傳統上與月亮聯結的事物

- 盛東西的容器：杯子、大鍋（一種半月形器皿，可以用來燉煮藥物）、高腳杯、集裝箱、鑿刀、箱子、棺材、架子、碗以及船。這些器具有許多都是以英文字母「C」開頭的，而這個字母看起來就像是新月，缺口向上的話，就成了一個容器，也會讓人聯想到牛角麵包。
- 鏡子、珍珠及水本身，多半都是由月亮象徵的，此外還有一切能反射的東西。當然海王星也可能管轄這些事物。月經週期、海洋和潮汐——這些不斷變遷的現象就像月亮一樣，會經歷不同的變化階段。
- 許多食物也和月亮有關，如牛奶、種子、蛋，以及由這些東西製成的食品。家居生活裡的事物，所有與生產有關的活動以及受孕，還有承辦酒席等，也都和月亮有關聯。農業或是和孩子相關的滋養活動，也都跟月亮的作用力聯結在一起。
- 許多動物都和月亮相關。象徵母親的動物或是令人聯想起地母的動物，如熊和鯨魚，都是由月亮代表的。其他像兔子之類的多產動物，也受月亮管轄。能夠提供奶的哺乳類動物、角像半月一般的動物（鹿和某些放牧的家畜），以及外表能夠變化的動物（變色龍），傳統上都是由月亮代表的。由於貓能夠在夜裡清晰視物，所以也和月亮有關。

月亮入十二星座

月亮入牡羊座 ☽♈

行為模式

這類人典型的反應是迅捷、強烈、自發，也可能有喜歡插嘴的習慣。他們充滿著熱情，急於維護他人，能以閃電般的速度立即提供協助。他們對危險有一種直覺，每當有意外、創傷或悲劇發生，他們往往是第一個到現場的人。基本上，這類人在照料人這件事上帶有一種競爭性，對於和自己有緊密關係的人，也有強烈的領域觀；他們必須是最先採取行動的「母親」。他們對自己渴望的事物有強大的熱情，而且需立即獲得滿足。他們最主要的特質就是喜歡搶先進入某種情況。

才能

有領導才能，行動快速、獨立自主，也可能是強而有力的鼓吹者。善於處理危機。

需求

這類人有強烈的行動需求。行動時不喜歡他人干預，也不喜歡受到約束。

滋養他人的方式

急於護衛他人，譬如為某個在醫院裡沒獲得妥善照料的人據理力爭，或者你在餐廳裡吃飯、送上來的食物有問題，而你不太好意思解決這個問題，這時他們會替你向服務員抱怨。

壓力下的反應

不耐煩會是這類人在壓力下的行為反應。他們對那些拒絕改善、缺乏行動力的人很沒耐性。他們容易爆發情感火花，也很容易冷卻下來，而且可能把所有的事都和他們的自我連結，因此很容易受傷。這類人動不動就生氣，很急於滿足別人的需求，經常假設（不貼切地）別人的需求和自己的一樣——在危機時刻人們的反應的確大同小異，但是在日常情況下卻十分不同。這類人強烈的母性傾向以及採取行動的渴望，有時會導致專斷和愛操控的行為模式。他們必須主導一切，而且必須按自己的方式去做。他們在合作上有很大的困難，但如果星盤裡的金星或天秤座被強化，就比較有合作的能力。

親子關係

急於照料別人可能是這類人的特質之一，而這會顯現成未準備好就已經有了小孩。他們童年時的照料者可能是獨立而勇敢的，譬如父母之一是某個地方或某種情境裡的先驅。他們的照料者帶有捲起袖管向前邁進的信念，而且不會執著於瑣碎的小事，有點像母鳥哺育下一代的情況：母鳥很快地飛回巢裡把食物分配給小鳥們，然後又急著飛出去覓食；她們沒時間閒蕩。當然小鳥們也會爭取母親的注意。月亮入牡羊座有時也代表和母親之間有競爭性或是有衝突，也可能與母親的關係十分緊密，而且必須把她放在第一位。有時也代表雙親之一很善於縫紉，有許多才藝。

家居和飲食

這類人不喜歡誇張的家俱、印花布，甚至窗簾，也不喜歡物品上有許多皺摺。他們著重的是功能性而非舒適或美觀。在大部分的事情上面，這類人都比較強調便利性。不論是房子、花園或辦公室，他們都比較偏好容易打理的裝修方式，而且會採用一些省時的裝置。他們喜歡熱食或辛辣的食物，也喜歡在食物裡放點薑。他們偏好能迅速解決飢餓的快餐，甚至會在頭一晚準備好明天要吃的東西，以便要吃的時候能立即上菜。

月亮入金牛座 ☽♉

行為模式

這類人的特質是穩健，實事求是，情緒平靜，不太容易被激怒或心煩易亂。他們非常不喜歡改變，即使改變是必要的。他們保護自我的方式就是不慌不忙地做事。月亮在行為、情緒及感受上帶來的多變性，似乎都無法適用於金牛座。「立即」絕非這個星座熟悉的辭彙。我有一位學生的日月都落在金牛座，他每天走同樣的路去上班，很顯然，他從上學起就一直保持這種模式！這類人就像是一頭慢慢反芻著食物的乳牛，除非行動是必要的，否則對周遭的事根本無動於衷。很明顯地，這類人非常需要物質保障，而且往往能創造和吸引來可觀的財富。金錢、食物及舒適的生活，對他們而言是最重要的事。

才能

這類人的觸覺非常發達。他們的五種感官都有高度的發展，但觸覺以及對織品的鑑賞力通常是最強的。他們本能地知道必須仰賴物質世界，而且有一種與大地連結的感覺。在商業上，他們有敏銳的觀察力，很善於投資和處理金錢、土地及資產。

需求

這類人必須擁有物質保障和舒適的生活，而且必須知道下一頓飯的錢是從哪兒來的。他們對大自然、動物及鄉居生活的欣賞不會過度浪漫，能夠藉由園藝、與物質的接觸、感官的享受來更新能量。他們非常喜歡性、按摩、買衣服、烹飪，尤其是吃東西。

滋養他人的方式

穩定地陪伴在一旁。實事求是、不慍不火，喜歡幫人按摩或提供食物。

壓力下的反應

可能無法迅速改變或採取行動，也可能變得沉默不語、埋首於工作。他們的物質主義、保守傾向和懶散的特質，可能令他們變得毫無生氣。有許多月亮落在金牛座的人因為無法忍受變動，也不願放棄舒適的生活或房子，而一直待在不合適的關係裡。他們渴望過寧靜的日子，所以逃避可能帶來衝突的言語溝通；不喜歡變動既是他們的恩賜，也是他們的詛咒。這類人有時就是無法理解別人在說些什麼。他們的安全感是來自於眼前這個人的實際狀況，而且可以十分有福氣地忽略掉對方的不滿意或焦躁情緒。

親子關係

這個帶有典型地母特質的月亮位置，可能會帶來一位實際的母親；她重視安全保障甚於其他任何議題。這位照料者總想為孩子提供穩定的生活，渴望化繁為簡，逃避複雜的情緒糾結，也不想惹事生非。這樣的父母或許會被孩子的高智商、冒險精神及探索的需求所威脅。

家居和飲食

這類人傾向於傳統和保守的風格，偏好淡雅的色彩和天然材質，譬如木頭。他們喜歡吃簡單的食物，有的也喜歡濃郁的食物，但前提是不能花太多時間準備。這類人最不能忍受的就是追逐流行時尚。他們也可能喜歡澱粉類食物，如洋芋等。這類人的新陳代謝通常比較緩慢，身體顯得十分健朗，但仍然要看星盤裡的其他元素而定。

月亮入雙子座 ☽♊

行為模式

這類人的情緒和感覺都相當多變，適應性強，不安於室，善於應變。他們對別人的想法和感覺都很有興趣，而且容易受外界影響。他們從外界得來的印象雖然不深刻，但卻相當多元化，因此他們能感覺來自各方的意見角力。他們不但被外界的訊息吸引，而且內心裡也有許多拉扯的力量。他們伶俐、輕快、活潑，加上有適應能力，所以身心都很忙碌。不論在家裡、圖書館、書店或是上網咖，他們總是顯得忙碌不堪。

才能

這類人有能力反應和調節不同的觀點，因此可以成為優秀的作家或記者。他們對語言或各種語言都有直覺感受，通常也有模仿才華。他們的雙手和眼睛的協調能力很強。

需求

喜歡隨著情緒和機會多方面接觸社會。這類人需要溝通交流，與人或書本裡的文字對談，充分的交流可以讓他們從各方面進行思考，找出對自己最合適的答案。他們自己的情緒議題很渴望獲得解釋，其領域觀往往伴隨著對沉重情緒的厭惡。不可諱言地，一定有人會被這些宇宙大小孩吸引，而提供他們一個落腳之處，但是月亮落在雙子座的靈魂，還是比較喜歡那些能維持住他們的興趣、令他們猜不透的人。這類人之中有的會從輕鬆的閱讀中獲得滋養，不斷地改變場景和活動，也能更新他們的能量。除了心智上的追求之外，他們也會被無關緊要的事、新奇的經驗及無聊的活動吸引。

滋養他人的方式

讓事情變得比較輕鬆，聆聽、交流以及對他人的話感興趣。能覺知別人的需求，伸縮自如，願意適應對方。

壓力下的反應

往往會顯現出注意力不集中的情況。他們很難付出承諾，不安於室，不可靠，猶豫不決。當外界的影響及內心裡某些矛盾的面向獲勝時，這類人的決定就會改變。他們會以分析自己的感覺做為自保的方式。總之，這類人會逃避真實的人生，方式是不斷分析眼前的情況，乃至於根本沒有真的在體驗現實。

親子關係

童年時這類人接收了許多複雜的信息，而建立起一種觀念：他們必須取悅每一個人，不論感覺多麼扭曲。這種早期灌輸進來的信息，令他們覺得自己必須配合別人來獲得安全保障。月亮落雙子座的人是家庭裡揀選出來適應大家的人。他們可能有兩個母親，或者與母親的姊妹有密切關係；有時母親也需要她的孩子聽她說話。這類人的母親也可能很難建立自己的觀點，而以家中比較強硬的人的觀點為依歸。有時這個位置也代表母親不斷為家人的不同口味或不同的吃飯時間而忙東忙西。這類人的照料者也可能是愛說閒話的人。在他們的童年生活裡，新聞會是很重要的一個環節，家裡四處都看得見報紙，收音機永遠是打開的，家人一直在看電視，或者鄰居會來串門子聊天。他們的家中也往往會有雙胞胎。

家居和飲食

這類人的家中到處都是書、雜誌和信件。如果天底和四宮裡也有許多行星，便可能有許多不斷進進出出的訪客。月亮雙子座也代表一個人有好幾個家，他們對各式各樣的食物都想嘗試一下，而且喜歡實驗不同的食譜。他們理想的餐飲應該是什麼東西都有一點，有時也會吃電視速食餐和點心；一邊吃東西，一邊看報紙、雜誌、玩字謎遊戲，是這類人很典型的生活方式。

月亮入巨蟹座 ☽ ♋

行為模式

月亮落入巨蟹座，代表此人和自己及他人內心的那個脆弱、需要撫慰、好依賴的嬰兒，有緊密的連結。他們本身也需要別人的滋養和保護。

才能

他們能體會到別人的感覺，而且直覺地知道該如何讓別人安適和舒服，甚至連小狗小貓的脆弱易感，他們也都感受得到。這類人通常有高度的想像力，可以應用在藝術和文學的追求上。對往事的關注，令他們在歷史和文化遺產上面特別有研究才能。他們也善於烹飪。

需求

這類人既渴望被照料，也渴望照料別人。情緒和家庭生活的安全感及歸屬感，是他們最重視的事，因此非常渴望有個安樂窩。

滋養他人的方式

照料別人的需求、做菜及做家事，是他們典型的滋養別人的方式。他們也可能讓別人充當他們的母親，自己則像個小嬰兒一樣地被照料。

壓力下的反應

會展現出害羞和躲藏起來的傾向。執著於熟悉的事物、逃回家裡找安全感，往往會阻礙他們向前進展。他們應該培養對過往經驗的感受力，而非卡在其中。回到過去也暗示著回到老舊的創傷裡，如果再伴隨著良好的記憶力，就會令這類人容易生悶氣。他們的沮喪可以推回到久遠以前的創傷，而一般人可能早就把這些創傷忘掉了。動不動就生氣、容易悶悶不樂之外，他們也有強烈的領域觀。處在壓力之下，月亮落巨蟹座的人會選擇不與人溝通，縮回到自己陰鬱的情緒裡。他們也會展現出挑剔或嘟嚷嘮叨的特質，也可能有大嬰兒般的次人格。有的人會壓制別人的獨立性，阻止別人往前進展。他們的照料者也可能有這樣的特質。

親子關係

這類人有共生式的親子關係，這不意味他們的關係一定良好或快樂——必須觀察整張星盤才能決定。這個月亮的位置代表的是親子關係十分緊密。這類人對身邊的照料者相當順服，他們的母親寧願孩子不長大，因此他們內在的小嬰兒長得非常結實是不足為怪的事。這類人的母親與外祖母的關係，應該有值得研究的地方；事實上，這整個家族的女性都值得研究。這類人最主要的照料者本身，也可能在職業上扮演照料他人的角色（譬如開育幼院，或者領養別人的孩子）。他們的母親很難擺脫完美的「褓母」形象（總是陪伴在身邊，溫暖而善解人意），但是家庭生活裡卻埋藏著許多罪惡感或情緒敲詐的模式，特別是月亮和冥王星有相位的話。

家居和飲食

月亮入巨蟹座的人的家，可能是其他人或動物的避難所。這類人有許多喜歡住在水邊，還有的會住在父母家裡。食物和慰藉是他們家庭中非常重要的部分。蛋奶製品通常是他們的最愛。

月亮入獅子座 ☽♌

行為模式

月亮入獅子座的人會有誇大感覺的傾向，也喜歡得到別人的注目和欣賞，有強烈被認可和被感謝的需求，這些需求會演變成一種對讚美的良好反應。在最佳情況下，這類人的反應會是溫暖、慷慨和寬宏大量的。月亮入獅子座的人，尤其是女性，通常會在一個組織裡佔有重要地位。男人的月亮如果落入獅子座，則可能和這種類型的女人結緣；不論是不是領導人物，他們都會展現出一種高尚的氣度。他們有一種自我敬重感，不會輕易做出低下的事，

才能

星盤裡有這個月亮位置的人，經常成為治療師，或者會以各種方式啟發別人：也許是他人行為上的指導者，或是扮演推廣者的角色。典型的月亮入獅子座的人喜歡誇大他們的情緒，愛好多采多姿的故事和英雄式的情節，因此娛樂業裡總是充斥著這一類人。其中有許多人喜歡歌劇，在劇院工作令他們覺得非常自在，即使當個觀眾都很享受。

需求

他們渴望成為卓越的人，也許是擁有最漂亮的房子，成為父母最寵愛的孩子，或是擁有最聰慧的小孩。他們也渴望被人賞識，被人關注。如果經濟情況許可，他們也喜歡出外遊玩和享樂。

滋養他人的方式

給別人許多關注，鼓舞人，提升人們的信心。

壓力下的反應

演化較低之人往往會有脆弱易感的傾向，這是源於自認為非常受人歡迎，或是渴望被誇讚。拼命想超越別人和無法放鬆的競爭性，也會製造出許多問題。如果月亮相位不佳，則會出現好炫耀、好自我表現的戲劇女王作風。如果本命盤裡有較多的自我抹煞傾向，那麼上述的特質就會減輕一些。這類人渴望成為主角的心態，會讓別人無法獲得同等的關注，再加上操控性如果特別明顯的話，就可能不斷地想搶鋒頭。

親子關係

這個位置的月亮，暗示著父母很願意讓孩子發光發亮、給孩子信心。這類人會渴望父母以他們為榮，也希望孩子能令他們感到驕傲。在最佳情況下，他們的母親應該是堅強、溫暖、富有創造力的人。就像母獅子一樣，溫柔地用腳掌輕輕地拍著頑皮小獅子的腦袋，如果它們遭逢危險，會立刻勇猛地捍衛它們。這類人的母親也渴望受人矚目，因此，月亮落獅子座的人早已習慣對別人付出關注。有時這類人的母親也可能給他們許多關注，因此他們一直期待著這樣的注意力。有的母親則喜歡炫耀她們的孩子，或者把他們往舞台上推。月亮入獅子座的人本身也可能扮演這樣的父母角色，或者自己是接受的一方，不過這仍得檢視整張星盤才能做決定。

家居和飲食

這類人喜歡擁有一個令其感覺榮耀的家。有的喜歡奢華風格，往往有室內佈置的才華。他們的家可能色彩鮮豔，極富創意。他們在家裡喜歡穿長褲，作風就像個監督國土的君王一般。我發現這類人沒有特別偏好的食物。

月亮入處女座 ☽♍

行為模式

這並不是月亮最溫暖的位置，也不會展現自發的強烈情緒或熱情（除非星盤裡有其他要素），不過這類人對他人的需求十分關注，可以很貼切地提供協助。這個月亮的位置會帶來謙虛溫和的態度，更明顯的特質是樂於助人、常識豐富。這類人渴望服務他人，所以扮演上司的角色會感覺不太舒服，這可能是源自於容易擔憂。神經緊張和容易感受到壓力，導致這類人經常擔心自己可能達不成任務。

才能

這類人的才能發揮在細節處理和掌握事物的精確性，辨識力和揀擇能力也很強，因此是卓越的管理人才。

需求

渴望自己是有用的人。這類人即使厭惡自己的工作，最舒服的狀態仍然是在工作或服務別人的時候。當他們勤奮地忙於工作時，通常覺得很舒服，所以他們絕不會坐在那裡看電視，而是必須獨立自主地完成手上的事情。他們也很需要保持情緒的寧靜。

滋養他人的方式

照料他人，做一些落實的事情。他們對所有的細節、所有的任務都很重視。

壓力下的反應

如果月亮有困難相位，就會造成喜歡找缺點、吹毛求疵和挑剔的特質。這類人可能帶有自我犧牲傾向，總是做一些其他人不願做的事。他們在關係中往往會過度分析情緒，喜歡批評對方。他們的自我批判和自我質疑傾向，也很難對自己做的事感到滿意；即使別人沒有在批評他們，他們也可能懷疑自己不夠好。他們對自己的人生經常感到不滿意，又沒有足夠的信心採取行動加以改善。低估自己的能力、貶低自己，也是經常會顯現出來的傾向。他們必須學會面對挑戰，而非設定一些輕易就能達成的目標。

親子關係

這類人往往有家族遺傳疾病，或源自於早期環境的疾病。他們的母親也可能有病，或者不斷忙著照料家人。他們的父母可能帶有完美主義傾向，非常在乎鄰居說了些什麼，而且容易小題大作。有一位月亮落在處女座的女士告訴我，她十二歲的時候，有一天回家告知母親她在公園裡遭到了性騷擾，母親的第一個反應就是把孩子帶到浴室裡拼命地刷洗她的身體！這類人的父母也可能好批評，或者他們本身喜歡批評自己的母親或其他照料者。

家居和飲食

對女人而言，這個位置會帶來獨立自主的生活方式，由於對情感議題十分挑剔，而且喜歡按照自己的方式生活，所以往往會選擇獨居。有的人會一直追求完美的家庭生活，而且不可避免地感到失望，因為人生絕不是完美的。其中有許多人對自己居住的地方很不滿意，而這會促使他們不斷地改善居家環境，但也有人焦慮到不知該選擇住哪裡。他們也可能為了更高的理想而遲遲不做決定。如果整張星盤的變動星座很多，這個月亮的位置就會令人躊躇不前而失去許多東西。這類人也可能會挑食，譬如按照特定的飲食規劃來吃東西，而且可能是素食者或不吸煙者，甚至一天要吞下一大把的維他命，不過前提是六宮的宮頭必須是處女座，或者星盤裡有其他強烈的處女座傾向。

月亮入處女座並不一定會讓家變得一塵不染。有這個月亮位置的人喜歡別的生命領域甚於做家事，但還是有人會把家整理得乾淨整潔，而且認為這是重要的事。

月亮入天秤座 ☽♎

行為模式

這類人不喜歡粗糙魯莽的態度。月亮的這個位置代表優雅、社交技巧、練達的態度和迷人的風采。他們不喜歡任何形式的不和諧，包括家居生活和所有的關係在內。有些人會想盡辦法逃避任何形式的衝突，並掩飾社交上的窘態。

才能

有說服力及外交手腕，這個位置很利於仲介和溝通協調的工作。他們可能是律師、批發商或仲介，善於扮演顧客和製造商之間的協調角色，或排解衝突的中間人。他們有一種把人聚合在一起的能力，而且很喜歡做媒。

需求

他們非常需要伴侶關係，單獨一人的生活令他們很不舒服，即使到商店買東西都希望有人陪伴，這種傾向是源自於渴望透過另一個人來映照自己的狀態。當然這種映照是雙向的；他們也會反映對方的行為和需求。

滋養他人的方式

本能地知道如何說出貼切的話，而且可以從對方的角度看事情。他們基本上會贊同你的意見，即使是表達相反的立場，也會溫和到讓你願意改變自己的觀點。

壓力下的反應

這類人的弱點就在於太需要社會的肯定。這個月亮的位置如同其他行星入天秤座一樣，也會使人變得猶豫不決，不停地考量什麼樣的行動能才取悅別人。雖然這類人習慣扮演和事佬的角色，但奇怪的是他們經常招惹別人生氣，部分的原因出在於無法直接而真實地表達自己的感覺。這種努力取悅他人的傾向，往往造成誰也取悅不了的結果。雖然他們能展現貼切的行為舉止，但不必然是誠懇而真實的，有時會表現出非常明顯的奉承和阿諛態度。他們對不愉悅場面的厭惡，令他們必須維持和諧的氛圍，這代表他們沒有能力處理深刻的情緒和感受，包括自己的和別人的在內。

親子關係

父母之中至少有一個照料者是有順服和妥協傾向的，這會令月亮入天秤座的孩子樂於助人、友善及體恤。但從負面的角度來看，這位最主要的照料者也可能被視為不顧一切逃避挑戰的人，這類人往往會為了保持和諧而付出巨大代價。家庭生活也可能有避免在孩子面前起衝突的慣性模式。這類人的母親也許不是非常溫暖、熱情和愛表現的人（除非星盤裡有其他要素），但通常能展現優雅和有教養的風範。她很少會製造衝突，即使伴侶不忠，也能表現得若無其事。她在孩子的眼裡更像是父親的妻子而非母親，因為她把自己對關係的需求及伴侶的需求，看得比孩子更重要。

家居和飲食

這個月亮的位置帶來的藝術感，能夠把家佈置得和諧美觀。這類人對家、服裝和藝術的品味都比較古典，而且喜歡整潔和秩序。他們愛吃甜食、經常量體重；非常關切體重問題。

月亮入天蠍座 ☽♏

行為模式

這類人渴望深刻地投入正在進行的事情和關係，他們會以熱情和專注力回應人生。月亮落入的宮位裡的活動，會讓這類人產生深刻的感受，他們對家、土地及國家有強烈的佔有慾和忠誠的愛。這個月亮的位置要不是令你覺得此人隱藏了內心最深的感受，就是令你對此人真正的感受沒有任何懷疑。這類人在不同的情況下，往往會出現這兩種不同的行為模式：如果此人感覺很安全或性格比較外向、容易信任人，那麼強烈的情緒和熱情就會充分顯現出來，此即月亮入天蠍座的「月圓型」人格，它也代表那些比較內向的人在安全私密環境裡的行為模式。但是大部分的時候，這類人都會展現出守密、驕傲、熱情和脆弱易感的特質。當他們處在一種謎樣的隱密狀態時，感覺最安全舒適，其實這只是一種保護自己和他人的方式。他們會維護你的自信心，而且會期待你以同樣的審慎態度回應他們。他們的情緒裡帶有一種自負的特質，有時會展現出報復心，譬如以不告訴你真相是什麼來打擊你；他們對人很難有信賴感。

才能

這個月亮的位置會帶來情感上的老練特質，因此這類人十分了解一般人的行為和感受，而且不畏懼人生的挑戰。他們的內在力量和觀察力可以協助別人度過危機。

需求

這類人渴望親密關係，特別是性方面的親密接觸。他們渴望熱情地投入於某件事或成就某種關係，但必須有安全感。他們對背叛和不忠的行為非常敏感，因此會強烈要求忠貞不二的對待和隱私權。

滋養他人的方式

鼓舞對方，與其緊密連結。這類人很難對每一個人敞開心胸，因此當你成為他們敞開心胸的對象時，就會深深地被其吸引。當這類人感受到一種同盟的氛圍時，才會願意放下心防來與對方接近。

壓力下的反應

他們很難釋放負面感受，有些人在需求無法獲得滿足時，會展現出過度的佔有慾、忌妒心及報復心態，有些人則會變成危機上癮者，因為強烈的情緒令他們興奮。這類人有時會刻意製造情緒上的波瀾，如果星盤裡有其他元素助長這種傾向，就會展現出愛恨交織的特質。他們可能把每件事都當成與他們的自我有關的事，因此缺乏客觀性，除非有別的要素帶來不同的影響。這類人非常精明、善於操縱，而且有強烈的自保和懷疑傾向。培養出信賴感，就能解決大部分的問題。

親子關係

他們往往有童年創傷（可能是家人早逝）。有的人一出生或年紀很小的時候，母親就經歷了某種危機。這類人的照料者通常相當強悍、愛操控，甚至令人畏懼，其性格極少是和藹、溫吞的。這類人從家庭裡深刻地領略了情緒敲詐的模式，他們的母親往往是善妒的，或可能會激起別人的妒意。如果上升點又落在天蠍座，那麼此人就會注意周遭所有的細節。

家居和飲食

他們在家裡很需要保有自己的私密性。雖然渴望親密關係，但還是有許多月亮落在這個位置的人偏好獨居生活，至少有一部分時間是喜歡獨處的。他們喜歡保有自己的一個小小的空間，家或許是他們可以躲藏起來的地方。有些人喜歡吃蝦子或生魚之類的海鮮，因此這類人比較偏好日本料理。

月亮入射手座 ☽♐

行為模式

溫暖、活潑，而且相當主動。這類人心胸開闊，富幽默感，正直坦率，帶有一種狂放的特質。他們通常不太有技巧，甚至有些笨拙，包括自己的行為以及與他人的互動。月亮射手座的直覺感受是天地之外還有更大的世界，而這是超越理性思維的。他們對生命有與生俱來的信心，認為所有的事件背後都有意義和目的。

才能

有宏觀能力，能激起別人的信心。喜歡提供別人建議和教導別人；這類人的確有教育他人和傳教的習慣。

需求

他們渴望空間和自由，在身心兩個層面都有不斷探索的渴求。他們需要很大的空間去尋找和探索生命的宏觀議題，在心智上和情感上都渴望認識得更深刻。這個喜歡來去自如的月亮位置，往往會以逃避責任來保護自己。

滋養他人的方式

鼓勵別人勇於冒險，以自己的樂觀哲學鼓舞他人，或是鼓勵人以宏觀視野看待眼前的情況。他們滋養別人的方式是教人展翅飛翔，或是以戲耍的方式來放鬆別人的心情。

壓力下的反應

這類人會被那些務實的人冠上過度天真或透過粉紅鏡片看世界的罪名。他們總是看到事情最好的一面而忽略了眼前計畫的缺點，而且會過度高估自己和他人。不安於室、不夠謹慎小心、過度自由放任，是經常出現的問題。他們總認為別處的草比較綠，而這會促成不斷往前追求的作風。其中的某些人很難保持平靜的心情，情緒起伏落差極大，特別是星盤裡有其他元素助長這種傾向的話。這個月亮的位置使人聯想起大型捲毛狗的舉止。這類人的態度誇張，感覺也會誇大，甚至有歇斯底里傾向，特別會出現雲霄飛車型的人。還有的會展現出好批判以及衛道特質（如果還有其他相關要素）。

親子關係

這類人的照料者情緒容易反應過度，家中通常有人很難保持平衡，父母之一也許有宗教信仰，或是對道德及政治議題有強烈的意見。童年時父母不斷地追求社會地位、態度勢利，也是常見的情況。有的情況是父母之一敗掉了家產，他們若不是對金錢過於不在乎，就是有賭徒作風。

家居和飲食

這類人可能居住在國外一段時間，而且面對外國人、陌生人及陌生的情境，都覺得很自在，因為這些都代表學習和探索的機會。月亮落射手座的人可能會住在宗教建築物旁邊，譬如房子對面就是教會或寺廟，或是住家本身就是由教堂改裝的，也有的人會住在和教育相關的環境裡。他們喜歡寬敞的空間，而且喜歡吃外國食物，還有的會依照宗教信念和哲學觀來吃東西。除非星盤裡有其他的戀家傾向，否則月亮入射手座的人是不太喜歡家居生活的，因為他們的靈魂裡有吉普賽人和遊牧民族傾向。總之，這類人不喜歡被約束。

月亮入摩羯座 ☽♑

行為模式

月亮落在這個不感情用事的星座上，會令行為顯現出正當、嚴肅及高標準傾向。這類人非常需要被人尊敬和嚴肅看待，所以他們的行為很少會違背或摧毀別人對他們的敬重。其中有些人很渴望成為社會的中流砥柱。這類人對表達自己的感覺很謹慎，而且有點害羞，尤其涉及到男女之間的交流。他們在情緒上會自我克制，典型的行為模式是自我抹煞、不浮誇。當他們掌握大局時感覺最舒服，而且對自己的才華抱持著實事求是的態度，所以不像其他更有野心的類型那麼具備衝勁。

才能

他們有與生俱來的組織力和結構感，能夠把任何事處理得井井有條；實事求是和掌握各種物質資源的能力是很明顯的。這類人是天生的木匠、造船匠、牙醫、雕塑家及建築師。他們對土地和傳統有強烈感受，這使得他們很善於處理和田園有關的事務。這個月亮的位置也和照料人及打理家務的職業有關。

需求

這類人渴望生產出一些具體的東西，建構出一些具體的事物，為社會帶來貢獻，不論方式多麼卑微都能接受。他們渴望做出一些可以被衡量的事情，而且量要夠大。他們也對老化的各個面向非常敏感，所以很渴望在老年時有物質方面的保障。

滋養他人的方式

負起責任義務。他們在事情出差錯時會勇於負責，即使這個錯誤並不是他們犯下的。月亮落摩羯座的人對自己是很嚴苛的，他們滋養別人的方式，往往是捲起袖管落實地去做一些事，讓一切變得井然有序，或是教導人實事求是地面對眼前的狀況。

壓力下的反應

可能會變得過度嚴肅、悲觀、持負面的態度，把日常瑣事都弄得很沉重。這類人的思維慣性是把人生看成一種沉重的負擔，物化傾向和小氣也可能是慣性模式之一。在情感有關的事情上所呈現出的拘謹害羞傾向，會導致他們過於投入工作及自我孤立的生活。他們必須學習以比較柔順的方式過日子。他們也容易把別人的行為看成是幼稚或不成熟。

親子關係

這類人早期的照料者強調的是成就的重要性。他們在童年時有匱乏或生活太儉約的感覺。這個位置代表早期家庭成員工作得非常辛苦，但又沒有太多的錢。有時母親會代替父親的角色，必須在經濟上支撐整個家庭，她通常會是職業婦女。如同金星落摩羯座一樣，月亮落摩羯座的男性也經常被職業女性吸引。月亮落摩羯座顯現出來的形象，是一個有責任感的照料者，但可能有點過於僵固。父母之一因為害怕犯錯，所以會按照某種育兒的準則來帶小孩，而照著書本來教育小孩，可能意味著為他們設定行為上的清楚規範，譬如要按時坐下來吃飯等。家人對守時這件事也非常在乎。如果星盤裡的其他元素也強化了這種特質，那麼月亮落摩羯座就可能代表兒時的教育方式是非常制式化的。這類人的父母也往往比一般人的父母年長一些。

家居和飲食

天底和天底的主宰行星一向是代表家的符號，但月亮入摩羯座通常有兩種典型的意象，一是鄉居式的家庭生活，帶有一種斯巴達氛圍，牆壁很可能是由乾燥的石頭築成的。另外一個意象則是過著上等的優渥生活，但仍然保持低調而簡約。任何一個行星落在摩羯座，一般而言都不會顯現出浮誇的作風。這類人比較喜歡像石頭那樣的天然材質。在烹飪方面，他們比較喜歡鬆脆的食物，而且不喜歡吃得太複雜。除非星盤裡有其他元素的影響，否則這類人不會有自我耽溺的傾向。

月亮入寶瓶座 ☽♒

行為模式

這個位置是友善而喜歡社交的，雖然情緒裡帶著一種抽離性。這類人在情感上非常獨立自主，有一種冷靜和理性的特質，即使他們對人很好奇，卻沒有談論自己感覺的需求，而且根本不信任感覺。這類人受到的教育通常強調獨立性和情緒上的自主性。他們對人生抱持科學態度，傾向於追求真理或做出理性的決定。他們對宏觀議題有一種直覺，所以不想卡在瑣碎的情緒問題裡面。他們十分同情整體人類的需求，非常重視社區改造，渴望改善人們的生活。有許多知名的月亮入寶瓶座人士，譬如黛安納王妃、瑪莉蓮・夢露和喬治・貝斯特（譯注：北愛爾蘭的著名足球員），都很享受社會大眾給予他們的擁戴。在人際關係上，這類人覺得最舒服的就是友誼。有這個位置的男性似乎很需要女性的陪伴，有的則會跟女人形成柏拉圖式的關係，很著名的一個例子就是約翰・藍儂的月亮入寶瓶座，他的歌曲中展現出的某些情懷，完全反映了他的月亮位置，而且妻子大野洋子就是活生生的寶瓶座代表人物。很奇特的是，許多有這個月亮位置的歐洲男人，往往會被美國女人或美國文化吸引，這可能是因為美國這個國家的月亮就是落在寶瓶座。

才能

這類人大多有強烈的同情心、有利他主義傾向、思想進步、帶有人道精神，而且對解決問題十分有辦法。他們在機械裝置方面有修理和設計的才能，也有發明能力，常顯現出對機器、電腦和科技的直觀力及理解力。

需求

月亮落寶瓶座的人喜愛大自然和荒野生活。由於這類人需要概念和原理的支持，所以像占星學這類的學問，通常能帶給他們很大的幫助。認清宇宙的運作模式，能帶給他們深刻的慰藉。他們渴望空間和自由，尤其是家居生活和情感方面。

滋養他人的方式

他們會以抽離和非個人性的方式來了解你，而且能仔細而完整地聆聽，很少會出現吃驚的表情。這個位置是不帶批判性的。有的人則會幫助他人發展出獨立性，以及思想和行動上的自主性。這類人關懷別人的方式，就是誠實地告訴你他們真正看見的東西。

壓力下的反應

喜歡和機器相處大過於和人互動。在最糟的情況下，這類人會變得抽離、冷淡、無法和情緒連結，或是情緒的自主性可能發展到冷酷的地步。如果星盤裡有其他元素的影響，則仍然會有溫暖及和人親密相處的能力。雖然如此，切斷情緒上的連結也可能造成最極端的發展，譬如形成自閉症。他們也會顯現出無所不知和專斷的傾向。

親子關係

這類人的父母也許會投入社區活動或是和改革有關的活動，譬如母親在住屋協助團體裡工作就是一個例子。父母之一也可能對朋友十分忠誠。這類人往往會有單親母親的情況。許多從公社裡長大的孩子或是由一群人養大的小孩，都有這個位置的月亮。這種情況容易培養出獨立性，但也缺乏情感上的回饋。他們的母親可能像朋友一樣公平地對待他們，所以不是傳統的母親類型。這類人很少會相信血濃於水。他們和家人的關係就像朋友一樣，而且家人各自獨立，不像是一個團結的小家庭。

家居和飲食

這類人喜歡敞亮的環境，最好窗戶很大，或是住在大樓的頂層。他們喜歡獨自生活，認為每個人都應該按照自己的標準來生活，各自做自己想做的事。如果經濟許可，他們的家通常有電腦及最新的音響設備；屋裡往往散落著此人自己的發明或各種機械裝備，而且老式和新式的都混雜在一起。

月亮入雙魚座 ☽♓

行為模式

任何一個落在雙魚座的行星都會被介入的其他行星所感染，因此月亮落雙魚座，在解釋上有無限的可能性。這個月亮的位置顯然是容易受外界影響的，而且它反映出的並不一定是當下情況的真相。這類人很少有清明的覺知，他們往往會按照自己的偏好來曲解事實，或是透過粉紅鏡片來看自己和他人。他們之所以會曲解事實，是因為這個月亮的位置有特別豐富的想像力。這類人對奇蹟和神奇的事非常相信，而且認為什麼事都可能發生。基本上，他們對靈性和浪漫之事有很深的需求，他們在情感上渴望被帶到一種更高昂的境界，至少有一絲絲的可能性能暫時脫離當下的現實。他們強烈的逃避傾向是源自於對現實世界的苦難過度敏感，因此想要擺脫痛苦，但實際上他們並不會這麼去做，因為人生其實不像他們感受的那樣，而且他們還是夠靈敏的。這類人也有為他人犧牲的傾向，很容易替別人感到難過。他們自己也非常脆弱易感，容易嗅出別人的脆弱，投入他人的問題裡面，可以逃避自己的兩難之局。有的人很渴望被需要，甚至有收容流浪者和迷途者的習慣。這個月亮的位置很可能形成對迷失靈魂的上癮傾向，或者他們本身容易自怨自艾，一直在尋找可以拯救他們的人，不過整張星盤必須深入研究才能下論斷。這類人在放鬆和放下執著時，才覺得比較舒服自在。有這個月亮位置的人只要受到一點約束，都不會覺得舒服。

才能

這類人在慈悲心、同理及直覺性的理解上，有與生俱來的本能。他們的靈敏度是這麼高，所以不難在他們身上發現某些通靈能力。他們也有反映他人的感覺的能力，因此可以變成卓越的諮商師和治療者，有的也能成為好演員。這類人可以和不同背景的人相處，尤其是和社會邊緣人相處時特別感到自在，還有的人可以和精神上有困擾或是有犯罪傾向的人自在地相處。他們往往也有藝術方面的才華，如繪畫、舞蹈、戲劇、音樂及舞台劇的表演才能。

需求

這類人很需要別人的同情或扮演救贖者的角色。與神奇浪漫的事物接觸，可以為他們的情緒帶來一種幸福感。其中有的人很喜歡和人及環境融合；還有的則喜歡退回內心世界；以得到安全感。他們會以不付出承諾、維持出入的自由，來保護自己。追求藝術和靈性的發展，他們才能獲得滋養。

壓力下的反應

容易受外界影響會導致這類人很難專注於眼前的情況，而且容易出現優柔寡斷、糊塗、方向不清及缺乏自信的傾向。他們經常有逃避的行為，或是藉由酒精和藥物尋求慰藉。他們在關係中也可能出現相互拖累的情況，即使他們本身是清醒的，愛人也不一定能處在這種狀態。他們也會有怠惰、無定見、容易受人影響的特質；月亮落雙魚座的人是很容易上當受騙的。如果星盤裡還有其他元素的影響，就會令他們逃避困難及不舒服的情境，繼而變得懶散和不誠實。另外，如果星盤裡有其他的影響力，也可能讓這些人變得自尊自重，有堅強的毅力。除非有明顯的土星能量，否則這類人不容易有清楚的界線感。

親子關係

母親或其他照料者可能被這類人看成受害者，而成全了他們的救贖傾向，他們真的可能變成母親的救贖者。有時他們的照料者也習慣於為別人犧牲，因此讓他們學會扮演這樣的角色，或者總是想避開這樣的情況。這類人的母子關係通常沒有清楚的界線，因此他們必須發展出情緒的界線感。他們通常很難與人分手。

家居和飲食

他們很渴望家能變成一個庇護所和閉關的地方。有的人很喜歡住在水邊。他們喜歡家居環境裡洋溢著波西米亞的氛圍，所以對不整潔有某種程度的包容性。音樂通常是他們生命中的主題。我發現這類人沒有特別偏好的食物，對各種口味的食物都勇於嚐試。

月亮呈空相

在月亮離開它所落入的黃道星座之前，如果沒有和任何行星形成主要相位（合相、對分相、四分相、三分相及六分相），我們就稱之為「月亮呈空相」（The void of course moon）。有的占星家也會把十二分之五相及平行相（parallel）（譯注：類似合相）包含進來，這麼一來月亮呈空相的機率就減低了。讓我們先撇開這個受爭議的論點不談。其實月亮每兩天半就會換到另一個星座，因此每隔兩天半它就會呈現一次空相。在時辰占卜星盤（horary chart）裡面，月亮呈空相具有很重要的意義；它代表「事情很難有成果」。但就是因為事情容易懸而未決，所以我們必須在日常層次上考量月亮呈空相的意義，同時也得思考它是否值得被考慮進來。

在推進法（transit 或譯為推運）的層面上，月亮呈空相通常和錯誤的開始以及出差錯有關。在月亮呈空相的時段裡進行的採購，通常買的都是些無用或不正確的東西。同樣地，在此時成立的企業或開展的事情，最後也會證實是費時或浪費錢走錯了方向。最有名的例子就是一九九三年的英國國家賽馬活動，由於那段時間月亮正呈空相，所以發生了許多意外事件。有的占星家會在這個時段裡避免做任何決定或訂定任何約會，因為他們認為當時下的決定往往都是不實際的，而訂下的任何約會也都可能出差錯。大家一致的看法是，月亮呈空相的時段最好用來靈修，進行和物質次元無關的活動，譬如冥想、遊戲或睡覺；這是一段適合「存在」而非「作為」的時間。

我絕對主張個案要開展重要的事業計畫時，應該避開月亮呈空相的時段。為某個事件做決定而設定一張占卜星盤時，幾乎所有的占星師都會避開月亮呈空相的階段。然而，我也確信如果是日常生活的層次，則不需要太擔憂這個問題，因為我經常發現即使在月亮呈空相的階段裡定下約會，最後那個約會也沒出現什麼問題，除非有其他的要素干擾了這項計畫（譬如推進的土星和本命的水星成對分相）。無疑地，事情當然也可能在月亮呈空相時出一些差錯，但即使月亮沒有呈現空相，事情也可能出差錯！另一個必須考量的觀點是，即使月亮呈空相時做的決定最後證實是費時費力，我們仍然應該迎接其所帶來的挑戰和機會。某些傳統占星師看到星盤裡有月亮呈空相的情況時，往往會阻止當事人生小孩；我個人並沒有看到明顯的證據足以支持這種說法，或許我們必須更深入地加以研究才行。不過，即使這個觀點最後證實是真實的，也必定會在星盤裡找到足以支持這個觀點的其他要素。

有一個非常著名的例子，那就是羅伯・甘迺迪（Robert Kennedy）的本命盤裡的確有月亮呈空相的情況。羅伯是他父母九個孩子裡的第七個小孩，也是約翰・甘迺迪的弟弟。當約翰・甘迺迪被選為總統時，羅伯・甘迺迪也當上了司法部長而成為他哥哥的左右手。羅伯花了許多年的時間才克服約翰被槍殺這件事，而且有好多年他都活在哥哥的陰影下。一九六四年他被選為紐約州的參議員，後來在一九六八年的六月五日競選民主黨總統候選人時遭到暗殺。他當時極有可能成為美國總統，而且很努力地投入於選舉，原本是主戰派人士的他，後來卻成了反越戰的支持者，極力主張解決貧窮問題和人權議題。如果他沒死的話，是極有可能變成美國總統的。羅伯・甘迺迪的月亮和本命盤的太陽幾乎成六分相，但由於這個相位正在出離（separating），因此他落在摩羯座二十八度二十七分的月亮尚未進入寶瓶座之前，並沒有形成任何重要相位。他的這個呈空相的月亮是落在第十宮，這或許代表甘迺迪家族的宿命似乎就是要進入白宮，但月亮呈空相顯示出的「事情很難有成果」這個說法，卻印證了未進入白宮之前就被暗殺這件事。不過月亮呈空相並沒有阻礙他生小孩；來自一個虔誠的天主教家庭，他總共生了十一個小孩！

其他還有幾個線索都能顯示羅伯的早逝。舉個例子，他有七個行星落在與死亡攸關的天蠍座，或是與北半球的冬季有關的摩羯座、寶瓶座及雙魚座。更明顯的是火星幾乎與下降點成正合相（許多被暗殺的名人都有火星落在下降點或七宮裡），這顯示出被攻擊的可能性，而落在天蠍座則代表這種攻擊是致命的。從羅伯・甘迺迪的星盤看來，他可能很容易感覺受別人攻擊，我們很難想像他如果真的變成總統，而且在這個職位上的時間比他的哥哥還要長，該如何面對心中的罪咎感和自我譴責。落在天頂的木星雖然看起來很美好，但由於它是落在摩羯座，所以能量是衰弱的，而且主宰著第八宮，並且和冥王星呈對分相。這張星盤的確十分符合行星的顯達（dignities）理論（請參閱328頁）；或許月亮落摩羯座的這個弱勢（detriment）的位置，與月亮呈空相有相同的意義。

奇怪的是，印度的甘地夫人和羅伯・甘迺迪一樣也是被暗殺的，她同樣也有月亮的空相，而且是落在摩羯座二十八度，和她本命盤裡落在天蠍座的太陽形成正在出離的次和諧相。黛安娜王妃以及吉米・韓德瑞克斯（譯注：Jimmi Hendrix 是美國著名的一位英年早逝的黑人搖滾樂手，過世時年紀才二十七歲），都有月亮呈空相的情況。雖然如此，我還是不認為單憑月亮的空相就能斷定一個人會早逝，星盤裡的其他重要元素還是得考量才行。也許本命盤裡呈空相的月亮，真正代表的是，一個人在人生裡設定了某個目的，但基於某些理由，讓這個目的很難有成果。這也許是一種空穴來風的想法，但你禁不住會認為這類人因為踏上自己選擇的道路，而沒有履行宇宙安排的宿命，所以遭到了不幸。

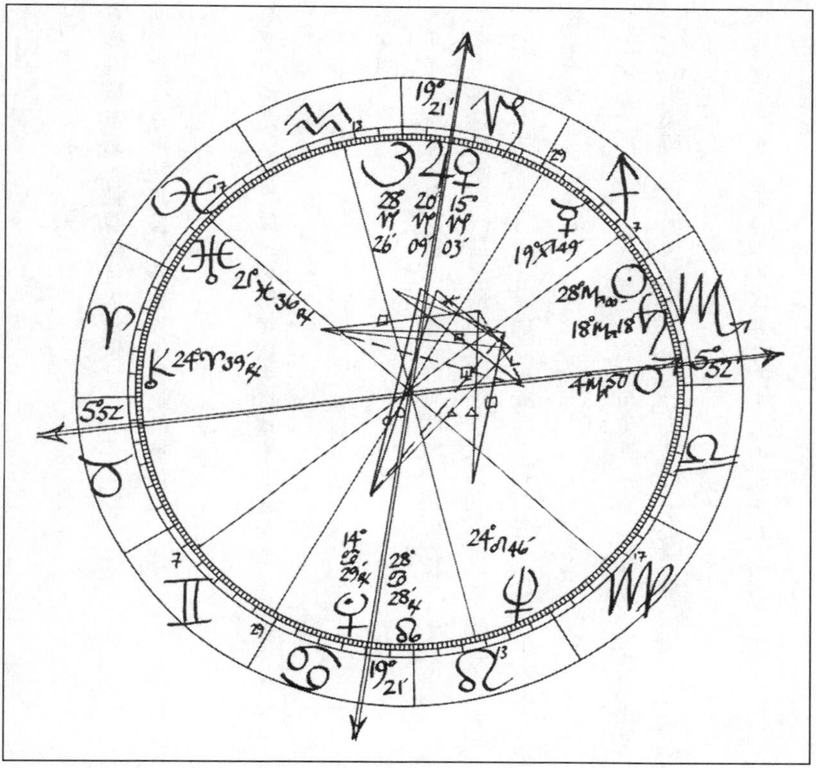

羅伯·甘迺迪(Robert Kennedy)的命盤中有月亮呈空相的情況，
觀其政治際遇，驗證了「事情很難有成果」的說法。

水星 ☿

寧願沉默不語，被當成傻瓜看，
也不想輕易把話說盡，而喪失了質疑的可能性。

——亞伯拉罕・林肯

如果愚痴是一種恩賜，那麼這個男孩追求的就是未經稀釋的快樂。

——《泰晤士報》引用的校園報導

天文學

水星是跟太陽最接近的行星，而且距離不可能超過二十八度。這意味著在天宮圖裡水星和太陽可能落在同樣的星座，或是落在太陽前面或後面的那個星座。水星和太陽很接近，也意味著你很難在日落或日出前看到水星。這顆行星既看不到月亮，也沒有大氣層，據估計，它的內部有百分之七十都是金屬。

- 和太陽的距離：大約是三千六百萬英哩（五億七千九百萬公里）。水星的軌道不是正圓形，所以它的距離可以從最近點兩千八百萬英哩（四千五百萬公里），至最遠點四千三百萬英哩（六千九百萬公里）。
- 直徑：約為三千零三十英哩（四千八百七十八公里）。它排在冥王星之後，是我們太陽系裡最小的行星。

- 恆星週期（大約是繞太陽公轉一周的時間）：八十八天。
- 逆行週期：每四個月左右，逆行二十至二十四天。

神話學

希臘版本的水星就是天神賀密斯，他是性愛冒險之神宙斯和仙女麥雅的私生子（一夜之情的產物）。這是宙斯犯下的不忠行為之一，他善妒的妻子賀拉為此深感痛苦。賀密斯的誕生可說是宙斯罪行活生生的佐證。

賀密斯生下來的第一天就偷走了哥哥阿波羅的一群牛（有些版本的說法是賀密斯誕生下來五分鐘之後，就偷走了這些牛！），我們可以把這件事推演成賀密斯感到無聊，所以喜歡惡作劇！為了不被人發現，賀密斯把特大號的涼鞋倒過來綁在牛蹄上，使牠們看起來好像是被帶著往反方向走，他自己則穿上了由桃木枝和柳枝編成的大號涼鞋。

接著他又偷了五十五頭小牡牛，從其中挑選了兩隻最肥的，然後機靈地用兩根木棒磨擦生火把這兩隻小牛煮熟了，再把牛肉分成十二塊送給奧林匹斯山的十二位天神。其他的小牛，他也如法砲製分給了眾神。

他日落之前悄悄地爬回到自己的搖籃裡，裝作什麼事都沒發生的樣子。但阿波羅還是運用他的神力發現了真相，於是把賀密斯抓到父親宙斯的面前接受懲罰。賀密斯矢口否認了偷竊的事，不過宙斯仍然逼他招出了真相。這時賀密斯必須以三寸不爛之舌說服宙斯，才脫得了身。宙斯被他高超的說話技巧說服，不但不覺得生氣，反而對兒子的才華很感興趣。他雖然懲罰了賀密斯，最後還是派給他許多任務去執行。這則故事還有下文，但已經足以說明水星的特質——言行不一、善於欺騙、機伶、巧詐、消息靈通、有協商能力，而且有商業才華。當然那些被藏起來的小牛，代表的就是最早的綁架形式——把值錢的東西扣下來做為談判的籌碼。

水星的複雜面向

水星一方面可以用簡單輕鬆的方式來詮釋，但也可以用更複雜的方式來闡述，這種特性是所有行星中最明顯的。從簡單的角度來看，水星關切的是溝通、旅行及思考，還有在心智和物質次元上產生聯結作用；但若想了解它更深的特質及和其相關的生命領域，就必須領略水星更複雜的面向，同時要參照任何一個落在雙子座的行星（以及重要性比較小的處女座），落在三宮裡的行星（以及三宮的主宰行星），還有這些行星座落的星座、宮位及相位。

溝通

天宮圖裡的水星能夠描述出：

- 我們思想的內容。也要考量水星落入的星座，舉個例子，水星落在金牛座比較偏重金錢或飲食方面的考量，水星落射手座則會思考生命的意義，或是規劃下一次出國的旅程。
- 我們談話的內容。這也跟我們想些什麼有關，譬如金錢、關係、政治、食物、上帝等。
- 我們溝通和談話的方式。關於這點，水星的整個複雜內涵都必須加以檢視，特別是與水星形成的相位。水星也可以描繪出我們的溝通方式，譬如嗓音是低沉的，還是高亢的？說話的聲音很大，還是喜歡低語？有沒有口吃，速度快或是慢？語調是不是帶有憤怒，還是有嘲諷意味？很有禮貌或是提不起勁？會不會立即回覆別人的信件？寫的信是長篇大論，還是三言兩語？信件的內容是否充滿著機智、情感、想像力，還是據實以報？我們是怎麼打電話的——喜歡打電話，還是不喜歡？會不會花一整天的時間打電話，還是會按下答錄機不聽電話，理由為何？

溝通和信息傳遞

占星學的詮釋之所以如此困難，就在於每個行星及象徵符號都必須和其他的行星串連在一起。水星的詮釋尤其困難，因為它扮演的是其他行星之間的仲介角色。星盤裡的水星代表的是我們把信息傳達給其他行星的方式，它的作用比較像是靈魂的接線總機，負責把信息傳達給人格的每一個面向，再把每一個面向的信息傳送到外在世界。因此，水星不但能描述這些信息的內涵，更代表我們傳達、接收、消化及處理這些信息的方式。

水星在關係中扮演的角色

信息的傳達方式攸關於它們被接收的方式，這提醒了我們水星在關係中的確扮演關鍵性的角色——所有的關係——因為關係裡的一切問題都源自於溝通上的困難，包括無法有效地溝通，或者缺乏聆聽及理解能力。

語言、覺知和理解力

宙斯命令賀密斯去協助司命運的三位女神，教她們組成字母的結構，這一點很符合水星和語文之間的關係。水星扮演的角色和自我發展有關，因為缺少了語言文字，我們就無法產生意識活動。當我們知道某個東西叫什麼的時候，就可以和這個東西對話或是和別人談論有關這個東西的事。譬如孩子必須辨認什麼是貓，成年人必須辨認出情緒上的羞恥、忌妒或哀傷等。我們一旦為事物冠上了名稱，就對它產生了理解，有了理解之後，才能原諒自己和他人。清楚地理解一種情況，才能讓我們往前邁進，難怪心理治療經常被冠上「談話治療」（talking cure）的標籤。賀密斯有能力在凡人和神祇、上界與下界之間自由地出入，因此水星顯然也能幫助我們探索潛意識。事實上，心智上的任何一種探究和質疑的作用力，都需要用到水星的能量。

心智的作用力

雖然我們很難透過星盤判斷一個人的智力（智力是經由學習而發展出來的，所以是一種水星的活動），但水星的確可以說明我們的思考過程。從水星可以看出我們消化和處理資訊的方式，我們會根據自己獨特的世界觀（由星盤裡的其他元素所代表）來進行這個活動。身為眾神的信差，賀密斯是唯一可以到處走動的天神；他可以和凡人交談，也可以和眾神交談，而且他能夠在神人之間傳遞信息。同樣地，我們的心智活動也是不受限制的，我們的身體可能無法到達所有的地方，但頭腦卻辦得到。

學校以及早期教育

三宮代表的是我們早期受教育的階段，水星也有關聯，不過三宮或許能更正確地描繪學校的真實環境，水星則能說明早期的學習過程以及和學校的關係。水星（落在三宮的行星、三宮頭的主宰行星以及落在雙子座的行星，也要一起觀察）也可以正確地描繪出我們的兄弟姊妹的狀況，譬如可能一個兄弟姊妹也沒有；或者他們比較年長或年紀小一點，可能是男的或女的；我們也許容易和他們起爭執，也可能負責把他們帶大或是被他們帶大；或者我們很崇拜他們，但也可能憎惡他們；兄弟姊妹之間也許有爭鬥、彼此妒忌等。從水星也可以看出兄弟姊妹的健康、工作或其他細節。

賀密斯是太陽（父親）和月亮（母親）之間的信差，因此在受孕和生小孩的時段裡水星變得很活躍，應該是理所當然的事。由於兄弟姊妹經常把父母的信息傳遞給其他的兄弟姊妹，所以水星才被視為太陽和月亮之間的信差。我們有時也把兄弟姊妹當成中間人，要他們向父母傳達自己難以啟齒的話，譬如「告訴老媽，我今天晚上不回來睡覺！」

交涉、協議及交易

星盤裡的水星顯示出一個人在交涉及達成協議上的才幹，身為眾神的信差，賀密斯被委派的任務就是簽訂條約。以另一個觀點來看，每當我們試圖與某人或某件事達成共識時，也等於是在簽訂某種條約，而成功地簽定條約或完成一筆交易，往往是在所有的參與者都欣然達成共識時。賀密斯的第二個工作就是促進貿易。有趣的是，賀密斯本來就是主掌利潤的神祇（不論合不合法——水星的作用完全和道德無關），他同時也是辯才無礙、掌管冒險遊戲之神。水星在各式各樣的交易、交換或是與仲介有關的活動裡，都扮演著主要的角色，這顯然包括了旅行業、語文轉譯及其他的仲介行業。在零售業裡，批發商就是一種仲介角色，因為他是製造商和消費者的中間人。同樣地，商店老闆也等於是製造商和消費者的中間人。買賣行為通常會涉及許多聯絡工作，當然也包括許多協商過程，而經商的藝術就是克服購買者的遲疑心態，其方式便是運用語言上的說服力和細微的觀察來達到目的，難怪賀密斯會被視為辯才無礙和理念之神。

運輸及短途旅程

缺少了運輸，商業行為就不可能達成，因為貨物必須從甲地送到乙地。「傳送」這個字以及「傳播」這個概念，或許可以視為水星的重點。落在三宮的行星也許比水星更能貼切地描繪運輸、短途旅行、兄弟姊妹及上學的階段之類的事情，但水星在這方面也是重要的元素。任何一個落在雙子座的行星，加上三宮頭的主宰行星，都能提供進一步的資訊。整個與水星相關的複雜元素都能闡述以下面向的意涵：

- 短途旅行，以及從甲地傳送到乙地的所有面向。當然，這包含了身心之間的所有活動，而學校自然也是我們學會把事情串聯起來的地方。
- 我們會去哪裡？以及為什麼要去？我們做短途旅行的目的是為了享樂，還是工作或其他理由？
- 我們會以何種方式旅行？是坐公車、汽車、火車，還是騎腳踏車？我們會繞遠路，還是走捷徑？什麼因素會影響我們的選擇？我們會時常旅行，還是喜歡待在家裡？（請留意射手座和土星都可能跟火車有關。水星或雙子座被強化往往喜歡騎腳踏車；海王星及水象星座被強化則代表喜歡搭船；月亮或巨蟹座被強化，可能偏愛開拖車出去度假。火星一向偏好快速，土星則比較緩慢謹慎，依此類推。）

水星逆行

如果太陽的運行速度比另一個行星要快，而此行星從地球的角度來看似乎是向後走的，這時逆行的現象就出現了。水星每四個月就會以大約三星期的時間呈逆行狀態。不知多久以前，占星師便開始將逆行的水星和各式各樣的憂慮聯結在一起，因為這段時間溝通可能會出錯，譬如信件、電腦郵件或其他信息的傳遞不順利，或者安排的事情可能出差錯，通常是因為線路交錯而出現問題。這段時期展開的事情往往需要重新來過，因此這個階段通常和誤解、運輸困難以及各式各樣的混亂情況有關。

傳統占星學對水星逆行的解釋論點無疑地有其可行之處，但是以我的觀點來看，其實不需要太認真鑽牛角尖，除非星盤裡有其他支撐點，譬如水星出現許多困難相位或月亮呈現空相。事實上我們會發現，當水星逆行時事情還是會按照計畫進行，而且暫時走偏了也不必看成是負向的事。在某種情況下，逆行的水星甚至是有用的，譬如與舊識重新有了聯繫。這段時間也可以用來回想一下自己說了些什麼，想了什麼，或者有什麼該寫而沒寫的東西，這是一段有利於重新來過和反省的時段。但是當我們想藉由占卜盤來斷定是否該開展事業時，可能還是要避免水星逆行的時段。在預測未來的工作上面，碰觸到水星移位而改變方向的年份時，占星家通常會認為這是很重要的參考點，但我並不確定逆行的水星在本命盤裡有多麼大的重要性。

賀密斯、旅行及運動鞋

除了輸送物資和人之外，賀密斯的第三個工作就是保護旅人的權益，譬如充當導遊，在十字路口標明分界點和地標等，或是在岔路旁立起石頭神像（希臘文稱其為herma）。當我們面臨人生的十字路口時，也必須使出抽離、從側面思考及應變的水星能力。賀密斯的角色更延伸至幫助亡靈過渡到陰間，這時他的名字就變成了「引靈者賀密斯」（Hermes Psychopompos），而非天神賀密斯了。藉著宙斯餽贈的金縷鞋的神力，賀密斯變成了眾神之中速度最快的一位；沒有一位天神能超過他的速度（我們腦子的運作速度也是最快的）。在現今特別重視水星的社會裡，我們很容易把運動鞋和類似的軟鞋，看成是現代版本的賀密斯金縷鞋。水星人很喜歡這一類的鞋子，因為穿上它會讓他們覺得來去自如，而且不會發出太多聲響。水星人一向喜歡匿名行事，因為這樣可以不必為任何後果負責。

偷竊和說謊

在某些版本的神話裡，賀密斯誕生後的第五分鐘就懂得行竊了。偷竊以及早熟的行為通常和太早斷奶有關，不過這裡的奶指的不是真的奶，而是父母的養育方式（宙斯、麥雅及賀拉都不是陪伴在孩子身邊的父母親）。反社會行為通常就是源自於被父母排拒（尤其是母親）的心理創傷，不過和父母疏遠，特別是母親，也可能是一種恩賜，因為可以培養出隨機應變的能力，以及勇於嘗試的實驗精神。和母親有緊密聯結也許會抑制住這些傾向，於是實驗的能力就受到約束了。

賀密斯生下來不久就有小牛可玩，而且還利用小牛做成了里拉琴（lyre）和龜甲。當然，lyre這個字後來又逐漸演變成了liar（說謊者）這個字。因此，星盤裡的水星也可以顯示出我們說謊的方式、說謊的理由以及說謊的態度。水星關切的是信息的傳播，但所有的信息一傳播出去，都會變成「一半的真相」。事實也有可能造成誤導，因為大部分的事實都不過是一些意見和故事罷了。也許所有的概念都是偷來的，而且極少是原創，因此水星的確描述出了我們一般所認為的偷竊，但也可以用比較具體的方式來思考偷竊的真實意涵。

青春

賀密斯雖然喜歡偷竊、捉弄人，好嬉鬧，但仍然贏得了眾神的寵愛。他的應變能力、溝通技巧以及來去自如的行動力，都代表他是最有價值的盟友。他有無數次幫助眾神脫離困境，而我們本身的清晰思考、應變力以及從側面看事情的能力，也往往能幫助我們脫困。賀密斯另外一個受歡迎的原因，可能是因為他對自己和人生都不太認真，他總是輕鬆有趣，洋溢著青春氣息。同樣地，我們對年輕人也比較會抱持寬大的胸懷，對年輕人犯的錯也比較容易原諒。

水星和都市生活

占星家潘姆・泰勒（Pam Tyler）在那本不幸已經絕版的著作《水星》之中，早已觀察到水星人很能適應都市生活。都市裡發生的事實在太多了，而且每件事都不斷在改變。人活在都市裡等於是無名氏一般，可以自在地觀察，而不必然會受到別人的觀察。如同潘姆所指出的，水星的性格裡帶有偷窺狂傾向：間接地感受人生的激情，自我投入得不深，總是停留在經驗的邊緣地帶。都市生活和水星的生活方式不外乎就是自由地出入、隨時變換，以及在必要時找個托辭搪塞一番。都市就是貿易基地，也是小偷最喜歡窩藏的地方。

二十一世紀的水星

今日的社會顯然就是水星的社會，從不斷有人湧進都市裡生活，不斷地出現年青人、運輸和教育方面的問題等現象，都足以證實上述所言不虛。再也沒有比行動電話的發明更符合水星的特質了，同時我們也無可避免地聯想到人類已經感覺乏味透頂；這導致了一種越來越被聲音侵蝕的文化，而且製造出了更多的枯躁感，就如同人在吃東西時必須細嚼慢嚥才能嚐出滋味，生活亦然。摩登男女內在有一種總想保持年輕的衝動，同類療法可能會把這種現象詮釋成社會的發展已經進入梅毒（毀壞的）時代，而古代人治療梅毒的方式，就是把汞（mercury）製成藥劑。

金屬

汞（又稱為水銀）是跟水星有關的金屬。雖然它被定義為金屬，但其實是一種銀色、無味、有重量，又帶有高度污染性的物質，它在加熱後會快速蒸發，但是在室溫下卻又會變成液體。它的原子量（atomic weight）比鉛要重，且密度高到連最重的東西放在裡面都會浮上來。「像帽商一樣瘋狂」（mad as a hatter）這句話，就是源自於帽商將硝酸銀搓進布料裡來保存帽子的故事。時間久了之後，吸進去的汞會導致人格的改變，其所引發的「帽商顫抖症」（hatter's shakes）也容易演變為神經緊張和早發性癡呆症。水星的符號看起來就有一點像帶著帽子的男人，而神話裡的賀密斯戴的也是一種旅行者的低頂寬沿帽。帽子的作用當然是保護我們不被太陽灼傷，而這兩個行星在天空裡很少是距離遙遠的。我觀察到喜歡戴帽子的人的星盤裡，這兩個行星都有緊密的合相，如果這個合相是落在牡羊座這個與頭部有關的星座，那麼此人一定喜歡戴帽子！

大部分的人補牙用的填充料都是由汞合金做成的，其中有百分之五十是汞（其他的材料還有銀、錫以及別的金屬），近來大家已經知道這可能是毒性最強的非放射性金屬，甚至有人擔憂它的安全性，這份恐懼已經讓好幾個國家禁止使用這種材料。有許多疾病都和汞中毒有關，包括阿茲海默症、巴金森症、慢性疲勞症及多發性硬化症，這種金屬會污染到神經系統——與水星有緊密關聯的組織系統。這些疾病的症狀中有一些和所謂的「瘋狂帽商症」（mad hatte's disease）很相似；巴金森症患者也會出現類似的顫抖現象。

身體

由於神經系統扮演的角色，是將信息從大腦傳遞到身體的各個部位和器官，所以無疑地水星在這層面扮演了重要角色。我們的肺部及呼吸器官也屬於水星及雙子座的管轄範圍，包括手腳也是幫助我們從A到B的重要部分，所以水星也可以告訴我們有關四肢的情況。

賀密斯的手上拿的是一根纏繞著兩隻蛇的權杖——大部分人認為一隻代表女性，另一隻代表男性——這根權杖後來變成了醫療行業的象徵符號。之所以會形成這種現象，可能是因為這根權杖可以讓賀密斯擁有催眠的法力，或者因為賀密斯與煉金術有關，而醫學和藥學的前身就是煉金術。不論歷史的典故是什麼，那兩隻蛇很顯然代表的就是陰陽兩種能量，它們纏繞的那根權杖則可以詮釋成人體的脊椎。這兩隻蛇剛好繞了七圈，因此我們幾乎可以確定這代表的就是七個脈輪——身體的電磁能量中樞。這根權杖也可以看成是DNA的雙螺旋。

大範圍

水星與落在雙子座的行星以及第三宮（國家的命盤和其他的事件派星盤），都代表一個國家的語文和整個電信系統，包括郵政及電話服務。一個國家的學校、圖書館、對教育的態度及運輸系統，也都跟水星的輸送活動有關。由於水星關切的是貿易行為，因此從國家的天宮圖裡的水星，可以看出此國的貿易方式、對象和物品。

水星入十二星座

水星入牡羊座 ☿♈

水星落牡羊座的人不可避免地會覺得別人的思維速度太慢，他們喜歡直接切入重點——事物的核心，而不喜歡繞不必要的圈子。特別是太陽也落在牡羊座的話，這種傾向就會更明顯。這個水星的位置是直截了當、不迂迴行事的，這類人的思維快、說話也快，而且往往缺乏技巧。這類人有能力立即做決定，能快速找到問題的解答，缺點則是不容易看見別人的觀點，也不懂得協商。他們可能立即下結論，為別人發言或做決定。在教室裡或溝通交流的情況裡，這類人總是等不及要提出答案，他們很想說出「我知道答案是什麼」。他們也經常在書本上寫下自己的想法，或者在句子底下畫線和標明重點（在書本上留下他們個人的標記）。

水星入金牛座 ☿ ♉

思想清晰、能按部就班地學習或教導別人為其特質。他們有能力深入淺出地表達，以穩定、單純、不慌不忙的方式傳達訊息。他們會儘可能以視覺或邏輯的方式來呈現想法，或許是這個理由，所以水星落金牛座一向和塔羅牌有關，特別是太陽落在雙子座，因為你可以親眼看見生命的一些啟示。這類人也可能對藝術感興趣，或是傾向於思考金錢和物質方面的事，他們會在財務和土地上做許多進進出出的交易。他們通常有美好的嗓音，特別是水星和金星有重要相位的話。這類人下決定會比較緩慢，而且很難改變信念，在想法上相當執著。他們的電腦或其他工具很少汰換掉，因為他們喜歡老機器帶來的熟悉感。在溝通交流方面，這類人可能會顯得不受他人的哀傷或快樂所影響，原因是金牛座有一種天生的淡定傾向。

水星入雙子座 ☿ ♊

因為水星就是雙子座的主宰行星，所以這個位置是強而有力的，代表此人會有敏捷的頭腦，對新觀念和實驗抱持開放態度；雖然這些人缺乏貫徹的信念和毅力，但語言和心智上的敏捷反應卻能帶來補償。這類人的意見不會受道德偏見所影響，比較容易被事實左右。他們很容易感到乏味，有能力在同一時間接收外來的各種刺激。這類人能言善道，永遠在忙碌，急著從A轉到B，而講話時喜歡手舞足蹈，而且總是一邊走一般思考。他們各種書都喜歡閱讀，任何人的話都有興趣聽。他們喜歡蒐集各式各樣的觀點，對猜字謎和紙牌遊戲十分有興趣。

水星入巨蟹座 ☿♋

這類人喜歡把訊息記錄下來，而且也有這種需求，因此這個水星的位置很利於寫日記，當館長。他們會將演講錄音下來，因為回來之後還可以重複播放，仔細地溫習。通常他們對歷史也很感興趣。他們的記憶和觸覺往往會聯結在一起，有的水星落巨蟹座的人特別喜歡用手來感覺。有一位著名演員的水星和上升點合相（水星被強化的位置）落在巨蟹座，他因為喜歡摸女人的胸部（巨蟹座）而變得聲名狼藉。這個水星的位置也利於當餐廳老闆，因為水星的商業才華，加上巨蟹座的滋養能力以及和食物的關係，可以完全結合無間。這類人也渴望找到一個像母親一樣的人來傾吐心裡的話，當然，許多水星落巨蟹座的人也可能扮演這樣的聆聽者角色，而且往往是專注和富同情心的。他們在接收和傳達事實的時候，可能會受情緒影響，而且個人的主觀感受也可能導致詮釋事實時不夠客觀，甚至覺知不到這種傾向。

水星入獅子座 ☿♌

表達意見時信心十足，至少看起來很有信心，或者很善於虛張聲勢。這類人的自尊心會是學習上最大的障礙，因為他們很難承認自己是無知的。由於學習必須從底層開始，因此這類人表現出的「無所不知」傾向，令他們不容易謙虛地學東西；如果太陽是落在處女座或巨蟹座，困難就會減輕一些。這類人在表達事情時會加油添醋，顯得很戲劇化，只要有觀眾，他們就會變成「晚餐後的主講者」，如果星盤裡還有其他類似的影響力，這種傾向就會更明顯。主宰貿易的水星落在管轄銀行的星座上，令這個位置的水星在銀行業或金融業工作得很順利。這類人雖然相當主觀，但通常是忠誠的，他們不會在朋友背後說閒話。

水星入處女座 ☿♍

這是一個善於分析和質疑的水星位置，這類人很努力地想保持客觀。他們會仔細地蒐羅資訊，並且有分類和歸納的才能，所以知道如何讓資訊變得有用。善於處理細節，令他們有能力不厭其煩地學習、分析和利用資訊，因此這是一個有利於專業訓練的水星位置。這類人也往往對健康議題很感興趣，而且渴望談論和撰寫這方面的文章。另外，他們也喜歡探討和思考與工作有關的議題，不過他們對笨人很沒耐性，但卻能欣賞人生的荒謬性，繼而發展出一種幽默感。

水星入天秤座 ☿♎

有能力反應別人的意見和想法，因此這個水星的位置能對他人產生同理心。這類人很知道別人在想什麼，雖然他們對自己的意見並不十分確定。反映別人的思想有利於這類人從事諮商工作。這個水星的位置在個人表達上會帶來優雅的態度、高超的技巧，以及有辦法以最友善的方式傳達事情，這會令水星落天秤座的人深具說服力，但不一定是完全誠實的。這類人之中有的能同時贊成對立的兩派意見，有的則會不停地衡量，很難下決定。這個位置有利於投入美容業的管理工作，也利於公關和外交領域。

水星入天蠍座 ☿ ♏

這個位置會帶來簡潔和機智的表達能力，能一針見血地把事情說清楚。這個位置十分有利於陰謀論者，因為他們對人性總是抱持著犬儒主義、陰暗或毫不退縮的誠實觀點。他們對心理議題也很感興趣——若不是在學術領域做研究，就是試圖洞穿人們的行為舉止，他們對性、死亡、醫藥、玄學以及生命的各種神秘事物都喜歡涉獵，雖然這個位置也暗示著沉默寡言——除非必要，否則不會透露內在的想法；但也有人只要一開口說話，就會顯得非常熱情而全神貫注。當他們展現出強烈的激情時，別人可能不太願意與他們唱反調。這個水星的位置也代表心智充滿著活力，當別人都熟睡時，他們還在讀書或做研究。他們對唯心思想非常能理解，而且善於表達；只要他們的心專注在某個事情上面，幾乎沒有無法理解的東西。他們和兄弟姊妹的關係裡可能帶有忌妒的成分，他們的四肢也可能相當有力量。

水星入射手座 ☿ ♐

這個水星的位置代表心胸開闊、喜歡享樂。這類人可能經常旅行，特別是星盤裡還有其他因素支持這一點的話。這個水星的位置有利於從事旅行業、導遊及長途駕駛的工作。這類人也有說故事的才能，雖然他們說出的故事可能不夠精確或細節不足，但這些奇聞軼事總是十分有趣，而且能引出背後的意義和目的。有這個水星位置的人具有宏觀視野，容易掌握事物的重點，這類人似乎天生就該評論宗教、政治和哲學議題。射手座關切的是特定情況裡的道德議題，因此這個水星位置也是相當帶有批判性的，不過這類人也往往有開放的觀念，願意在證據未足之前先假設他人是無辜的。

水星入摩羯座 ☿♑

這類人有能力管束自己的思想，排除紛飛的雜念，全神貫注於手上的事情。他們的頭腦相當有組織力和效率，所以非常有利於管理和任務的達成。有許多高爾夫球選手都有這個水星位置。同時他們也很適合做牙醫和整骨醫生。這類人在說話和聽取資訊時非常謹慎小心，他們不喜歡在理由不充足的情況下隨便開口。他們希望自己的想法能得到別人的尊重，而且不喜歡被當成傻瓜，他們甚至會去上發聲學的課，以便能正確地說話和表達。他們深受父親的想法和意見的影響。這個實事求是又踏實的水星位置，往往會帶來保守的思想和說冷笑話的幽默感。

水星入寶瓶座 ☿♒

這個水星的位置會帶來想法及意見上的獨立性及客觀性，這類人會聆聽他人的觀點，但不會全盤接受，他們也會質疑政治上的宣傳和廣告上的銷售伎倆。他們只對眼睛看得見的真相感興趣，每當他們聽見某件事時，首先會提出的問題就是：「這是真的嗎？」許多有這個水星位置的人對人性及大自然都很感興趣。他們的興趣非常廣泛，但也可能有無所不知的專斷態度，而且不害怕與他人的意見相左，不論這種衝突是否恰當。典型的水星落寶瓶座的人，認為是什麼就該說什麼，如果他們告訴妳「妳看起很漂亮」，這絕對是他們真正想講的話，「誠懇」是這個水星位置的重點。這類人的心胸是開放的，然而一旦做了決定，卻很不容易改變。

水星入雙魚座 ☿ ♓

水星入雙魚座是它的失勢位置，因為這類人的方向感很弱。他們很容易迷路，即使那個地點是他們十分熟悉的。這個水星的位置會帶來敏感性和容易受影響的傾向，而且會導致誤會和曲解事實。但這類人也有能力滲透到別人的頭腦裡，反映出對方真正的觀點和想法。這是一個非常有同理心的水星位置，有的人甚至能遠距離地體會到他人的心念。他們對聲音及發音也很敏感，有模仿才華（許多善於模仿的諧星，都有這個位置的水星），特別是星盤裡有強烈的雙子座傾向。這類人也很重視經驗性的學習方式。這個位置的水星和舞蹈或戲劇治療有關，這類人可能會藉由舞蹈或音樂與人交流。

金星 ♀

有魅力的人都善於掩飾，他們掩飾的其實是對他人讚美的依賴性。

——瑟諾・康納利（Cyril Connolly）

如果對自己的感覺很差，你就會反過來排斥別人。

——格拉費歐（S.A Grafio）

天文學

從史前時代開始，人們就發現金星是太陽和月亮之外最明亮的一顆星星。大約日出前三小時及日落後三小時，單憑肉眼就可以看見。它反射出百分之八十的陽光，月亮則僅僅反射百分之七，所以金星看起來比月亮明亮得多。事實上，月亮和地球的距離比金星近了一百倍。金星通常被視為我們的姊妹行星，因為它的大小、質量和密度與地球十分相似。它的環境極為惡劣，溫度很熱（比水星還熱），而且完全是乾燥的。金星被旋轉的濃雲所遮蓋，而這雲層是由硫磺酸的水滴聚合成的，不但會積累熱氣，而且會造成酸雨。金星閃耀出的黃光，是數個世紀以來詩人們靈感的泉源，而造成黃光的就是這雲層。據研究，它的外層大部分是由火山岩構成的，甚至還有活火山正在爆發。它外層的許多特徵都是以女性為名，其軌道則是所有行星中最圓的（就像女性的身體一樣），運轉速度也是最慢的（反映出金星的懶散特質）。金星和天王星一樣是由東向西運轉（與其他行星不同），這意味著它的日出是在西方而非東方。從地球透過望遠鏡來看金星，你可以看見它的許多變化階段與月亮很類似；當金星最接近地球時，會呈現出大而明亮的月牙形狀，和地球距離最遠的時候，則會變成銀色的小圓盤狀。金星也跟月亮一樣與情感變化的歷程有關，而且也會經歷不同的階段。

- 與太陽的距離：大約六千七百萬英哩（一億零八百萬公里）。
- 直徑：七千五百二十一英哩（一萬兩千一百零四公里），只比地球小了一點。
- 恆星週期（大約是繞太陽公轉一周的時間）：兩百二十五天。或許由於金星公轉太陽一周最慢可以到兩百四十三天，所以它沒有磁場，這反映出與金星相關的被動心理特質。
- 逆行週期：一年不會超過四十三天，有的年份甚至完全沒有逆行的情況。

神話學

羅馬神話裡的金星，就是巴比倫神話裡的依斯塔爾（Ishtar，意為最閃亮的星星），也是北歐神話中的芙瑞亞（Freya），以及希臘神話中的艾弗洛黛蒂（Aphrodite）。這個行星的神話傳說都和女性有關。司命運的三位女神派給艾弗洛黛蒂的神聖任務就是做愛，以及鼓勵別人做愛，所以她管轄的是一切生物的繁延問題。有一次她犯了錯，被正在織布的雅典娜逮到，於是她很大方地道了歉，從此以後就不再工作了，因此天宮圖裡的金星位置代表的是我們比較被動和懶散的生命領域。坊間有許多講述艾弗洛黛蒂生平的版本，其中，荷馬史詩將她描述成宙斯和海洋仙子迪歐妮的女兒；另外一個比較受歡迎的是賀西歐德（Hesiod，希臘口傳詩人）的版本，將她描述成從海中的一個貝殼裡誕生出來的女神。據說烏拉諾斯的陽具被克羅諾斯去勢後掉落大海產生了細細的泡沫，從泡沫中誕生出了艾弗洛黛蒂；在這個版本的神話故事裡，她是一個沒有父母的女神。艾弗洛（Aphro）的意思就是泡沫，但也暗示著精子。從「艾弗洛黛蒂」（Aphrodite）這個字，又延伸出了「春藥」（Aphrodisiac）這個字——能夠激起和加強性慾的飲料或其他物質。艾弗洛黛蒂似乎是從貝殼裡誕生的，而許多海產（尤其是牡蠣）也往往被當成催情的食物。

陪伴在艾弗洛黛蒂身旁的有白鴿、燕子及三位美德女神（或慈善女神）——由宙斯和海洋仙子尤瑞諾美所生的三位美麗、滿面笑容、善於舞蹈的女神，她們分別是阿格萊雅（代表光輝），尤弗洛西妮（代表喜悅），以及塔莉雅（代表歡樂）。這三位女神永遠彬彬有禮、溫柔、優雅而迷人，她們為艾弗洛黛蒂換衣服、沐浴、梳理頭髮，以及用香油替她按摩。她們無論走到哪裡，都會帶來和平與快樂，同時也將藝術、音樂、舞蹈及愛注入人們的生活中。

艾弗洛黛蒂是眾女神之中最美麗的一位，當她進入奧林匹斯山時，所有的天神都想和她結婚，因而招致其他女神的忌妒。為了阻止可能發生的問題，宙斯將她許配給有畸形足的冶煉之神賀斐司托斯（羅馬神話裡的沃肯），因此這是一樁最醜的天神和最美的女神結合的婚姻。賀斐司托斯長相醜陋、跛腳，而且脾氣很壞，但手藝卻無與倫比。羅伯・格瑞夫思（Robert Graves, 1895-1985，英國詩人及小說家）告訴我們：「新銅器時代的每一種工具、武器或器皿都有魔力，因此當時的藝匠幾乎像是魔法師一般。」賀斐司托斯的冶煉室就在火山裡頭，這暗示著他不僅有力量，而且有令人窒息的激情。他利用他的神奇技藝為艾弗洛黛蒂做了許多珠寶和手飾，其中最精緻的一件就是由純金打造帶有魔法的腰帶，這條腰帶能確保所有的天神和男人都會禁不住地愛上穿戴它的人。已經美得無以復加的艾弗洛黛蒂很少把這條腰帶借給別人，也很少把它解下來。據說艾弗洛黛蒂不太在意下嫁給賀斐司托斯，某些版本認為，她相信這樣就可以擁有外遇的自由。當然賀斐司托斯已經留意到她喜歡和別的對象調情，而且十分在意這件事，甚至設下了金網把全身赤裸的她和艾瑞斯困在裡面，惹來其他天神在一旁看笑話。我們可以推測艾弗洛黛蒂在賀斐司托斯的醜陋外貌對比之下，可能會顯得格外美麗。也許我們可以說這是一樁外在美與內在美、藝術和手藝結合成的婚姻，當然她很看重他送的這些手飾，許多女人也會為了經濟利益而待在一樁婚姻中，這樁婚姻和大部分的婚姻一樣是帶有互補性的。另外一個理由是賀斐司托斯真的認同艾弗洛黛蒂的美；離開真正愛我們和賞識我們的人是很困難的事。

艾弗洛黛蒂曾經有過無數次外遇，對象有天神也有凡人。她最著名、維持最長的一個情人就是艾瑞斯（火星）。賀斐司托斯也帶有火星特質，因為他的工作就是用火來冶煉東西；但艾瑞斯帶有火星入牡羊座的特質，賀斐司托斯則表現出火星入天蠍座的特質。艾弗洛黛蒂和艾瑞斯生了三個孩子（她和戴奧尼索斯、亞當尼斯及其他天神也生了一些小孩），但沒有和賀斐司托斯生下任何孩子。艾弗洛黛蒂時常引發忌妒的情緒，有時是她自己的，有時是她和雅典娜以及賀拉競爭而產生的，這股情緒後來導致了特洛依戰爭。競爭的情緒會使人不假思索地衝進外遇關係裡，因為外遇的對象有其他人來爭，會顯得特別有吸引力。因此艾弗洛黛蒂這位掌管種族繁延的女神，勢必也會有好競爭的行為模式。競爭會加快事情的速度，如果人們有時間冷卻下來的話，就不會毫不遲疑地投入於任何關係了。

享受、聲色之樂及快樂

我們享受人生以及快樂的能力，很少與我們的生命經驗有關；大部分是由我們的天性所決定的。金星法則與我們對美、週遭世界及其內涵的鑑賞力有關。金星能顯示出我們在何處及如何從人生中獲得快樂，還有我們喜歡做什麼事，而這些事之中有些東西能帶給我們喜悅和快樂（木星也有這種特質）。金星的相位描述的則是我們面對別人施予的接納度，以及對命運的接受性。金星的能量和基調，則代表我們是否容易被取悅（需同時參考月亮的適應性，以及木星的信心和樂觀氣質）。金星的位置也代表我們會採取何種行動來令他人快樂，像取悅（please）、令人愉悅（pleasing），以及聲色之樂（pleasure）這些字眼，都帶有同樣的字根，因此全是由金星掌管的。當你在考量金星的內涵時，不妨問問自己什麼東西能帶給你感官的享受，令你覺得興奮，使你覺得早上起床是值得的？你金星的星座、宮位及相位可能無法完整地回答上述問題，但的確能提供一個好的著眼點。

金星的符號看起來像是一個有把手的鏡子（艾弗洛黛蒂也被描述成手上經常拿著一面鏡子），因此金星和月亮一樣也象徵著映照的活動。舉個例子，人之所以會墜入情網，通常是因為對方也愛上了他。人與人之間的吸引力通常是雙向的，很少有一份關係是某人單方面地喜歡另一個人，如果是這種情況，恐怕也很難維持長久。當我們令對方愉快的時候，自己也會感到愉悅。

陰性法則

如果說月亮描述的是母性的一面，那麼金星代表的就是迷人的女子或未婚女子。在異性戀男子的星盤裡，金星的能量會投射出去，因此代表的是他的女性情人。男人星盤裡的月亮也象徵他生命中的女性，不過他的月亮和金星既有可能彼此衝突，也可能是和諧的。最典型的一個例子，就是當一個男人娶了金星或月亮之中的任何一種類型的女性，往往會覺得少了另一種滿足感，而會不由自主地去尋找其他特質的女人，繼而發展出外遇。同性戀的男性則可能愛上太陽或火星型而非金星型的男人；女同性戀者則會被星盤裡的月亮、金星或火星代表的女性所吸引。每一個人的五宮、七宮及其主宰行星，也暗示著關係上的選擇。

施予法則

金星描述的是一個人施予的欲望和能力，包括時間、情感、金錢，或是這方面的阻礙。在施予的時候，別人的需求通常超越了自己的需求。金星也能說明我們在壓力下的適應力；星盤裡金星很強的人往往很容易讓步。雖然施予通常是從想要表達愛的欲望中產生的，但也可能帶有曖昧的動機；以金星的模式來看，讓步是比較容易的事，因為我們很怕對立。我們寧願保持被動也不想出擊，或者太渴望受人歡迎，甚至會收買別人的善意。當然，除了施予之外，金星也很重視分享。當我們在檢視金星的時候不妨問一問自己，分享對你而言是不是很容易？你會把自己的哪個面向或哪部分的財物與人分享，理由是什麼？哪些東西比較容易拿出來分享，哪些比較困難？金星也和接受有關，包括接受別人的愛、幫助、時間或禮物。

在古代的希臘和中東一帶，「才華」這個字是用來代表錢幣或重量的。我們的才華、成就和金錢都屬於金星管轄，這可能跟我們如何「花」出時間、精力、金錢及熱情有關。我們貢獻自己和愛這個世界的方式，往往是透過我們的才華來達成的，不論這份才華與藝術有沒有關係。如果我們有園藝方面的才華，那麼來到我們花園的陌生人，就會從我們種的花朵中獲得愉悅感。或者我們正在磨咖啡豆、煎培根肉，這時我們製造出的香氣也能帶給別人愉悅感，雖然時間很短暫。如同波倫（Jean Shinoda Bolen，美國當代精神學家）所言，艾弗洛黛蒂永遠會去做令自己愉悅的事，同樣地，我們磨咖啡豆或種花也不完全是為了取悅他人；磨咖啡豆或種花也是一種施予的方式，一種把愉悅感和愛回饋給宇宙的行為。購買東西也一樣，當我們買一件東西的時候，我們通常會認為這個東西是有價值的，如果我們買的是一袋麵包，就表示我們對這袋麵包有一份渴望，當我們付出錢而換來麵包的時候，就是在分享與互惠。

給予和接受情感的方式

我們的金星描述的是和另一個人接近的感覺是什麼？方式是什麼？在愛和情感的給予和接受上容易與否？舉個例子，金星與木星有相位的人會自在地展現情感，但金星與土星有相位的人則會比較謹慎小心，雖然在恰當的情況下也不吝於付出愛。金星與海王星有相位的人則會藉由拯救你來表達愛，而金星與冥王星有相位的人可能會很快地形成深刻的親密關係。當然，金星在整張星盤裡呈現出的各種複雜相位，更能代表其完整的心理模式。

金星、愛及親密性

愛有許多類型：性愛、友愛、精神之愛或母愛，它會讓關係裡帶有強烈的喜歡、深情、溫柔或忠貞的奉獻，如果帶有火星的成分，就會出現強烈的激情和欲望。金星代表愛的所有展現方式，特別是與浪漫愛情有關的各個面向，浪漫愛情也許不會帶來性的接觸，但通常帶有性的色彩。金星代表的是性上面的被動吸引和分享的面向，不像火星的任務是追求和征服。金星和挑逗及前奏有關，火星則代表插入或穿透。

一般而言，金星象徵的是廣義的愛和享受，以及我們在社交互動上的態度，包括我們是不是派對動物？善於社交或反社交？甚至是否完全沒有社交性。

金星和地球的大小相似，和我們的距離也十分接近，雖然不像月球那麼近。這兩個行星和最貼近我們的感覺都有關。金星一向和親密性連結在一起，而且不僅僅是親密關係，因為藝術家分享他們內在的感受，也可以很貼近我們的內心。

宇宙的調停者

和金星相關的心理狀態可能導致戰爭，也可能帶來和平。金星有一面代表的是對和諧及和平的渴望，還有達成願望的能力。金星的模式使我們發現了雙方可以贊同的點和相似性，在這個點上我們願意取得平衡，樂於退讓，這裡面有一種與他人合作及回報的動力。這個行星的法則就是合作，讓所有的關係都能成功，繼而有更大的潛力帶來和平、平等及快樂。

文明化效應

一個人或社會越是文明化，越不可能製造戰爭或其他爭執。彬彬有禮是金星明顯的特質之一，也是一種文明行為，因為渴望被人愛戴和喜歡，會讓人願意磨去行為的稜角，所以粗魯或不禮貌是反金星的舉動，但禮貌客氣的行為卻會增加人與人之間的好感，降低不和諧，帶來更大的和解機會。然而從另一面來看，禮節過多也會導致陰奉陽違及不誠懇，因此，討好、過於甜美和奉承人的傾向，也是這個行星可能會有的行為特質。

魅力攻勢

火星的模式會讓我們說出：「我要我想要的東西」，金星的模式則會說出：「我要你想要的東西」。但金星的法則並不必然是不自私的；事實上可能剛好相反。取悅他人也可以使我們得到自己想要的東西，展現迷人的魅力則能讓事情進行得順利，而施展魅力就是金星最明顯的特質之一。取悅某人就是去討那個人歡喜，讓他為你神昏顛倒，換句話說，依照艾弗洛黛蒂的作風，應該會使出渾身解術來抓住對方，甚至迷倒對方。「魅力」（charm）這個字原來的意思是「有魔力的咒語」；以前的人會用咒語或唱誦的方式讓我們期待的事發生，就像艾弗洛黛蒂的金腰帶可以令別人墜入自己的情網一樣。後來魅力這個字又演變成了阻擋邪惡勢力、帶來好運的護身符，於是才有了幸運手鐲（charm bracelet）這個東西。

忌妒、競爭和自我評價

從星盤裡，我們很難看出一個人的智力，也很難衡量情感的深度，但卻可以決定一個人的動機和結果。簡而言之，對另一個人產生熱情的感覺，代表安全感一定會被動搖。當我們戀愛的時候，往往會感受到忌妒，而且很容易有不安全感，甚至可以說安全感會從窗戶飛出去。例如當我們所愛的人和另一位異性談話，或是多看了那個人一眼，我們多少都會有被威脅的感覺，其程度的強弱端看我們對自己的感覺是否良好了。我們可以說不安感加上欲望就等於忌妒。金星（其星座、宮位以及和它形成的緊密相位）時常會影響我們的自我評價，特別是自己是否性感、有吸引力、值得被愛。如果我們覺得自己值得被愛或是有吸引力，就比較不會覺得受威脅，但如果不認為如此（也許是金星和土星或外行星成困難相位），則比較容易感覺被威脅，尤其是在強烈地執著於對方的情況下。因此，金星往往是衝突背後的肇因，就像艾弗洛黛蒂無論走到哪裡都會引起戰爭一樣。衝突經常是源自於忌妒，不論起因是愛情、金錢或其他有價值的東西。它會發生在個人的身上，也可能導致一個國家發動戰爭。

金錢、自我價值和暴力

金星和二宮及其主宰行星都可以描述我們的價值觀，因此和金錢也有關係，譬如我們花錢是不是很小氣，還是會漏財。我們賺錢或花錢是否很容易？我們把錢花在什麼東西上面？理由為何？（請留意，二宮往往更能顯示我們賺錢和花錢的潛力）。什麼東西會讓我們覺得很美麗，或是覺得有高度的價值，而讓我們願意付出錢來？當我們在戀愛時，通常會覺得對方很有價值，而且覺得對方很美；當我們得到很高的酬勞時，也會覺得自己很有價值，甚至價值感會提昇；當我們沮喪的時候，花錢則往往會提高我們的興致，至少暫時是有效的。一個人在工作服務上的收費情況，也能使我們看出他對自己的評價。金星是跟平不平等有關的行星，如果我們的長相、收入以及吸引人的能力不夠，就容易形成忌妒的感覺，繼而帶來衝突。艾弗洛黛蒂很少把她的金腰帶借給別人，甚至很少把它解下來，就是從一種必須居高臨下的不平等觀點所產生的心態。理查・威爾金森（Richard Wilkinson）是美國一位研究社會流行病學的教授，他用了許多例子來說明一個國家不論多麼富有，如果無法拉近貧富之間的距離，或是讓社會的階級差距變得太大，就一定會導致更多的暴力、疾病、憂鬱症和功能失靈。根據威爾金森的說法，住在紐約哈林區的人比住在孟加拉的人，壽命要短得多，後者雖然更貧窮一些，但因為大家都沒錢，所以仍然有一種平等的感覺。

吸引人的方式

金星可以描述我們的哪些特質是討人喜歡的，而且通常不太費力就能獲得讚賞。鳥類用的是歌唱，其他動物則是發出聲響來吸引異性（金星也是音樂的象徵符號之一），還有一些生物會用身體的羽毛、鮮豔的色彩或壯碩的身軀，來吸引交配的對象。金星代表的吸引力和鳥類求偶時的歌唱一樣，因此當我們在研究自己的金星時，就必須問自己我們擁有什麼別人會羨慕或渴望的條件，這可能包括我們的財物、吸引來的人、外表或性格。由於金星有反映的效應，所以某種程度也代表我們會被吸引的東西。我們的個人特點既能帶給我們更多的價值感，也可能激起他人的忌妒和羨慕。

金星與磁力

金星除了能顯示出我們吸引別人的方式之外，也可能掌管著物質界的磁力，它和天王星的關係可以提供一些理解的線索。我們了解到金星關切的是「吸引力法則」，天王星則跟排斥力有關。在神話裡烏拉諾斯（譯注：代表天王星）遭到他孩子的背叛就是一個例子，或許這兩個行星象徵的就是正負兩個磁極。

品味和價值觀

金星和比較、衡量及做選擇的能力有關，每當我們考量喜不喜歡某個東西時，就是從金星的位置出發的活動。換句話說，它促使我們考量誰或什麼是我們最重視的，以及我們的品味是什麼，選擇是什麼。就這點來說，我們的太陽星座影響的似乎著重在另一部分。我們的品味（選擇的愛人或朋友，喜歡的服裝或首飾，看上眼買下來的畫，聽的音樂），都能顯示我們是什麼樣的人，所以知道自己重視的是什麼，或明白地顯示出自己重視的是什麼，都是定義我們自己的方式。和我們打成一片的人，也往往能為我們是誰下定義。我們手臂挽著那個人，既可能增加、也可能減低我們在別人眼中的價值。當我們愛上一個人的時候，或許那個人不會讓我們變得更有價值，但我們的價值感的確會因此而增加。難怪太陽——與自我身分認同有關的行星——與天空裡的金星是那麼地接近，因為我們的身份認同、品味及價值觀是連在一起的，自我與價值的關係緊密到會令我們依價值系統來生活。每當我們對自己的感覺很糟時，我們的行為就可能違背自己的價值觀，或者當我們不得不穿上自己不喜歡的衣服，譬如穿上一件被親戚淘汰而又和我們的風格十分相左的衣裳，那種感覺一定很不好。

金星的星座及相位可以道出我們的好惡傾向：在某種程度上，它能描述出我們認為美麗的事物。艾弗洛黛蒂只許別人重視和仰慕她，如果對方忽視了她，就會遭到恐怖的懲罰，這或許提醒了我們一個線索，使我們了解外表和環境為何那麼重要。那些住在荒廢的區域或不雅的房子裡的人，經常會抱怨四周的居住文化都被破壞了，牆壁上盡是一些塗鴉云云，但若她們是住在符合美感的房子裡，自然不會產生這些抱怨。

金星與服裝

我們選擇的服裝也和我們在美上面的敏感度有關。我們穿衣服是為了取悅自己，還是別人？答案不論是哪一種，金星的位置和相位都能代表我們對服裝的感覺，也能描述我們對他人的穿著打扮有什麼偏好。金星加上木星可能會過度打扮（衣服的色彩鮮豔、縫上荷葉邊，喜歡最前衛的服裝，打扮得很奢華），金星加上土星則會選擇低調的服裝（不顯眼的色彩，天然材質，舊衣裳或傳統服飾）。金星加上三王星的任何一個行星，都可能跟著流行走，或是穿著十分前衛。

虛榮與貪婪

艾弗洛黛蒂的鏡子以及她好競爭的個性（「誰是世上最美的人？」）全都說明了她多麼以自己的外表為榮。金星最主要的特質就是虛榮和自負，而且我們不要忘了，虛榮這個詞本是源自於拉丁文的「空洞」，金星的行為裡面也可能有過於耽溺及迎合的傾向。星盤裡的金星勢力如果非常猖獗，就容易被奉承的言語打動，也容易奉承別人。希特勒的太陽、水星和金星都落在金牛座，而上升點又是天秤座，所以他星盤裡的金星是最重要的一個行星；簡而言之，貪婪是他最重要的驅力。根據史迪芬・厄蘭格（Steven Erlanger，美國資深記者）在紐約時報登載的一篇文章，說明希特勒其實積攢了巨大的財富，過著極為高級的日子，而且非常享受財富帶給他的奢華生活。他靠著《我的奮鬥》這本自傳賺進了八百萬馬克，「自從他當上德國元首，直到一九四五年死亡為止，希特勒總共獲得各方法人團體的七億馬克」。這原來是別人捐獻給德國供社會發展之用的錢，但希特勒似乎可以無盡地享用這筆錢。

藝術和音樂

星盤裡有許多部分都代表藝術和創造力（還有第五宮、落在天秤座和雙魚座的行星及海王星），但金星主要的貢獻是和諧性；並不是說所有形式的音樂、藝術或創造活動都能帶來和諧性，然而金星的位置及相位的確能顯示這種特質。音樂及藝術本是給予和享受聲色之樂的主要工具，歌曲也是一種表達愛的方式。

身體特徵

金星會帶來柔和、甜美及圓潤的身體特徵。如果能量很明顯地和月亮結合在一起，便可能偏愛甜食。金星法則乃是累積、舒適、耽溺、奢華及輕鬆自在，它不喜歡任何粗糙或不和諧的事物，而且本質是被動的。

金屬

金星的金屬是銅。拉丁文裡的「銅」（cuprum）源起於神話裡艾弗洛黛蒂第一次出現的塞普勒斯島（Cyprus）。這種金屬呈紅色，富有光澤，很容易鑄造和模塑，因為它很有延展性（與金星有關的東西都帶有「給」的性質）。銅比銀的導電能力稍差一點，但是在傳熱和導電上面的性質相當優良。發電工業運用了最大量的銅——不禁令人聯想起烏拉諾斯的性器官被閹割後丟到海裡，從其中又誕生出艾弗洛黛蒂這件事。另外一個和金星及天王星有關的事，就是同類療法治療癲癇症（天王星最主要的失調症之一）的用藥一向是銅。銅與金錢會結合在一起，是因為錢幣的成分就是銅合金。許多青銅顯然也包含銅的成分，它很廣泛地被應用在農藥及水的淨化，也被用在糖的檢測。警察拿的警棍過往被稱為「銅棒」（coppor-stick），而警察的工作就是要維護社會的和諧。

身體

金星和靜脈血及女性生殖器有關，從金星可以看出一個人是否會得性病。它為疾病帶來的不良影響，就在於它過度耽溺的傾向（食物或性行為），而且會帶來懶惰的習性。

金星入十二星座

金星和太陽的距離永遠不會超過四十八度，這意味著它要不是和太陽落在同一個星座，就是落在太陽星座前後的兩個星座之一。金星和水星一樣，只憑它們落入的星座是很難推敲出完整意義的，除非那個行星的位置有強烈的能量或其他理由。一個人的水星和金星落在同一星座，或是金星和太陽落在同一星座，通常比那些水星或金星落不同星座的人，更能和他們的太陽星座相應。以下的這個重點必須加以留意：金星的相位比它落入的星座更重要。以下內文中提到的「關係」指的是各種形式的關係，而不僅僅是浪漫的男女關係。

金星入牡羊座 ♀♈

這類人會形成關係的動機，有點像是神話裡的白馬武士拯救落難少女，但我們永遠不知道金星落在牡羊座的這個人是武士，還是少女（性別的指示不包含在這個位置裡）。某種程度的興奮或危險，是這個位置的金星的愛情生活主題，競爭也往往是另一個主題；許多金星落在這個位置的人，很容易在情感上出現競爭性。很快地墜入情網是經常出現的現象，如果金星和火星有相位，則更容易很快地愛上一個人，但隨即又感到後悔。金星或火星如果落在彼此所主宰的星座上面，都算是弱勢位置，不過金星的女性法則與牡羊座的陽性法則混合在一起，卻會為這類人帶來特殊的光芒。他們之中有許多人都很懂得魅力攻勢，因此這是一個非常受人歡迎的金星位置（好萊塢著名巨星如喬治・克隆尼，瑪莉蓮・夢露，桃樂絲・黛，奧黛麗・赫本，以及其他巨星）。這類人直接和看似天真的特質，非常有吸引力。異性戀男子也可能被那些看似天真的女性吸引，但後來卻發現對方其實很難駕馭。

這個位置的金星也會帶來不願妥協和自我中心傾向，有的會散發出「如果你愛我，就該給我我想要的一切」、「如果你愛我，就該讓我做我自己」的訊息。金星落牡羊座的人通常會從他們的伴侶那裡獲得許多禮物和驚喜，因為他們的愛人會努力將其放在第一位。

這類人喜歡快速地在情感上和經濟上做決定，他們對人事物有強烈的好惡，而且在情感和金錢上的態度都很衝動。有的人則會在與品味有關的事物上展現強烈的風格，譬如服裝的色彩大膽而鮮豔，或是風格戲劇化。這類人通常喜歡把頭髮剪得很短，裙子也穿得很短。這也是個有利於美髮師的相位，特別是星盤裡還有其他支持這個論點的要件。

金星入金牛座 ♀♉

金星落在這個星座等於回到了自己的家，因此會有明顯的享受人生的能力。他們很喜歡過舒適的生活（美酒、美食、藝術和音樂）。有許多人會從簡單的事物裡得到快樂，譬如投入於大自然、園藝和鄉村生活。他們有敏銳的觸覺，對織品和各種事物的形式也很有鑑賞力。這是一個有利於織品業的金星位置，也利於從事按摩和治療工作。如果你想取悅一個金星落金牛座的人，不妨送給她或他一些味道好聞或觸感很舒服的東西。在浪漫愛情方面，必須花些時間才能接近對方，因為金星落金牛座的人不喜歡被驅迫（如果是太陽落牡羊座，速度就會加快）。這類人會以美好的嗓音、觸覺、感覺或身體引起別人的注意。其中有許多人很懂得穿衣的藝術，或是擁有線條優美的脖子。

落在這個位置的金星會帶來持久的情感和關係，但仍然需要在關係裡有親密的身體接觸，如果缺少了這層滿足，可能會跟伴侶漸行漸遠。即使如此，最後他們還是可能回歸家庭，因為他們害怕改變，比較喜歡舒適的生活，而舒適的生活還是在家裡面。金星落金牛座或許是它最物化的一個位置，這類人無疑地很能欣賞你的身體和他們自己的身體，但他們更想知道你的銀行和他們的銀行裡是否有存款。

這類人顯示愛最典型的方式就是透過食物——這個有口欲滯留（orally fixated，譯注：源自於佛洛依德的性心理發展口腔滯留期理論）傾向的金星位置，往往把食物和性連結在一起。這也是一個利於積攢金錢的位置，其實所有的個人行星落金牛座都有這種潛力。這類人的錢通常是透過營造業、食品業或個人產業而獲得的。

金星入雙子座 ♀♊

金星落在這個位置的人，往往以敏捷的思維、談話的技巧和不易捉摸引起人注意。他們通常有語言才華以及對文學和詩的鑑賞力，唱歌或說話的嗓音也很吸引人。這是一個和「甜言蜜語」有關的金星位置，因此這類人很懂得讓別人放鬆、有技巧地進行溝通，令人感覺愉悅和得體。他們美麗的外表和一雙巧手，也可能是吸引人的特質之一。他們通常很重視語言和教育，而且很少會被他人的外表或金錢長期吸引。

這類人也喜歡挑情，很輕易地就能同時吸引許多對象，也可能在同時間內做出各種承諾。雖然如此，他們還是會光說不練。換句話說，他們是不太能信賴的愛人，因為只喜歡一直挑逗和招惹你，卻無法真心地落實下來。他們通常不想付出承諾，因為他們很清楚自己有多麼容易感到乏味。有這個金星位置的人很喜歡和愛人或朋友玩遊戲，在情感和社交上保持輕鬆愉快的關係。事實上，真的動情往往會澆熄他們的熱情，空想或幻想才能令他們保持興趣。他們在關係裡最想要的就是交談與溝通，某種程度上，他們也想找一個可以學習的對象。

金星落雙子座代表社交上的技巧，這類人對所有的人都感興趣，可以和各式各樣的人相處，如果星盤裡還有其他類似的要素，那麼金星落雙子座的人就是天生的花蝴蝶。這類人之中有許多對他人的浪漫愛情或社交圈很感興趣，而且喜歡做媒。他們在藝術方面也有評比的才華。他們渴望和姊妹保持友愛的關係，或是想和伴侶發展出兄弟姊妹般的關係，但還是要看整張星盤才能下判斷。

金星入巨蟹座 ♀♋

這類人憑著同情心、浪漫情懷、自在和溫柔的特質，而引起別人注意。他們也可能像小孩一樣需要被滋養和保護，或者會以保護和接納的態度對待別人。金星落巨蟹座可以詮釋成「有魅力的母親」，這類人在各種關係裡都喜歡扮演父母的角色。他們渴望築一個安樂窩，而且會基於安全感的需求結婚成家。其中有些人永遠不會像愛母親那樣去愛其他人，

如果他們被你吸引，便可能以旁敲側擊的迂迴方式（或者驅使你也採取這種方式）拉進彼此的情感。這類人必須明白懦弱的心很難贏得愛。他們害怕受到傷害，所以不願在情感方面冒險，而一旦

投入於一份關係，卻會顯現出黏著的傾向，要他們放下所愛之人是很不容易的事。有的人會對青梅竹馬的戀人念念不忘，或者為早期的戀情單相思，還有的會跟長期交往的男、女朋友結婚。這個金星的位置不但會讓人執著於過往的愛情關係，也會難以忘懷過往的一切。這種傾向會轉化成對歷史和古董的熱愛，或是因為想保有某些回憶而特別珍惜老舊的東西。

在社交層面，這類人表達關懷的方式是幫助你適應眼前的環境；有時會藉著與人分享幽默笑話，來加強彼此的連結和安全感。金星落巨蟹座的人也常會把錢花在美化家庭或購買土地上面，或透過房地產來生財（美國房地產大亨唐納・川普Donald Trump的金星就是落在這個位置）。

金星入獅子座 ♀♌

這類人喜歡被人追求或奉承，不喜歡被忽略。他們最糟的表現是明目張膽地奪取注意力，最佳的表現則是很能了解人是需要被注意的。他們知道愛和關注都能促進一個人的自信和自尊，因此很懂得如何吸引愛人及其他人，方式是把自己的聚光燈完全照在對方身上。有幾個人能抗拒得了這樣的殷勤對待呢？金星落獅子座的人會讓注意力變成高瓦特電力，反之，他們自己也會得到許多關注。這類人就像大貓一樣很善於撫慰別人，他們自己也喜歡被撫慰。這個金星的位置與溫暖、慷慨及熱情有關。他們若是能從外界獲得溫暖，而他們的伴侶也覺得他們很獨特的話，便可能以忠貞和慷慨回報伴侶。如果星盤裡還有其他類似的傾向，那麼這個樂善好施的金星位置，也可能促使人在世上展現出慷慨的態度。

不可避免地，這類人的情緒一定會被誇大或顯得多采多姿，因此這是一個有利於戲劇、歌劇及娛樂業的位置。這類人會被他人的外表、創意或魅力所吸引，因為這樣的人可以帶出來炫耀。他們可能把伴侶當成戰利品，也渴望在物質和地位上勝過週遭的人，他們希望伴侶和財產都足以令他們自豪，有的則會被名人吸引。他們喜愛金銀珠寶，尤其是特別珍貴的，也可能從珠寶上面獲得財富，或是把錢花在珠寶上面。這個金星的位置也跟銀行業有關。這類人特別愛小孩。

金星入處女座 ♀♍

以健全的神智、溫和的態度、不愛炫燿的本質引起人注意（如果太陽落在獅子座，這種特質就比較不明顯）。這類人會被那些遭到冷落的人吸引；因為留意細節，所以任何一個有潛力成為伴侶的人都不會被忽略。雖然如此，金星落處女座的人對關係議題還是有敏銳的辨識力，所以最後大部分的對象（人和物）都可能被淘汰掉了。這類人真正欣賞的是友善的態度，也會被那些認真工作的人吸引，不論那份工作有多麼卑微。他們也可能以這種特質吸引別人，他們的伴侶或許也是透過工作結識的。

處女座是個獨立自主的星座，即使投入於一份關係，仍然擁有完整的自我。他們表達關愛的方式是仔細聽你說話，滿足你所有一時興起的欲望，所以是很好的護理人才。不過他們也可能企圖改造你，這意味著某種程度的分析和批判。

金星落處女座和各種品味上面的敏銳辨識力有關。這類人如果在藝術領域裡工作，可以善用這份明辨美醜與價值的能力。這個位置也利於其他行業，因為他們知道該雇用什麼人，該避開什麼人。在品味方面，他們顯得比較低調，不喜歡太誇張或炫燿的服飾，即使財力很夠也是如此。支持慈善組織的二手貨商店（Charity shops）特別適合金星落處女座和雙魚座的人。這類人偏好天然材質的衣料，喜歡手工細膩、量身訂做的服裝。他們也特別愛護動物，影星碧姬・芭杜（Brigitte Bardot）就有這個位置的金星。由於這類人熱愛他們的工作，在金錢方面也比較小心，所以通常在經濟上很成功。那位說出：「把便士顧好，英鎊就不會出問題。」（take care of the pennies and the pounds will take care of themselves）的人，或許就有金星落在處女座。

金星入天秤座 ♀♎

金星這個攸關於人際關係的行星，落在婚姻、夥伴及一對一的關係的星座上，是非常強而有力的位置。這使得我們立即領會這個位置的主題就是關係。這些人會被優雅、有教養以及志趣相投的人吸引，他們也往往以這些特質引起別人注意。粗魯的行為通常是他們最排斥的，更重要的是他們喜歡有人陪伴，不喜歡獨處。他們熱愛婚姻生活，容易把婚姻理想化，也容易失望；由於他們太渴望與伴侶結合，也太渴求和諧，所以要如實看待對方是很困難的事。這類人愛他們對伴侶的概念甚於伴侶本身，因此一聽到對方想結婚的風聲就開始徬徨，也是不足為奇的事。

這類人多半有姣好的外表，容易被別人的膚淺美貌和友善態度吸引。天秤座是個猶豫不決的星座，因此金星落在這個位置上，代表此人在選擇伴侶方面可能不易做決定。換一位更年輕的模特兒來代替老伴，很少是這類人的目標，但有時也會出現這樣的結果，因為他們容易被那些對他們展現出高度興趣的人引誘。

他們善於分享，希望關係裡的每件事都能達成互惠目的。這意味著要他們在施與受上面做出決定和行動總是很困難。天秤座和金星都關切和平議題，這會帶來妥協的能力和解決衝突的意願。由於他們特別重視和諧、和平、良好的關係，因此相當有外交手腕及協商才能，也有治療能力，懂得以得體的話語和方式來安撫人；但竭盡所能地避開衝突，也會使他們不去面對應該處理的問題，因此事到臨頭的時候，原先的意見差異往往已經演變成不可收拾的戰爭。

藝術、法律或音樂方面的喜好，可以讓這類人和他們的伴侶結合在一起。他們的伴侶也可能為他們的經濟帶來鉅變，而且變好變壞都有可能。他們的經濟來源也許是藝術工作或法律訴訟。

金星入天蠍座 ♀♏

金星入天蠍座是它弱勢的位置，因為這個代表愛與和平的行星，落入了最激情最不願妥協的星座。這個星座的確和報復、憎恨以及幾乎被凍結的深層情緒有關，難怪金星落天蠍座的人不會以輕鬆的態度進入一份關係，也無法輕鬆地離開一份關係。「如果我愛你，就甘願為你死」是這類人的愛情綱領。雖然這個位置與最激情、最富佔有慾的情感及行為有關，但這類人本身不一定有強烈的佔有慾，反而可能激起對方的這些特質。他們的愛與競爭性往往同時產生，兄弟姊妹、朋友及愛人之間也經常出現競爭和紛擾。一般而言，這個金星的位置不容易學會分享；他們害怕別人偷走他們的愛人或值錢的東西。但也可能恰好相反，因為有的人顯得特別慷慨，甚至因為這份特質而造成許多損失。行星落天蠍座一向有極端的表現。

這類人容易被複雜、神秘及深不可測的人吸引，他們本身也可能散發出表面平靜而內在有強烈情感的一種吸引力。他們外在的狀態往往不是內在的真相，喜歡嚐禁果的傾向，也是吸引人的原因之一，他們的親密關係可能出現某種程度的混亂和戲劇化情節。或許是因為受到冥王星的影響，所以這類人的關係經常帶有禁忌成分。舉個例子，他們可能為了種族、宗教、過往的情感糾葛、複雜的財務狀況，或是為了同性戀議題及其他社會偏見，而不得不為自己的關係抗爭。這類人最主要的困難也許就是不信賴。如果只有金星落在天蠍座，便可能太信賴自己的伴侶而受到嚴重傷害，但如果有許多行星都落在天蠍座，則可能像貓捉老鼠一般，永遠在檢視著愛人或密友。

品味方面，這個位置與各種形式的藝術有關，而且喜歡強烈的色彩。如果星盤裡還其他要素的支持，這類人的錢財便可能與死亡的過程有關（照料重症病患，或是承辦喪葬事宜），也可能透過遺產、保險、共同資產而獲得金錢。

金星入射手座 ♀♐

這類人的樂觀、良好的幽默感或是逍遙及觀望態度，都十分吸引人。他們也可能藉著異國風情引起別人注意，或者會特別留意帶有異國風的事物。金星落射手座往往被慷慨、輕鬆、勇於冒險的態度吸引，但非常排斥狹隘平庸的生命態度，有的人則表現出充沛的活力（譬如美國黑人流行樂女歌手蒂娜•透納 Tina Turner）。他們的伴侶或許來自教育界或不同的文化及信仰，因為這樣的關係可以讓他們探索世界，教育自己，但他們也可能因親密關係而轉變了原先的信仰。對這類人之中的某些人而言，與朋友或伴侶分享相同的道德價值，是很重要的事。這類人對愛情和經驗都帶著一種隨他去的樂觀態度，因此當愛情結束時，也絕不會悶悶不樂太久；人生和愛情在他們眼裡都是一場冒險，當然也不是他們最終的目的。他們通常覺得未來比過去的吸引力更大一些。他們的好奇和喜歡找樂子的傾向很能感染別人，不過也很容易不安於室和感到乏味。在人際關係上，他們需要足夠的自由和空間，有的人則渴望探索各式各樣的關係，但很少有人能輕易付出承諾。幽默、勇於冒險、喜歡玩樂的他們，只要一感覺關係變得太沉重或緊張，就會想找個出口逃掉。他們對愛情有很高的理想，但二十四小時裡面只有七小時與伴侶在一起，關係可能很難維持長久，而且他們總覺得圍牆另一邊的草比較綠一些。

如果他們的人生目標是教育他人，通常會以正向樂觀的方式令學生覺得學習是有趣的。這類人本身也十分熱愛學習，同時也有潛力愛上帝，被各式各樣的宗教和哲學吸引。

這個位置在金錢上面是很大方的，如果還有其他要素的支持，則會在海外的經濟投資上獲利。

金星入摩羯座 ♀♑

有這個金星位置的女性可能顯得很沉著，往往以高尚、泰然自若及專業素養引起別人注意，男性則會被典雅及高檔次（high-market type）的女性吸引。在工作層面以及社交情況裡，他們會被專業人士或是有效率的人吸引；他們喜歡懂得自制的人，他們自己也會以這種特質引來注意。金星落摩羯座的人會很認真地看待他們的關係，而且對愛情鮮少有幻覺，會付出極大的努力讓關係順利。他們的伴侶往往是透過事業活動認識的。這個金星的位置也代表愛人和自己的年齡差距很大，有這個金星位置的女性經常被年長的男人吸引，有點像是與父親結婚的意味，因為她們在乎的是安全感和成就，不管雙方的年齡是否有很大的差距，這類人之中有許多是基於地位和安全感而進入一份關係。他們本身會被得體的舉止吸引，所以也會以得體的行為方式獲得信賴；即使遭到革職而感覺非常不爽，他們也不會在眾人面前使你難堪。在浪漫關係和各種社交情況裡，他們都想展現高尚和受人敬重的態度，很少有人會耽溺在輕浮的行為模式裡。如果金星的位置很顯著（與上升點合相），那麼金星落摩羯座就可能顯現出無瑕的肌膚、整潔的牙齒及美好的骨骼構造。在公眾場合裡，這類人很懂得控制情緒，但往往也是「專業魅力施展者」（professional charmer）。搖滾樂（由摩羯座管轄！）或古典音樂領域裡有許多這類型的人，其他的音樂領域裡也有這類人，理由是歌曲為愛情下了許多定義，藉由歌曲人們經常探討愛的現實面和痛苦，而這些都很符合土星類型的金星（譯注：土星主宰摩羯座）。知名人物包括法蘭克・辛那屈、艾迪斯・皮亞夫（Edith Piaf）、貓王、羅比・威廉斯、艾莉西雅・凱斯（Alicia Keys）、賈斯汀・提伯雷克（Justin Timberlake）、碧玉（Bjork）、小甜甜布蘭妮、多明哥，以及達莉・帕頓（Dolly Parton）。這個金星的位置也和那些買賣寶石、奇石或是製作珠寶的人有關。

金星入寶瓶座 ♀ ♒

大自然的美及朋友的陪伴最令這些人感到快樂。他們非常喜歡朋友，而且朋友往往會變成愛人，或讓愛人變朋友；這兩者之間沒有明顯的界線。他們會以令人耳目一新甚至怪異的作風吸引人，開放和友善的行為舉止也很討喜（他們也會被這種特質吸引），還有的人會以「酷酷」的作風受人歡迎（譬如早期好萊塢著名的老牌明星瑪琳・迪崔克Marlene Dietrich）。

雖然這類人很友善，喜歡社交和宴會，但是在親密關係上卻傾向於保持距離。她們的追求者最後可能都會遭到排拒，或只是保持友善的距離，因此她們雖然喜歡朋友、也需要人陪伴，卻往往成了獨行俠。這類人的朋友或愛人可能來自各個階層；他們可以不在乎階級、收入、膚色或信仰。這類人偏愛那些與他們十分不同的普通人，或是某社交圈外的人，他們之間的關係總是帶有一點反傳統色彩。

所有落在寶瓶座的行星都帶有獨立特質，金星落寶瓶座可能代表獨立的女性，或是被獨立的女性吸引。這類人在選擇伴侶及朋友上面，也不受家族、社會或友人的價值觀影響。他們比較會被別人的內在而非外表吸引，尤其在意對方是否誠懇。他們會以主動展露興趣的方式吸引對方。還有的人會覺得他們是在幫助對方成長和發展。他們也會被那些熱衷於人道議題的人感興趣。

他們很享受大自然，優美的風景（越開闊越好）通常能振奮他們的精神。他們很喜歡機械裝置，願意把錢花在上面；所以這類人的金錢通常是浪費在朋友、電器和科技用品上。

金星入雙魚座 ♀ ♓

這個金星的位置會讓我們聯想到公主、美人魚、芭蕾舞者或電影明星。這是一個比較被動的位置，這類人只需要眨眨眼就能引起注意，不需要說太多話或做太多動作。有的人則容易被人引誘，而且對任何事都很開放，因此容易在關係裡迷失自己。如同金星與海王星有緊密相位一樣，他們也會在愛情關係裡做出犧牲，或是把自己完全交出來，營造關係往往是他們逃避單調乏味生活的途徑，這類人渴望或需要把自己獻給某個東西或某個人。金星落雙魚座是強勢的位置，但是它的被動和善於誘惑的特質，以及容易與人合作的傾向，卻間接促成了對女性的性別歧視。這類人的缺點就是不容易有果決的立場。

其中有些人很難在情感上付出承諾。他們不知道自己是否真的愛你，可能只是想沐浴在你對他們的愛之中，而付出承諾往往意謂著沒有其他的可能性了。他們渴望的其實是愛情一開始的浪漫和充滿思慕的感覺，因此這個金星的位置一向和佔有慾無關，也不喜歡被婚約綑綁。有的人比較喜歡柏拉圖式的關係，也容易會進入這種關係，這是因為他們會被精神性的愛或大愛吸引；性行為對他們而言可能太粗糙了些。如果星盤裡還有其他相似的要素，便可能以看似缺乏安全感或鬱鬱不樂的氣質引起別人關注，對方也會因為這樣的特質而產生想要拯救的欲望。因此反過來看，他們也會被懦弱及無法處理生活的人吸引。這其中也可能有上癮的模式，可見他們的關係除了要處理界線問題之外，還要處理依賴性的問題，有時也會出現錢財方面的糾擾。

從好的一面來看，這類人可以藉由容易親近和善於接納的本質來治療別人。這個位置的金星也會熱愛音樂和舞蹈，尤其是後者。所有的行星落在雙魚座都和腳部有關聯，因此這類人往往會把錢花在鞋子上面，而且很喜歡足部按摩。

火星♂

認真的競賽運動就是免除射擊的戰爭。

——喬治・歐威爾（George Orwell）

暴力乃是文盲者的機警應答。

——蕭伯納

天文學

- 與太陽的距離：大約一億四千兩百萬英哩（兩億兩千八百萬公里）。
- 直徑：大約四千兩百二十二英哩（六千七百九十四公里）。
- 恆星週期（大約是繞太陽公轉一周的時間）：六百八十七天
- 逆行週期：每兩年逆行八十天左右。
- 衛星：火星有兩個衛星——阿薩夫・赫爾（Asaph Hall）於一八七七年所發現的戴莫斯（Deimos 代表恐慌）以及弗伯斯（Phobos 代表畏懼）這兩個衛星。

神話學

在羅馬人的眼裡戰神有很高的地位，因為他是社區的保護者及防禦者。他主宰著春天、生育、農業及戰爭。但希臘神話裡的艾瑞斯卻是一個聲名很差的神，因為他不懂得控制自己，很容易被激怒。荷馬史詩不斷地把艾瑞斯描述成嗜血、愚蠢及對錯不分的莽夫；他經常受傷、打敗仗、發牢騷，卻對自己的子民和孩子很忠誠。如果你知道他的雙親是誰，就不會為他的性格感到驚訝了——他的父親就是到處留情，從奧林匹斯山投下霹靂閃電的宙斯，母親則是善妒愛報復的賀拉。艾瑞斯的第一個老師是普利亞卜斯（Priapus），他把舞蹈及戰爭的技巧教給了艾瑞斯，同時也是掌管園藝和葡萄酒園之神。他的名字後來延伸意義為「持續性勃起」（priapism），意思是勃起的陰莖因無法射精而痛苦。艾瑞斯沒有妻子，但是和艾弗洛黛蒂的關係卻遠近馳名，後者就是前文提到嫁給冶煉之神賀斐司特斯的女神。艾瑞斯有許多小孩，包括和艾弗洛黛蒂生下的四個孩子；他是唯一會採取行動保護他所關心的人和孩子的神。火星的驅力會促使我們投入，雖然有時也會出現不當的干預，但絕不會袖手旁觀。陪伴艾瑞斯上戰場的通常是他的妹妹愛若斯（不和之神）以及她的兒子史特瑞夫，還有他自己的兩個兒子戴莫斯和弗伯斯（畏懼與恐慌）。在戰事裡，艾瑞斯往往會選錯邊，他在特洛依戰爭裡對抗的是希臘人（他自己的族人），所以基本上等於是在對抗自己最高的利益。每當我們太輕易地被激怒時，就等於在對抗自己最高的利益；我們可能為自己帶來嚴重的問題，也會讓那些支持我們的人感到不悅。每當我們昂起頭確立自己，或說出「我想要」的時候，我們就是在冒著被拒絕的危險，換句話說，我們會變得十分脆弱。

行動法則

火星代表的是熱情、驅力與行動力，它為星盤裡的其他元素注入燃料，促成了所有的行動。火星的星座及相位往往可以提供我們行動方面的信息：什麼會促成行動以及我們會採取什麼行動。

大膽出擊與害怕受傷

火星主宰著黃道第一個星座——牡羊座。如同這個星座一樣，火星也有一種開創的動力。每當我們首度做某件事，譬如發動一個活動或計畫時，我們就有可能犯錯而使自己出醜。火星如同希臘天神艾瑞斯一樣，也是一個戰神，但不一定是勝利之神；事實上他經常失敗。只要我們有膽量去做一件事，便可能因失敗或犯錯而變得脆弱。星盤裡的火星代表的是我們願意冒險的領域，在這個領域裡我們有膽量背離輿論、獨自打拼。冒險精神可以為社會帶來進步，若是沒有人願意冒險，社會就不會有進展了。我們的火星代表的就是我們會在何處、何時、以何種方式展現力量。每當我們大膽行動時，就等於是在攤牌，我們想要的東西這時很明顯地表露了出來，因此也可能遭到否定。依照火星的模式，我們會說出「我想要」，但因為別人也可能說「不」，所以我們會變得很脆弱。由於火星主宰男人的生殖器，因此不妨想像一下，男人的性器官裸露在外是很容易被斬掉的，這樣我們就會明白火星的法則為什麼與脆弱有關了。

耐力與勇氣

我們大膽行動的能力，代表著我們的承受力和不怕出醜的勇氣，所以火星往往能描述我們的耐力（生理及心理的）、勇氣、持久力，以及在不完美的情況下是否能生存這件事。

自我確立法則

火星在神話裡往往是為了他者而戰，這是火星的驅力之中比較正向的表現，但我們也可能因此而涉入太深，最後變成為了自我和個人利益而戰。基本上，我們的火星關切的就是以何種方式確立自己，或者哪個生命領域會使我們想確立自己。確立自己就是宣示我們的興趣是什麼，也代表在壓力之下，可以用積極的方式維持住自己的立場。

堅持爭取自己想要的東西，乃是火星生存及確立自己的一個重要面向。按照火星的模式，我們會以自己的方式進行這件事，而且準備不惜一戰來獲得它。人們在滿足需求這方面有許多不同的態度：有的人會用眼淚攻勢，有的會在幕後操縱，有的則會生悶氣或爭論不休，還有的人會認為自私是不對的（也許是火星和土星成困難相位），所以很難直接去爭取什麼東西；或者有些人是在競爭性很強的環境裡長大的，所以早已學會用主動出擊的方式生存；另外有些人（也許有明顯的金星能量）則學會了魅力攻勢。不論人們用的是什麼生存伎倆，我們都可以藉由火星的位置及相位來了解背後的心態，繼而學會新的策略。

自我確立並不代表以粗魯的方式對待別人，雖然錯置的火星能量的確會導致此種結果，這是因為火星很容易被誤用，所以才會如此聲名狼藉。想成功自我確立，必須兼容並蓄地運用金星與火星的特質，因為想成功就必須懂得妥協和尊重別人的需求。如果從火星這方面來觀察，通常比較容易發現我們為什麼很難確立自己，這種困難很可能源自與火星成相位的行星，因為這個行星的能量比火星更明顯。另外還有一個原因，那就是我們渴望受人歡迎，想活出金星的能量；或者我們缺乏自信心，容易感到畏懼（土星）；也可能是覺得自己無能為力（土星與冥王星）；甚至認為退讓比較吸引人，而且希望被當成好人（金星）等。

防衛、領域觀和戰爭的起因

護衛我們的領土也是火星的性質之一，領土指的是我們的身體、孩子、朋友或國家。從火星可以看出我們想要護衛的生命領域，它同時也能描述什麼樣的人或情況會讓我們感覺受威脅。很明顯地，火星的目的就是要保護，但只有在個人或國家有太強烈的領域觀或覺得遭受威脅時，才會形成問題。鐵是跟火星有關的金屬，有趣的是，研究者觀察監獄裡的年輕受刑人，發現缺少鐵元素乃是直接導致攻擊行為的原因。換句話說，當我們感到虛弱的時候，比較容易覺得不安而展現攻擊性，而每當一個人或團體受其他的人或團體脅迫時，就會出現人與人、國與國之間的爭端。

火星與罪行

如果說金星促使我們發現雙方的共通點，那麼火星的法則就是驅動我們去關注相左及無法達成協議的部分。除了顯示出我們在這幾方面的困難之外，火星也代表太急於戰鬥的傾向，以及當別人沒有在挑戰我們時，仍然會產生這樣的錯覺。掌握不好的火星能量會導致攻擊性和反社會行為；包括暴力犯罪在內的所有罪行，都和火星的衝動有關。以偷竊為例，雖然這是自私和不文明的行為，但的確需要某種程度的勇氣才辦得到，然而犯者是完全不尊重受害者的。偷竊的行為也暗示著小偷立即想要某個東西，但對獲取這個東西缺乏耐性；他們無法透過努力或攢錢來獲得它。

生存、競爭和運動

火星描述的是我們深層的渴望。為生存奮鬥暗示著一心想活下去，所以火星和金星都可以視為享受人生的標誌。火星會幫助我們存活下去，但也和所有形式的競爭有關，運動則是表達這份競爭性的良好媒介，因為透過運動我們可以和自己及他人競賽。從這個角度來看，火星也可以視為通往卓越性的重要驅力。火星的相位、星座及宮位，往往顯示出我們對競爭及它偽裝成的各種形式，抱持著何種感覺。它同時可以描述一個人是否能承受失敗。

精力

由於火星的法則就是獲取，因此它的能量如果很顯著，就會為人格帶來活力與興致，但缺乏約束的話，則會變成一種蠻力，而虛弱的火星能量也暗示著缺乏動力或精力。儘管如此，火星還是與人格的形成有直接關聯。我們的教育總強調人不該自私，實際上沒有人喜歡當別人的踏腳墊，而且我們根本不相信那些站在兩派之間的人，更懷疑那些滿口甜言蜜語的人，因為我們都渴望知道一個人真正的立場是什麼。整體來看，人們重視的是個人有沒有突出的風格、有沒有魄力。只要火星的能量不失控，人類還是非常重視火星的法則，因為它使人誠實，有能力完成事情。星盤裡有明顯的火星特質會增加一個人的火力，而且能解決缺少火元素造成的問題。

性

在性和浪漫愛情上面，火星代表的是追求、征服與插入。火星的星座和相位可以道出我們經驗性的方式，它會顯示出我們在性上面喜歡什麼樣的刺激，以及別人會認為我們有哪些特質足以引起他們的性慾。它也代表我們會以何種方式來滿足需求，包括性和其他事物；或者闡明我們在追求自己想要的東西時，是困難還是容易。在一個女人的星盤裡，火星和太陽代表的都是她內在的男性形象，特別是年輕男性的形象，這種形象往往反映出與她形成關係的男人的特質（包括浪漫愛情和其他關係）。同性戀男子則會被火星及太陽型的男人吸引。

對抗疾病和憂鬱症

如果運作得宜，火星可以幫助我們對抗外界的壓力，也能提供我們足夠的精力去應付內在的壓力。火星同時也代表與疾病對抗的能力，例如癌症這種疾病，我們經常聽到罹癌的人提到贏了或輸了他們的抗癌戰爭，對抗癌症是否有健康的態度，可以從星盤裡的太陽和火星看出來。

得憂鬱症往往有火星法則上面的問題，其成因可能是因為憤怒無法釋放出來，所以轉而向內攻擊自己，也可能源自於無力感以及被壓制的感覺。採取一些行動，因而發現自己並不是那麼無助和無力，通常能幫助我們走出憂鬱症。任何一位性治療師都會建議，如果患者能夠表達憤怒、怨恨以及所有的負面感覺，他們的性生活會變得比較美滿，許多醫學文獻也都提到未表達出的憤怒，會產生性無能的症狀。

生理特徵

火星法則也掌管速度、銳利度和熱度。火星的能量會使任何一個被它觸及的行星及宮位加快速度，所以此人會迫不及待地表現那個領域的特質；也會在那個特定領域裡變得衝動或積極。

金屬

與火星相關的金屬是鐵，它可以用在與防衛性相關的事物上，譬如鐵門、鐵櫃、鐵甲、頭盔等。基本上，鐵是用來防禦外在的東西刺穿進來，以往美國和蘇聯之間的所謂「鐵幕」，代表的就是這兩國中間的屏障。鐵是一種很容易取得的金屬，打從史前時代人類就一直用它來製造工具和武器，它富有伸縮性且堅硬，反應性也很高，容易腐蝕掉。但鐵製成的東西很快會生鏽，如果保護不當，沒多久就被分解掉了，因此它雖然堅硬，但做成的東西相當容易毀損。火星是所有與鐵有關的職業及工業的象徵符號，特別是跟農業、建築、戰爭、廚房或與手術用具相關的工業。古早以來火星就被稱為紅色星球，它的紅色是源自於表層的氧化鐵。那些頭髮呈紅色或鐵銹色的人，星盤裡也往往有強烈的火星傾向，而且通常與上升點有重要相位。

身體

火星主宰著儲存和製造熱量的肌肉，也主宰男人的性器官。動脈血和這個行星特別有關，身體裡百分之六十五的鐵都在紅血球裡。缺鐵是最常見的營養素缺乏問題，而且會影響到吸氧量。在生理上及心理上，當我們感覺強壯的時候，都有一種呼吸順暢的感覺，反之，覺得虛弱時則沒有這種感受。

火星也代表各種的手術、意外和傷害。意外通常是由錯置的能量造成的，因此至少有一部分和火星法則有關（天王星則代表出乎意料和令人驚訝的事）。咬傷和咬的動作也屬於火星管轄，燙傷、刀傷、擦傷及蚊蟲叮咬，也都和火星有關。所有的發炎情況（心理及生理的），也都由火星管轄，包括扁桃腺炎、結腸炎、肝炎及各種潰瘍症。

大範圍

再提醒一次，火星是所有發炎情況的促成者。在一個國家的星盤裡，火星往往可以說明它的領域觀和攻擊性，陸軍和所有的軍事活動都受火星管轄。它也代表一個國家的青年人、犯罪活動及暴動。火星通常與右翼政治有關，因為它偏好競爭和企業發展。

火星入十二星座

火星入牡羊座 ♂♈

性格特質

火星落在自己的星座上面，會增添勇氣、力量、膽識、熱情，以及快速採取行動和做決定的能力。由於不害怕投入，所以這個位置的火星會為一張星盤帶來領導潛力。這類人十分獨立，喜歡以自己的方式做自己想做的事，他們也比較喜歡獨立作業，因為別人的速度都太慢了！這類人缺乏策略，喜歡以直接了當、自動自發的方式做事，這個位置也利於競賽運動，譬如賽馬或賽車等。他們的憤怒很容易被挑起，但很快就平息了；這個火星的位置帶有俠客羅賓漢或紅花俠（Scarlet Pimpernel）的特質。

壓力下的反應

如果星盤裡還有其他元素的影響，這類人就可能出現與挫敗感有關的種種反應，而且會有不合作、強求、盛氣凌人和輕率的舉止。這類人一開始做事很有衝勁，但不一定會徹底完成，因為他們缺乏毅力，除非星盤裡有其他的影響力。他們也可能過於喜歡爭第一。這個火星的位置也經常遭到意外，特別是頭部與臉部容易留下傷疤。

性

他們在性上面很直接，享受追求的整個過程，但是對長期的關係卻不太感興趣。對方一旦被追到手，起初的那股熱情就像洩了氣一般突然消失。這類人最佳的一面就是不怕率先採取行動，最糟的一面則是缺乏細膩的覺知。這類人會被活力充沛、膽大妄為的人吸引，而史蒂芬・阿若優（Stephen Arroyo, 1946-，美國占星學家）也說過：這類人也會被穿制服的人吸引。

火星入金牛座 ♂♉

性格特質

這個實事求是又實際的火星位置，會把物質的安全保障當成最重要的努力目標。這類人會為了擁有權而和你競爭，他們也可能在買東西時爭先恐後，或在大減價時搶在你前面。他們積攢東西的傾向很強烈，而且渴望征服物質世界，至少不能被擊垮。他們的果決力可能帶來事業方面的成就。這個位置也利於營造業和農業，因為渴望看到努力有具體的成果。這類人以毫不退讓的態度完成事情，而且會以踏實和毅力贏得日常的勝利。如果星盤裡還有其他元素，便可能抗拒改變，要這類人改變，就像是在憤怒的公牛面前揮舞紅旗一般。一味地要求別人退讓和妥協，是他們令別人感到憤怒的主要性格特質。

壓力下的反應

安全感遭到挑戰或是被迫改變時，很容易產生憤怒。這是一個脾氣很大的火星位置，原因是這類人通常會壓抑和控制憤怒，所以一旦爆發就會變得很強烈。這類人相當頑固，有威嚇別人的傾向，而且認同強權就是公理，但必須視整張星盤才能決定。這類人的脖子容易疼痛，這是源自於壓抑下來的憤怒和未表現出來的性慾。有的人會故意或無目的地破壞東西來發洩憤怒，譬如摔盤子或砸碟子，就像「瓷器店裡的脫韁公牛」（bull in a china shop）一般。從事件派占星學的角度來看，這個位置的火星可能會跟警察起衝突，或是遭到警察的威嚇。他們也可能有反和平傾向。

性

這類人對自己的伴侶也有強烈的佔有慾。阿若優曾經說過，火星落金牛座的男人很喜歡在關係裡扮演提供者的角色，他們喜歡付帳，認為這是男人應該做的事。這也是一個非常感性和性感的火星位置。在愛情或其他事情上，火星落金牛座都象徵著耐力和精力。這類人的嗓音或脖子既可能是吸引人的部分，也可能是令人喪失興趣的缺點所在。

火星入雙子座 ♂♊

性格特質

隨機應變是這類人最顯著的特質，當他們被逼到死角時，總是能想出辦法或藉著說服力來脫身。在身體和眼睛的協調性方面，他們的反應是非常機敏的，所以擅長網球、足球及飛鏢等運動。在溝通時，他們也會有競爭性，這種習性可能源自於必須在早餐桌上與兄弟姊妹搶著發言，或在人際間發生類似的情況；他們也喜歡辯論，有能力從相對的方向提出論點，很喜歡閱讀報紙、雜誌、玩字謎遊戲等。他們也喜歡開車，有機械方面的才華。這個位置十分利於新聞採訪和行銷方面的活動，也利於當機械師或計程車司機。他們每天進進出出，排滿了短途行程。

壓力下的反應

以爭論和辯駁來壓倒對方，會出現嘲諷和對立的話語。很容易和兄弟姊妹起衝突和競爭，而且容易遭到意外，譬如經常割傷或燒傷手。如果星盤裡還有其他的影響力，那麼手或四肢可能會開刀。有的人呼吸道容易感染。這個位置的火星也和蚊蟲咬傷有關。

性

這類人對性有高度的好奇心，很想了解有關性的事，譬如人們在床上會跟伴侶做些什麼，理由是什麼？除了心智之外，身體上他們最感興趣的部分是手。這類人會被年輕的異姓吸引，或者此人的年輕外貌時常引起別人注意。他們也可能被聰明的人吸引，至少對方得能言善道，擅長寫作、教學，或是有能力把雪賣給愛斯基摩人（譯注：意指非常會做生意）。善於溝通、富語言才華，往往會引起這類人注意。有這個火星位置的人不喜歡沉重或一成不變的關係，但是對方如果帶有輕鬆愉快的特質，關係就可以維持長久。

火星入巨蟹座 ♂♋

性格特質

火星落在失勢的位置上面，會令這類人以繞圈子的方式去獲得自已想要的東西。他們可能為了家族、傳統及文化遺產而戰，但仍然得視整張星盤而定；當他們的愛人遭到威脅時，他們會竭力保護對方。這是一個有強烈保護傾向的火星位置，但也可能在不當的情況下做出干預。他們經常為家而戰，譬如爭土地所有權，或是在婚姻崩潰之後與伴侶爭奪房產；有的人在童年就經驗了家族的不和諧，有的則是成年之後才經驗到。在過往的某些文化和時代裡，這類人的家時常被徵召做為戰爭之用。他們主張為家園而戰是一種愛國舉動，他們也許會投入國防義勇軍或地方自願軍。還有的人會為了財產的擁有權和家人起爭執；同時，他們會花許多精力在家的改善上面；這是一個十分利於ＤＩＹ的位置。

壓力下的反應

對威脅過於敏感，而造成過度維護自己，以及動不動就生氣、容易被冒犯。這類人未表達出來的憤怒，也可能導致他們經常生悶氣。他們往往根據很小的證據就判定別人有惡意，而不直接的作風則會造成積怨。他們可能有胃酸過多或胃潰瘍的問題，但這仍然得仔細觀察整張星盤。他們對蛋以及奶蛋製品容易過敏。

性

在性上面這是一個反應靈敏的位置。是否感到安全、能不能創造安全的環境，是他們性關係中的重點。由於他們對忠貞的要求超越一般人，因此他們的伴侶每晚都得定時回家。未解決的憤怒、與母親的競爭議題，或過早斷奶帶來的問題，都可能投射到親密關係上面。在性方面的表現，對女人的胸部上癮，或是被胸肌發達的男人吸引，都是這個位置常見的現象。

火星入獅子座 ♂♌

性格特質

這個位置的火星跟勇氣、騎士精神以及為榮耀而戰有關。當這類人感受到他人的優越感（不論真實的或想像的）被質疑時，往往容易展現憤怒的情緒，因為他們厭惡被藐視，所以當他們的自尊心受傷時，很容易和別人起衝突。這個位置的火星有利於西洋棋、騎馬射擊、決鬥、擊劍等運動，特別是拳擊比賽（無論是當觀眾、親自參賽或成為參賽者的夥伴都很適合），他們會因為自己有運動本領而感到光榮。為了國王或國家而戰，也和火星入獅子座有關，因此共和黨和皇室都有這個位置的火星。

壓力下的反應

這個像是掛了「大獎牌」的火星位置，帶有炫耀、虛張聲勢及雷聲大雨點小的特質。這類人可能因為太驕傲而不屑於表達憤怒，但其實很容易感覺受辱或遭到人身攻擊，只要別人的語氣裡帶有一點嘲諷意味，他們就可能記恨許久。由於火星是落在固定星座上面，所以他們不容易擺脫憤怒。我有一位朋友到現在還時常談論很久以前遇到的一件事：某天她去市場購物，在某個水果攤挑水果時，那個攤販很不客氣地諷刺她說：「親愛的，這裡又不是他媽的哈洛士百貨公司。」這句話令她到今天還時常掛在嘴巴上。

性

這類人會被富有創意和全心投入於某件事的人所吸引。他們渴望自己的伴侶是值得自豪、足以向他人炫耀的人。如果你想讓這類人印象深刻，不妨買最貴的戲票送給他們；假如你追求的是一位火星落獅子座的人，就必須讓對方感覺他們是獨特的，過於刻薄和小心眼往往會讓這些人喪失興趣。一般而言，他們會被戲劇化的情境和享樂的活動吸引。

火星入處女座 ♂♍

性格特質

這是一個有利於手藝人、木匠和工匠的位置，而且經常成為箇中專家。這類人會被錯誤的運作方式和不週到的服務激怒。他們可能把精力發洩在改善眼前的情況，也可能為了小事而光火（甚至可能向小蟲子或小寵物宣戰）。他們的適應性、善於處理細節的能力，可以發展成科技方面的才能。火星落處女座使人聯想到紅十字會、開救護車、服兵役等的概念。在工作時如果他們被指責做得不夠完善，或是沒有條件徹底完成工作，很容易生氣或動怒。

壓力下的反應

這是一個吹毛求疵、易怒和嘮叨的火星位置，但卻不容易爆發成盛怒或類似的情緒，除非星盤裡有別的影響力。這類人容易為自己或他人的不妥當表現而生氣，也不易接受自己或他人的不完美之處，因為這會阻礙他們完成任何事情。大體而言，火星落處女座最佳的一面是做事積極、樂意提供協助。這類人有時會把自己的不滿投射到他人身上，令對方覺得有一點小小的不完美就會被他們攻擊。

性

以往的占星家對火星落處女座的人有一種性上面的陳腐看法：因為他們不喜歡性行為之後的骯髒感，所以會不斷地清洗自己。這個說法雖然不完全正確，但這個位置的火星的確和計較及難以取悅有關。這類人憑著友善的態度、工作技術或良知而引起別人的注意，同時他們本身也會被帶有這種特質的人吸引。火星落處女座的女性可能長得嬌小玲瓏，男性也可能對這種體型感興趣。輕描淡寫的說話態度會令他們產生興趣，但這點仍然得仔細研究整張星盤才能決定。

火星入天秤座 ♂♎

性格特質

火星落在它弱勢的位置，會因為自認遭到不公平待遇而與人起衝突。這類人會把精力發洩於導正不平衡的狀況，邱吉爾和柴契爾夫人都有這個位置的火星。這類人有能力為別人爭公道，所以十分有利於法律業，或任何一種涉及選邊站、但又能帶來和平及安撫力量的工作。這類人有的能夠在任何情況下施展魅力，有的則非常善於獲得他們想要的東西，譬如永遠能面帶微笑地應付他人的要求。他們很渴望與人合夥做事，包括一起去買東西或是進行其他的大計畫。有時他們也會傾全力求得別人的贊同。失聰的打擊樂手艾弗琳・格蘭妮（Evelin Glennie）的藝術表現，或許可以稱為「打出了和諧」，她的火星就是落在天秤座，與上升點合相。我見過許多鼓手的星盤裡都有這個位置的火星。

壓力下的反應

這類人要不是和自己的伴侶競爭，就是和別人競爭伴侶。他們會把憤怒投射到別人身上，認為自己才是公平的、合理的或愛好和平的一方，別人則是懷有敵意和強求的一方。這個火星的位置帶有強烈的黨派觀念，而且好爭論，內心不安，也不和諧，其理由是他們太容易從特定的面向去看事情，或是以太不實際的強勢態度要求對方合作。他們必須更留意自己的情緒，才能為關係帶來和平。

性

這類人很文明，不喜歡粗鄙和混亂的性行為，他們會被比較開放、令人愉悅的人吸引，當然，他們本身的這些特質也是吸引別人注意的原因。他們會積極地尋找伴侶，在性方面的議題上是直接而果斷的，而且可能早婚或很早就有了固定的親密關係。

火星入天蠍座 ♂♏

性格特質

火星落在自己的星座上是強而有力的位置。這類人會以最沉著隱密的方式達成任務，他們很能掌控自己的精力和力量，絕不會以半調子的方式做任何事。他們喜歡秘密行動的特質十分有利於當謀略家。這類人有驚人的毅力，可以貫徹到底地執行任務；也能洞穿別人的心理狀態，贏得所謂的「心理戰」。他們喜歡把每塊石頭都翻起來看一看，研究一番。火星落天蠍座會為了忠貞的議題而不惜一戰，對他們來說，背叛是很難被原諒的行為。

壓力下的反應

不容易釋放憤怒，有的人會因為情緒鎖得很深，而且非常強烈，所以很難說粗話或將其爆發出來；也由於無法表達這些困難的情緒，所以不容易原諒或無法放下，因此外表上經常帶著嘲諷，有愛報復的心態。

性

他們會被那些表面看似沉默平靜、內在有強烈情緒的人吸引，至少對方得有某種程度的情緒深度；他們也會以這種特質吸引別人的注意。有這個火星位置的人往往有秘密性關係，也有能力洞穿他人的秘辛，這個位置和激情及強烈的情感生活有關。一旦深刻地投入於一份關係，他們就會變得十分善妒，而且會毫無理由地懷疑對方不忠。

火星入射手座 ♂♐

性格特質

這類人渴望對投入的計畫抱持最深的信念；這個位置暗示著為某種信念而戰，也可能對抗某種信念。他們可能代表自己的神向他人的神宣戰，但也可能向自己的神宣戰。有的人會到海外出征，或是在國外與人產生各種衝突。如果火星的位置有明顯的能量，則可能有狂熱的個人信仰，但不一定和宗教有關，因為也許只是容易在教育、政治或心靈議題上與人爭辯。這個火星的位置是不安於室、喜歡冒險的，所以有利於旅行和戶外運動；他們也很適合當男童軍或女童軍，或參加與健行有關的活動。這類人不喜歡被強加任何約束或責任。

壓力下的反應

如果火星和其他行星成困難相位，則可能有自以為是或表現出正義之師的傾向。這個在政治上顯得笨拙的火星位置，很容易產生「道德上的盛怒」反應。這也是個代表牛仔的火星位置，因為這類人往往有輕率和缺乏紀律的作風。不過當他們在騎馬、過度伸張自我或到國外旅行時，很容易出意外。

性

這類人會被運動型或喜歡戶外活動的人吸引，但也可能只是對異性的大腿和臀部特別感興趣。有的人會被男性化的女人吸引，或是因為自己有這種特質而吸引別人注意。其中有某些人會不斷地更換性伴侶，將其視為探索和認識世界的一種方式。他們喜歡喧鬧的特質，對那些比較細膩的人來說並不是很有吸引力。他們也可能在國外旅行時碰上不同文化的對象，而進行性上面的冒險。

火星入摩羯座 ♂ ♑

性格特質

火星入摩羯座是它強勢的位置。火星受到土星主宰的星座的管束，帶來了自我控制、自給自足和管理的能力。如果相位也很好，就會有責任意識、在工作上努力付出、注意力集中和懂得養精蓄銳。如果整張星盤還有其他元素的支持，則很適合從事與土地、礦石或石頭有關的工作，其他像軍事或需要運用力量的工作也很適合；還有的人喜歡練瑜珈。如果星盤裡有別的和野心相關的元素，那麼這個火星的位置就會帶來最高的成就。這類人可能為權威者而戰，也可能對抗權威者（也許是此人的父親）。他們容易為他人的保守態度光火，或是為權威者的狡辯態度生氣，也可能為傳統和既定的習俗遭到威脅而動怒。

任何一個落在摩羯座的行星都帶有階級意識，所以這類人也可能產生被來自不同階級的人威脅的感覺。

壓力下的反應

這個帶有僵硬的上唇（譯注：英國常用的俚語，形容性格堅強克己）而又自給自足的人，往往會藉著嚴厲、尊貴的外殼護衛自己，而且絕不輕易流露脆弱的一面。他們對父親的憤怒如果不解決，便可能無意識地將其投射到權威人物身上，譬如工作上的頂頭上司。如果火星與天王星有重要相位，那麼此人或他們的父親就有可能動換膝手術。

性

這類人的性與地位往往是連結在一起的。他們會不斷地提升自己的地位或改善他人的地位。女人容易被年長的男人或父權式的男人吸引，或者被從事農業、礦業及帶有斯巴達作風的人吸引；有時她們也會被那些儉樸、剛強、嚴厲的男性吸引，自己也可能以這種特質吸引別人。他們的關係經常有年齡方面的顯著差異。權威人物或帶有權威氣質的人都可能吸引他們。在任何一種關係之中，掌控性都會是主要的議題。

火星入寶瓶座 ♂♒

性格特質

這類人具有真正獨立自主的精神，而且會竭力維護自己的獨特之處。他們很不喜歡和別人一樣，可能為了反傳統議題而抗爭，但也可能對抗反傳統的行為。有的人會被無法掌控及獨立的作風威脅，因此這個位置的火星不一定是永遠反傳統的。這類人如果覺得自己或他人缺少了自由，便可能產生憤怒。這個位置有利於為某個團體抗爭，不論這個團體是大或小，是本地的或國際的，如果社會上有一些成員遭到不公平待遇，他們也會感到憤怒；這樣的不公平性會促使這類人採取行動。他們也會為朋友抗爭，至少會捲起袖管去支持他們的友人。火星落入的星座往往可以描繪出一個人時常運用的工具：寶瓶座的工具通常是電腦及其他的高科技產品，這類人在電子或電器用品上有修理和研究才能，特別適合資訊工業。

壓力下的反應

對不寬容的態度非常火大，但往往無法看到自己和他人的雷同之處。如同火星和天王星的相位一樣，這個位置也有利於爭取自由的工作。他們會堅持以自己的方式行事，如果不被允許的話，便可能被觸怒。他們會認為他們有自由做自己想做的事，而且不能有任何約束。當他們生氣時，會展現出冷淡、抽離和直率的態度。

性

這類人喜歡以開放、寬大和做實驗的精神，來面對性這件事。他們的人生會促使他們在性方面經驗到許多掙扎。有的人會把選擇伴侶當成是一種反叛行動。他們的性關係以及朋友之間的複雜關係，往往會變成生命主題，譬如朋友變成了愛人，或愛人變成了朋友。他們的誠實、中肯、與眾不同的作風十分吸引人，別人的這種特質也會引起他們注意。他們也有明顯的抽離傾向，或是被科技領域裡的人吸引。

火星入雙魚座 ♂♓

性格特質

這類人可能隨波逐流，因此需要發展自制力和專注力，但必須視整張星盤才能決定。他們喜歡以不易被掌握來確立自我，其逃避傾向和愛幻想的特質，本質上是一種生存自保機制，就像在海藻裡穿梭的魚一樣，也有點像那些會噴出墨汁的海底生物，具有一種偽裝的本能。這個位置的火星沒有什麼攻擊性，卻可能為受害者爭取權益，因為看到別人受苦會引發這類人的憤怒，所以這個火星的位置也有利於服務，以及把精力投注在藝術和神秘的議題上。這個位置也適合繪畫和裝潢佈置（我見過許多星盤裡有太陽與火星合相的人，父親都是裝潢師）。在運動方面，這個位置相當利於游泳或其他的水上運動。

壓力下的反應

這類人有些可能淪為酒精或藥物上癮者。這個位置的火星和酒後肇事有關，但也可能成為這種行為的受害者。這類人的憤怒不強烈，也不太執著，但容易對人或事情感到興奮。

性

這類人對性非常敏感，喜歡在性上面扮演救贖者角色。這個位置的火星非常理想主義和浪漫，所以在性上面需要某種程度的神秘性、想像力和敏感的對待。這個位置十分有利於舞蹈或是在舞池裡求愛。他們也可能有多次婚姻，或者性關係混亂，理由是渴望與人融合，甚至渴望有靈性上的終極合一經驗。他們對別人的態度十分開放，很善於引誘以及被引誘。這個位置的火星缺乏明辨能力。

木星 ♃

正向態度也許無法解決所有的問題，
但卻能打動許多人朝這個方向努力。

——波士頓環球報赫姆・阿爾伯特（Herm Albright）

天文學

木星是繼太陽之後，第五個離地球最遠的行星，也是我們太陽系裡最大的行星。它比其他的行星要大兩倍（太陽由於是恆星，所以不包括在內），而且比地球大了三百一十八倍。繼太陽、月亮、金星之後，木星也被視為天空中最明亮的行星之一（有時火星比它更明亮）。它比最亮的恆星天狼星還要亮，而且經常被誤認為恆星。它的自轉速度很快（一圈不超過十小時），氣候變化大，經常有暴風雨和狂風。它和土星、天王星、海王星一樣，是個充滿氣體的行星，裡面的主要成分是氦氣和氫氣。它的體積就像個大氣球一般，反映出樂觀的心態。一九六六年科學家發現了木星上的大紅斑（比地球還大），原來這是由反時鐘方向朝上迴旋的氣團構成的。一九八〇年，美國航空及太空總署發現木星的外圍有一道肉眼看不太清楚的環系。

- 與太陽的距離：約為四億八千四百萬英哩（七億七千八百萬公里）。
- 直徑：從赤道的角度來看約為八萬八千八百英哩（十四萬兩千八百公里）。
- 恆星週期（大約是繞太陽公轉一周的時間）：一千一百八十六年。這代表木星在一個星座大約是一年的時間。

- 逆行週期：一年逆行四個月左右。
- 衛星：大約有六十多個，都是最近才發現的。它們的體積很小，而且許多都尚未命名。伽利略在一六一〇年發現木星有四個重要的衛星（依奧Io、歐若芭Europa、甘尼米德Ganymeda以及卡莉斯托Callisto，透過望遠鏡很容易看到它們；這幾個衛星以及其他的衛星都是按照宙斯的愛人命名的）。

神話學

克羅諾斯接受了父親烏拉諾斯的警告，開始提防自己的兒子們將會篡位這件事，他決定等孩子一誕生就要把他們吞吃掉。宙斯的母親莉亞瞞著克羅諾斯，到克里特島的一個洞穴裡準備秘密地生下宙斯，並用嬰兒的襁褓包了一塊大石頭交給克羅諾斯，以代替她生下的孩子；由此可知，宙斯打從一開始就很幸運地獲得保護，成為唯一沒有被克羅諾斯吃掉的小孩。莉亞把宙斯交給了一群仙女照料（克里特王的女兒們），每當宙斯哭鬧時，這些仙女就開始敲打她們的盾牌製造出一些噪音，以免克羅諾斯聽到哭聲。後來宙斯靠著牛奶和蜂蜜長得非常健康。同樣地，有明顯木星能量的人通常也有寬裕的童年（包括物質、道德及精神層面），宙斯良好的童年基礎為他帶來了克服萬難的信心。宙斯是靠著母山羊阿瑪西雅的奶長大的，為了感念這頭山羊，他賜給了它群星之中的一個位置，同時把山羊的一隻角送給保護他的仙女們，因為這隻角能不斷地生出食物和酒，後來這隻角變成了無盡資源的象徵，而星盤裡的木星也象徵著富裕的資源。

宙斯成年後娶了梅提斯（代表智慧與遠見）為妻。梅提斯給克羅諾斯一種藥吃，令他把石頭和宙斯的幾個兄弟姊妹全吐了出來。梅提斯比所有的人和天神知道的事情都多，這使得宙斯開始畏懼她的法力，害怕她會過於強大而推翻他，所以後來也把她吞吃了。木星人往往有這種傾向：他們本身好像比所有的生命都要偉大，因此時常矮化別人，令他人失色。

宙斯和他的弟弟海地斯及波賽頓瓜分了整個宇宙。波賽頓分到海洋與河流，海地斯分到冥界，宙斯則分到了天界，因此有權力掌理諸神。這位天界的主宰帶有好戰特質；他曾經在奧林匹斯山頂投下了霹靂閃電（可以詮釋成一種啟蒙）。在事件占星學派裡，木星掌管著居高臨下的地位——山頂一向是宙斯最有利的位置，因為他可以看見下面發生的所有事情（木星有一種想看到全貌的衝動），而山頂也象徵木星很難在情感層面落實下來。

宙斯的秘密戀情可以使我們看出與木星相關的一些心理狀態。宙斯一直是不忠實的，他不斷地從事各式各樣的浪漫冒險活動，而且是一位偉大的演員，可以偽裝成任何一種生物；譬如當他想引誘一隻天鵝的時候，就可以化身成那隻天鵝。每當他善妒的妻子賀拉懷疑他有出軌行為時，他永遠有辦法脫身。宙斯和他善妒的配偶象徵的就是木星型的關係特質（尤其是木星和金星或火星有緊密相位，或落在第七宮裡）。身為風神或氣息之神，木星可以無遠弗屆地散播它的精子，所以是一匹生了許多孩子的超級種馬。同樣地，星盤裡的木星也代表一個人收穫最多的領域。

樂觀與幸運

木星落入的宮位通常代表我們比較幸運的生命領域，即使犯了錯也能僥倖脫身，但也可能因為自不量力而遭到挫敗。儘管如此，我們仍然可以在木星落入的生命領域裡得到某種程度的保護。凡是被木星觸及的行星、星座或宮位，通常不必費太大的力氣事情就能成功。這可能是天時地利的緣故，總之，木星是一個和幸運有關的行星。木星所在之處會讓我們覺得樂觀自信，並且深信好事終將來臨；這使得我聯想起一則百萬獎金問答題：事情的結果很順利究竟是因為我們有這樣的期待，還是因為以往的運氣總是很好，所以才有信心？即使事情的結果不順利，木星仍然能帶來樂觀心態，而且能立即恢復正常。小熊維尼的粉絲們應該都知道，跳跳虎想必有顯著的木星特質，老灰驢則有強烈的土星特質。但木星也有它負向的一面，所以我們必須記住，錯置的木星能量會帶來讓身邊的人很難面對的問題；跳跳虎是很難相處的對象，可是他自己卻活得逍遙自在！請留意，土星如果和木星形成重要相位，或是在星盤裡有顯著地位，便可以約束木星凡事過度發展的傾向。

慷慨、財富及充裕

木星觸及的行星及宮位裡的事物，會讓一個人變得慷慨、仁慈和寬大，雖然在這個領域裡我們也會對他人逞威風。木星使我們得到的比真正需要的更多，因此才有能力給予。木星和金錢沒有直接的牽連，但卻跟繁榮興盛有關，而土星則跟貧窮有關。木星之所以讓我們覺得富有，是因為我們和某個有價值的東西連結上了。木星賦予當事者遊刃有餘的特質，請記住，遊刃有餘的富足感是一種相對概念——一整碗米跟另一個人手上一小湯匙的米相比，顯然是富足的。

信心、樂觀、喜悅和賭博

木星造成信心和樂觀的傾向，同時也跟喜悅及歡樂有關。受這個行星強烈影響的人，通常是快活和充滿幽默感的。一個樂觀的人會願意冒險，難怪木星一向和各種形式的賭博連在一起，但是也很容易在賽馬場或賭場裡太快做出判斷，發生過度樂觀、判決錯誤及考慮欠周的情況。

成長與擴張

木星座落的星座、宮位和形成的相位，代表的是我們尋求成長的方式和領域，同時也代表我們需要在那個領域裡得到成長的空間。成長意味著向前進展，超越目前的侷限；它也代表超越目前的情況，看見更遠的願景，並且認清其中的目的和各種可能性。這個行星關切的一向是地平線那一邊的事，一個和未來及遠方有關的世界。

木星的身體特徵就像個大氣球似地那麼輕盈、龐大，而且帶著一股浮力。這個行星和星盤裡的任何元素聯結在一起的時候，都會帶來擴張和膨脹的效應。舉例來說，木星與金星聯結在一起會擴大社交圈，導致浪費的習氣，也可能擁有許多愛人；火星和木星聯結在一起則會增加競爭性、企業精神、戰鬥力，以及促進冒險精神（性和其他面向）；木星與土星聯結在一起則會增強責任感。許多帶有「超過」（over）和「以外」（extra）這類字首的英文字，都暗示著木星的特質。

貪婪、不滿足和探索的欲望

木星會促使我們產生過多的欲求，期待更多的經驗。木星的驅力就是貪婪，而貪婪往往會導致不滿足，使我們覺得別處的月亮總是比較圓一些。木星比較正向的面向則是渴望進一步探索；依照木星的模式，我們會自認為有權享有更多。知足常樂和探索的欲望通常是對立的，因為人在不滿足和不安於室的時候，才會有探索的欲望。但這樣的感覺還是很有用，若缺少了它就不會有成長和進步了。不滿足會促使一個人尋找新的牧場，樂於冒險犯難；少了責任感和約束才可能自由行動。這類人不安於室和想要探險的衝動，也可能示現成旅行的動力，而且會有許多探險的形式；這一點我們可以從木星和其他行星的緊密相位看出來，特別是那些困難相位。如果木星和金星或火星聯結在一起，就會藉由關係來探險；如果和水星有關聯，探索的方式就會比較知性；木星和海王星有關聯，則會想探究心靈層面的議題。

空間與自由

受到約束會侷限一個人的成長和伸展能力。木星主宰黃道裡的射手座，這兩個元素都不喜歡責任或任何一種形式的約束；可以說，木星的調子就是自由。與木星落入或主宰的宮位有關的生命領域，以及木星觸及的行星，都渴望以宏大的方式表現自己，而且需要很大的空間來做這件事。

旅行和高等教育

木星的探索欲望和長途旅行有關，包括外在之旅和內在之旅。旅行和教育都能開拓心胸，特別是跟意義有關的教育，或是能促使我們進一步了解社會、帶來成長的教育。至於長途旅行，首先要思考的是長途旅行的意義是什麼。長途旅行似乎不可避免地意味著到國外去，但這裡指的長途旅行比較是拓展視野和進一步地探索生命。

信念和意義的追尋

我們的信念某種程度上決定了自己能否成為有遠見的人。木星傾向過於強烈的人——機會主義者、賭徒、樂觀主義者或宣傳家——往往相信任何可能性。若是缺乏對高層力量的信心或信仰——缺乏正向思想——那就什麼事也不可能達成了。我們的木星和落入九宮裡的行星，還有落在射手座的行星，都能道出我們在人生意義上的追尋情況。如果我們相信生命還有更大的意義和目的，人生就會有更多的喜悅，反之，人生則會變得黯淡無光。我們的宗教信仰和修持方式、人生哲學和道德律、政治理念，以及其他令我們執著的信念，全都由木星和第九宮掌管。木星除了代表我們會去尋找上帝的生命領域，同時也代表我們自己扮演上帝的生命領域，譬如人生顧問的角色。

木星和智慧

「智慧」這個字的字根帶有「得知、提供訊息、指出、管理、率領及引導」的意思，因此，導遊、傳教士或人生顧問的角色，都需要用到智慧。做為一個有智慧的人，首先必須領略比眼前情況更寬廣更深的意義。智慧就是有能力判斷，但只有當一個人看到更大的畫面時，才能做到這一點；它也必須具備土星的特質，因為裡面也包含了責任意識和現實感。

木星與社會

木星在星盤裡走一圈是十二年，土星走一圈則是二十九年；它們代表的是個人在社會裡的狀況，這兩個行星的確和社會性有關。「宗教」這個字本是源自於拉丁文的religio，意味著「綁在一起」（bind together）。宗教的確能夠把人們綁在一起；但不同的信念會製造出各式各樣的社群，因此不一定和宗教有關。社會是由人們共同的道德觀所建立的，法律則是奠基於是非觀念。如果土星代表的是法律的執行，那麼木星代表的就是法律底端的道德規範。

逃脫謀殺罪

不要以為木星一定代表良善和幸運，因為它也有惡質和可怕的一面。如同依芙・傑克森（Eve Jackson，英國女作家）所言，殺人魔王和罪犯往往有強烈的木星能量；某種程度上，連續殺人犯就是扮演上帝的角色，因為他們相信上帝給了他們權力去索取別人的命。事實上，土星才是藉由自我紀律和自制力來規範人類的行星，不論這種規範是社會強加給我們的，還是自發性的。

虛偽、自我膨脹和浮誇

木星與政客、神職人員、行銷人員以及各種事物的倡導者有關。這一類的行業都是奠基在信心上面的；例如，傳教士不可能說上帝「也許」真的存在，他們總是說上帝「確實」存在；售貨員不會說這台吸塵器「可能」是最好的，他會說這「肯定」是最好的一台吸塵器。因此，信心的陰影面就是懷疑。宙斯一向偽善和善長虛張聲勢，誠如傑克森所說的：偽善本是木星的另一種特質。從字面上來看，「偽善」的意思就是冒充、假裝、表面裝出很有美德及良善的樣子，每當我們在偽善和偽裝時，總會展現出木星誇張的堅信態度或空泛的話語。依照木星的模式，我們會變得好大喜功，充滿著偉大計畫，容易自我膨脹。換句話說，我們常滿懷驕傲、自大及產生不周全的妄想。有趣的是，古奎倫夫婦（Gauguelins，法國占星學家）的研究也顯示出木星和演員及政客有關，例如格蘭達・傑克森（Glenda Jackson）、隆納・雷根、阿諾・史瓦辛格、克林・伊斯威特，都有顯著的木星能量。

木星和戰爭

這個行星和戰爭的關係也要考量進來。宙斯是一個好戰之神（他是戰神火星的父親）。戰爭的開端往往是兩個不同文化的人，為了宗教和資源的問題而起爭執，因此認為這和木星的影響力有關，顯然是理所當然。此外，由於木星有誇大傾向，所以也有潛力使原本只是有點緊張的情況，演為一發不可收拾的局面。

居高位之神

居高位的人通常有比較大的影響力和優渥的條件。如果木星是落在十一宮這個代表朋友的宮位，你就可能有居高位的友人。在天宮圖裡木星是跟社會有關的行星，所以它會促使一個人追求更高的地位。它也可能使一個人喜歡保護別人。如果它造成了太高的優越感，則可能使人以紆尊降貴的態度對待別人。換句話說，木星的能量如果太猖獗，就會導致傲慢和桀傲不遜。

奢侈傾向

與木星有關的負面特質中最常見的就是奢侈浪費，在這點上面，我們只要在字典裡查詢「奢侈」這個字，就能對這個行星有深刻的感受了。根據一九六六年修訂的韋氏字典，奢侈有以下幾種意義：

- 超越正當範圍之外的行為；偏離正常的方式、規範或歷程。
- 一種狂野和放縱的狀態，或者浪費到不負責任的程度；過度花費金錢；虛榮和不必要的開銷；鋪張；大量地；不合理；慷慨地給予；荒廢；不顧後果。
- 一種耽溺而非必要的行為；奢華。

父母的兄弟姊妹

傳統上木星是跟父母的兄弟（uncles）有關的行星，這一點可能和木星的保護特質有關。此外，木星也可能管轄父母的姊妹（aunts），不過這點還需要檢驗。這些人在家族裡扮演的是教育下一代的角色，也可能為年輕的一代提供經濟上的協助。木星之所以和父母的兄弟比較有關係，乃是因為過往的男人比女人更可能提供經濟上的協助。我很感謝珍・史卓特（Jane Struthers，英國占星家及手相家）指出了「uncle」這個字有俗稱的當鋪老闆（由木星管轄的行業）的意涵。

身體

肝臟是身體裡最大的器官，重量有三至四磅或一至二公斤。由於木星一向和「更大的利益」有關，因此肝臟的角色也是要替身體篩檢出最有利的物質。肝臟比其他器官更有再生力，而排除體內藥物與酒精的毒素，就是它眾多的功能之一；換句話說，即使我們不照料身體，肝臟仍然能幫我們排除掉有害的毒素。它的另一種作用則是分解脂肪（脂肪的累積也可能與木星有關），使它成為有用的物質。木星帶來的健康問題往往和過度的行為有關。木星的這種過度傾向會造成飲食過量、充血、過飽及過度生產；它同時也跟各種生長狀態有關，譬如過度肥胖和癌症的形成。如果一個人的土星和個人行星有重要相位，身材就會傾向於削瘦，但木星如果和太陽、月亮、上升點或其主宰行星有關聯，就可能導致肥胖。

金屬

和木星相關的金屬是錫，由於錫的延展性很高，所以會加在其他的金屬中製成合金。錫最大的用途就是製造成東西的保護層，譬如利用它做成金屬的外層，來保護金屬不受腐蝕或被化學物質侵蝕。

木星的詮釋

首先我們必須強調的是，木星的相位及宮位永遠比星座重要。如果木星和上升點合相，或者木星在星盤裡有明顯的影響力，那麼其星座就會顯得比較重要。以下的詮釋必須謹慎考量，因為讀者本身也得發展出自己的思辨能力。舉個例子，我確信教友派信徒（the Quakers）和寶瓶座的能量最相符，但實際的數據卻顯示這些人的木星經常落在寶瓶座；我的一個鄰居就是教友派信徒，他的木星是落在射手座，但是和天王星形成了緊密的衝突相，落在十一宮裡。

木星入十二星座

木星入牡羊座 ♃♈

如果這個位置的木星和上升點合相或是有明顯的能量，就可能代表此人會不斷地尋求別人的注意，而且有製造麻煩的潛力。木星為任何一張星盤增強了信心和熱情，帶有一種拓荒者和十字軍東征的精神。他們喜歡大計畫，而且欲望比自己能承擔的要大上許多。那些比較缺乏信心的人往往會臣服於同輩的壓力，而且會追隨潮流，但信心足夠的人則會開創潮流。這個位置的木星具有企業精神，有能力抓住機會，這類人既可能成為領袖，也可能成為製造麻煩和引領風潮的人，同時也十分適合當行銷人員。他們有能力促銷任何東西，包括宗教、政治或商品。他們對宗教及政治議題都有熱切的興趣，如果星盤裡還有其他元素的支持，則有潛力成為這些領域裡的領袖。

木星入金牛座 ♃♉

這個位置代表在經濟或物質層面的好運，或者自認為如此。如果星盤裡這個木星的能量很明顯，或是有其他的正向影響，那麼這類人甚至能毫不費力地引來財富。這個位置的木星很適合募款活動，但如果有困難相位的話，則可能顯現出貪婪和自我耽溺傾向。不過木星落金牛座大體而言並不會貪得無饜。這類人往往抱持著「上帝會照顧一切」的哲學，他們很能欣賞大自然的美，享受生命美好的一面。這類人抱持著實事求是的人生哲學和淡定的態度，除非星盤裡有其他影響力，否則不會有過度奔放的想像力。

木星入雙子座 ♃♊

這個位置的木星意味著有廣博的知識、愛好閱讀、興趣廣泛。一般而言，這類人對自己的學習和溝通能力十分有把握，但木星落雙子座是它弱勢的位置，所以成就會減低，因為本質上帶有不安於室、認知膚淺或興趣太廣的問題。他們經常來來去去，不斷地與人溝通，而且總是安排了許多短程旅行。有的人會對教書感興趣或準備教書的能力，特別是到海外教學。這也是一個有利於寫作和出版的木星位置。在宗教方面，這類人認為所有的宗教講的東西都差不多，因此很難把自己奉獻給任何一個教會或教派。這是一個有利於比較或研究文學、政治及宗教的木星位置，它也跟學校、旅行、導遊，以及得到多種學位有關。

木星入巨蟹座 ♃♋

木星落巨蟹座是它強勢的位置，可能是因為這個行星和星座都帶有保護特質，這類人通常有強烈想要保護家庭、文化遺產或國家的傾向。有的人會把家變成有共同信仰的人的聚會所，他們的財富可能來自房地產或家族成員，特別是母親這一邊。這類人的文化、宗教或信仰也是從母親那方面傳承下來的（諸如信仰猶太教），或者他們信奉的宗教和母性法則有關。他們會從歷史獲得許多樂趣。這個位置的木星有利於烹飪和做家事，如果能量過於顯著（例如與上升點合相），就會導致肥胖問題。

木星入獅子座 ♃♌

這是一個溫暖、慷慨的木星位置，如果它在星盤裡有明顯的能量，就會帶來自信心和領導能力。這類人比較欣賞壯觀華麗的場面，喜歡以合乎時尚或擺排場的方式做事。他們能夠從電影、劇場和社交應酬中獲得快樂。他們的自大和無法屈居於高位者之下的傾向，會阻礙他們的宗教信仰。這類人之中信仰比較虔誠的喜歡依附所謂的「高派教會」（譯注：High Church，指的是比較注重教義和儀式的教會），其中有的人在宗教儀式裡覺得很自在，也會以自己的教會、學校或大學為榮，希望它們是最傑出的。這個位置有利於當學校或大學的董監事，或是教會領導人及地方議員。

木星入處女座 ♃♍

這是個有良知的木星位置，因為這類人有強烈的工作倫理，而且相信良好的服務是重要的。但他們也可能做得太多或是以工作為樂，或者遠赴海外工作。處女座的「小」與木星的「大」交會在一起，可能會導致一個人企圖消化太多瑣碎的資訊，反倒被困住了。木星落在這個弱勢位置上會讓人見樹不見林，或為了不值得費心的小事擔憂。這類人偏好低調的宗教形式和修持方式，因此「衛理公會派」（Methodism）比較符合木星入處女座的特質。他們對政治或宗教往往抱持嘲諷或善於分辨的態度（以「上帝就在細節裡」這句話聞名的作家福樓拜 Flaubert，星盤裡就有木星入牡羊座、落第六宮，而且宮頭是處女座。）

木星入天秤座 ♃♎

這類人的探索和成長大部分是透過關係而達成的。他們對婚姻或夥伴關係懷抱的樂觀期待遠超過實質經驗；在真實的婚姻狀態裡他們可能會不安於室。他們在宗教、政治或哲學信念上容易出現猶豫不決的態度，此外，當他們認真考慮一份關係時，也會出現難以下決定的心態，因為他們總覺得還有更好的選擇。這類人的婚姻和伴侶關係會強烈地受哲學、宗教或政治影響。道家思想對陰陽法則、和平及合作的重視，令他們覺得十分相應。他們喜歡旅行時有人陪伴，也可能透過旅遊達人而認識了旅行的樂趣。

木星入天蠍座 ♃♏

主宰「氣息」的行星落到了代表「深度」的星座上面，代表這類人在高等教育或是與政治宗教有關的議題上，都渴望超越膚淺的教義和政治宣傳。他們需要藉由情感，深刻地投入於自己的信仰，但是藉上帝的概念來化解愛人的死亡帶來的悲痛，似乎是很困難的事；將他們的性觀念融合到教會或社會的性觀點之中，也可能有些困難。他們的信心、意志力和決斷力都很強，而且可以運用在與木星相關的領域裡。他們也可能從投資、保險、遺產、贍養費或賦稅中獲利，但必須視星盤裡其他的元素才能確定。他們也會對玄學、生死學及死後的世界感興趣。

木星入射手座 ♃♐

木星落射手座是回到了自己的星座上，因此會帶來某種程度的力量，也會增添樂觀和快活的特質。這類人也喜歡旅遊，對異國文化和不同宗教的修持都很感興趣。他們相當重視教育，如果星盤裡還有其他的支持力量，則有利於從事宗教教育的工作（譬如在教會學校裡當老師）。他們很喜歡戶外生活或是在假日裡健行。如果木星的能量太顯著，就會帶來奢侈、粗心大意和凡事過度的傾向。

木星入摩羯座 ♃♑

這類人會有樂觀與悲觀、奢侈與吝嗇之間的衝突矛盾，因為木星落入了失勢的位置。他們不會輕易地冒險，而且非常有責任意識，懂得自尊自重。他們也懂得節約，不會輕易地浪費；而其財富往往來自於父親，但也可能因為父親而喪失金錢。他們童年的生活可能是貧窮的，老年卻過得比較舒服。他們會誇大父親的重要性，如果星盤裡還有其他的影響力，父親則可能是個遙不可及的人物。這個位置的木星帶有保守氣息，因為這類人對傳統、階級和建構有根本的信仰，有的人也可能過度尊崇權威。這個木星的位置使人對大地有一份感念。這個位置也有利於當地質學家、珠寶商，或是與原石有關的行業。

木星入寶瓶座 ♃♒

這類人以未來為導向、思想進步、崇尚改革，如果木星有明顯的能量，就會相信人性之中善的力量。他們有廣泛的社交圈，對自由、人道主義和民主精神有強烈的信念，很適合從事海外志願者工作。在信仰及其他方面，這類人強調的是容忍和眾生一體的概念，他們最大的問題是無法包容偏狹的態度。教友派信徒一向認為上帝就在每個人的心中，因此和這個位置的木星很相應。其他有許多採用「兄弟愛」或「教友」做為組織名稱的教會，也和木星入寶瓶座有關。此外像「基督教科學派」（Christian Science）這個由不同信仰和教派的人組成的教會，也很符合木星落寶瓶座的特質。這類人很適合研究或教授科學、科技及航空方面的知識。

木星入雙魚座 ♃ ♓

木星落在自己的星座上會增加想像力，以及戲劇、音樂和藝術方面的才能。這類人容易脫離現實，對金錢不知如何處理，但相當有同情心，樂意行善，而且慷慨大方。雖然如此，我也經常看見這類人因他人的慷慨而得到許多利益！在信仰方面，他們會被心靈議題、神秘主義、新時代思想和不可知論吸引。旅行對這類人而言，是一種逃避的方式，例如航海、在島上過悠閒的避世生活、禪修閉關，全是這個位置的木星象徵的活動；他們也可能為了藝術、音樂或者只是為了享受而旅行。這個位置的木星讓人渴望找到一個庇護所及隱遁之處。如果星盤裡已經有扮演救贖者或受害者的傾向，則會因為木星落雙魚座而更被強化。

土星 ♄

我想我就是喜歡看事情的陰暗面。杯子裡的水只有一半，杯口還是裂的。我的嘴唇剛剛才被割破，牙齒也被削掉了一顆。

——珍妮．格羅法樂（Janeane Garofalo）

天文學

土星是太陽系裡的第二大行星，單憑肉眼就可以看到它，而且是古人最熟悉的一個外行星。由於它的冰環系創造出了一種效果，所以一向被認為是很美的行星。伽利略在一六一〇年透過望遠鏡看到了土星的真實情況，它的冰環系是由大小不一的冰塊和岩石構成的，直徑很寬，大約是十八萬五千英哩（三十萬公里），但厚度很薄，只有〇．六英哩（一萬公里左右）。

- 與太陽的距離：八億八千六百萬英哩（十四億兩千七百萬公里）。
- 直徑：從它的赤道帶來看大約是七萬四千九百英哩（十二萬零五百三十六公里），因此大概是地球直徑的九．四倍。研究者認為它扁平的形狀是源自於它的快速旋轉（自轉一周十至十一小時）以及上面的氣體（氫氣與氦氣）。
- 恆星週期（大約是繞太陽公轉一周的時間）：二十九．四六年。這意味著土星在每個星座上會停留兩年半左右的時間，因此它一個月走一度，一年走十二度。
- 逆行週期：一年逆行五個月左右。

• 衛星：大約有四十個衛星，這些衛星多半都很小。其中，泰坦衛星（Titan，直徑大概是三千兩百英哩（五千一百五十一公里））比水星或冥王星都要大，土星的許多衛星都是繞著它的環系在旋轉。它們能夠幫助這個環系維持在原位，所以有時也被稱為牧羊者衛星。

神話學

克羅諾斯將父親烏拉諾斯去勢之後，開創了一個新的王朝。他和他的兄弟姊妹（泰坦們），一起主宰著整個宇宙。後來他和他的妹妹大地女神莉亞結成了夫妻，而且生了三個女兒——海斯提亞、狄米特及賀拉，還有三個兒子——海地斯、波賽頓及宙斯（冥王星、海王星和木星）。一位神諭告訴克羅諾斯說，未來他的孩子們將取代他的地位，因此這些小孩一生下來克羅諾斯就將他們吞吃了；宙斯是唯一沒有被吃掉的孩子。他長大之後娶的第一個妻子梅提斯給了克羅諾斯一種藥，使他吐出了宙斯的兄弟姊妹。這則故事的主旨就是，下一代的子孫終究會趕上我們的，年紀大的人必須小心不要壓抑下一代，也不要阻礙他們的發展，或不讓他們從錯誤中學會教訓，子女本來就該超越我們的成就。這則故事道出了土星的主題，其中最主要的訊息就是要重視老化過程、人生的責任（克羅諾斯是兄弟姊妹之中唯一能面對父親的人）、罪疚感（他閹割了自己的父親），以及低自尊問題（他以為孩子們將篡奪他的地位，而且不夠尊敬或愛他）。

土星的心理情結

土星為星盤帶來了冷漠、沉重、遲緩、單調、乾枯以及固定不變的特質。它的法則是收縮、控制、壓抑、下定義及侷限；這個行星的特質裡面似乎沒有炫燿及浮誇的成分。

被土星觸及的宮位、相位及星座，代表的是我們缺乏信心的生命領域，在其中我們會有一種「應該和必須」做得更好的感覺。如果一個人經常道歉，他就是在發出土星的聲音。土星基本上描述的是我們的良知，亦即佛洛依德所謂的「超我」（super ego）。許多占星家都指出，土星如同我們內在的一個嚴格的老師，不斷地要我們做得更好，更努力；土星帶來的是否定、延遲、制約、壓抑、讓事情的速度減緩，甚至會帶來癱瘓，這是因為恐懼限制了我們的發展，而這可能會示現成身體上的疾病和外在世界的阻擾。也許土星造成的否定和制約，是為了讓我們看看自己想要的東西是否能落實，正在做的事情能否生效。

現實法則

土星最重要的法則是考量現實性，這裡指的現實性就是物質世界的底限，人生最冷酷的一面，例如我們每個人都得面對死亡這件事。若想對人生抱持實事求是的態度，首先必須接受它的侷限，並且要意識到時間、資源和生命本身都不該浪費。當我們了解了某個情況的侷限時，同時也要覺察自己和他人的侷限，這樣就能節省時間和資源，不會因企圖達成無法完成的目標而浪費精力。如果一個人太認同土星的觀點，他的負面態度就會阻礙他看到更多的可能性；舉個例子，當我們得憂鬱症時，所有的可能性全都變成了不可能。土星最佳的一面就是讓我們變得謹慎小心，最糟的一面則是窄化我們的視野，縮小我們的範圍。

疆界、制約、法則與規範

土星主宰著所有的疆界及各種侷限，包括心理及生理的，來自自己或家庭的，頂頭上司的或國家的。其他像是牆壁、籬笆和各種的藩籬，也都屬於土星的範疇。此外像自我控制和自制力，也可以看成是為自己設定的界限。自發的或外來的約束力，為的是制止不文明和無法掌控的行為，而遵守規則則意味著臣服和自律。

父母或事業裡的主管，都會為我們設下行為和時間上的界限。父母立下的法則本是為了保護小孩，使他們了解生活在現實世界裡就是有許多制約和侷限，可以說父母掌控我們，為的是要教導我們控制自己。換句話說，法則與規範的目的乃是要我們學會自制，在家庭和社會裡為自己和他人帶來一種保護作用。合約的簽訂也是為了保護兩造不受到傷害，合約能夠節省雙方的時間，達到清楚的認知；讓雙方都知道自己的責任是什麼，事情的侷限在哪裡。

父親

土星是星盤裡代表父親的重要元素之一，但是根據我的經驗，在西方社會裡土星比較無法描述父親本身，不過的確能說明他在何處學會了教訓，何處是他足以教導別人的生命領域。土星也代表童年時的權威人物，所以也象徵著母親，因為她才是幫我們學會自律的主要角色。星盤裡的土星如果能量很明顯，往往可以讓我們認識一個人在童年時受到的嚴格管教、身邊的權威人物、物質上的匱乏及工作情況。它會讓我們了解一個人的童年有多麼辛苦（假如有明顯的能量，或是與個人行星及四交點形成困難相位）。

恐懼和防衛性

過多的法則或規範會帶來恐懼和焦慮。恐懼既能幫我們脫離危險，也可能限制住行為，粉碎創造力和自發性。土星是我們行動上的制約力，它既能抑制我們的衝動，也可能粉碎我們的自信心和行動力。但如果能成功地面對恐懼，便可能發展出信心和各種能力。

雖然痛苦和困難並不是完全由土星掌管（所有的行星都可能帶來痛苦和快樂），但星盤裡的土星的確能描述一個人最恐懼和痛苦的生命領域，特別是在小時候。恐懼往往和痛苦將會來臨的預感有關；讓兔子和羚羊靜止不動的就是恐懼——這種防衛策略能夠保護這兩種生物。痛苦真正的目的是要讓一個人留意地覺察，繼而拯救自己的生命。防衛性也能保護我們，當一個人的防衛性太低的時候，就會變得脆弱或整個曝露於外，而防衛性太高則會阻礙發展，令人缺乏冒險和享受生命的能力。一般而言，當我們覺得焦慮和畏懼時，就會渴望有穩固的結構和明確的界限，因為這樣我們才覺得一切都在掌控之中。

時間

時間限制或時間不夠，都會為我們的活動帶來最大的制約。土星掌管一天中的所有時間，也掌管一生中的所有歲月。時間是地球最終極的界限，它帶來了人生的結構和秩序，缺少了它，世界會變得混亂不堪。那些無法守時的人，顯然有土星法則方面的問題。希臘文裡的chronos就是英文裡的「時間」，從它又延伸出「慢性的」（chronic）、年代學（chrolongy）、年譜（chronicle）、精密計時表（chronometer），以及其他與時間相關的名稱。

土星與心理陰影面

土星的特質是沉重與緩慢。星盤裡被土星觸及的元素，都會有不夠老練、阻擾及笨拙的特質。土星就像一頭緩慢笨重的生物，令那些與它相關的生命領域變得不雅和困窘，特別是在童年。通常我們不會想讓別人看見自己內在的這頭笨重的生物，所以土星才會跟榮格所謂的「心理陰影層」有關——我們會企圖掩蓋潛意識的這個部分，但也往往喪失了對它的覺知。雖然如此，土星和所謂的「不見了的元素」一樣，同樣會讓相關生命領域出現過度的彌補作用。

土星和品質保證

因為土星和害怕自己不夠好或無法充分達成任務有關，所以與這個行星連結在一起的心理狀態，通常是強烈地想要改善或符合標準，如果不符合標準，就會有罪疚感，因此，土星帶來了高標準和「良好」的行為準則。明顯的土星能量可以讓我們躲開牢獄之災，因為它代表遵守社會規範的良知(有時是害怕受到懲罰)，而破壞了社會規範的結果往往是被監禁在最高的圍牆後面，所有的行為都將受到監控。換句話說，破壞規範的結果就是被關在土星象徵的監獄裡，而監獄的形象的確可以幫助我們了解，這個行星落入的生命領域的目標，因為具體的目標一旦確立，就是一種制約了。

成為權威

土星落入的宮位在年歲日久後會成為展現卓越能力的生命領域，所以土星落入的星座或宮位，也代表令我們成為權威人物的位置。土星關切的不是理論，而是藉由經驗紮實地學習。在我們年輕時，土星落入的生命領域會讓我們遭到剝奪或不幸（包括宮位及相位），我們會在其中經驗到某種欠缺感，而且很難怪罪任何人，而是必須靠自己去發現和學習土星帶來的功課，這通常需要花很長的時間來通過艱難的考驗。土星讓我們在年輕時做許多艱難的功課，但年長之後卻可以把其中的經驗教給別人。因此，土星落入的宮位或主宰的宮位，都會帶給我們徹底的學習機會。由於我們必須通過重重考驗才能學會其中的功課，所以就變成了箇中的權威，好像煉金術將鉛轉成黃金一般。鉛代表的是我們早期的匱乏感、貧瘠感和不妥當感，黃金則是轉化了這些問題之後的狀態。

事業與工作

天頂、二宮、六宮及十宮裡的行星和主宰行星，再加上土星，可以讓我們看出自己謀生的方式，因為土星落入的生命領域會顯示出純熟的經驗和適應力。

收穫

和成熟及經驗相關的概念就是「收穫」，亦即種什麼因就得什麼果；除非我們播下種子，並且照料它們，否則不可能有任何收穫。因此土星能確保我們種下的東西有收成——種什麼就收成什麼，不多也不少。土星使我們無法不勞而獲，但只要花下了時間和努力，就會得到獎賞，因此土星和成果有關，不過也象徵著被剝奪。由此而知，土星不一定代表吝嗇，反而和因果律的精確性有關。

皮膚、骨骼及老化過程

皮膚為我們帶來了第一道防線，它是讓我們與外界隔離的一道藩籬。我們的骨架是身體最重要的結構，它使我們能直立，而且像個衣架一樣讓身體的其他部分得到支撐；我們的骨架會隨著年紀而起變化，皮膚也是如此。事實上，我們完全可以從一個人的骨架和皺紋看出他的年齡。骨頭是身體最硬的部分，也是最持久的部分——下葬後的身體所有的肌肉都分解掉了，但骨頭仍然存在著。同樣地，土星的模式也讓我們渴望做出一些能持久、經得起時間考驗的事情。土星也主宰著我們的牙齒，諸如年紀大了之後，我們的牙床會萎縮，牙根會曝露出來——牙齒真的會變得更長一些。

土星能描繪與老化過程相關的議題。年齡增長往往帶來行動上的制約，當然，年齡太小也無法完成各式各樣的任務，而年長之後，許多不可能完成的事都完成了，但也有許多事是無法再達成的。例如八十多歲的人顯然無法再翻越籬笆，或徹夜不眠地跳舞。聽覺的障礙也與土星相關。土星造成的疾病通常和營養不良或貧窮導致的不足，以及與老化過程引起的其他面向有關，譬如因缺鈣而造成骨骼硬化。「憂鬱症」這個精神疾病裡的「一般感冒」，完全和推進的土星形成的相位息息相關，因為它會把我們往下拉。本命盤裡的土星如果和月亮、火星及木星成困難相位或合相，則經常會有明顯的憂鬱傾向。

其他的健康議題

也許是因為土星會帶來心理上的否定傾向，因此土星落入的星座通常代表身體脆弱的部位。例如土星如果落在雙魚座，可能很難買到合適的鞋子，繼而導致雞眼或拇指發炎腫脹。太陽落在雙魚座和土星成困難相位，或是土星落在十二宮裡，也有相似的情況。本命盤土星落入的星座或相位，也往往代表父親的健康狀態及他一部分的死因，譬如土星落牡羊座可能代表中風或腦溢血。

金屬

和土星相關的金屬是鉛。這是最重、最不容易穿透的金屬，它經常被用來做成防護的東西，是最沒有延展性，最沒有傳導作用，也最沒有伸縮性的金屬。放射科的醫生會用鉛做成保護衣來保護他們不受X光的輻射污染。金屬裡面如果含有比鉛更重的同位素，會隨著時間逐漸變成鉛，因此金屬的年齡可以藉由它的含鉛量測出來。科學家也會利用鉛來度量時間。早期的工業造成的疾病——鉛中毒——一向被視為土星式疾病，因為它的癥狀是疲憊、頭痛和憂鬱。以往人們也會把鉛加在汽油裡，來減緩引擎的燃燒速度。

土星入十二星座

土星在每個星座大約停留兩年半的時間，它落入的星座固然有其重要性，但相位和宮位更能說明一些事情。儘管如此，以下的內容仍然能帶來一些有用的概念。如果土星是落在四交點上面，其星座就會變得比較重要。由於土星待在一個星座的時間很長，所以能夠顯示出集體意識發生了什麼事。舉個例子，當土星穿過雙子座時，整體社會便可能共同探討教育上面的標準和方法，或是探索語文、文法及文學方面的議題。這時運輸系統也可能出差錯，所以同樣會被大眾仔細地檢討一番。

土星入牡羊座 ♄♈

土星入牡羊座是它失勢的位置，這或許是因為牡羊座的原始、天真及率直的特質，和土星的文明、壓抑及成熟的特質是衝突的。這其中有一種前進與後退之間的矛盾，就像火星碰上土星時的挫敗感一樣，因為一隻腳全力地踩油門，另一隻腳卻猛踩煞車。這個位置的土星描述的是跟競爭及勇氣相關的人生課題，這類人在潛意識裡或許害怕爭先，另一方面又有點恐後。有一位女士的土星是落在牡羊座、第九宮，與月亮成對分相；她申請參加一個高階主管的訓練課程，但遭到了拒絕，因為她缺乏頭等學歷。事實上，她的問題是出在與母親的競爭性，當她領悟了這一點之後，又去申請了另一個更合適的課程，結果變得很成功。這個課程對她而言其實更實際一些。

土星入牡羊座的人在開始做任何事情的時候，都有一種保留態度，如果他們是第一個發言或採取行動的人，往往會有焦慮感，很怕別人批評他們太衝動、輕率或強求。這類人對自己的計畫會抱持相反的期待；有的人很難往前邁進，有的則很怕遭到壓制，故而以權威姿態保護自己。這個位置的土星在最佳的情況下也可能呈現出具有膽識和率性的特質。土星落牡羊座的人可以成為武打替身演員或戰士，因為他們藉由面對恐懼而變成了這方面的專家。這兩個元素加在一起代表的是自制力和戰鬥力，因此很適合當軍人或習武，這類人會以紀律、約束力來調整自己的攻擊性和衝動。

土星入金牛座 ♄♉

在事件占星學派裡，當土星推進金牛座的時候，通常不利於農業、陶藝或其他的金牛座行業。大體而言，在個人層面上，這個位置的土星一向和緩慢的經濟成長有關。這類人通常有一種害怕貧窮的傾向，會很小心地處理財務，但仍然得參考整張星盤才能下論斷。他們之中有的人來自於經濟艱困的背景，不過相反的情況也經常出現。土星落金牛座的功課和生命中的「擁有權」相關，這類人可能覺得他們的選擇很有限：要不是物質上面太匱乏，就是太豐裕，因此有一種被制約的感覺，其結果是終身都在做自己不認為有價值的事；因此他們會產生一種需求，想要正確地找出自己真正的價值——這可能就是土星落金牛座要學的功課。

還有的人害怕自己的生產力不夠；這個位置的土星很渴望有具體成就。金牛座是一個沉悶的星座，土星又是個沉重的行星，兩個元素組合在一起，會加重一個人的穩定度、耐力、現實感和目的性，因此這類人非常適合從事建築、設計及營造業，因為他們有能力嚴格監控資源，並賦予它們結構和形式。這類人有的負責全國的食物分配，有的則管理他人的財產，因此這個位置和會計師及出納有關，還有許多慈善家也有這個位置的土星。這類人也可能對佔有金錢和花錢不謹慎懷著罪疚感，進而養成吝嗇的習慣，所以他們通常能謹慎地處理金錢，無論是理財或是佈施，都會抱持這種態度。他們的父親也可能過度關切錢財議題，或是不敢過於享受。

土星入雙子座 ♄♊

這類人對學習和溝通方面的議題很認真，可能會變成寫作或知識領域裡的權威，他們也很適合當新聞從業員、編輯或教育家。其中有的人會懷疑自己的表達能力，或者在說話和出版方面很怕被人誤解。我的一位朋友的土星就是落在雙子座，他寧願用鉛筆寫字，這樣就可以隨時把寫下的字擦掉；不過由於這些人會花許多時間避免誤會，因此反而容易遭到誤解，他們的困難就在於無法自然地溝通。他們之中有的人十分明白表達不清帶來的危險，所以不願說明自己的想法，但口頭上的說明，有時才是最需要的。他們也可能在學齡階段，怕自己趕不上學業表現良好的兄弟姊妹或同學；有的人則會在幼年失學，但也可能被送到最好的學校上學，而且父母都是老師。他們的原生家庭或許非常重視表達能力，經常玩拼字遊戲，並且熱愛文學。他們和兄弟教妹的關係更是值得研究，他們的長兄或長姐對他們往往有很大的影響，或者他們必須照料年幼的弟妹，甚至父母的兄弟姊妹也可能在他們的生命裡佔有重要地位。他們在表達上的恐懼有時會示現成身體的障礙，譬如走路、說話或聽力有困難。我認識的一位女士有先天性的畸形手臂，所以無法一邊講話一邊比手勢。這個位置的土星也可能帶來「腕隧道症候群」（Carpul tunnel syndrome）。

土星入巨蟹座 ♄♋

在土星穿過巨蟹座的時段裡，整體社會都會開始思索父母的責任議題，尤其會評量管教和照料及理解之間的平衡性。個人或社會如果有這個位置的土星，往往會透過辛勤工作來獲得安全感，土星落巨蟹座的功課，就是關切安全和保護的議題，譬如過度保護或保護不周會有什麼危險。這類人也會重視家庭責任的議題；認清家庭不只是對抗殘酷世界的庇護所，同時也可能變得像監牢一樣。在一張比較反傳統的星盤裡，這個位置的土星通常不太關注歷史或家族議題。他們的原生家庭可能相當嚴格，家庭成員十分刻苦儉樸，父母非常有自制力，母親的責任心很重，經常害怕失去家人或是為家人擔憂。土星入巨蟹座暗示著強烈的家庭責任感，這類人之中有許多需要親自照料年邁的雙親。這個星座和行星都帶有防衛特質，因此很適合在安全部門或國防工業裡工作，也包括陸海空三軍的工作。那位曾說出「男人的家就是他的城堡」的人，很可能有土星落在巨蟹座，因為這句話裡帶有強烈的家和家人的概念。基於這個理由，這類人也許會喜歡古堡式的家。如果星盤裡還有其他影響力，便可能在表達感受上抱持謹慎態度，而且很容易受傷。有的人會藉由身體來掩飾這些脆弱的感覺，譬如到健身房鍛鍊肌肉。土星落巨蟹座也跟甲殼類、爬蟲類，以及有堅硬外殼的兩棲類動物有關，特別是落在掌管寵物的第六宮時。

土星入獅子座 ♄♌

土星落獅子座的人很怕注意力集中在他們身上，但也很怕被忽略（比較意識不到）。他們通常會低估自己的創造力。雖然站在舞台上會令他們覺得窘迫，不過其中還是有許多人擅長戲劇、文學創作或其他形式的自我表現。另外有些人則非常害怕失敗，而「自大」可能是他們最糟的敵人，這意味著他們不願冒險表現自己或曝露自己的真相。土星落獅子座的人必須找時間參加一些藝術創作的活動，並且要允許自己做些實驗，享受其中的歡樂。他們經常以為別人在嘲笑他們，事實卻剛好相反。這類人的父親也可能有創造力，但不一定受人賞識。舉個例子，某人的父親是在古堡和類似的建築物裡做鋪金箔工作的藝術家，但是他獨特的技藝一生都被忽略了。如果星盤裡還有其他代表權威性的元素，那麼土星入獅子座就可能代表天生有領袖氣質，而且最後真的會變成某個領域裡的領袖。土星落獅子座的功課就是要變成權威，同時要接納他人的權威性，這類人不太容易接受或臣服於父母、長官、權威人物設立的規範，即使是交通警察都可能令他們光火。他們有的會逃避成為權威人物；他們缺乏必要的信心，但其人生的功課就是要學會領導，接受領導者的位置，但又不至於變成獨裁。基本上，他們必須相信別人對他們是有信心的，即使他們自己內心裡並沒有這種感覺。培養伸縮性是這個位置的土星必須學習的功課。同時，由於不敢自主，所以這類人往往得面對權威人物的專制作風，譬如碰上一個作風像權貴的上司。

土星入處女座 ♄♍

在土星通過處女座的那段時間裡，整體社會都可能質疑或探討哪一種工作的報酬比較好，或者國家在個人及社會的健康上該負多少責任。在個人層面，這個位置的土星有利於工商協會的工作，或是與工時記錄有關的工作。許多有這個土星位置的人必須打卡上下班，或可能在醫院、實驗室裡工作，也可能負起公共健康方面的責任。這類人很怕自己沒有注意到工作的細節，沒有妥當地完成工作，或者覺得自己在工作上是扮演「服役」（doine time）的角色。從正向的角度來看，這個土星的位置會使人認真對待工作，仔細地照料所有的工具，注意細節，有效率，做事精確而勤勞。如果土星和個人行星成緊張相位，則可能擔憂和工作及健康有關的議題。這類人會被瑣碎的小事困擾，很怕因自己的疏忽或遲到而遭來懲罰。因此土星落處女座的功課就是要考量服務的真諦，特別是如何服務他人又不至於喪失自主性。他們如果能把日常瑣事當成儀式來處理，焦慮就會減輕。我們時常發現這類人的父親是某種類型的藝匠，或是在服務業裡工作，但是得到的報酬可能遠遠低於付出的努力。還有的人的父母真的被罰「勞役」。這類人的父親也可能為了工作而完全忽略健康、家庭或其他生命領域。

土星入天秤座 ♄♎

土星入天秤座是它強勢的位置，因為宇宙裡掌管和執行法則的土星，落在最關切公平性及完整性的天秤座上面，這意味著可以發展出平衡的論點和公平的懲處，因此這個位置十分有利於和法律有關的各種工作，而且相當具有調停技巧。這個位置也利於音樂（主宰和諧性的律法）和藝術。這類人適合投入公平交易、全球性發展，以及在國與國、家與家之間扮演橋樑角色，或在公司裡充當管理階層和員工之間的協調者。土星落天秤座的人也可能在做決定的過程裡裹足不前，因為他們很怕自己會判斷錯誤。他們對公平與否的議題非常看重，並能善用這份對公平性的責任意識，來確保每個人的聲音都可以被聽到。土星落天秤座最佳的一面就是了解合作才是成功的關鍵，而且對過程中的困難能夠抱持實際的態度。土星落在這個位置會顯現出親密關係的一些現象；有的人覺得婚姻是一種負擔，有的人害怕獨自生活，有的則會晚婚，或是很年輕就嫁給一位年紀比較大的人。這類人必須在婚姻關係裡學會保持平靜，同時又能確立自己。我們可以說土星落在這個星座上，往往會在「妥協」的議題上遭到試煉，直接表現又懂得確立自己，是這類人必須學習的態度。他們之中有的會堅持不婚、只是同居，有的則剛好相反；不論真實的劇情是什麼，他們都得透過伴侶關係來認識施與受的真相，亦即每個人都有自己的觀點和不同的需求。這類人容易遭到婚姻規範上面的考驗，不忠的議題經常在過程裡出現。

土星入天蠍座 ♄♏

當權威者警告你性是一種罪惡時，你就得立即領會：千萬別跟權威者發生性關係。

——麥特・格隆寧（Matt Groening）

這類人之中有的確實不易親近；他們給人一種私生活必須嚴加保護的感覺。他們也可能害怕把權力和自主權交給別人，這也許是因為童年缺乏私密性或是曾遭受過背叛。還有的人會變成天蠍座相關領域裡的權威，譬如成為醫師、心理醫師或玄學家，他們也有潛力成為情感議題的專家。雖然這類人很善於處理別人的危機，卻很怕面對自己的危機。他們的內心也許有強烈的激情，但很難被看出來，因為他們善於控制情緒。他們如果真想擁有渴望已久的親密關係，就必須和人分享內心的私密感受。這類人有能力劃定清楚的界線，這一點倒是十分有利於治療工作，也利於在世上求生存。在他們的童年劇情裡，可能有性或死亡方面的好奇心遭到壓制的情況，譬如家裡只要有人談到父親的死亡，就會遭到其他人的反彈。有這個土星位置的人，必須以艱難的方式探索性以及和性有關的事，因為原生家庭也許認為性是不能探討的議題。這類人也可能在性上面吸引年長的伴侶。土星落天蠍座顯然跟所謂「好色的老頭」（dirty old man）有關；這裡指的不是這類人本身，而是他們會將這種感覺投射到別人身上（請參閱486頁）。他們的危機意識也可能促使他們從事保險業，為他人處理共同資產或涉及法人團體的資產；他們也可能成為死亡方面（真實的或情感上的）的權威。

土星入射手座 ♄♐

這個位置的土星有質疑傾向。這類人很怕變得太樂觀或太相信人，他們也怕生命缺乏高層意義，但又不容易有真正的信仰。這是因為他們或許來自宗教背景嚴格的家庭，其結果是他們可能從質疑的一端去運作，也可能以輕信的態度面對宗教、政治、道德或任何一種情況裡的信仰。不論早期的信念是什麼，他們通常會依循嚴格的道德和倫理模式，如果違反了這個模式，就會有罪疚感。他們也有自以為是的傾向，並且會因為他人的道德缺失而批判對方。如果星盤裡有其他元素支持，那麼這個位置的土星就可能有學術上面的成就——生命會讓他們證實自己是聰明的、有教養的、富有智慧的。這個位置的確利於當任何一種類型的老師，因為他們對學術議題很感興趣，也喜歡研究科學或數學法則。土星要學習的功課就是信賴，包括如何面對危機，如何探索這個世界，並且要去覺察冒險行為中的危機。這是一個十分利於旅行的土星位置——或許也跟工作有關，特別是到那些未經探索或開發的地區工作。這類人可能透過雙親之一學會信賴命運。這個位置的土星也代表父親愛賭博或永遠在外旅行，當然還有其他的可能性。這個位置也有做長期規劃的才能，如果星盤裡還有其他要素的支持，就會擁有喜劇才華。

土星入摩羯座 ♄ ♑

土星落在自己主宰的星座，暗示著紀律、義務、順從及責任意識。這類人很小就必須負起相當程度的責任，或者父母之一有這種傾向。他們往往跟父親很接近或者很認同他，而他的年紀或許比別的父親要大一些，其人生可能都獻給了工作或義務的達成。傳統是這類人生活中相當重要的部分，有的人會覺得必須符合傳統，有的則會反抗傳統。經常出現的情況是，原生家庭居住的村落或城市很保守，而他們可能喜歡或不喜歡這種情況，通常他們會隨著年齡越來越回歸傳統。這類人明顯地想達成某些具體成就，也渴望掌控人生；他們希望被人尊重以及被認真看待，而且對自己的名聲地位過度在意。這個位置的土星很怕失敗，因此守規矩、不敢犯錯是這類人必然會有的傾向。他們之中有的會不計一切想要成功，如果達不到預期的成果，就會批判自己；他們對自己或別人都抱持太高的期望。他們的成就來得比較遲，但終究會到來。那些地位較低的人往往會變得越來越陰鬱，年紀輕的人則不可避免地會吸引來嚴厲的主管或上司。從好的一面來看，這個位置的土星會增強毅力和克服困難的能力，如果星盤裡還有其他要素的支持，便可能成為管理方面的長才。他們除了有強烈的責任意識，喜歡秩序之外，通常也很有效率、耐性及奉獻精神。他們很怕在物質上依賴別人，所以生活通常很節儉。土星落在自己的星座上和強硬的防禦性有關，包括牆壁在內；柏林圍牆就是在土星和木星合相落入摩羯座時建造的，當土星再度回歸到原來的摩羯座位置，與海王星（消融作用）合相的時候，柏林圍牆就倒塌了。

土星入寶瓶座 ♄♒

當土星推進寶瓶座時，整體社會要學習的功課就是接納選擇另類生活方式的人，或是作風不同的人。土星落寶瓶座的人早期很可能因為與眾不同，而有一種被打擊的感覺，這類人的心裡有一種恐懼，害怕自己是個異鄉人或無法融入人群中，但同時又厭惡和大家一樣，所以很想以原創的方式表現自己。他們的人生既要活出自己的獨特性，又要學習做個正常人，而這門功課通常是落在與朋友的關係上。這類人不信任那些太友善的人，也怕侵犯到別人，學習信賴那些新穎和進步的觀點，是他們人生的主題。他們必須以負責的態度促進改革，而且要積極地打破社會藩籬。這類人也會跟那些被社會排除在外的人合作，有的則會成為科技領域的權威。這個土星的位置暗示著強烈的社會責任感，但又對團體不太信任，不過仍然會為團體的進步負起責任，無論這個團體是大是小，正式或非正式。這個位置的土星也代表可以和老一輩的人結成朋友，而且渴望和權威人物友善地互動。有時這個位置也代表父親和伴侶永遠在外面活動，很少待在家裡，因而造成了這類人對團體的不信任。

土星入雙魚座 ♄♓

這個土星的位置沒有什麼疆界感。這類人渴望打破加諸在他們身上的規範和侷限；他們不太有自制力，很想逃脫一切規範，而且缺乏時間觀念。他們對那些要求很高或尺度很嚴的生命領域不感興趣，因此土星和雙魚座的結合，通常會帶來藝術和靈性上面的才能，如果整張星盤也都暗示著這種傾向的話。基本上，這類人對心靈議題抱持開放態度，又有點害怕太過於開放，或者被吸進一個無法掌控的狀態裡；雖然如此，他們還是會花時間靜坐。這也是個有利於音樂的土星位置。許多格外傑出的演員都有土星落在雙魚座，這可能是因為缺乏疆界感，使得他們容易進入角色的精神內涵。有時這種薄弱的疆界感也會令他們容易被操控，而做出對自己不利的事；他們也經常為自己不該負責的事感到內疚。土星落雙魚座要學的功課涉及到犧牲、接納和謙卑，他們似乎必須負責清除各式各樣的障礙。他們也可能害怕混亂或失控。這類人的父母之一可能是受害者（譬如有酒癮），或是無法處理生活而必須靠他們來照料，如果還有其他的元素，那麼父親很可能懦弱或消失不見了。這個土星的位置有時也代表容易酒精中毒。

三王星（天王星♅、海王星♆、冥王星♇）

七個個人行星（包括太陽和月亮）一向為人所熟知，而且是肉眼可見的；它們總是能提供足夠的象徵意義來反映人類的經驗。但自上個世紀起，這方面有了顯著的變化。二十世紀的人類目睹了電話的發明、太空旅行及科技上的巨大進展，此外，電的發明和相關的省時電器產品，也改變了人們的日常生活，而社會及醫藥上的變革也非常巨大——單單避孕藥就創造出性行為上面的革命。所謂的已開發國家的生活，比以往所有的時代都要更困難、複雜和刺激，而且正以不斷增加的速度持續進展之中。像威廉．勒力這樣的占星家，在十七世紀時的確能做出精確的預測，因為那時的可能性不多，而且道德約束也比較重——那時能夠發生的事就那麼多，因此人們對世界的看法差異不大。

在勒力的時代裡，個案並不被鼓勵以自主性和自由意志獨立思考，占星師的工作只是要告訴個案他的命運為何。但今日的占星師在看一張兒童的星盤時，甚至無法想像她或他二十年後將從事什麼行業。此外，占星師的哲學立場也有了改變，現在的許多占星師都主張人的命運是可以克服和轉化的。過去兩百年裡發生的這些革命性改變，完全可以從三王星——天王星、海王星、冥王星（分別在一七八一、一八四六、一九三〇年被發現）——相關的特質反映出來。此外溫室效應以及亞洲的經濟擴張現象，無疑地也可以透過三王星描繪出來。或許還有一些尚未被發現的星體，也能說明目前的一些現象。

天王星 ♅

「科技把世界變成了一個不需要親身經驗的地方。」

——麥克斯・弗瑞希（Max Frisch）

發現的始末

天王星是在一七八一年三月十三日被音樂家和業餘天文學家威廉・賀紹爾（William Herschel）於巴斯（Bath，英國英格蘭西南部城市）發現的。當天晚上大約十到十一點之間，他透過一台七・二英呎的望遠鏡看到了這個行星。當時天王星正位於二十四度左右的雙子座。早在十六世紀時，這個行星就被許多人觀察過（肉眼可以模糊地看到它），不過那時的人都把它歸類為恆星。天王星寬度很窄的環系是在七〇年代才被發現的，在天文學上，這個行星一向充滿著令人驚訝的特質。在占星學裡面，天王星也是個與眾不同的星體，它的物質結構相當特別，也很令人感到驚奇，因為它的軸線傾斜得相當厲害，旋轉的頂部看起來就像是在側面似的。由於這個傾斜度，所以太陽直射它南北兩極的時間各自有四十二年（地球的時間）。天王星是個充滿氣體的行星，主要是由氫氣和氦氣構成的，科學家認為它的內部沒有熱源，但是有非常強的磁場。它的大氣裡充滿著甲烷，和陽光融合在一起便形成了藍綠的色彩，這種色彩就是寶瓶座的顏色。「旅行者二號」宇宙飛船（Voyager No.2）觀察到天王星會放射出一種紫外線，於是給了它一個「電熱光」（electroglow）的名稱。

天文學

- 與太陽的距離：一億七千八百萬英哩（兩億八千七百萬公里）。
- 直徑：三萬兩千三百英哩（五萬兩千公里），比地球大了十四倍多。
- 恆星週期（大約是繞太陽公轉一周的時間）：天王星在每個星座上停留七年的時間，因此繞黃道一圈是八十四年。
- 逆行週期：每一年逆行五個月左右。
- 衛星：天王星至少有二十七個衛星，名稱大多依莎士比亞劇裡的角色命名，但艾瑞優（Ariel）和翁布利歐（Umbriel）卻是從亞歷山大・波普（Alexander Pope, 1688-1774，英國啟蒙時代詩人及散文家）那兒得來的靈感。它的五個主要衛星泰坦尼亞（Titania）、米蘭達（Miranda）、奧伯朗（Oberon）、艾瑞優以及翁布利歐——比其他的衛星都要大許多。泰坦尼亞和奧伯朗是在一七八七年被賀紹爾發現的，艾瑞爾和翁布利歐是在一八五一年被威廉．拉薩爾（William Lessel）發現的，米蘭達則是在一九四八年被傑拉德．凱伯（Gerard Kuiper）發現。一九八六年，「旅行者二號」發現天王星的環系裡還隱藏著十個衛星。目前仍有許多衛星和小衛星一直在被發現中。

神話學

根據賀西歐德的版本，萬物未出現之前，世界是一片空無，希臘人稱之為「混沌」（Chaos）。後來渾沌生下了蓋婭（大地），蓋婭又生了許多小孩，其中第一個誕生出來的就是天空——烏拉諾斯（天王星），接著蓋婭又生出了高山和大海。因為天空遙不可及，所以天王星代表的是一種心理上的疏遠狀態。烏拉諾斯後來娶蓋婭為妻而開始緊緊地覆蓋住她，他們成了奧林匹斯山眾神的父母及祖父母，因此天王星也象徵著祖父母。他們的子女包括獨眼巨人伯朗特斯（雷聲）、史帝諾普斯（閃電）及阿爾格斯（霹靂）——他們都只有一隻眼睛，長在前額的中央，另外還有十二位泰坦神祇，以及三位百臂巨人（各自有五十個頭，一百隻手臂）。天王星一向涉及突變和反常的情況，在神話裡，突變的發生與近親交配或亂倫有關（烏拉諾斯和他的母親蓋婭就是亂倫關係），這意味著不該跨越的疆界被跨越了，至少從希臘社會的文明觀點來看是如此的。天王星的確有一種想跨越疆界的衝動，以現代角度來看，基因改良和複製技術就是跨越大自然疆界的一個例子。瑪莉．雪萊（Mary Shelley, 1797-1851，英國小說家）的《科學怪人》（Frankenstein），或許就是與天王星有關的一部歷久不衰的小說，裡面蘊含著必須謹慎運用科學的警訊。

總之，星盤裡的天王星描述的就是我們與眾不同之處，包括心理的、生理的或是人生抉擇的層面。讓我們再回到剛才的神話故事：烏拉諾斯覺得他的孩子們長的很醜，於是把他們放逐到塔爾特羅斯這個在地心深處的地方。據說掉落的鐵鉆九天的時間還到達不了那裡。有的版本將塔爾特羅斯描述成蓋婭的子宮，有的則說是她的腸子，因此烏拉諾斯等於又把他的孩子們推回到她的體內。不論故事是怎麼說的，總之蓋婭因為失去小孩而很不快樂，起初她一直為這些孩子被囚禁而哀痛不已，後來開始感到憤怒，於是計畫要報復烏拉諾斯。她創造出了一種燧石，製造成一把巨大的鐮刀，然後把兒子克羅諾斯和他的兄弟們找來執行報復計畫。其中只有克羅諾斯（土星）這名最年輕的泰坦神願意協助蓋婭，於是蓋婭給了他那把鐮刀。當烏拉諾斯正要接近蓋婭的時候，克羅諾斯立即出現，割掉了他的性器官，然後將它丟到海裡。這個性器官的血灑落在大地上，孕育出了三位復仇女神，從海水的泡沫和烏拉諾斯性器官的精子裡，又誕生出了艾弗洛黛蒂。

性格特質

在集體意識層面，天王星和新觀念的誕生有關，這些新觀念帶來的革命性改變，規模往往大到令人驚訝的程度。天王星促進了新的發明以及科技上的新發現和進步，幫助社會上的人節省時間、擺脫單調的工作和被奴役的情況。但困難不可避免地也會發生，因為天王星的衝動是不顧倫理或情緒反彈的，它只管科技的進步。這個行星的行動是以完全不民主的方式在運作，而且非常頑固和專斷。天王星的能量是所有行星裡最不合作的，這個帶有獨裁傾向的行星如果能量太明顯，便可能導致彆扭、專橫及狂熱傾向。在今日的世界裡，像複製技術和基因工程之類的科技，都是源自於天王星的驅力。人們一開始會被天王星帶來的科技嚇到（譬如避孕藥、電腦、網際網路等），它不但為社會帶來改革，也把許多人打入冷宮，畢竟世上有三分之二的人連電話都沒有，更何況是電腦終端機了。

天王星與土星

在英文裡這兩個行星的名字幾乎是彼此的變形詞（anagram），奇怪的是，與天王星有關的事物最後往往都會變成土星的狀態。今日令社會感到驚訝的現象，明日很可能會因體制化而被人們視為理所當然。叛逆的年輕人在十或二十年之後，也可能變得相當保守。誠如尼克•寇勒史壯姆（Nick Kollerstrom，英國天文學家）所言，因為先有鉛的出現，鈾（與天王星相關的金屬）的時代才來臨；而由於同位素比鉛要重（如同鈾一樣），所以才能轉化成鉛（跟土星相關的金屬）。一種礦的年齡越老，含鉛量就越高，而鈾的成分也就越低。

反叛

在集體和個人層面上，天王星要挑戰的就是已經變得貧乏、一成不變和僵滯的事物，它的信息是反體制和對抗保守的作風。天王星一向展現了突破規範和跨越疆界的力量，它會挑戰現狀，脫離舊有的事物和傳統，因為從它的角度來看，執著於過去只會阻礙進步。如果一個人被天王星的驅力所影響，就會渴望脫離他的家族、國家或其他權威。所有的外行星都會挑戰土星的建構，雖然方式各有不同。以天王星來說，它挑戰的對象就是權威、傳統、現狀及時間本身。天王星與解放及自由有關，土星則跟掌控及安全保障有關，這兩種觀念是很難並存的。

叛亂、厭惡、革命

革命這個字的意思就是推翻，它暗示著回到原先的位置上面，雖然這種狀態經常被詮釋成不合作主義。的確，「叛亂」（revolt）這個字的意思就是不忠實，或是不服從掌權的人，而社會上的某些人不可避免地會被天王星帶來的巨大改變所波及。革命背後的動機通常是厭惡（烏拉諾斯對他畸形的孩子們的觀感）、反感，甚至是某種狀態已經令人噁心到必須立即被改變的地步。

藐視、割除、排拒

在神話裡頭，天王星也是跟各種類型的割除有關的行星，包括某種必須切割掉的狀況，包括外科的切除手術在內。舉例來說，某位女士的星盤裡有月亮落在金牛座，與天王星成對分相。她告訴我，她的母親（月亮）很早就把她的甲狀腺切除了，而她的火星——與手術有關的行星，也跟這兩個行星成九十度角。

天王星的另一種運作方式則是讓一個人脫離自己的感覺，和家或社會疏遠，這類人有時會被社會或他人排拒，而決定遠離人群；天王星和烏拉諾斯對待孩子的態度一樣也帶有排拒的成分。不論是真的或是錯覺，受天王星影響的人經常覺得自己被冷落，所以會賭氣地離開。與這類情緒相關的經驗大多是排斥、疏遠、失和及孤立，特別是天王星與個人行星或四交點成緊密相位。

藐視、極端厭惡、磁力

艾瑞斯・墨達克（Iris Murdoch, 1919-1999，英國作家及哲學家）在他的《光榮的敗北》（A Fairly

Honourable Defeat）這本小說裡指出了一個觀點，他認為愛的反面不一定是恨而是藐視，這顯然就是天王星最主要的情緒之一，這也讓我們了解到金星和天王星之間互補卻不相容的關係。藐視某個人就是瞧不起對方，甚至認為對方差勁到使我們不想和他有任何關係，這種情緒時常在年輕人身上出現，因為他們必須有這樣的情緒，才能確保自己的獨立性；他們經常覺得長輩的價值觀和品味格外令人生厭，所以盡量和他們保持距離。也許我們會把烏拉諾斯驅逐自己的孩子這件事，詮釋成藉此來成就他們的獨立性，不論如何解釋，烏拉諾斯的確是「藐視行為」（contemptuous behaviour）的先例。藐視這個字也經常被用在法律圈子，譬如對法庭或立法團體裡的權威不尊重，其結果往往是被冠上「藐視法庭」的罪行。

天王星和金星似乎都象徵著磁力，包括情感和身體兩個層面。金星掌管的是吸引力法則，就像兩個磁極相互吸引那樣；天王星掌管的則是排斥法則，也就是相同的磁極碰在一塊兒的狀態，難怪天王星是跟電力或電子有關的行星。

分手與破裂

如同鈾及原子分裂的概念一樣，天王星也是一個和破裂（split）有關的行星，譬如一段關係的破裂，所以如果一段關係出現了徹底的絕裂，通常也涉及到天王星。今日的家庭往往有非常複雜的結構，而天王星就是與繼父或繼母有關的象徵符號。舉個例子，天王星如果是落在四宮或十宮裡，代表有繼父或繼母；落在五宮裡則代表有繼子；落在三宮裡，則可能有同父異母（或同母異父）的兄弟姊妹。

如果說土星與「煞車」（brake）有關，那麼天王星掌管的就是「破碎」（break），包括破碎的陶器以及破碎的家庭。在健康方面，如果土星也涉及進來的話，便可能和破碎的骨頭有關。天王人的口頭禪可能會是「饒了我吧！」（give me a break）；換句話說就是「破個例讓我免了吧！」

被社會排斥、驅逐、流放

天王星被發現的那個階段，世界的許多地區都發生了社會和政治上的巨大變革：法國那時正捲入大革命，美國才剛剛獨立，英國則因為工業革命而吸引了成千上萬的貧民從鄉間移居到城市。一個以犯罪方式謀生的下層階級也正形成，因此監獄裡充滿犯人，而放逐犯人的構想就此生根。

天王星與澳洲

個人或一群人被社會放逐這件事也是非常天王星的現象；此外，個人主動地移民，也是天王星象徵的一種情況。英國的大規模集體流放，是在十八世紀天王星被發現後不久出現的，英國和愛爾蘭放逐了十六萬五千人到當時歐洲人所不了解的異鄉，也就是現在的澳洲。從英國人的角度來看，那時的人被送往澳洲，的確很像淪落到神話故事裡的塔爾特羅斯；神話裡的鐵鉆以九天的時間掉落到塔爾特羅斯，那些英國佬則花了九個月的時間才到達澳洲。在我看來，澳洲和天王星的能量十分相應，不但因為它早期的白人拓荒者大多是被出生地排拒的一群人（他們反過來也排拒澳洲當地的原住民），同時也因為澳洲有非常開闊的天空，人口多數又落戶在大陸的邊緣地帶。此外，它內陸的人口非常稀少，而大陸本身也跟其他洲的距離很遠，同時它也是地球上鈾的蘊含量最大的地區；而且按照我的經驗，歐洲人經常在天王星推進本命盤形成重要相位時，突然決定去澳洲旅行。

獨立的渴望

和排拒有關的心理狀態就是一心一意想要獨立。獨立意味著不倚賴任何權威，也不仰賴任何人或物而生存。從這個角度來看，獨立的本身就帶有排他性，同時也蘊含著一種優越感和抽離性，所以才會顯現出冷漠的姿態。如果發展得太極端，便可能演變成反家庭、反社會，甚至反生命的傾向，而且這個行星本來就是由許多小生態系統組成的大生態系統。

與眾不同和脫軌

天王星促成的獨立性也會導致相反的行動；它會促成一種反方向、反其道而行的活動。比較傳統的人會把這種堅持走自己的路看成是脫軌行為，從某種程度來說的確是如此。「脫軌」其實只意味著走上了另類道路（alternative path），因此這個字帶有負面意義是有些奇怪的。所有的脫軌形式基本上都受到了天王星的影響，只要是與眾不同的事，都可以感受到這個行星的影響力。

前面加上「不」或「非」的字首

字首是「un」（「不」或「非」）的英文字，會把原先的字義變成相反的意思，例如尋常（usual）與不尋常（unusual）。凡帶有「un」字首的字詞，都和天王星的能量相符，譬如不尋常（unusual）、不依循傳統（unconventional）、不能被預料（unpredictable）、不在意料之內（unexpected）、不合作（unco-operative）以及其他的字詞。另外帶有「anti」（「反」）這個字首的字及「ir」（「不」或「不能」）的字，也都跟天王星有關。

生理特徵

天王星是以閃電般的速度在運作的，與其相關的生理特質往往是快速、冰冷和緊張，它也帶有突發和無法預料的特徵，而這通常會被體驗成震驚。從美學的觀點來看天王星，通常和天藍、土耳其藍以及藍綠色相聯結。不規則和斷裂的線條也都是天王星的特徵之一。各種的爆炸、閃電、閃光或是突然中斷的韻律，都和天王星有關聯。在事件占星學派方面，我們要留意的是天王星的行動往往會造成極端的現象；這個行星很少出現半調子的情況。

身體

各種形式的突變和畸形都屬於天王星的特質，身體的某個部分起而反抗其他部分（癌症），也是天王星的現象之一。當外科醫生決定把病人的某個部位切除時，同樣也是天王星正展現影響力。任何一種類型的破裂都是天王星現象，例如骨頭破裂或血管破裂；痙攣、抽筋或震動也屬於天王星的現象之一。此外，所有的意外事件也跟天王星及火星的能量有關，因為「意外」的本質就是無法被預料。

金屬

鈾（uranium）是在一七八九年被馬丁•克拉普若斯（Martin Klaproth, 1743-1817，德國化學家）發現的，他就是以天王星（Uranus）為依據而替這個金屬取了名字。鈾和錫一樣，可以在大部分的岩石、動物及海水裡發現。雖然鈾的分布很廣，但很少有高度濃縮的情況，所以在經濟上並沒有太大的生產價值。澳洲和加拿大都有大量的鈾礦，因此這兩個國家是最主要的鈾料供應國。鈾的密度很大也很重，提煉之後會呈現銀白色，它帶有微弱的放射性，而且和所有的放射性同位素一樣，時間久了就會衰退；有人認為它是地心最主要的熱能來源。它的原子數目是九十二個，這也許也可能是和天王星相關的象徵數字。構成鈾的某一種同位素可以被分裂，這種分裂作用（所謂的原子分裂）能夠製造出核能。

天王星的詮釋

天王星的相位、宮位及主宰行星，比天王星落入的星座重要得多，因為天王星在每個星座上大約停留七年，因此對集體的衝擊往往大於個人。雖然如此，天王星落入的星座，還是能夠為整張星盤的其他元素帶來明確的訊息，譬如天王星落在天秤座可以詮釋成離婚，但星盤裡的其他元素也必須傾向於此種結果才能下定論。

天王星入十二星座

天王星入牡羊座 ♅♈

上回推進的時段：1927/28至1934/35

下回推進的時段：2010至2018/19

在這些時段裡人們會追求新的刺激，也會產生激烈的改變。可能會發生的事大多與獨立的渴求、加快速度、不顧後果以及極端的不服從有關。天王星入牡羊座造成了所謂的「咆哮的二〇年代」（Roaring Twenties）和汽車的生產；第一次橫跨大西洋的飛行、汽車及電器裝置帶來的獨立性和新奇的生活方式，也是在那個階段裡產生的現象。在西方世界，那個階段也是女人開始抽煙、飲酒、剪短頭髮、投票，以及沒有監護人的陪伴下外出約會的年代。

天王星入金牛座 ♅♉

上回推進的時段：1934/35至1941/42

這是一個由頑強、果決和實際的創新能力組合成的時段，天王星入金牛座代表經濟上的改變和價值觀的變化。上一次天王星入金牛座時，世界正從大蕭條慢慢復原，但旋即又發生了第二次世界大戰，許多人都喪失了原先擁有的土地和財產，人們除了身體以及確保身體的安全之外，沒有任何擁有物可以仰賴或保障了，但在這種奮力謀生的情況下，人們卻同時擁有了擺脫物質束縛的機會。在財富和土地方面，不論是意外得來的或設計好的，大家都在朝著更公平的遊戲規則去發展。許多西方國家因為生產自己的糧食，在這時反而變得更獨立自主。

天王星入雙子座 ♅♊

上回推進的時段：1941/42至1948/49

這個天王星的位置象徵的是新的教育方式，及新一代的自由思想者，這些人開始選擇輟學或唾棄學位；以往無法受大學教育的人，這時也有了公平的求學機會。在上個推進的時段裡，英國增加了許多輟學的人數。天王星加上雙子座，帶來了革命、激進的新觀念、新科技及快速的溝通方式。雙子座是跟二元性連結在一起的星座，上一次天王星推進雙子座時，英國政府要求女性把裙子的長度改短以節省布料，因此到處有人把裙子剪成兩半。許多的國家也都在分裂，因而導致和朋友及家人分離或溝通中斷，這種現象一部分是由戰爭引起的，例如德國分裂成東德和西德，韓國分裂成了南北韓，印度則分成印度和巴基斯坦，南愛爾蘭也變成愛爾蘭共和國（Eire），而正式與北愛分裂；其他的幾個國家也開始獨立，例如印度、斯里蘭卡、緬甸等，因此這個推進的時段和內戰、兄弟反目有關；美國獨立戰爭和內戰都是在天王星推進雙子座時發生的。

天王星入巨蟹座 ♅♋

上回推進的時段：1948/49至1955/56

天王星上次推進巨蟹座時孵化出了女權運動。這個世代的人渴望及早遠離家庭，女人則開始質疑她們扮演的母親和家庭主婦角色，於是朝著解放和擺脫家庭的方向發展。這時的日常生活也開始改變，家庭破裂成了常見的現象，而且一整代人都捐棄了家庭的價值。不再受家務事綑綁，變成了每日的實際狀況，因為家家開始採用洗碗機或洗衣機。歐洲這時也開始探討如何組成一個貿易大家族，歐洲共同市場就是從這個概念產生的。

天王星入獅子座 ♅♌

上回推進的時段：1955/56至1961/62

這兩個頑固的元素結合在一起，和藝術領域的革命以及娛樂方式的改革有關；銀行業也起了變化。在這個階段裡，勇於誇張、敢作敢為和愛現的人站上了舞台的中央；和閃電有關的創新發明，也成為關注的焦點。在最近的推進時段裡，世界開始出現銳舞（rave）這種東西，其他如雷射和電視也成了工業化社會普遍運用的科技產品。「普普藝術」鮮豔的色彩和豐富的想像力，也被介紹到世界各地。此外，天王星入獅子座也代表人們開始想做自己的事情，而不再追隨別人的領導。領袖人物這時發現他們的主導地位出乎意料地降低了，在上一次的推進時段裡，達賴喇嘛逃離了西藏，還有許多領袖人物都遭到暗殺和自然猝死。年輕的英雄人物反而在這個時段裡展露頭角，而且人們首度完成了重要的太空旅行——人類開始感覺所有的事都可能發生，並且對這些成就感到光榮；年輕人為了追求榮耀而參加越戰及其他戰爭。

天王星入處女座 ♅♍

上回推進的時段：1961/62至1968/69

這兩個元素的組合與醫藥方面的突破、商會活動的改變及工作方式的改善有關。小型而新穎的電器、電子及工藝設計產品開始進入市場，人類也在這個階段開始接納另類醫療和淨化地球的觀念。上個推進的時段裡冥王星和天王星合相入處女座（請參閱213-214頁），那個階段裡的農業方式出現了明顯的改變，驅蟲劑和殺蟲劑遭到人們的反對，而「昆蟲」也意外地引起了關注，如「披頭四合唱團」（譯注：Beatles 原意為小甲蟲）、巴狄・哈利（Buddy Holly）的「蟋蟀樂團」（Crickets）；此外，殺蟲劑也被用在越戰裡。瑞秋・卡爾森（譯注：Rachel Carson, 1907-1964，美國生物學家及自然文學家）的《寂靜的春天》（Silent Spring）也在這時出版，帶來了深遠的影響力。她發現地球所有的生物幾乎都受到殺蟲劑的污染，於是提出了誤用這些藥劑的危險性，並呼籲人類應該改變對大自然的觀點和對待方式。這時人們也開始意識到吸煙對健康的損害，而開始把抽煙看成是一種反叛行為，不再是「酷」的作風。

天王星入天秤座 ♅♎

上回推進的時段：1968/69至1974/75

這兩個元素的組合，與法律契約及法律制度的改變有關；人們在這個階段開始意識到，社會先天帶有的不公平性會導致動盪不安。單就英國而言，那個階段總共推動了薪資平等法案、種族關係法案、性別歧視法案及死刑的廢除。當時人際關係的運作方式起了很大的變化，離婚率也升高了，離婚改革法案在英國被表決通過，而導致夫婦更容易離婚分手。

天王星入天蠍座 ♅♏

上回推進的時段：1974/75至1981

這兩個元素的組合，呈現出天王星令人震驚的觀念、火星的暴力傾向、天蠍座對誇張劇情的偏好，而造成了一些現象。極端的行為和爆發的憤怒，是這個階段裡經常有的情況！在上個推進的時段裡，英國出現了前所未有的轟炸、圍攻及謀殺事件，包括約克郡著名的連續殺人案。（譯注：名為彼得・薩特・克里夫的殺人犯因為連續謀害十三名女性，而被判二十個無期徒刑，至今仍關在英國的監獄裡）；同時還出現了許多種族暴動和怪異的天氣：一九七五年六月的大雪，五百年來最嚴重的乾旱，以及兩百多年來最熱的夏季（一九七六）。天王星加上天蠍座這個組合，也跟死亡、性及法人融資方面的問題被揭露有關。「被約會的對象強暴」（date rape）這個詞彙，是在一九七五年首次列在犯罪記錄裡；龐克音樂則是在一九七六年開始流行的。這個階段也出現了「另類」喜劇。

天王星入射手座 ♅♐

最近一回推進的時段：1981至1988

這兩個熱愛自由的元素加在一起，代表的是去一個不尋常的地方進行令人興奮的旅行，這個位置的天王星偏愛成長和創新（也可能帶來衝撞和瓦解），而且涉及到各種形式的運輸方式。在上個推進的時段裡，因為假日旅遊的人數激增，所以空中交通的次數變得非常頻繁；但旅行也可能是在頭腦裡發生的，所以上個時段裡也出現了網際網路、微軟視窗系統、手機及電玩遊戲，不過這些現象是在天王星進入寶瓶座時才變得普遍化。由於英國和阿根廷的戰爭，所以英國社會這時開始認識福克蘭群島這個偏遠地帶。天王星一向和改變以及對改變的抗拒有關，這個熱愛自由的行星落在逍遙自在的星座上面，代表的是人類會在政治、宗教或哲學領域裡，為了信仰自由而爭執不休。當天王星上一次進入射手座的時候，戈巴契夫把開放的概念帶進了蘇維埃的政策裡，而造成諸多改變，包括言論自由在內。

天王星入摩羯座 ♅ ♑

最近一回推進的時段：1988至1995／96

請參考海王星入摩羯座，因為這兩個行星在九〇年代初期形成了合相（一九九三年呈正合相）。

這兩個元素的組合，顯現出了冷漠、堅硬和反通貨膨脹的傾向，而且比較偏向右翼政治，也出現了管理勞工的需求；但天王星也促成了相反的情況，譬如開始渴望改革政府和君主制度。在上個推進的時段裡，所有的「建制」（Establishment）都遭到威脅，原本經得起時間考驗、可以一直被信賴的機構，這時經歷了急遽的改變，而某些看似最安全的公司和組織，變得不堪一擊。九〇年代初期出現了一段景氣衰退現象，但是一些不被看好的公司或中小企業卻紛紛冒出頭。這時南非的納爾遜・曼德拉從監獄裡出來，後來選上了總統。許多有規模的公司開始大量裁員，從那時起人們就不再期待終身待在同樣的工作裡。此外，人類也目睹了冷戰的結束、蘇聯的解體及柏林圍牆的倒塌；在過往，這些都被認為是不可能發生的事。

天王星入寶瓶座 ♅ ♒

上回推進的時段：1912至1919

最近一回推進的時段：1995／96至2003

這兩個元素的組合帶來了科技上的巨大進展，同時也導致一些需要運用更進步科技的事件，譬如一九九七年五月出現了第一個禽流感病例，那次的禽流感和一九一八年造成五千萬人（五分之一的世界人口）死亡的流感很類似；那時天王星已經進入寶瓶座。這類事件令我們認清人類在面對大自然的力量時，是非常渺小無能的，特別是涉及到天王星的力量。以前網際網路雖然已經出現了一段時間，但天王星穿過寶瓶座時才令更多人開始上網；社會各式各樣的成員找到了追求自由的力量。最近一回推進的時段裡，虛擬寵物（cyberpets）及桃麗（第一隻複製羊）誕生了。

天王星入雙魚座 ♅♓

上回推進的時段：1919/20至1927

最近一回推進的時段：2003至2010/11

這兩個元素的組合，帶有一種閃亮和歡慶的感覺，相當利於溜冰及冰上舞蹈，還有其他的創造性藝術。在航運、漁業和海洋世界裡也出現了明顯的變化；電影工業則產生了令人驚訝的改變。藥物和酒精方面也是一樣，一九一九年，當天王星進入雙魚座時，美國開始禁酒，但酒精的銷售量卻增加了。最近一回推進的時段裡，人們注意到英國有更多的人縱情於酒精，經常湧進酒館裡暢飲。二〇年代當天王星進入雙魚座時，開始出現有聲電影，最近一回的推進時段裡，則有許多別具一格的電影意外地在影展中獲獎。此外，海王星也在這個時段進入寶瓶座，這兩個行星都有利於電影、電視和攝影科技的發展及改進。無疑地，數位攝影或任何一種與數位有關的科技，也都跟天王星入雙魚座有關。

海王星 ♆

如果我們放棄了浪漫愛情，就等於把天空變成了天花板。

——喬治・米瑞狄斯（George Meredith）

如同亞瑟・克拉克（Arthur C.Clarke）觀察到的：「稱我們這個行星為地球實在不妥，因為它大部分是海洋」。地球幾乎有四分之三的面積都是海洋……

——詹姆斯・拉夫拉克（James Lovelock）

發現的過程

一八四八年海王星被發現的時候曾出現過一些困擾。一開始人們犯了一些錯誤（海王星曾經被誤認為天王星，後來又消失蹤影一段時間，而且在報紙上鬧了很大的醜聞），一六一二年，伽利略觀察到了這個行星，並將其判定為木星的衛星。兩百多年後，有人觀察到比天王星更遠的位置還有一個行星，似乎跟影響天王星脫離原來路徑的引力有關。劍橋大學的約翰・寇區・亞當斯（John Couch Adams, 1819-1892，英國數學家及天文學家）獨立做出了對海王星位置的預測，一年後，法國的厄爾班・維里爾（Urbain Le Verrier, 1811-1877，法國數學家）用數學估算出海王星的正確位置。他們兩位都不知道對方也在做同樣的工作，但同時也都急需要一台望遠鏡，以及一位能確實找到這個天體的位置的天文學家；亞當斯後來把他的觀察報告送到皇家天文學者喬治・艾瑞（George Airy, 1801-1892，英國數學家及天文學家）那裡，但艾瑞並不當一回事，所以未曾進一步調查。根據卡洛蘭・賀紹爾（Caroline

Herschel, 1750-1848，德裔英國天文學家）的說法，前文提及的另一位觀察家維里爾在法國的上司，也不太看重他的觀察，不過他還是說服柏林觀察站的約翰・哥特弗瑞德・加勒（Johann Gottfried Galle, 1812-1910，德國天文學家）追蹤這個行星的位置，後來在韓瑞克・達瑞斯特（Heinrich d'Arrest, 1822-1875，普魯士天文學家）的協助下，終於找到了與原來位置十分接近的海王星。因此海王星是在一八四六年九月二十三日那天，當它與土星合相在二十六度的寶瓶座時，被正式發現的。這個成就是透過數學成功地測出行星的位置，也為天文學帶來了突破性的發展，同時證實了牛頓的引力法則。但法國的報紙卻指責英國竊取了這項功勞，而英國的報紙同樣也譴責法國，所以演成一樁醜聞。經過一翻波折之後，維里爾和亞當斯共同被認定是海王星的發現者。至於天王星，在它沒有被冠上神話專用的名稱之前，也曾經有過好幾個不同的稱謂。

天文學

海王星是太陽系裡的第四大行星，但卻是四個充滿氣體的行星之中最小的一個。它通常被視為從太陽數來的第八個行星，不過每兩百四十八年當冥王星進入海王星的軌道形成交錯的情況時（大約是二十一年左右。上一次發生這種情況是一九七九至一九九九年），海王星就會變成最遠的一個外行星。海王星有五個環系（一九八九年被「旅行者二號」發現），其中有三個延用了加勒、維里爾及亞當斯的名字。這些環系有的狹窄，有的很寬，有的擴散，亞當斯是最外圍的環系，它有三道圓弧分別被命名為自由、平等及友愛。海王星的環境裡時常有風和暴風，四季和氣溫的變化都很大，它是由冰凍的甲烷構成的，所以才會發出藍光。它有許多特徵十分明顯（譬如像地球一樣大的黑點），但也經常變換形狀，甚至會消失蹤影。

- 與太陽的距離：約為二十七億九千三百萬英哩（四十四億九千六百萬公里）。
- 直徑：大約是三萬零七百七十五英哩（四萬九千五百二十六公里），有地球的四倍大。
- 恆星週期（大約是繞太陽公轉一周的時間）：一六四・八年。這代表海王星在每個星座大約停留十四年。
- 逆行週期：每年大約逆行五個月。
- 衛星：已知的有十三個，最大的衛星崔頓（Triton），是在一八四六年被威廉・拉薩爾（William Lassel, 1799-1880，英國天文學家）發現的，它的體積大約是地球的三分之二，地質十分活躍（例如它會噴出冰泉），而且環境裡多水，甚至可能有生命。這個衛星之所以特別，有許多理由，其中之一是以反方向在移動，其他的衛星（都是以海中的神命名的）體積則小了許多，它們分別是妮瑞雅德（Nerreid，一九四九年荷蘭天文學家傑拉德・凱伯Gerard Kuiper發現），塔拉提雅（Talatea）、黛斯提納（Destina）、麥雅德（Maiad）、拉瑞莎（Larrisa）、普羅帝歐斯（Proteus）、瑟拉撒（Thalassa，一九八九年被旅行者二號發現），另外還有五個非常小的衛星都尚未命名，分別是在二〇〇二及二〇〇三年發現的。

神話學

宙斯、海地斯和波賽頓這三兄弟在父親克羅諾斯被去勢之後，透過抽籤而分別主宰天界、海洋及冥界，其中，波賽頓不但掌管海洋，同時還掌理湖泊及河流。他的領土已經十分廣大，但仍然與其他的神祇爭奪城市和陸地，但如同海水無法長時間淹沒陸地一樣，他也經常戰敗。天宮圖裡的海王星，同樣也代表我們永不知足的飢渴傾向。就像海洋以及我們的情緒一般，波賽頓的憤怒是很難控制的，當事情不如他願的時候，往往會利用洪水和旱災來報復。因此，每當海王星與其他行星形成緊密相位時，很可能帶來嚴重的水災；譬如二〇〇五年，海王星與火星呈衝突相時（還有其他要素也在起作用），卡崔娜颶風就帶來了巨大的災害。波賽頓手上拿的三叉戟是拿來捕魚的，但也經常用來製造海上風暴、指揮海上的生物、製造噴泉或地震（他是地震之神）；這個三叉戟也和許多宗教有關，它代表基督教的三位一體。

有一段時期，宙斯和波賽頓都想娶美麗的海神賽提絲為妻，但是他們從普羅米休斯那裡得知她的兒子將會比父親更偉大，於是這兩個追求者後來都放棄了賽提絲。波賽頓將他的注意力轉向了另一位海神安菲崔特，但她覺得他沒有品味，所以逃開了；波賽頓像大海淹沒土地似的緊緊尾隨她不放，甚至還強暴了她，後來波塞頓還是娶了安菲崔特，不過是透過戴爾菲尼斯說情才和解的。波賽頓與妻子安菲崔特一同掌理著他們的王國，後者的責任可能是管轄海洋生物。波賽頓和宙斯一樣有許多婚外情，而且生了許多怪物孩子；他和安菲崔特生下的孩子，就是半個魚身的崔頓；他和狄米特生下了神馬艾瑞翁，和梅杜莎則生下了飛馬。

木星與海王星共同主宰雙魚座，如同神話裡的兄弟們，這兩個行星也有許多相似之處；他們和人類不斷在追尋的「意義」及各種「過度」的行為有關，同時也跟波賽頓創造出來的馬產生關聯。

海王星及大海

神話裡的波賽頓主要象徵的是大海，因為它無邊無際、難以捉摸，而且其廣大無邊及危險經常是被低估的。

疆界的消融

天王星與海王星都會挑戰土星的疆界觀。水沒有固定的形狀或邊界，但力量卻大得驚人，因此凡是被海王星觸及的事物，都會被消融掉或侵蝕掉，或者無法有明確的定義。想像一下你在一張紙上用碳筆或鉛筆劃下一道線（這道線是由土星代表的），那麼海王星的作用力就像是用潮濕的手指擦抹這道線，而使它變得模糊不清。

無我的行星

由於海王星有侵蝕疆界的作用，所以它觸及的生命領域會帶來一種眾生一體的感覺。人我之分會消除，萬物結成了一體，這種神秘性本是生命的基調。海王星會讓一個人喪失自我，與神聖的源頭融合，但是在個人層次上卻可能帶來一些困難；除非此人已是大徹大悟的靈魂，否則多少會在這空無一物的世界裡感到迷失和焦慮，因為當一切的定義都消失的時候，除了一些感受和覺知，剩下的便只有「空無」了。與眾生合一會讓自我以及個人性消失，就像是穿過濃霧一般，很容易迷路或掉到大海裡，但那些住在海裡的生物卻不會迷失，因為它們是藉著其他的知覺來尋找方向的。

慈悲心與敏感性

在一個沒有人我之分的世界裡，你自然會成為有慈悲心的人，因為阻礙我們同理他人的疆界不見了。我們不再需要去揣摩別人的感覺，因為我們就處在這種感覺裡面。海王星落入的宮位及它主宰的宮位（宮頭星座是雙魚座的宮位），會在施與受上面顯現出特別強的悲憫心。透過海王星的位置和相位，我們會認同那些受害者，其結果可能是變成受害者，也可能成為救贖者。我們會在那些生命領域裡為別人的痛苦感到難過，繼而產生同情心。我們也可能以為自己是體恤又慈悲的人，事實上有很大一部分是自憐。譬如海王星如果是落在第五宮，我們就可能對受苦的小孩特別有同情心，而且想要拯救他們，或者我們會對那些掙扎奮鬥的藝術家特別同情；海王星如果是落在第十宮，則可能同情父母或上司，或者他們會同情我們。

與海王星連結的行星及生命領域，往往會出現過度敏感的特質，它會讓一個人變得過於細緻，而無法面對日常生活的粗糙、痛苦和鄙俗，因此某些帶有強烈海王星傾向的人，很難面對真實的世界。被海王星觸及的行星往往帶有逃避傾向，譬如金星與海王星有相位的人，可能會藉由對浪漫愛情的幻想來逃避；水星與海王星有相位的人，則會藉由閱讀和帶有啟發性的交談來逃避；太陽與海王星有相位的人，可能會藉由幻想自己是別人來逃避現實，依此類推。

超越與逃避

最佳的情況下海王星會促使我們超越一般的現實，提升我們的心靈，與更奧妙的次元連結。真正的神秘主義者既能活在世間，也不會逃避自己不喜歡的事物。真正有神秘傾向的人是不會刻意逃避不舒適情況的，這也許是因為他們已經培養出了更精微的覺知，能夠洞察到比眼前物質現實更深的實相，而且能瞥見背後的運作力量，看到更完整的畫面，這類人就像威廉•布雷克（William Blake，1757-1827，英國詩人及畫家）所說的：「從一粒沙看到整個宇宙」。但問題就出在一個人真的能具備這麼精微的覺知嗎？或許那也只是一種幻覺罷了。事實上，海王星一向和各種形式的幻覺有關。

我們同時要記住，海王星帶來的感覺也很像飲酒之後的狀態。我們飲酒可能有好幾種理由，但它最大的作用就是幾杯黃湯下肚之後，一切事情好像都沒什麼大不了了，白天的工作帶來的壓力，往往在酒精的影響之下徹底消失。

海王星最喜歡的逃避和麻醉方式，便是飲酒、嗑藥、看電影和電視。嗑藥的目的是為了麻醉痛苦，讓一個人可以從慣常的意識狀態進入另類意識狀態。迷幻藥比酒精更容易扭曲一個人的時空感，使他們覺得不再受到制約。處在這種狀態中，所有的規範感都消失了，而一旦去除了時間、空間、法則和規範，什麼可能性都會出現，猶如活在夢境和想像世界裡似的；但現實世界如果缺少了土星帶來的結構和規範——時間、空間和疆界感，就什麼事也辦不成了。

電影、音樂和藝術

所有的外行星都和集體性的議題有關，也涉及到各種類型的時尚。以海王星來說，它代表的時尚通常是展現在電影、藝術、舞蹈和音樂上。海王星不是一個和個人感受有關的行星，它象徵的是社會集體的渴望，而且有一種想要把它們創造出來的需求，這時就得靠藝術家了，因為藝術家能夠將社會集體的幻想、夢想和渴求變成物質形式；而將這些東西變成物質形式之後，幻想的成分就會降低，而更能夠落實在現實層面。當海王星緩慢地推進各個星座時，往往能定義出什麼東西或什麼人將變成受人崇拜的對象。

看電視或電影都是逃避粗糙現實世界的方式，也是一種經驗世界的方式，只不過在形式上是一種麻醉——我們可以坐在舒適的沙發椅上觀賞世界的暴力場面；如果我們本身是藝術家，也可以藉由這些工具來啟發別人，而觀眾則可以透過觀賞劇情來忘掉自己，或是藉由音樂來昇華自己。音樂的確能激起各式各樣的感覺，電影和電視的節目製作人一向善於利用音樂的效果，這使人不禁聯想起伯納・赫曼（Bernard Hermann, 1911-1975，美國作曲家）在希區考克電影裡的配樂。

大部分的藝術形式也可以達成宣傳目的，例如政黨、廣告商或報紙想要宣揚的理念，都可以藉由音樂來達成。同樣地，與其說報紙是在報導消息，不如說是在製造一般人喜歡看的故事。基本上，報紙花了許多時間製造醜聞，藉此來影響一個國家的道德意識。如同報紙上的故事和肥皂劇一樣，海王星也和許多虛構的故事有關聯，虛構的故事不只是扯一些小謊而已，它是從根本上扭曲一則故事的來源，以便讓其中最核心的真理不致遭到忽略；這類故事的道德訓誡是藉由滿足人心的形式而傳遞出來，裡面同時包括了恐怖的劇情及良善的成分。在接觸這類故事的時候，我們會發現若是按照不同的方式來發展，最終面臨的將會是怎樣的結果；就像我們的夢境一樣，虛構的故事能夠預先排演出真實的生命歷程。

海王星一向是以潛伏和帶來不滿足的方式在運作，而且從不直接地進行一件事；它總是以誘導、扭曲和包抄的方式進行。只要是海王星涉及的領域，都會有一種事情被泡在水裡的感覺，當事者也很像站在岸邊看著洪水漲潮，對不斷往上攀升的水面束手無策。

媒體和廣告

報紙和出版界都會運用到海王星和其他行星的能量：木星一向與出版及廣播有關；水星則跟寫作有關；今日的電視和電影大多和天王星的科技產生關聯；金星則是所有創造藝術的驅動力，但海王星是廣告和媒體業最主要的象徵符號。廣告業者總有辦法讓某項產品看起來比實際上更美好，他們懂得以最佳的形式來呈現產品，因此廣告幾乎可以看成一種觀念的宣導形式，雖然它推銷的並不是政治理念。廣告會宣稱，如果用了某種乳液皺紋就會消失；用了某種品牌的洗衣粉，我們的衣服就會白得發亮；男人如果用了對的刮鬍刀，就會像阿多尼斯（譯注：Adonis是希臘神話裡的美男子）一樣。因此，真相會被扭曲到完全認不出來為止，不過當然，再白的衣服也會逐漸變成灰色，皺紋則是老化不可避免的現象，而且鮮有幾人能夠像好萊塢的英俊小生一樣，況且如果真的變成那樣，我們也未必喜歡。有趣的是，廣告業、電影及媒體打從一開始，就把事情扭曲成令人信以為真的狀況，所以人人都希望自己像電影明星那麼好看，甚至渴望臉上沒有任何皺紋。傑夫．馬友（Jeff Mayo, 1921-1998，英國天文學家）認為海王星的首要作用就是「改善得更精緻」（refine），我們很容易發現這是相當正確的說法，因為當一個東西被精緻化之後，就會脫離原先的源頭，它的稜稜角角都被去除了，最後的成品可能比原先的狀態更令人喜愛，但也會變得虛假失真。我們把事物精緻化的目的，就是為了讓它們看起來更完美，更合乎理想。

海王星另一個關鍵詞是「緩解」（palliation），當醫生無法治療病人的疾病時，就會開出一些藥來緩解他的癥狀；但緩解這個字真正的意思是「蓋住」，當問題被蓋住之後，人的防衛性通常會降低，問題也不再顯得那麼嚴重，就好像被洗白或塗掉了似的。人類需要某種程度的緩解，才能面對生活裡的各種令人厭惡的事情。我們藉著聽音樂、看電影、享受美酒，來紓解日常生活的壓力，這有點像癌症末期的病患靠著嗎啡止痛，逃避將要死亡的事實。

海王星的現實面

如果我們從土星的觀點來看世界，那麼海王星毫無疑問地和謊言有關。少掉了時空的限制，所有的事情都會失去清楚的界線，而變成一種「相對」（relative）的情況。藉由海王星的影響，我們會對所謂的真或不真、對或錯這類觀念，產生一種更融通的理解；我們會發現沒有任何事如表面那麼絕對，一切都是虛幻不實的。海王星在任何一個地方都很自在，除了物質世界之外；它在乾燥和界線分明的世界裡是很不舒服的。在海王星的次元裡，二加二似乎不等於四。依照土星的模式，我們看到的一張桌子就是一張桌子，但依照海王星的模式，這張桌子可能會變成隱形的，但我們卻可能覺知到這張桌子的氣場！

失落、嚮往和犧牲

如同我們已經體認到的，海王星代表的是集體意識的渴望，同時也跟個人的渴望有關，尤其是當我們還未充分珍惜一個東西之前就失去了它。舉個例子，如果一個人的海王星是跟天底合相，便可能在一生下來就離開了他的國家，但長大之後卻非常渴望回到原來的家園。太陽與海王星形成相位的人，通常會想找到像父親一樣的人來倚靠，因為小時後父親可能消失不見了，或是沒時間照料他們。土星與海王星有相位的人也會渴望找到一位父親，或是找到一個能提供對錯標準的具體結構。

前面提到傑夫・馬友認為海王星主要的作用是精緻化，不過麗茲・格林（譯注：Liz Greene為倫敦心理占星學院院長，歐美卓越的女性占星家之一。）卻認為海王星的法則主要是「救贖」（redemption）。redeem 這個字的意思就是「償清債務」。從今日的角度來看，它指的是把暫時典當出去的東西以指定的錢數贖回，也就是還債或做出一些補償。譬如我們以前可能把一件事做得很糟，但我們被告知可以做點別的事來加以彌補，這意味著重新恢復我們的聲譽和榮耀。只要是被海王星觸及的部分，我們都會有一種被淹沒的感覺，而且非常渴望把那件事做好，令情況得到補償或救贖；我們寧願以犧牲奉獻來擺脫快要被淹死的感覺，但這種感覺不容易被清楚地意識到，因為它和集體意識有關。海王星推進任何一個星座，往往能顯示出整體社會特別同情的某一群人，而且會對他們做出一些彌補。

冥王星通常被視為「凱伯帶」（譯注：Kuiper Belt，指太陽系在海王星軌道外側的黃道帶附近、天體密集的中空圓盤狀區域）的星體，而非太陽系的行星，海王星則是太陽系裡距離太陽最遠的行星。同樣地，當我們年紀漸長之後，就會越來越脫離太陽象徵的英雄崇拜階段，我們不再把自己想像成黃金一般的人物，而開始察覺自己晦暗的一面；犯錯在某些人的眼裡是一種罪過，但這就是成熟和成為完人必須付出的代價，因此，年紀越大，身上的毒素就越多，感覺上也越來越不完整，所以我們渴望被洗滌，回歸原來的清白狀態。救贖就是被寬恕、得到恩寵、變得神聖、內心獲得和解，人們會在生命的晚期，以各式各樣的方式尋求救贖；有的人也會把死亡看成是救贖的工具。根據基督教的觀點，犯下罪行會讓我們切斷和上主的關係，不過當然，聖經故事告訴我們耶穌釘上十字架為人類帶來了救贖，使我們再度與上主合一。如果我們真的獲得了救贖，那麼原先的情況就是一種被奴役的狀態，因此救贖似乎也暗示著把奴隸贖出來，讓他獲得自由。所以毫無疑問地，海王星也象徵著把奴隸釋放出來，而海王星主宰的第十二宮，傳統上就是代表奴隸的宮位，這個行星也和那些祖先是奴隸的人有關聯。與冥王星一樣，海王星也跟黑人文化或白人的蓄奴文化有關，因此，二〇〇五年八月卡崔娜颶風帶來的洪水，淹沒了美國紐奧良市的黑人社區以及周邊的區域，並不是一個意外。

海王星與放棄

有關海王星的預測可以寫一整本書，所以在此無需贅言，雖然如此，我們還是值得留意海王星推進時對人類造成的影響。除了理想化、失落和困惑之外，在這個時段裡人們也會以各種方式放棄掉許多東西，人們將不再醉心於現實世界的事物，野心和自我需求也會降低（如果這時年紀還輕，可能會出現一些困難）。在這個階段裡，世俗的事物好像不再那麼重要了，換句話說，人們會更臣服於死亡，而且更願意思索曾經犯下的錯誤該如何補償。這個階段的另一個關鍵詞是「辭去」（resignation）——譬如真的會辭職或卸下某些責任，這是因為海王星會消融我們的力量，所以我們必須向它投降，否則情況會讓我們覺得自己是在逆勢而行。不論發生了什麼事，海王星的目的都是要讓我們脫離物質世界，朝著靈性或出世的方向發展。

對物質世界的影響

海王星觸及的事物都會帶來曖昧不明的特質，它會讓我們變得更敏感更細緻，而且會帶來困惑。這個行星和不真實以及超現實有關，它主宰著我們對現實的感受，所以也有徹底改變現實的力量。

金屬及元素

月亮、巨蟹座、天蠍座及雙魚座，和海王星共同主宰著海洋。海王星象徵著霧和氣，也主宰各種人工合成的產品，譬如塑膠。帶有放射性的鋅，是在一九四〇年時，藉由緩慢移動的中子衝擊鈾元素而製造出來的，那時鋅被視為一種純人工合成的元素，之後才被發現是存在於鈾礦裡面的天然元素，雖然量很少。

身體

海王星和各種類型的中毒以及寄生菌的感染有關，也跟長期潛伏的慢性疾病有關。

海王星的詮釋

海王星的相位、落入的宮位以及主宰的宮位，都比它落入的星座重要。這是因為這個行星會在一個星座待十四年的時間，因此對集體的衝擊比個人要大得多，不過它仍然可以為星盤帶來一些解說。有個個案是，艾格莎•克麗斯蒂的海王星是落在雙子座，這一點很明確地說明了她在童年時，為何經常幻想自己有無形的兄弟姊妹；但海王星落雙子座也會影響這十四年裡出生的任何一個人，因此它之所以能解釋克麗斯蒂的情況，是因為她的海王星和落在三宮裡的金星形成了緊密的掙扎相，而且與冥王星呈合相，而冥王星又是她三宮頭的主宰行星。請留意，推進的天王星與海王星在一九八〇至一九九〇之間交錯了許多年，因此當我們考量任何一個外行星推進的情況時，也必須檢查那個階段其他外行星的情況。

海王星入十二星座

海王星入獅子座 ♆♌

上一回推進的時段：1914／16至1928／29

這是一個對舞蹈、戲劇及各種創作藝術有利的時段，也是熱衷於自我宣揚的階段。第一次世界大戰就是在這時爆發的，各國都在幻想著勝利的榮耀。這時上電影院看電影變成了大眾趨之若鶩的事，人們開始以自己崇拜的電影明星為典範。各大片場帶動了電影事業，山繆・高德溫（Samuel Goldwyn, 1879-1974，美國電影製作人）創立了米高梅片場，後來合併為MGM這個以獅子為商標的著名電影公司。在英國，BBC被賦予了皇家特許的播放權。海王星加上獅子座帶有一種金光閃閃、充滿著氣泡的盛大及狂歡感，這個階段人們嚴重地陷入自欺狀態，大家都相信電影裡的情節可以在現實裡成真。人們由於過度張揚而變得毫無儲蓄。獅子座是跟銀行業有關的星座，而一九二九年十月二十四日的黑色星期四出現了股市崩盤以及後續的大蕭條（海王星進入處女座的階段），也多半源自於海王星加上獅子座造成的浮誇、虛幻和投機心態。不過這個階段裡也出現了對兒童的同情心，許多國家開始減少童工的雇用（包括美國）。那個階段裡也有許多窮人致富的現象（當然也存在著相反的情況），例如蔻蔻・香奈兒（Coco Chanel）從最貧賤的基礎，突然如流星一般閃現出耀人的光芒；另一位來自喬治亞州的窮苦農民，也在一八八八年創立了可口可樂企業，後來在一九一九年以兩千五百萬美金賣給了別的財團。

海王星入處女座 ♆♍

最近一回推進的時段：1928／29至1942／43

這是最主要的象徵大蕭條的海王星位置，因為幾百萬人在這個階段裡失去（海王星）了工作（處女座）。甘地在這時開始教導印度人辛勤工作和謙卑的生活方式有利於精神修持，大蕭條必然產生的貧苦艱困以及把純潔的生活理想化，都是源自於海王星落在弱勢的星座位置，而這也直接導致第二次世界大戰和納粹的興起，以及世界其他地區的種族歧視政策（南非）。小國家（處女座）在這個階段似乎特別受到波及，因為它的疆界無法抵擋強勢鄰國的侵略：這時波蘭遭到了德國的侵略；芬蘭則被蘇聯侵略。海王星掌管的是化學及藥物，而處女座最關切的是身體的維護，所以這兩個元素的組合，使人類發明了許多新藥物。最近一回推進的時段裡，LSD迷幻藥和盤尼西林被生產出來，美國的禁酒令也解除了，社會因此而賺進一大筆錢。在這個階段裡，所有的微小事物都得到了進一步的發展，例如原子分裂技術就是在這時發現的。三〇年代末期，美國建立了最低工資法案，為那些沒有經濟力量的「小人物」帶來了一些利益。這時製作的電影，連片名也都反映出了「小」這個主題，「白雪公主和七矮人」，「小婦人」，「弱小男子」，「鼠人」，以及全片充滿著細節的「飄」（Gone With the Wind）。這個階段十分利於藝術表現和技藝的改善。

海王星入天秤座 ♆♎

最近一回推進的時段：1942／43至1955／57

這兩個元素的組合，與渴望和平及平等的社會有關，這種感覺的確像是上個推進時段的主題，但是第二次世界大戰以及往後的幾年裡，這種趨向逐漸減弱下來。在英國，由克里曼・艾特利（Clement Atlee）主導的「戰後勞工內閣」，創造了國家健康服務、福利國和工業國有化的機制，背後的理念就是要打造一個更平等的社會。在美國，民主黨總統亨利・杜魯門構想出充分就業計劃、國民住宅及公平交易法案。在世界舞台上，人們普遍懷著一種幻想出來的和平感，但其實內心是不安的；夢想擁有和諧的生活，使得人們開始將關係浪漫化，結果卻是夢想破滅。這種期待公平和公正的傾向在婚姻關係裡最為明顯，因為大戰期間女人一直在掌理國家，因此當男人回返家園之後，她們也不可能扮演次要角色；而離婚被污名化的現象這時也減輕了，海王星入天秤座的這一代人，率先主張理想的關係不一定需要婚姻契約。在這個階段裡，電影界也出現了好幾對幕前幕後都是親密伴侶的明星，如亨佛萊・鮑嘉與蘿倫・貝考爾，凱瑟琳・赫本與史賓塞・崔西。

海王星入天蠍座 ♆♏

最近一回推進的時段：1955/57至1970

這個行星和這個星座都熱愛神秘，因此它們的組合代表玄學和神秘學大行其道。最近一次推進的時段裡，出現了許多性醜聞、間諜故事和陰謀理論，間諜電影這時也大受歡迎，尤其是間諜和性的組合，如詹姆斯・龐德系列電影。英國在六〇年代的首相是哈洛德・威爾森（Harold Wilson），他被指控為ＫＧＢ（蘇聯國家安全委員會）的臥底間諜，這個事件裡充斥著真實與想像的MI5陰謀計畫。

在美國，約翰・甘迺迪、金恩博士及瑪麗蓮・夢露的死亡，引起了許多臆測和陰謀理論，尤其是年輕人的圈子裡，不斷有人譴責政府進行秘密計畫，而且在越戰上面扯了許多謊。這個階段迷幻藥和性愛開始結合在一起，形成普遍的風潮。美國在一九六〇年、英國在一九六一年開始准許人們使用避孕藥，因此社會對性的態度更開放了。這時性愛、迷幻藥及搖滾樂成為人們最熱衷的事，同時英國也廢除死刑，放寬同性戀方面的規範。這個時期古巴的飛彈危機以及核子潛艇的製造，也導致了核武戰爭一觸即發的危險。由於天蠍座的主宰行星是冥王星，因此行星落在天蠍座，似乎有利於黑人文化的崛起；當時民權運動在美國熱烈展開，起因是羅莎・派爾克斯（Rosa Parks）拒絕讓位給公車上的一名白人乘客；在英國，哈洛德・威爾森拒絕了南非少數白人領袖的要求，從而促成羅德西亞這個小國的誕生。

海王星入射手座 ♆♐

最近一回的推進時段：1970至1984（一九八一年天王星也進入射手座。）

在這個階段裡，社會有一部分的人非常渴望遠走他鄉，當時出現的一些電影也反映出人們渴望探險的夢想，例如「外星人」、「星際大戰」以及「第三類接觸」。外太空議題經常出現在真實的新聞報導裡，而且太空探測和登陸月球的壯舉也陸續完成。長途旅行在這時成了許多人的夢想；人們開始到異國旅行，去探索這個世界。海王星落在射手座，讓事情變得快速、過度、喜好新奇、愛做唐吉訶德式的大夢、崇尚異國風（這個階段出現了許多作風大膽怪異的龐克樂團 Sex Pistols、衝擊樂團

The Clash 及龐克運動），越是帶有異國風味，越受人們歡迎。海王星落射手座代表渴望自由，渴望社會能更隨性自在，排斥權威、法則和各種規範。在最近一回推進的時段裡，戈巴契夫為蘇聯的政治、經濟和社會帶來了改革與開放。賦予人生更深的意義和目的，在信仰上更開放和獨立自主，也都跟這個推進的位置有關。七〇年代出現了許多宗教狂熱組織和現象。音樂劇「萬世巨星」（Jesus Christ Superstar）掀起了一陣風潮。高等教育上的文化變遷也在這時出現，例如開放式大學在英國誕生，不論以往的教育基礎為何、目前的生活情況如何，人人都可以到這類的大學去學習。

海王星入摩羯座 ♆ ♑

最近一回的推進時段：1984至1998

（一九八八年天王星也進入了摩羯座，一九九三年這兩個行星形成了合相）

這個時段與年資、父權及傳統的理想化有關。這時共產主義進入了尾聲，許多建制紛紛瓦解，尤其是柏林圍牆的倒塌，老式的獨裁作風和獨裁政權逐漸式微，過往看似一成不變的組織、公司和社會規範，或一些如直布羅陀岩石那麼堅固的體制，這時都開始動搖；但這種情況也讓人們渴望回歸穩固的傳統，以及能禁得起時間考驗的事物。舉個例子，占星學在這時重拾傳統觀點，而逐漸脫離原先的心理學導向。人們開始珍惜古老的建築物，並展現出對現代建築的厭惡。隆納・雷根（Ronald Reagan, 1891-1989）這位屬於共和黨的六十九歲美國總統候選人，也在這時進主白宮；英國的保守派政府開始掌政。這時出產的電影如「金池塘」（On Golden Pond）、「以父之名」，都反映了上述的主題，其他如「辛德勒名單」、「悲慘世界」、「拯救雷恩大兵」，也都反映了摩羯座代表的嚴峻現實。

當海王星進入摩羯座的時段裡，政府可能會開始控制迷幻藥和酒精的使用。

海王星入寶瓶座 ♆ ♒

上一回推進的時段：1834至1847/48

最近一回推進的時段：1998至2011/12

海王星入寶瓶座與天王星落雙魚座的意思相似。天王星與海王星結合起來的能量，為攝影、電影製作以及多媒體領域帶來了革新，這也是一個有利於獨立製片和運用特效的時段。社會大眾開始享用數位電視和數位影音系統，其他像手機、MP3隨身聽、攝影機以及電腦科技產品，也都大量地出現在市場上。數位攝影機令一般大眾開始自以為是攝影方面的專家。有趣的是，「攝影」（photography）這個字是在一八三九年首度被威廉・賀紹爾啟用，而那時海王星正進入寶瓶座。在這個階段裡，社會大眾在自己所知甚微的領域裡，紛紛變成了專家，甚至成為知名人物。當他們被問及要如何利用他們的人生時，這些年輕人的回答大多是渴望成名；他們並不企圖做出任何卓越的事，但卻認為有權力被視為獨特的人，原因是他們能夠呼吸。實況轉播的才藝競賽節目的氾濫，令那些在歌唱、舞蹈或其他技藝上真正有才華的競賽者，無法藉著社會大眾的鑑賞力被揀選出來，而那些所謂的專業裁判的意見早已不被重視，所以也無法決定這些參賽者的命運。把平庸理想化或是頌揚一致性，也可以藉由農作物的基因改良反映出來；在基因改良工程的領域裡，各式各樣的植物最後都變成了同一物種，因此個體性、獨立性和多樣性在這個領域是沒有地位的；同樣地，政治法令的修訂，也導致了人與人之間的差異性完全被抹除掉。但這個推進的時段也和更開放的法律有關，這使得人們有更多機會可以活出自己，同時人們也更有機會選擇自己想要的生活方式。舉個例子，英國在這時將大麻列為毒性較低的迷幻藥物，而且飲酒方面的法律也更開放了，同性戀者則可以正式結為婚姻夥伴。另外，藥物的研究上面也有新的突破和發現；麻醉藥就是在一八四〇年至一八四一年被發現的。今日我們很可能藉由基因工程和其他科技來發現新的藥物。未來人類在超感能力（Extra Sensory Perception，簡稱ESP）、催眠、另類醫療及另類意識狀態的研究上面，也會有更精確的檢測方式。

海王星入雙魚座 ♆♓

上一回推進的時段：1847/48至1861/62

下一回推進的時段：2011/12至2025/26

靈性主義（spiritualism）就是在上一回推進的時段裡，如野火燎原般地傳播開來。海王星落雙魚座當然有利於通靈能力的發展，因此在下一回推進的時段裡，一般大眾可能對心靈議題、精微能量和能量醫療（譬如同類療法）了解得越來越深，也可能對不幸的人更有慈悲心，但卻對世俗或金融事物十分不利。舞蹈、音樂、水彩畫以及各種自由表達的藝術形式，在下個推進的時段裡都可能有更卓越的表現；那將會是一段有利於藝術家的時段，當然許多假藝術家也可能在這時冒出頭來。

冥王星 ♇

「必須有兩個人才能造成腐化——腐化者以及被腐化者。」

——馬紹爾・摩布托・希西・塞寇（Marshal Mobutu Sese Seko）

發現的歷程

波瑟沃・羅維爾（Percival Lowell, 1855-1916，天文學家）早在一九〇五年就認為海王星的軌道以外還有一個行星（X行星），他在一九一六年過世之前一直在尋找這個行星的位置。後來位於亞利桑納州佛萊格斯戴夫（Flagstaff）的羅維爾觀測站，於一九三〇年二月十八日下午四點正式發現了冥王星；發現者是一名觀測站的助手，克勞德・湯伯（Claude Tombaugh，生於一九〇六年二月四日）。冥王星當時被測量到的經度位置是在巨蟹座十八度，這個度數經常和冥王星的議題產生關係。有些天文學家屢次質疑，冥王星究竟是不是羅維爾發現的X行星，因為它的體積小到幾乎不像是羅維爾要找的那個星體。無論如何，冥王星的發現向世人正式宣布是在一九三〇年三月十三日那天，奇特的是，三月十三日就是羅維爾的生日，也是天王星被發現的日子。

冥王星被發現的整個過程的確非常符合冥王星的風格，雖然它早已被懷疑是存在的，卻歷經了許多年才正式露面，甚至必須等羅維爾過世之後才被發現；羅維爾對冥王星的存在懷有一種執迷式的信心；環繞著這個行星的盡是一些謎樣的信息。巧合的是，冥王星被發現的階段，也正是人們開始對深度心理學感興趣的階段。這也是法西斯主義和納粹主義在歐洲興起的時段。那時美國正值禁酒時期，黑道因而興起。人類在那個階段已經懂得分裂原子，並製造出原子彈。人類一向擅長互相殘殺，戰爭也一向是人生的真相之一，但人類開始有能力殲滅地球上所有的生物，卻是在冥王星被發現之後。

冥王星這個稱謂是從幾千個名字之中挑選出來的，命名者為牛津的一名十一歲女孩薇奈提雅・伯尼（Venetia Burney，她的外祖父就是替火星的兩個衛星取名為戴莫斯和弗伯斯的科學家）。羅維爾觀測站裡的職員之所以會取冥王星這個名字，可能因為它和神話有關聯，因為冥王星非常遙遠，而且光線微弱，因此以冥府的主宰者為名似乎很恰當。另外還有一個理由，Pluto 這個字的頭兩個字母剛好是 Percival Lowell 的起首字母。

天文學

如果說木星的形狀看起來像個大氣球，那麼冥王星就像個高爾夫球那麼小（但密度很高）。它的運行軌道相當古怪，雖然它是最遙遠的星體，而且是太陽和地球平均距離的四十倍，但是它在兩百四十八年的週期中大約有二十年比海王星更接近太陽。上一回發生這個現象是在一九七九年一月二十一日至一九九九年二月十一日。它古怪的地方還包括以反方向運轉，而且軌道特別長，甚至傾斜了一七・二度左右。這些特徵令某些天文學家和占星家提出了一種觀察，認為冥王星或許是體積比較大的小行星而非一般行星，然而什麼才是行星，到目前為止尚未有明確的定義。最可能的結論是，冥王星是「凱伯帶」裡面的星體（超越海王星的星體），而非太陽系裡的一員。

二〇〇六年八月二十四日，冥王星從行星降級為最新被歸類的「矮行星」（dwarf planet），以它的體積大小來看，降級是完全合理的。「國際天文聯會」在布拉格集會時，將希瑞斯（Ceres）從最大的小行星升級為矮行星；希瑞斯與冥王星之間的這層新的關係，似乎很類似希臘神話裡的狄米特與海地斯的關係（請參照下文的神話學論述）。以往被稱為UB313星體（或是一般所謂的「吉納」Xena，於二〇〇五年一月五日被發現），也加入了矮行星的行列；二〇〇六年九月十三日它被命名為愛若斯（戰神艾瑞斯的妹妹，所謂的「不和之神」）。在希臘神話裡，愛若斯有一個無法無天的女兒黛絲蒙尼亞，於是此星體的衛星就被賦於了這個名稱。往後顯然還會有更多的星體加入矮行星的行列，讀者如果想知道這方面的最新發展，可以上www.iau.org網站查詢。

- 與太陽的距離：一般大約是三千六百七十億英哩（五千九百億公里），但由於冥王星的運行方式很古怪，所以和太陽的距離有很大的變化，可以從四百六十億英哩（七百五十億公里），降至二百七十億英哩（四百四十億公里）。
- 直徑：冥王星比月亮還要小，大約是一千四百三十英哩（二千三百公里）。因為它的體積這麼小，而且比月亮要遠一千兩百倍，所以只能透過最高倍數的望遠鏡才看得到。
- 恆星週期（大約是繞太陽公轉一周的時間）：運轉一周是二四七．七年左右，但因為它的運行方式很不規律，所以也可能在一個星座停留十到三十年的時間不等。
- 逆行週期：每年逆行五個月。
- 衛星：冥王星只有一個衛星卡戎（charon，1938-，美國天文學家），它是在一九七八年六月二十二日被詹姆斯．克利斯提（James W. Christy）發現的。在希臘神話裡，卡戎是在斯戴克斯河（Styx）以及阿克倫河（Acheron）上引渡亡靈前往冥府的神祇；卡戎的直徑只有冥王星的一半——大約七百二十七英哩（一千一百七十二公里）。

神話學

克羅諾斯被他的三個兒子宙斯、海地斯以及波賽頓推翻之後，宇宙就被三個兒子瓜分了。宙斯掌理的是天界，波賽頓掌理的是海洋，海地斯與波西鳳共同掌理冥界。海地斯不但是死亡之神，也是富饒之神，他也等同羅馬人眼中的冥王，意思就是「富足之神」。他之所以富有，是因為珍貴的礦物、金屬和有機物都埋藏在地底下；他也因為渡引亡靈而致富。他的名字經常被翻譯成 Dis，這個字在拉丁文裡就是「富有」的意思。有趣的是，冥王星代表的心理狀態往往和字首有Dis 的字相關，譬如「排放」（Discharge）或是「解散」（Dismiss）就是很好的例子；它們的意思都是釋放、除去或擺脫。即使是「距離」（distance）這個字，也意謂著兩個東西之間的空間；當一個東西十分遙遠的時候，我們勢必很難得到它，於是它就變得非常有價值了。

再回到神話上面，我們知道冥界是亡靈等待審判的地方，其中的英雄們會被送往極樂世界，作惡多端者則會墮落到地府塔爾特羅斯，他們無法逃脫地府，因為有一隻叫作瑟伯勒斯的冥府守門犬（地獄之犬）總是擋在門口。海地斯帶著一個由獨眼巨人餽贈給他的隱形頭盔，所以他在地府裡大部分的時間都是隱形的，偶爾才會上到地面來，由於他代表的是最終的死亡，所以極少被看見。基本上，他永遠處在暗處。有趣的是，「海地斯」（Hades）在英文裡就是「暗處」（shade）的變形詞。在心理層面，冥王星一向與個人以及集體的陰影層相關，這個心理面向埋藏著個人和社會無意識深處的陰暗事物。神話裡的人物連提都不敢提海地斯的名字，生怕一提到它就會引起他的注意，所以海地斯的隱形術已經高到無人提及他的名字。

在神話裡，海地斯最著名的一次上到地面的舉動，就是綁架了姪女波西鳳。海地斯很想娶波西鳳（宙斯和狄米特的女兒），但狄米特拒絕讓海地斯成為她女兒的丈夫。有一回當波西鳳外出採花時，海地斯安排了一朵美麗的水仙花展現在這位少女面前，當她正準備要摘花時，大地突然裂開了，這時海地斯駕著戰車冒出地面擄走了她。在所有的幫派電影裡，那些幫派首腦之所以能成功，大都是靠政府裡一些腐敗官僚的協助，因此宙斯等於是協助海地斯綁架女兒的共犯。

波西鳳到了地府之後吃了一顆石榴——象徵著多產或是冬天——就因為這個舉動，所以她跟海地斯結下了不解之緣。後來她同意一年花三分之二的時間和母親狄米特在一起，另外三分之一的時間則必須待在冥界和海地斯相處。這可以詮釋成一年中之中有三分之一是冬天，另外三分之二是春季和夏季；波西鳳和海地斯沒有生下任何小孩，這反映出冬季是無法生出果實的。

生存本能和老練世故

海地斯與波西鳳的神話故事真正的寓意是，波西鳳必須長大成人和喪失她原有的天真無邪特質，天真無邪既代表無可責難的行為，也代表對罪惡的無知。海地斯之所以能生存，就是因為他具有一種現實的智慧，很懂得如何把眼前的情況操弄成自己想要的結果；在冥王星的眼裡，天真無邪是種可疑的美德，是必須被犧牲掉的，如果你想在真實的世界裡存活下去的話。冥王星代表的是閱歷豐厚、經驗老道及嚐禁果的欲望，冥王星的特質就是能覺知到誘惑，懂得以精明的知識來洞察埋藏在文明底端的東西。如果說天真無邪的人往往是脆弱易感而無能的，那麼在現實社會閱歷很深的人就不易上當受騙了，這類人能夠看到眼前的真相。難怪冥王星會跟深度心理學及玄學相關——這兩種學問都是要看到事物底端的真相。受冥王星強烈影響的人很少對人性抱持幻覺，但是太善於揭露生命的陰暗面，也會導致偏執狂（永遠看到事情最糟的一面）和殘酷傾向（不計一切生存下去）。總之，冥王星最佳的一面就是讓我們變得精明老練，幫助我們有能力活下去。

集體意識的陰影面

三個外行星運行的速度都很慢，所以它們代表的是社會集體的潮流和時尚。數個世代以來流行或褪流行的各種趨勢造成了許多代溝；冥王星通常能描繪出一個社會在什麼階段對何事著迷，或者渴望把什麼東西淘汰掉。人們之所以會著迷，往往是因為整體社會未充分意識到某些集體遺產，因此當冥王星推進時，就會把集體意識裡面埋藏的東西揭露出來。土星通常會造成「個人」的心理陰影問題（個人的無意識活動），冥王星則「代表」集體意識裡的陰影面（一整個世代壓抑下來的心理問題）。隨著冥王星緩慢地通過某個星座，我們可以看見人類成員中有哪些會遭到審判，或是有醜聞被揭露出來。個人星盤裡的冥王星——不論能量明顯與否——描述的是她或他在集體命運的漩渦裡將受到何種程度的波及。

冥王星與大自然

冥王星似乎想提醒我們有關大自然的律法；特別是跟生、死、毀壞及更新有關的律法。冥王星提醒我們文明的行為不過是表面的虛飾，深埋在底層的其實就是各種動物、植物和礦物的生死輪迴，而人類本是動物的一員、與動物共享相同的本能與直覺。冥王星是偏向生存，而不必然偏向文明的，從冥王星的角度來看，社會過度文明化會使人脫離真正的生物本能，但其實我們都是受自然律法約束的動物；例如，我們都會死亡、衰敗，而且我們都得不斷地排除體內的廢物。人類和野生動物一樣皆有生存本能，如果生存所需的食物、居所、工作及其他條件匱乏了，我們的行為反而會變得更像動物，更不文明。

生存、壓抑和淘汰

冥王星有時被形容成火星的「高八度狀態」（higher octave）。如同火星一樣，冥王星主要考量的也是生存問題。一個人或生物能夠生存下去，往往得犧牲掉他者。如果說火星這個個人行星關切的是個人的生存議題，那麼冥王星關切的就是生物集體的生存議題，這意味著有時得犧牲掉個人以及少數人。火星的生存伎倆是戰鬥，冥王星的作風則是壓抑或排除。冥王星最佳的特質就是淨化和清除，因此它會促使那些不和諧、有毒或有害的東西曝露出來，包括社會或個人在內。那些物質層面或心理層面的毒素，通常是埋藏或壓抑已久的東西，我們之所以把這些問題壓抑下來，乃是為了生存自保（孩子會把童年創傷壓抑下來，不去覺知），因為我們無法面對（或覺得自己無法面對）某些「禁忌」議題，或者羞於承認某些不堪的經驗；但是到了某個階段，這些被壓抑下來的問題還是必須像驅魔一樣地被逐趕出去。為了存活下去，也為了個人的成長與發展，這些東西都必須曝光，不過冥王星的淘汰和排除過程是非常緩慢的。冥王星也代表極大的緊張突然釋放出來，譬如火山爆發、性高潮、嬰兒從母親的子宮內擠壓出來，或是將糞便排出體外。生存必須仰賴毒素的排除，因此冥王星會讓不可避免的危機或結局出現在眼前。它和各式各樣的清除及爆發有關，如皮膚上長癤子、火山爆發或是家族秘史被揭露，這些都不是愉快的事，卻往往能帶來宣洩、淨化和解放。在更新的狀態未出現之前，事情的爆發或許是必要的，因為有毒的及具有破壞性的東西，都必須先清除掉。

冥王星與公道

公道與冥王星這兩個字很難並存，因為冥王星經常帶來無法思議又令人驚駭的蹂躪。不論如何，冥王星的角色似乎就是要我們以耐性承受一個或許多世代傳下來的罪業。社會之所以不認為冥王星和公道有關，是因為上一代的罪行不該由下一代承擔，況且下一代的人對上一代的罪行往往一無所知。許多與戰爭有關的恐怖攻擊或許和上述的說法有關，不過我還是選擇「酞胺派啶酮」（thalidomine）這種西藥做為例子。酞胺派啶酮是在五〇年代末首次被用來當鎮定劑，因為它看似非常安全，所以被醫生拿來紓解孕婦的失眠和反胃問題，結果發現畸形兒就是這種藥物造成的，因為這些孩子的母親在懷孕的頭三個月都服用了它。據估計，世界上大約有一萬至兩萬個嬰兒，因為受到這種藥物的影響而一生下來就有嚴重的殘疾，許多孩子甚至沒有手臂或腿。因此冥王星的公道更像是一種報應。以酞胺派啶酮為例，冥王星除了帶來令人驚駭的事件之外，同時也讓一整代人變得更精明，更有能力預防進一步的損害。冥王星的功能就是確保社會淨化其行為。

禁忌與禁令

冥王星的關鍵字「禁忌」（taboo），最初是由美國占星家理查・艾德曼（Richard Ideman, 1938-）所提出。這個字的確可以總結冥王星涉及的事物。「禁忌」的定義如下：

一、禁止或不准許；置於社會禁令之下。

二、既是神聖又是被禁止的（在波里尼西亞及南太平洋群島一帶）。

三、源自於社會或其他的傳統禁令。

四、宗教儀式上的限制或禁令，特別是那些被視為神聖或不潔的事情。

- 語源學：在十八世紀時，由東加（Tongan）語言的 tapu 傳過來的。
- 字源：一九九六年發行的韋氏字典修正版。

某個東西一旦被禁止或壓抑下來，往往會造成更難以解決的冥王星活動。舉例來說，美國下了禁酒令之後，人們並沒有停止飲酒，酒精的銷售及消費反而變成了地下活動；據估計，當時紐約市一個地方就出現了十萬個地下酒吧，也由於酒的禁止，犯罪組織（典型的冥王星活動）大幅地增加，幫派份子越來越富有，而且為了控制酒的販售和其他的賣淫和賭博活動，他們彼此之間的械鬥變得更激烈，所以走私酒類以及警察的腐化，也以史無前例的速度在增長。這一切都是源自於酒的銷售被禁止，或是因壓抑而造成了反彈。

虐待、恥辱及困窘

每一個世代和文化對禁忌議題都有不同的看法，在個人星盤以及和其相關的集體面向上，冥王星座落的位置代表的是個人家族歷史裡發生過的禁忌活動，一些被掃到地毯下面的往事。如果冥王星和個人行星呈現困難相位，則代表一個人可能遭受虐待，或是家族成員裡有精神疾患。冥王星通常暗示著虐待、精神疾患和某種程度的死亡，以及某種方式的性表現。受虐者通常會覺得羞恥，雖然他們並沒有做錯任何事，因此冥王星最重要的情緒的就是恥辱和窘迫感。任何一種形式的虐他行為，大多是源自於早期受虐經驗被壓抑下來。冥王星負向的一面多半源自於能量的壓抑，正向的一面則源自於把壓抑下來的東西帶到表面。

如果我們不經意地透露了某些不該被透露的東西，或是行為失禮時，我們都會覺得窘迫。人在這種時刻最常說出的話就是：「我恨不得死掉算了！」或「我希望大地能裂開，把我一口吞下去。」後面這句話聽起來很像波西鳳被綁架到地府時的感覺。這種毫無遮蔽的曝露感，是冥王星帶來的典型感受。

在神話世界裡，海地斯一向被指控為強姦者或綁架者。冥王星的確是強姦的象徵符號，但我們不該只是從性的面向去思考這個字的意涵；「強姦」這個字真正的意思就是用暴力來取得，在強姦的情況裡是沒有商榷或協議空間的。個人星盤裡的冥王星位置，往往能描繪出一個人被外來勢力侵害的情況（不一定是任何人的錯）。舉個例子，冥王星落在第四宮，代表一個人在童年時可能被迫脫離原先的文化背景，移植到一個截然不同的環境裡。

冥王星與死亡

土星和冥王星都涉及到死亡，但土星比較跟無可避免的老化過程及死亡有關，冥王星象徵的死亡則帶有一種禁忌意味，例如謀殺、自殺或墮胎。冥王星也跟公民權被剝奪有關，譬如喪失了投票權，或被禁止在自己的社區裡做某些事。

冥王星與性

性高潮時的能量釋放，通常被視為冥王星的特性之一，但冥王星在性裡面扮演的角色通常和某個文化或時代裡的禁忌有關，這裡面當然包括性侵犯，因為這也是一種權力的誤用。像海地斯這樣的加害者因為自覺無能，所以會選擇弱小的被害者來加以侵害。冥王星同時也代表能夠帶來解放，故而可以被接納的性行為，這一類的性行為非常符合大自然的律法，而且其中的感覺是誠實的，況且是兩個成年人彼此同意的行為，但卻跟特定的社會或時代的保守態度不合，因此嫖妓或同性之間的性行為也包含在內。一般而言，冥王星代表的性是不被社會認可的，而且是是無法生下子嗣的。

冥王星也跟無可挽回的情況有關。海地斯是一個沒有同情心的神祇，因為任何生靈一旦進入他的地府就不可能離開了，況且他對所有的懇求都聽而不聞。冥王星似乎特別關切那些無法再撤回的情況，那些情況是無法改變、不能逆轉和難以修復的。鈽（plutonium）本身也帶有這種特質，鈽的同位素可能得花兩萬四千年才會毀壞；同樣地，原子彈在廣島爆發帶來的災害，也不可能一筆勾消。

藥物的壓制

冥王星負責把埋藏在地底下的物質儲存起來，同時也代表將這些東西揭露出來的過程。自從冥王星被發現之後，最有效的藥物一直被創造出來，但同類療法和其他療法的醫者一向主張，這些強效藥物根本無法治療疾病，充其量只是將癥狀壓抑下來罷了。某個世代裡出現的疾病看似被摧毀或消除了，但一兩個世代之後又會以不同且更危險的形式再度出現；也可以說，小時候罹患的疾病看似被消除了，其實問題還埋藏在體內。

冥王星和精神疾患

冥王星是精神疾患最主要的象徵符號。處在精神病的狀態裡，患者幾乎是被冥王星相關的元素所佔據，譬如會出現偏執傾向或被害妄想症（典型的冥王星感受）。當然還得有其他的要素同時在起作用，譬如土星——這個為意識和潛意識提供屏障的行星，在這種情況下的作用力往往是微弱的。

冥王星與殘疾

星盤裡的冥王星及凱龍星（請參閱464頁），是跟殘疾最有關的兩個星體，但是和眼盲或耳聾的關係比較小。另外還有一個可能性，那就是冥王星不一定和殘疾本身有緊密關係，反而和某些事件或社會群體有關，而這些群體多半是隱沒在人群裡的無權者，我們知道，殘障人士經常談起他們是社會裡的一群隱形人。在古早的時代裡，人們甚至為自己的殘疾感到羞恥，據說有的父母會把他們的殘障孩子藏匿起來。一般而言，冥王星如果和個人行星呈緊密相位，通常代表有殘疾的可能性，但比較不是成年之後造成的；如果冥王星是落在第三宮裡，那麼兄弟姊妹就可能有學習上的困難。有時殘障的原因是在一個人尚未誕生之前就種下的，也許是因為母親受孕時做了一些違背自然的事，或者父母做了一些攪亂自然律法的事，因而造成了損害。

黑人文化和人類的根源

愛上黑人的白人，多半有金星、尤其是火星與冥王星的緊密相位。在比較不開放的年代裡，這種關係往往被視為禁忌，不過當然，與黑人談戀愛的白人不一定都有上述的相位，這使得我開始認為冥王星或許和黑人文化有關，當然還有許多證據都足以支撐這個觀點。首先，毫無疑問地，全球的黑人文化都遭到白人文化的壓制，而且當冥王星進入它自己的星座天蠍座時，黑人便開始爭取到更大的政治權力。此外我還產生了一種聯想，我發現英國女演員阿娜・布萊克曼（Honor Blackman）的冥王星與太陽及上升點（太陽和上升點都跟一個人的名聲有關）都呈現緊密的四十五度角。太陽一向代表男人（Man），而她的太陽和上升點都落在獅子座這個與「榮耀」有關的星座！（譯注：這位女演員的名字也可意譯為「榮耀黑人」。）

冥王星也和史前史有關，因此那些從事考古或族譜研究的人，或是蒐集化石的人，星盤裡多半有明顯的冥王星能量。有些科學家追蹤人類的基因歷史，發現人類共通的祖先原來是二十萬年前居住在非洲的一名婦女，科學家為她取了「線粒體夏娃」（Mitochondrial Eve）這個名字。換句話說，不論是黑人或白人，所有人類的DNA都可以追溯到最早的非洲這個源頭。

冥王星似乎跟邊界破除掉之後的核心狀態有關，因此這個星體和水星都關切基因密碼的議題（請參閱109至120頁），應該不是毫無根據的猜測。當一切都被排除掉之後，剩下的就是我們的DNA了。本書無意探索這方面的細節，不過很奇妙的是，許多從事同類療法的人都能證實，那些測試鈽（plutonium）藥丸的人，往往會重複地做一些和幾千年前的時代有關的夢，有的人甚至夢到自己曾經是非洲人、毛利人或其他地方的原住民，而且身邊總是帶著一隻狗。

冥王星與狗

一九三〇年當冥王星被發現的時段裡，華德迪斯奈的米老鼠被賦予了一隻寵物狗，這隻狗的名字就是冥王（Pluto），後來它陸續地出現在四十八部電影裡。它不像以往迪士尼卡通裡的狗，因為它從不發出人類的聲音，只是發出狗吠聲！我的意思是，冥王星一向是代表狗的象徵符號——請留意那些養狗或訓練狗的人，以及當冥王星推進時出現的與狗有關的故事。同時它也跟海地斯冥府裡的地獄之犬有關。那些不喜歡狗的人經常抱怨狗的排泄物很難處理，而冥王星的確可能主宰氣味以及對氣味的直覺；大部分的直覺都是要確保物種能存活下去。

破產和裁員

從集體層面來看，冥王星和極致的財富有關，但是就一般人而言，我認為它代表的比較是破產，數個世紀以來這一直是人類的禁忌之一。從字源上來看，破產（Bankrupt）是由拉丁文的Bancus（桌子）以及Ruptus（破）組合成的，這是因為在羅馬時代討債者會把欠債者的工作桌打破，以達成殺雞儆猴的效果。古時候的人認為破產是非常丟臉的事，破產的人甚至會被剝奪公民權，而冥王星一向和公民權被剝奪有關，也和真正的死亡有關。同樣地，冥王星也和被裁員的經驗有關（如果冥王星是落在第六宮和第十宮，或主宰第六宮和第十宮，就有這種可能性），因為被裁員而失去工作是毫無選擇權的，所以往往會覺得無能和無力，甚至覺得蒙羞。事實上被裁掉的是一個人的工作以及受雇這件事，因此和那個人本身並沒有直接的關係。其實勢力被縮減的是這些人的老闆。總之，冥王星一向代表裁減、降低、脫掉或者曝露到只剩下骨頭的程度。

冥王星與諧星

喜劇諧星的星盤裡經常有明顯的冥王星能量，而且可能跟四個基本點（上升、下降、天頂、天底）成合相。歡笑是一種宣洩機制，通常人們會大笑，是因為看見某些人（尤其是掌權的人）遭到了貶抑。其實笑話的內涵裡多半有打破禁忌的成分，因此諧星訴說的通常是一些不宜公開說出的事。

金屬和礦物

冥王星主宰著鈽這個金屬，它是在一九四〇年由柏克萊的格林•希伯格（Glenn Seaborg）和另外幾個人共同發現的。鈽埋藏在天然鈾礦裡，一千克的鈽相當於二十二億瓦特的熱能。冥王星也主宰著石油和煤，以及那些在地球上存在了數百萬年、後來被壓縮到岩層裡面的物質。經過長時間的演化，加上不斷增加壓力和熱能，使得這些物質被轉化成了媒和石油。

大範圍

冥王星似乎主宰著那些真正掌權的組織、個人及企業，包括跨國公司、媒體鉅子或製藥公司。冥王星帶來的鉅富和權力往往是隱形的，如同地下犯罪組織裡的人也默默地掌握著大權。這些幫派份子都屬於冥王星的管轄範圍，其他如深淵、溝渠、管道裝置、地下鐵及隧道也在它的管轄範圍之內。

冥王星入十二星座

冥王星入巨蟹座 ♇♋

最近一回推進的時段：1913／14至1937／39

以前推進的時段：1423／25至1447／48，1668／70至1692／94

上一回的時段裡出現了許多戰爭，所以帶有相信「砲彈的力量」（the power of shell）的特質（巨蟹座的確和貝殼類有關）。人類在這個階段裡目睹了蘇聯的革命、第一次世界大戰、西班牙內戰，以及部分的第二次世界大戰。由於戰爭四起，因此有許多男人死在戰場上，女人——特別是母親，因而變得非常有力量。女性在這個階段不但在田地裡耕作，而且促進了工業的發展；在許多國家裡，女性首度得到投票權。這時家族、家以及國家都不再被視為理所當然；人們必須努力捍衛，它們才能繼續存在下去。這個階段也出現了世界性的經濟大蕭條，此外四千萬人因為全球性的流感而死亡。基於某些理由，人們在這個階段開始看到家庭生活的終止。

冥王星入獅子座 ♇♌

最近一回推進的時段：1937/39至1956/58

以前推進的時段：1447/48至1464/66，1692/94至1710/12

最近一回推進的時段被稱為「我的這一代」（the me generation），這時有許多人剛剛克服了冥王星落巨蟹座時的生存威脅感，所以自然會從潛意識裡冒出一種「我存活下來」的感覺，因此冥王星入獅子座，關切的是自我在對抗家族或國家的強權時的無力感。人們在這個階段裡目睹了原子彈的爆發以及令人驚駭的殘酷暴行（納粹集中營、廣島和長崎的原子彈爆炸），處在這些殘酷暴行的陰影下，個人往往覺得自己的力量非常渺小，而促成這類事件的人卻有極大的權力。總之，人類在這個階段目睹了一些極為有權力的獨裁者的鋒芒，包括希特勒、墨索里尼和史達林。電視的出現是另外一場革命，因為它完全改變了人類追求娛樂的方式，而人們之所以會崇拜名人或渴望成名，有一大部分是電視節目造成的。

冥王星入處女座 ♇♍

最近一回推進的時段：1956／58至1971／72

以前推進的時段：1464／66至1478／79，1710／12至1724／25

在最近一回推進的時段裡，冥王星和天王星大部分的時間都合相在處女座。這個階段裡有許多小型的東西改變了流行的風潮，譬如迷你裙、迷你汽車開始流行，而「披頭四」也從「小」昆蟲得到樂團名稱的靈感！避孕丸的出現等於頒發了一張性上面的許可證給人類；人們突然在性行為上得到了前所未有的自由；同樣地，小小的矽片和電腦也製造了一個嶄新的世界。許多農業傳統在這時不幸遭到摧毀。冥王星通過某個星座，似乎代表一些人或事物注定會遭到滅絕，譬如人們在五〇年代目睹了所謂的害蟲和雜草被化學殺蟲劑殲滅。瑞秋・卡爾森的著作《寂靜的春天》在一九六二年出版問市，喚醒了社會大眾對大自然面臨的危機的關注，環保運動也是從那時開始興起的。同時人們在那個階段裡目睹了強效清潔劑的盛行。電視廣告不斷教導家庭主婦在浴室和廚房裡使用清潔劑；人們開始過度注重殺菌和保持清潔，而這些行為都造成了大自然的毀壞。

冥王星入天秤座 ♇♎

最近一回推進的時段：1971／72至1983／84

以前推進的時段：1478／79至1490／91，1724／25至1736／37

天秤座是跟平等、平衡及婚姻有關的星座。冥王星入天秤座的階段，人們對權力的平衡變得非常執著。美國和蘇聯竭力避免造成彼此的敵對，因此在權力的消長上相當不安；男性與女性之間的不平等待遇，在西方促成了女權運動，使得人們朝向兩性平權的方向發展。女權運動加上避孕藥的發明，意味著婚姻不再是社會最主要的結構。情侶們可以自由選擇結婚與否；七〇年代初期，選擇婚姻的人開始逐漸減少，而離婚率卻明顯然提高了，人們在婚姻關係中經驗到的困難已經無法再壓抑，因此許多人不再接受婚姻制度。美國這時也開始注意到殘疾人士面臨的不公平待遇，或許是因為有許多受傷的軍人從越戰返回家園。

冥王星入天蠍座 ♇♏

最近一回推進的時段：1983/84至1995

以前推進的時段：1490/91至1502/03，1736/37至1748/49

在上回推進的時段裡，全世界開始注意到愛滋病的流行。為了不受到感染，文明社會開始學習這方面的性知識，性這個主題也在這時出櫃，被大眾公開地探討。在英國，鄉間的荷蘭榆樹得了類似愛滋病的一種病蟲害，幾乎所有的榆樹都被波及。非洲或許是最受冥王星入天蠍座影響的地區，而非洲也是愛滋病流行首當其衝的大陸。一九九〇年盧旺達爆發了內戰，繼而導致一九九四年的大規模種族滅絕。南非最後一任的白人總統克勒克（F.W.de Klerk）舉起了南非非洲人國民大會（ANK）的旗幟，尼爾遜・曼德拉從監獄裡被釋放，所有的種族隔離政策都被廢除。一九九四年南非開始由黑人組成的政府執政。

冥王星入射手座 ♇♐

最近一回推進的時段：1995至2008

以前推進的時段：1502/03至1515/16，1748/49至1762

上一回推進的時段裡，出現了許多道德和信仰上的十字軍，以及宗教和種族界分帶來的緊張局勢。英國這時興起了一種新的賭博風潮，原因是全國性的樂透開始發行，賭博方面的法令也有了改變。人們在這個階段裡開始對冒風險的事感到恐懼，譬如英國許多學校不再派交通車去接學生，因為無法承擔意外事件帶來的訴訟費用；某些地方議會提出報告，說明他們在道路修建的預算上，有三分之一都花在賠償因路面不平而造成的傷害。到處都有人害怕被控訴，因此射手座象徵的宏觀視野開始變得晦暗，冒險精神也逐漸降低。冥王星通過的星座，往往能描繪出社會的哪些成員會遭到嚴厲的懲罰，或者至少會面臨一些困境，而冥王星入射手座，代表面臨這些情況的往往是教會、依斯蘭教的基本信徒、教育機構及旅行者。九一一事件和伊拉克戰爭，都透露出對外國人以及「非白人」宗教的信仰者的偏執態度。這個推進的時段，也讓人目睹了移民者、吉普賽人及追求庇護的人遭到迫害，我們可以說冥王星入射手座與種族的清除有關。這時教會和教育領域裡的偽善作風被大量揭露，因而提供了許多新鮮的故事，這代表某些教會或教會領袖的「死亡」，可能會造成宗教界的大幅度震盪。政客們則因為不遵守道德準則，或因為他們的性偏好、在金錢及交通費上不誠實，而紛紛被罷職。人們對政府、政客和教會的信仰在這時也被推翻，以往天真的盲從傾向換上了質疑態度。在哲學和宗教上，冥王星入射手座可能要人們學會不再相信表面的包裝，而必須發現他們的信仰的精髓是什麼；當外圍的東西被摧毀之後，還有什麼東西是永遠無法毀滅的。最後值得一提的是，射手座是一個與誇張有關的星座，而冥王星象徵的則是恐怖，因此以我的觀點來看，恐怖主義帶來的危機可能有點被誇大。

冥王星入摩羯座 ♇ ♑

下一回推進的時段：2008至2023/24

以前推進的時段：1515/16至1532，1762至1777/78

誰都不知道冥王星進入摩羯座的下一個階段會出現什麼現象，不過有一個可能性，那就是各地都會有人想推翻政府，或者推翻代表社會根基的大公司或機構，而溫室效應也可能帶來巨大的天災。大公司裡的主管在這時可能會變得相當脆弱，因為天王星和冥王星將會形成九十度角，因此許多個人會起來挑戰跨國企業。冥王星進入摩羯座勢必會揭露各種體制的脆弱本質，而且這股能量不可能為傳統帶來支撐力。父親的角色也可能被重新評估，而且會出現影響年長男性的疾病，而防止男人老化的藥物也可能出現。

行星的顯達理論

在一七八一年天王星被發現之前，只有七個行星（包括太陽和月亮）是為人所熟知的，而這七個行星卻掌管了黃道十二星座，其中除了太陽和月亮之外，每個行星都主宰著兩個星座。比較傳統導向的占星師目前仍遵循這個法則，但以心理學為導向的現代占星師，則開始將天王星、海王星及冥王星視為寶瓶座、雙魚座及天蠍座的共同主宰行星。長久以來，大部分的占星師都主張，行星落在某些星座會比其他星座更有力量（有的甚至說更幸運），這些觀念考量的，多半是行星能量的強弱與否——行星「顯達」（dignified）或「衰弱」（debilitated）的原因，而且是從行星與星座的相稱性來著眼。舉例而言，太陽與火星的本質相似，因此太陽如果是落在火星主宰的牡羊座上，就可以說是它顯達或強勢（exalted）的位置，反過來看，火星如果是落在金星主宰的星座上，就是它衰弱或弱勢（detriment）的位置。同樣地，金星如果是落在火星主宰的星座上，也是它弱勢的位置。

主宰行星

行星與它主宰的那個星座之間有一種和諧性，因為這兩個元素有一種共通面向，所以會讓這個行星比較舒服自在；就像每個人在家裡都會覺得比較安全而有力量，因此行星落入自己主宰的星座上，的確比較容易支配那個星座的能量，但不必然會展現最好的一面。如果這個行星和其他行星形成任何相位，通常這個行星會掌控另一個行星的能量。根據卡特（Charles Carter, 1887-1968，英國占星學家）的說法，如果一個行星主宰著兩個星座，那麼落在陽性（火與風元素）星座上面，會比落

行星	被主宰的星座	強勢	弱勢	失勢
太陽	獅子座	牡羊座	寶瓶座	天秤座
月亮	巨蟹座	金牛座	摩羯座	天蠍座
水星	雙子座、處女座	處女座	射手座、雙魚座	雙魚座
金星	金牛座、天秤座	雙魚座	天蠍座、牡羊座	處女座
火星	牡羊座（天蠍座）	摩羯座	天秤座（金牛座）	巨蟹座
木星	射手座（雙魚座）	巨蟹座	雙子座（處女座）	摩羯座
土星	摩羯座（寶瓶座）	天秤座	巨蟹座（獅子座）	牡羊座
天王星	寶瓶座	天蠍座	獅子座	金牛座
海王星	雙魚座	巨蟹座	處女座	摩羯座
冥王星	天蠍座	牡羊座	金牛座	天秤座

在陰性（土與水元素）星座上更有力量，他舉例來說：如果火星落在天蠍座，木星落在雙魚座，土星落在寶瓶座，比較容易發生意外。

強勢位置

擢陞（exalt）這個字真正的意思是「提升」，因此居強勢位置（Exaltation）的星座通常能把行星最佳的一面帶出來。Exaltation在宗教上代表的是進入更高的天堂，故而更接近上主一些，或許這多少也說明了落在強勢位置的行星為何比較不自私、不帶個人色彩，而且更容易朝著良善的方向發展。更具體地說，行星落在強勢的星座上面，往往會以它最典型的方式運作。威廉·勒力把落在強勢位置的行星形容成一個備受重視的貴賓，而這個貴賓會得到主人最佳的款待和關注。

弱勢位置

行星如果落入它主宰的星座對面的那個星座上，就是落在弱勢位置，但並不包含好或壞的意思，只是這個行星通常會以與原先的目標相反的方式運作。例如，太陽本來關切的是此生英雄之旅的達成，但是若落在與英雄最不合且最擁護平民百姓的寶瓶座，顯然是不利的位置。落在弱勢位置上的行星，會以不利於它原先的角色的方式運作，所以在某種程度上它的力量會被削弱。這有點像足球比賽時，回到自己地盤的這個球隊，往往會被視為居於有利的地位，而對立的那個球隊則居於不利的地位，因為他們來到了一個陌生的領域，進入了對手的勢力範圍內。

失勢位置

如果行星是落在它強勢星座對面的星座上，就是所謂的「失勢」（fall）。根據傳統的看法，這比弱勢更不利，甚至被描述成失去恩寵，或是從天堂墜落下來；如果強勢暗示著與天堂比較接近，那麼失勢就意味著離天堂最遠；如果說行星落在它主宰的星座像是回到自己家裡，那麼居弱勢位置就是不在家裡，而失勢則可以說是到了一個非常遙遠的地方。當我們遠離家園移居到一個異國文化裡，我們最主要的考量就是如何生存下去，我們根本沒有足夠的資源可以為他人著想，而必須專注在生存這件事上面。因此我認為落在失勢位置的行星之所以會顯現自私傾向，是因為這個行星進入了一個陌生環境，因此感覺很不安全。

必須留意的部分

從事件派占星學的角度來看，考量行星的顯達與否可能是很有用的做法，但是在個人本命盤的解析上，其作用卻沒那麼明確，其中有好幾個原因，最主要的是跟這種概念盛行的時代有關。在古早時代裡，個人沒有太多能力可以超越眼前的情況，也不太能選擇適合自己的生活方式，但今日的男性已經不再需要去打戰或狩獵，女性也不再是命中注定要結婚、生子或管理家庭。如果現今的社會仍然認定女人必須扮演妻子和母親的角色，那麼一個女人的月亮若落在巨蟹座和金牛座，的確很適合扮演這樣的角色，而一個男人如果能吸引來這樣的伴侶，當然是很有利於他的。基於這樣的看法，行星落在顯達的位置上，仍然是個強而有力的重點；但是依我看來，行星落在強而有力的位置上，並不代表它就能展現出最優質的一面。

行星的互融

如果兩個行星落在其主宰星座的對分相位置上，譬如月亮落在摩羯座，而土星落在巨蟹座，便是一般所謂的「互融」（mutual reception）。有的占星家認為在這種情況下，這兩個行星也算是居於顯達的位置，而且帶有合相的味道。但以我的觀點，這其實帶有月亮和土星形成相位的意思，所以可以說是一種能量「雙重撞擊」（double whammy）的情況。

第五章 相位及行星的組合

第一部分：相位

「相位」（aspect）這個字意味著「可以從某種角度來看事情」。在占星學上，相位這個字是用來描述行星之間的關係，以及行星和四交點（上升點、下降點、天頂、天底）的關係。每一個行星或四交點如果與其他的行星或四交點出現某種距離（以經度計算），而這個距離在整張星盤的圓周裡形成了特定的度數，我們就可以說雙方組成了某種相位。相位代表的是行星之間以及和四交點的互動方式，譬如它們可能彼此支持、增加能量，也可能彼此壓制或干擾。

以下介紹占星師最常採用的六到十個相位：

這些相位可以區分為主要或次要，或是劃分成五種基本類別：

相位名稱		角距	容許度	相位性質	圓周劃分
合相	☌	0°	8°	主要－中性	0
對分相	☍	180°	8°	主要－困難／活躍	2
四分相	□	90°	8°	主要－困難／活躍	4
三分相	△	120°	6°	主要－柔和／被動	3
六分相	⚹	60°	4°	主要－柔和／誘使	6
半四分相	∠	45°	2°	次要－困難／活躍	8
八分之三相	⚼	135°	2°	次要－困難／活躍	3/8
半六分相	⚺	30°	2°	次要－刺激	12
十二分之五相	⚻	150°	2°	次要－刺激	5/12
五分相	Q	72°	2°	次要－創造力	5
七分相	⚹	51.5°	2°	次要－創造力	7

一、合相（conjunction）或中性相位，亦即兩個星體佔據了同樣的經度位置（或者近乎同樣的位置）。如果從地球來觀察，它們是並列在一起的；這是最容易被發現的相位，但不一定是最容易詮釋的相位。

二、困難相位（hard），有時也被稱為「挑戰」（challenging）或「活躍」（dynamic）相位。若採用等宮制，那麼一個相位把圓周劃分成兩半，就是所謂的對分相（opposition），把圓周劃分成四個部分即四分相（square）；劃分成八個部分就會創造出半四分相（semi-squares），亦即佔據了圓周八分之一的位置；若是佔據了八分之三的位置，便是所謂的八分之三相（sesquiquadrate）。這些困難相位是非常有能量的，它們會帶來掙扎、奮鬥、巨大的成長潛力和成就。

三、柔和相位（soft），也稱作流暢（flowing）或輕鬆（easy）相位，它意味著圓周被劃分成三個等份（三分相 trine）或六個等份（六分相 sextile）。

四、如果一個相位把圓周劃分成五個部分，便是所謂的五分相（quintile），劃分成七個部分就是七分相（septile），劃分成九個部分就是九分相（novile），或者也可以把五、七、九再加倍，而形成更多的度數。星盤的圓周被劃分得越細，就越可能帶來更明確的訊息（譬如基因上有不正常的遺傳），但還是需要更深入的研究才行。一般而言，圓周被劃分得越細，形成的度數就越精細，而往往顯現出不尋常的特質和情況。

五、還有一些相位不會使圓周形成任何形狀，譬如十二分之五相（quincunx，在美國稱其為inconjunct，代表兩個行星距離五個星座之遠），以及很少用到的半六分相（semi-sextile，代表兩個行星距離一個星座之遠）。

容許度

所謂的容許度（orb），指的就是兩個行星並沒有形成正相位，但彼此形成的角度已經造成一種能量感。其實容許度是一個頗受爭議的命題，前文表格中標示的容許度是一般占星師喜歡採用的，我則比較傾向於用度數較小的容許度。事實上並沒有一種特定的度數會讓人產生感受或不產生感受，但可以確定的是，一個相位的影響力會隨著容許度的放寬而減弱，那些緊密相位一向能帶來強烈的感覺。我們不妨將其想像成交響樂團的演奏情況，緊密的行星相位就像樂團裡的銅管樂器一樣，主宰著整個樂團的演奏活動，而容許度較寬的相位，則像樂團後方的三角鐵發出的聲音。當一個樂團有許多樂器同時在演奏時，三角鐵的聲音是不容易被聽到的，但如果很仔細地去聽，或許還是可以聽得到它的聲音。同樣地，一張星盤裡容許度較寬的相位，也能夠藉由專注的覺知而被意識到。呈緊密相位的合相、四分相和對分相，往往會帶來強烈的能量，就算是一個騎著馬在奔馳的盲人，也無法忽略其中的能量。凡是涉及到太陽、月亮或上升點的相位，傳統上都會把容許度放寬一些。

容許度寬或窄的標準

要看涉及的行星是什麼。通常十二分之五相、五分相、半四分相和八分之三相的容許度不可大過2°。其實賦予這些相位2°的容許度都嫌太寬了，而賦予合相、對分相或四分相2°至3°的容許度，則被視為太窄。

相位的重要性

大部分的星盤都有許多相位，因此初學者很難決定哪些相位重要，哪些是不重要的。答案端看特定相位的本質是什麼，或者有多緊密。無疑的，初學者本來就該把注意力放在合相和困難相位上面，因為它們代表的是一個人主要的性格特質和生命基調；此外，如果三分相和半三分相的角度很緊密（大約在2°內），而十二分之五相的容許度也在1°之內，也值得加以關注。五分相和七分相除非是正相位，否則初學者可以不去理睬。

簡而言之，你應該把重點放在：

- 合相。
- 最緊密的相位。
- 困難相位。

合相

相位之間的星座數目：0°。

角距：0°。

建議的容許度：最大到8°，除非涉及到太陽、月亮和上升點。

合相永遠是一張星盤的重點，因為它會帶來巨大的能量和驅動力，我們可以說，這等於是把好幾個雞蛋放在同一個籃筐裡，所以是應該非常值得關注的部分。至於一個人對合相的感覺是輕鬆的或困難的，就得看這兩個行星的本質是什麼了。舉個例子，月亮和金星都帶有柔和的女性特質，所以加在一起的感覺是舒服的，但月亮和土星加在一起就顯得困難了。

對分相

相位之間的星座數目：6個。

角距：180°。

建議的容許度：最大到8°，除非涉及到太陽、月亮或上升點。

一張星盤裡的對分相，可以看成是政府的反對黨角色。舉例來說，左翼和右翼政黨扮演的角色，就是在防止對立的那個黨變得太極端，雖然實際運作的時候，雙方都可能把對方推往更極端的方向。對分相大部分是透過關係而顯現出來——人和人的關係、人和團體的關係，或者人和社會的關係；我們會把自已的另外一面投射到他者身上。其實四分相也有投射的成分，不過它投射的對象大部分是事物、金錢或物質世界。對分相的作用就在於促進覺知，也就是要覺知事情永遠有正反兩面，而大部分的情況都帶有悖論（paradox）的成分。對分相可能會增強衝突和極端化傾向，但也可能帶來猶豫不決，因為它容易使人看到對立的兩個面向，所以缺乏和諧性。

對分相通常涉及到對立的星座，所以在元素上往往有一種相稱性，譬如火元素對立風元素，土元素對立水元素。但是正的對分相卻會出現在相同的星座模式之間（譬如變動星座與變動星座的對立），這時緊張的能量就會出現。總之，行星之間或是與四交點成對分相，在某種程度上還是彼此矛盾的。

四分相

相位之間的星座數目：3個。

建議的容許度：最大到8°，除非涉及到太陽、月亮或上升點。

角距：90°。

四分相是在兩個不相稱的元素但模式卻相同的星座之間發生的，譬如牡羊座（創始星座與火元素）和巨蟹座（創始星座與水元素）成衝突相，或是牡羊座與摩羯座（創始星座與土元素）成衝突相；因此，四分相代表的是人生的困境和挑戰。它雖然也可能透過關係而顯現出來，但投射的生命領域往往帶有物質性，因此這種相位多半會造成健康、金錢、工作或其他現實層面的問題。

當兩個行星形成四分相的時候，我們通常會對這兩股能量的結合產生不確定感，這股不確定感會帶來恐懼、緊張和窘迫的反應，而且是不易被充分覺察到的。成四分相的兩個行星會因為彼此排斥、互相干擾而帶來緊張，也可能造成自我意識過強和罪惡感，但那種掙扎和不確定的感覺往往會促使我們改善自己，給我們一個發展潛能的機會，如果我們不去轉化這股能量，那麼四分相就會帶來阻礙，它涉及的生命領域會讓我們有一種用頭去撞牆的感覺。雖然如此，我們仍然會在這些領域裡獲得成長，難怪它會被視為自我成長和發展上最有利的相位。

四分相是不容被忽視的，因為它代表的就是我們和世界相遇、影響外在世界以及被世界影響的部分。但四分相也會帶來焦慮，而且會促使一個人做出過度的行為，來證實自己能達成這些行星的目的，所以這個相位涉及的行星內涵必須加以留意。四分相同時也代表我們會陷在其中以及停滯不動的部分（尤其是兩個行星都落在固定星座上面）。如果出現了這種情況，那麼外界往往會驅迫我們動起來。四分相是能量最高的相位，就好像皮膚很癢必須搔到癢處似的；它永遠會引起我們注意。

半四分相和八分之三相

角距：45°和135°，圓周被劃分成八份或八分之三份。

這個度數是由占星家瓊納斯・卡普勒（Johannes Kepler）引介的，但傳統的占星師很少採用它，因為他們比較注重合相、對分相、四分相、三分相、半三分相以及十二分之五相，而往往把半四分相和八分之三相視為次要相位。

建議的容許度：2°。

以我的觀點來看，這兩種相位仍然有其重要性，雖然它們比四分相的能量要弱許多。它們代表的是物質世界帶給我們的困難和挑戰；它們的領域比較特定，也比那些重要的困難相位的範疇要窄一些。在個人星盤裡面，它們的確可以被忽略，但是在事件的層次上，它們卻顯得很重要，尤其是跟四分相或對分相有所連結的話。它們之所以很難被觀察出來，主要是因為它們代表的多半是無意識底端的問題，雖然在心理層面它們不會帶來太明顯的特徵，但卻會造成戲劇化的事件。如果我們意識不到某個心理問題，這個問題就可能被壓抑下來，日久之後往往會以戲劇化的方式爆發出來。換句話說，這股能量會階段性地被迫釋放出來。

三分相

兩個行星之間的星座數目：4個。

角距：120°。

建議的容許度：有許多占星師喜歡採用8°的容許度，但我認為6°已經算是最大了。在諮商時我甚至會忽略三分相，如果它的容許度超過3°的話。

呈三分相的行星似乎有握手言歡的意味，它們會允許彼此暢然無阻地表現自己，也似乎能支持和促成對方的表現，但三分相並不是能帶來成長的相位，因為成長不可避免地涉及到奮鬥和掙扎。雖然它被看成是主要的相位之一，但根據我的經驗，除非它的容許度很緊密，否則在詮釋星盤時是可以被忽略的，因為它的能量太被動或太缺乏活力，而且不會示現成具體的現象。

三分相會帶來滿足和愉悅感，因為我們在表達這股能量時比較不會有自我懷疑和罪疚感。雖然三分相會免除掉辛苦的努力，但我們還是不該把它當成完全沒問題的相位，就像四分相不該被看成是壞相位一樣。由於它會帶來自滿，所以在集體意識的層面或關係的面向上——也就是在別人的感受上，並不是一種良好的相位能量。此外，三分相也會造成最少阻力的情況，所以我們會變得比較被動；它也往往會帶給我們好運，而且不會遭到別人的挑戰，因此能夠讓我們逃脫一些壓力，或者把事情視為理所當然。它代表的是生命較為輕鬆的領域，但由於大部分人都想過輕鬆日子，所以它也能提供一些線索，使我們了解是什麼力量在推動著一個人。

次三分相

星座的數目：2個。

角距：60°。

建議的容許度：某些占星師會把容許度放大到5°，但3°可能是比較符合現實的度數。

次三分相雖然也被稱為柔和相位，但它比三分相要積極一些。次三分相是發生在不同但相稱的元素之間，譬如水和土或火與風形成的次三分相，因為水需要土，火需要風。比爾・提爾尼（Bil Tierney, 1940-，美國占星學家）採用了「誘使」（coax）這個字做為次三分相的關鍵字，我覺得這是非常貼切的說法，因為這兩個星體都會誘使對方採取行動。這個相位之中可能存在著一種才能，但這種才能是可以被善用的，它不像三分相那麼幸運，卻能帶來許多機會。這兩個星體彼此可以有效地合作，而且帶有一種先天的能力，不過必須付出一些努力。

十二分之五相

相位之間的星座數目：5個。

角距：150°。

建議的容許度：4°

呈十二分之五相的兩個星座彼此沒有任何相似之處（元素或模式），但它們可能有相同的主宰行星，譬如金星同時主宰著金牛座和天秤座，火星同時主宰著牡羊座和天蠍座，而這可能就是問題所在，因為有關聯的兩股能量不認識彼此。十二分之五相一向與緊張、壓力及摩擦有關，而且也缺乏對分相和四分相的活力和成長潛力，它不像主要的困難相位那麼容易被意識到，也不具有那麼大的力量，但卻會導致成敗分明（make or break）的情況。其中的一個行星似乎干預了另一個行星的表現，但還未到阻擾或帶來挑戰的地步。我們不妨想像一下一個情況：你的住家在醫院附近，你不幸出了點意外，所以跑到醫院去縫合你的傷口。這時十二分之五相代表的就是當你正跑步時，發現鞋子裡有顆石頭令你非常不舒服。星盤裡的十二分之五相的確可能令我們非常不舒服，但壓力還未大到必須採取行動來解決這個問題。

此相位一向與健康問題有關，卡特甚至認為它和死亡有關聯。這可能是因為六宮及八宮的宮頭本來就和上升點（一宮的宮頭）成150°。或者它代表生活裡有一種潛在的壓力，但我們往往會忽略它，於是久而久之就造成了健康上的問題。有趣的是，伴侶的星盤之間經常有這個相位，這或許是因為這個相位落入的星座能夠提供機會讓彼此學習，譬如巨蟹人可以從寶瓶人那兒學會不執著，而寶瓶人則可以從巨蟹人那裡學會重視家庭等特質。

請留意次三分相及半四分相都屬於同樣的相位系列，但是它的作用力卻比較微弱。如同十二分之五相裡的星座一樣，距離30°左右的星座在模式和元素上也沒什麼共通性，所以和前者有相似之處。

詮釋十二分之五相的訣竅

在本書後續章節裡探討的行星相位，將不包括十二分之五相，因為這個相位的壓力似乎是源自於星座而非行星，若想解決這個相位帶來的壓力，最好是從它相關的星座來著眼，看看需要做出什麼樣的調整，才能讓它們之間的感覺變得比較舒服一點。例如，獅子座與雙魚座之間的壓力是源自於獅子座的需求比較自我中心（需要被認可、被矚目），而雙魚座則比較傾向於無我。解決這個難題的方式可能是先採取無私的行動，來促進自我認同和更大的價值感。此外，這兩個星座都跟戲劇有關，因此演戲可能是一個很好的抒發壓力的方式，因為演員融入於角色時會完全忘我，而且又能獲得掌聲和讚美。十二分之五相的星座之間的問題，多半在於自由與親密、個人與夥伴或人與世界的矛盾，這個相位通常會加重星盤裡已經存在的問題，但它們本身並不代表重要的人生議題，因此在詮釋星盤時是可以被忽略的。

五分相

角距：72°

圓周被劃分成：5份（360÷72=5）。

與5相關的度數包括雙重五分相（Biquintles 144°）、十分相（Decile 36°）、二十分相（Vigintile 18°）以及三重十分相（Tridecile 108°）。

建議的容許度：三重十分相和雙重五分相的容許度是2°，其他的幾個相位則不超過1°。

這是一個代表創造力的相位，它描述的是我們會被吸引的藝術形式（廣義的藝術），而且我們可能在上面發展出卓越的技藝。我們會對這個領域著迷，而且會在世界上展現這方面的能力。舉例來說，我的星盤裡有木星和土星的雙重五分相，你可以說身為一名占星師，我非常執著於和時間（土星）有關的哲學（木星）。本書並無意進一步地探討這個相位，但是研究「泛音盤理論」（譯注：harmonic theory，由約翰．艾迪首創的占相技法，其理論源自音波的共鳴特質。）的占星家已經發現，這個相位描述的是一個人的工作，甚至是行事風格的特質。

七分相

角距：51.43°

圓周被劃分成：7份（360÷51.43=7）

與7相關的度數有雙重七分相（Biseptile 102.86°）以及三重七分相（Triseptile1 54.29°）。

建議的容許度：七分相的容許度是2°，其他相位都是0.5°。

七分相是另一個和創造力有關的相位，但它比較帶有浪漫、情緒化和感受深刻的特質。七分相代表的是我們想像的世界，以及人生在哪個面向能夠啟發我們，或者我們將如何啟發別人。我們對自己以及對世界的想像往往缺乏現實上的基礎，因此這個相位也有它危險的一面。探索者和發現者的星盤裡時常有這個相位，因為這類人最關切的就是發現；它之所以和啟發有關，是因為在發現的那一刻會有受啟發的感覺。

無關聯性相位

無關聯性相位（dissociate aspect）只可能發生在行星、四交點或其他星體落在星座的開端或尾端的情況下，這時元素和模式的準則就被打破了，而這個相位就等於是脫離了星座模式形成的影響力。例如某個行星是落在金牛座，與射手座呈對分相。通常金牛座與天蠍座或雙子座與射手座是對分的，但那個星體如果是落在29°的金牛座，另一個是落在2°的射手座，也會形成相當緊密的對分相。有的占星家會把這種無關聯性相位排除掉，但我們在學習時必須明白重點是在角距而非星座之間的關係。一般而言，無關聯性的三分相可能比元素相同的三分相還要有利，因為比較不那麼被動，而無關聯性的困難相位，也可能比模式相同的困難相位更柔和一些。

入相位和出相位

入相位（applying aspect）指的是運行速度比較快的行星，正在接近速度比較慢的行星——換句話說，它們快要形成正相位了。出相位（Separating aspect）則代表正相位已經形成了，但走得比較快的那個行星正在脫離另一個速度比較慢的行星。在事件占星學派裡，了解這兩種相位的差異性是很重要的，因為出相位意味著事件已經發生了。在本命盤的詮釋上，出相位代表的是一個人還未誕生之前某些事件已經發生了，而入相位則代表事件可能會在未來發生，不過這種觀點其實會造成誤導，最重要的是，入相位可能比出相位更有力量，其他還得再深入探究才能下定論。

欠缺的相位

占星家就像藝術家一樣必須學會觀察，他必須發現是什麼元素使得一張星盤有別於其他的星盤，這其中的一個著眼點就在於相位的欠缺或特別有能量。另外我們必須留意的是哪一個行星形成了最多的相位，而哪一個沒有任何相位。

- 星盤裡沒有合相：這是經常會出現的情況，但是否值得研究仍有許多爭議。由於合相往往能夠驅動一個人，而且是一張星盤的焦點，所以完全沒有合相，可能代表缺乏動力和方向，不過也代表解釋上比較有彈性。
- 星盤裡沒有對分相：此人會傾向於極度主觀，往往無法從別人的角度來看自己，也不能接受別人的意見或回饋。這可能是源自於無法覺知自己和他人的本質。
- 星盤裡沒有四分相：這類人可能缺少動力或活力，而且會選擇容易的路走，但如果有其他的要素，或許會減輕這種傾向。這類人的童年生活通常很穩定，而他們的本能就是維持固有的狀態，所以不會去頂撞他的根源。

- 星盤裡沒有三分相：如果一張星盤裡有許多四分相而完全沒有三分相，那麼此人容易跟自己或世界對立。他會有凡事過度的傾向，而且精力旺盛，喜歡推翻原有的基礎。這類人會習慣性地認為事情很困難，而且真的很容易造成困難。

相位最多的行星

值得留意的是，相位最多的那個行星，經常是整張星盤裡能量最強的部分，這代表那個行星能夠完全統合到一個人的內心和生活裡，而且這個行星的能量有許多表現的管道。

沒有相位的行星

如果我們把次要相位也納入進來，那麼也許沒有任何行星是沒有相位的，但如果只專注在重要的相位上面，那麼某些行星的確可能沒有相位。事實上，占星師用的容許度如果比較窄，就會有較多的行星是沒相位的；可能只有兩三個行星有相位，其他的就沒有了。傑弗瑞・狄恩（Geoffrey Dean）和他澳洲西部的同僚們於七〇年代在這方面做了一些研究，他們發現那些獨自運作的行星，或是兩三個沒有相位的行星，每每會顯現出一些重要的信息。舉例來說，他們發現如果一個人的火星沒有任何相位，那麼這個人就會「一直在忙碌」。多產作家的水星經常是沒有任何相位的，包括艾格莎・克莉斯汀在內。沒有相位的行星幾乎像是在獨自運作，有一點像次人格的狀態，它們的本質並沒有統合到整個人格裡面。這不一定是好或不好，通常這個行星（或多個行星）帶有一股想要表現自己的渴望，而其他行星的能量似乎都無法干擾到它的表現。

第二部分：相位的圖型

歷代以來的占星家賦予了相位構成的圖型一些意義和名稱。占星學子只要一發現這類圖型，多半會覺得很興奮，但實際上它們並沒有太大的重要性。當我們在詮釋一張星盤時，必須分別檢視所有的行星相位、星座和宮位，然後再將它們組合成一個更完整的畫面。這些圖型之中最重要的就是星群（Stelliums）、T型相位（T-square）以及大十字（Grand Cross），因為它們代表的是最沉重的問題和最大的成就，接下來就是大三角（Grand Trine）和上帝的手指（Yod）。

星群

這是很容易被注意到的圖型。當四個或更多的星體合相在一起的時候，就會創造出能量集中的狀態，而當能量這麼集中在特定的區域內時，相關的那個宮位（或幾個宮位）以及落入的星座的能量就會變得很強。星群能顯示出一個人存在的理由，特別是涉及的行星可能都主宰著星盤裡大部分的宮位，就像有許多的雞蛋放在同個籃子裡的重要性一樣。星群顯然和一個人的動機、焦點及人生目的有緊密關係。其中的每一個行星之間的距離多半在8°內，即便頭一個和最後一個行星沒有形成合相，也還是應該被視為同一個星群；如果涉及的行星全部是8°內的合相，就是最強而有力的星群。這類人的專注態度既可能是一種恩寵，也可能是詛咒；說它是一種恩寵，因為這類人的目標很明確，不過由於視野狹窄和偏頗，所以往往也會變成詛咒。

T型相位

如果兩個行星彼此對立，而且有第三個行星與它們成90°，就形成了T型相位。那兩個形成90°的行星結合的點就是所謂的頂點（apex），它的作用是促使兩個行星產生更多的覺知，來解決這個圖型造成的兩難之局。而頂點對面的那個點（有時稱為「空的腿」empty leg），則會帶來一種解放，提供一個能排解壓力的生命領域；居於頂點的行星則能將這個圖型的潛力釋放出來。大約有三分之一的人星盤裡都有T型相位，如果有這種情況的話，那麼這個帶有巨大能量的圖型，勢必會掌控這整張星盤以及此人的生命。T型相位象徵的是一個人最緊迫的生命課題，如果能面對這些問題，就能有所成長或帶給世界一些顯著的貢獻。因此T型相位暗示著必須克服的問題和需要學會的功課，同時也提供了巨大的成長潛力。

如何詮釋T型相位：

1. 仔細考量這個相位裡的行星、星座、宮位及宮位的主宰行星。
2. 觀察一下這些行星、星座及宮位裡有沒有「雙重撞擊」的情況，因為這能讓我們了解此圖型最主要的議題是什麼。例如，如果與水星形成90°角的那個行星是落在雙子座和處女座（水星主宰的星座），那麼其中就帶有雙重的水星特質。
3. 請把這些行星想像成人或能量的類型，看看這三個人關在一間屋子裡會怎樣，或者這三個行星的法則湊在一起會產生什麼樣的故事。

行星落在相同模式的星座上面，往往會形成T型相位，我們不妨從星座模式三分法來思考，或許能更了解T型相位的意思：

- 由創始星座構成的T型相位：以目標為導向，充滿著驅力和活力，這類人總是在忙碌，很善於完成和推動事情，但因為缺乏耐性和堅持要有行動，也可能導致太快做決定或是與人正面衝突。這類人通常會掙扎在自我、家庭、夥伴和事業之間。
- 由固定星座構成的T型相位：有耐力、有決心、有目的性，這類人不容易在壓力下妥協，但頑固、缺乏彈性、停滯不前以及墨守成規的特質，卻是不可避免的缺點。這會阻礙成長和行動，能量也會因此而鎖住，並且會有階段性的情緒失控。
- 由變動星座構成的T型相位：這類星座關切的是思想、理解力和溝通，因此T型相位或大十字若是涉及到變動星座，將十分有利於教育、溝通，以及和健康有關的領域。這個相位的特質是伸縮性高、多才多藝，但也可能缺乏毅力、逃避問題或過度配合他人。這類人往往不安於室，很難達成目標。

有關T型相位的詮釋可以參閱第九章。

大十字

有時也被稱為「宇宙大十字」（Cosmic Cross）。當四個對立的行星交叉在一起而形成四個九十角的時候，就是所謂的「大十字」了。根據《本命盤最新解析》（Recent Advances in Natal Astrology），只有百分之五的星盤裡有這個圖型；顯然這是相當罕見的。和研究T型相位一樣，首先要考量的是這個圖型的星座模式，然後才是行星落入的星座、宮位以及宮位的主宰行星，同時也要觀察行星、星座或宮位裡有沒有「雙重撞擊」的情況。其實T型相位的許多詮釋都可以用在大十字上，其中比較顯著的不同就在於大十字較為複雜，而且帶來了更多的可能性。T型相位比較能提供明確的焦點，大十字則有一種同時被四個方向拉扯的感覺。這個圖型帶有一種成敗分明的特質，而且十分有才華，能夠成就偉大的事來，往往帶有明顯的土星特質。這類人的生命歷程裡充滿著障礙，但成就很大，而且通常是辛苦贏來的。以下提出幾個簡略的要點：

- 由創始星座構成的大十字：充滿著企圖心和競爭性，可能會過度努力或過於強求。會堅持以自己的方式來做自己想做的事，有時極為缺乏耐性，故而導致挫敗感或是容易遭到意外。建立清晰及謹慎規劃的目標，往往能幫助這些人免於做出錯誤的決定或發展方向過多的情況。他們必須培養耐性、定力和平衡性。
- 由固定星座構成的大十字：意志力強、不肯屈服，有驚人的力量、決心和毅力，能夠幫助別人度過危機。但是強烈的欲望和缺乏彈性的態度，卻可能導致情感上的痛苦，而且容易產生忌妒、憤怒和佔有慾，所以必須學習認識及釋放這些情緒。這類人必須發展出某種程度的伸縮性，並且要認清「放下」並不是一種脆弱的表現，而是正確的行事態度。
- 由變動星座構成的大十字：這類人會覺得時間和興趣被四面八方的力量不斷拉扯；他們有強烈的擔憂傾向，容易不安於室、猶豫不決、意志不堅、停滯或過度沉潛，以及不願意為任何事或人做出承諾。這類人會覺得活在不斷變動的狀態裡比較安全，因此必須培養某種程度的持續力，而且要落實下來才能有所成長。

大三角

當兩個行星彼此形成120°，並且和另一個行星也形成120°時，就構成了「大三角」。這種情況除非是無關聯性相位，否則這三個星體都會落在同樣的元素上。有大三角的人生活往往受到保護，無憂無慮，而且很幸運（和涉及的元素及宮位的生命領域有關），但是缺乏挑戰以及被動的態度，也會讓這類人很難成熟，因為他們在相關的生命領域裡學不到什麼東西。

- 由火象星座構成的大三角：這類人很難意識到危機，處在危險情況時似乎會得到保護，生活的節奏總是很快。
- 由土象星座構成的大三角：這類人在物質上十分幸運，可能會繼承一大筆錢或是嫁給有錢人，也可能有別的原因令他們能免於貧窮。
- 由風象星座構成的大三角：通常興趣很廣泛，總是有許多機會，但學習態度不積極會導致膚淺的理解。
- 由水象星座構成的大三角：會展現出水象星座常見的依賴性，但需要的東西很容易獲得，所以不易認清或克服這些需求背後的欲望。

大三角能提供穩定度，但是太穩定也會導致不活潑；這類人完全不想變動，但停滯不動則無法帶來成長，也不能促進對事物的企圖心，因此大三角雖然代表有潛力和才華，以及能夠享受生命，但卻無法提供必要的紀律來展現這些才華。這個圖型的活力可能會在別的地方表現出來，但前提是整張星盤必須仔細研究才行。

上帝的手指

有時也稱為「命運的手指」（finger of fate）。當兩個行星形成一個60°的相位，而且和另一個行星形成兩個150°相位時，就是所謂的「上帝的手指」。居於60°相位對面的那個點上的行星，一向是最需要留意的，因為它就像是一隻筆的筆尖一樣，在某個領域裡進行著非常特定的活動。有時它也象徵一個人命中注定要做的事，包括必須發展出來的技藝和必須追求的目標。

大風箏及神秘矩形

當一個行星落在大三角的三個行星的對面時，這第四個行星和這個大三角就會串連成一個對分相和兩個六分相，也就是所謂的「大風箏」（Kite）。神秘矩形（Mystic Rectangle）則是由兩個交叉的對分相及兩個六分相和三分相組成的。這個圖型很不容易出現，它大致的意義還有待觀察。這兩個圖型的重點就在於其中的對分相及柔和相位，它們都不代表行動力或是在世上的特定顯化情況，基於這個理由，我們可以不需要太關注它們。它們和大三角比較不同的地方，或許在於它們帶來的才華和機會比較容易覺察到，而且有更大的可能性可以去運用這些才華，特別是這兩個圖型如果有一個或多個行星和另一個T型相位連結的話。這兩個圖型的行星要不是落在火象或風象星座，就是落在水象或土象星座，這也許能提供比較有用的著眼點，來詮釋整張星盤，因為這代表此人若非具有明顯的陽性能量和外向性格，就是有明顯的陰性能量或內向性格。大風箏和神秘矩形都能增加穩定度和連貫性，因此能幫助一個人維持住原有的基礎。

第三部分：行星的組合

如何利用以下的提示

以下的簡短提示是為了增加占星師的研判速度。如果相位很緊密，例如星合相或困難相位，這些提示就會更貼切。柔和相位通常可以忽略，但如果相位很緊密的話，那麼詮釋者就可以將這些提示結合他們對三分相或六分相的理解，來做出更貼切的解釋。雖然這些內涵主要是在詮釋個人本命盤，但也能促進我們在其他占星派別上的分析及預測能力。這些提示只有在運用於主要相位時才有用，所以不包括十二分之五相、五分相和七分相（這些相位都需要個別研究）。如果想在行星組合方面了解得更仔細，請參考我的另一著作《占星相位研究》（Aspects in Astrology）。

太陽與月亮的組合 ☉☽

這個組合的所有緊密相位都代表某種形式的創造力（由星座可以看出其內涵）。柔和相位會為這類人的人生或性格帶來某種程度的穩定性，困難相位則代表父母之間有分歧，而個案的基本需求與渴望的事物之間也會有矛盾。這類人過往的家庭背景造成的心理需求，可能會阻礙他們往前進展。這兩個星體形成的合相如果是落在失勢位置，那個位置的星座和宮位就是必須關注的重點。誕生在新月時分的孩子往往有特質非常相似的父母，而且其中之一可能扮演雙親的角色，或者此人是由單親扶養，甚至可能是在孤兒院裡長大的。

太陽與水星的組合 ☉☿

這兩個行星的距離不可能超過二十八度，因此只可能形成合相。這類人很難意識到大部分人都有的主觀傾向在自己身上也有，他們也很難和自己的意念、概念及觀點保持距離，如果他們和別人有不同的意見，往往不易從別人的角度來思考，而且容易被觸怒。但如果有其他相位與這個合相連結在一起，而這個合相落入的星座是有利的位置，就可能為思維的過程帶來能量，而且能認知到教育的重要性，言語的表達上也比較有信心。

太陽與金星的組合 ☉♀

由於太陽和金星的距離不可能超過四十八度，所以只可能形成合相或半四分相。這個組合會帶來溫暖、受歡迎及柔和的性格，但也可能有懶惰、自我耽溺及奢華的傾向。這類人會渴望取悅別人，或是過於期待受人歡迎和被愛，而這會導致太容易妥協或讓步。他們的關係很可能是他們最重要的部分，但金星往往會減低太陽的活力。這類人很愛他們的父親，而父親也可能是性格溫和有愛心的人，甚至可能不惜一切代價都要維持和諧。

太陽與火星的組合 ☉♂

這兩個行星如果成緊密相位就會增加力量、勇氣與活力。這類人通常有明顯的目標，也有採取行動的膽量，他們可能很想為某個人或某件事奮鬥。困難相位則會帶來不必要的競爭性、過快的生活步調、總想立即行動，或者極想獲得自由。衝動、不耐煩、以自我為中心的傾向，則令這類人成為製造麻煩的人，但也可能變成專門解決問題的人。這個組合很利於必須展現果決力和力量的工作。

這類人可能與父親或其他的權威人物處不來，也可能有意無意地和自己過不去。

太陽與木星的組合 ☉♃

樂觀、有信心、興致高昂、慷慨大方，想要儘可能地經驗這個世界。這類人性格逍遙自在、喜歡探索、渴望成長、有幽默感、有願景、有哲學傾向，但困難相位可能帶來過度的自信心和自傲，或是對自己和他人有過高的的期待。他們也可能有掩飾錯誤和問題的傾向，或者承攬過多的責任。這類人的父親往往被視為神一樣的人物，或者很難親近、遙不可及，也可能太過於成功而不易趕上他的成就。

太陽與土星的組合 ☉♄

這個組合會帶來實際的或陰鬱的人生觀。這類人對自己和人生都抱持嚴肅認真的態度，不容易相信人，防衛性很強；他們早年缺乏自信心，而導致害怕失敗或定下太容易達成的目標。這類人的原生家庭管教通常很嚴格，因此要花一輩子的時間才能擺脫掉「自己不夠好」的信念，不過他們年紀越長越有信心，也越能自給自足，而且往往會變成指導他人的權威。自我否定、自我防衛以及自律的能力都可能帶來歷久不衰的成就，除非星盤裡有其他相反的要素。這個組合也代表父親懦弱，或者早期的生活有很多制約，但制約往往來自於母親或別處。

太陽與天王星的組合 ☉♅

這類人會覺得與家庭或社會格格不入，而比較認同圈外人或異鄉人。這個組合代表的是獨立自主的精神、叛逆的本質和堅強的意志力，不過年紀越大，性格越和緩。他們年長之後會發現拒絕或接受的權力是在自己手裡，故而解決了早期被排拒的感覺。他們通常會堅持擁有個人的自由，不喜歡別人干預他們或指導他們，而且有強烈的渴望想要發現真相或分享自己的發現。這個組合非常有利於科技和科學幻想。這類人的父親可能給人冷淡疏離的印象，或是喜歡自訂法律。

太陽與海王星的組合 ☉♆

這個組合很渴望活出理想，有逃避現實的傾向，卡特將其描述為「超脫平凡或具體事物的細膩覺知」。如果形成的是緊密的柔和相位或困難相位，就意味著慈悲、友善、敏感以及對精緻事物的欣賞能力；但薄弱的自我感和美化自我的需求，也可能導致自欺、缺乏現實性或喪失一些機會。這類人的敏感度和精緻的本質，非常適合投入藝術和慈善工作。認同受害者會使他們變成受害者，或是成為救贖者。他們可能會把父親過度理想化，但父親往往是懦弱的或消失不見了。這類人本身或是生命中的男性，也可能有酒癮或毒癮方面的困擾。

太陽與冥王星的組合 ☉♇

這個相位代表的是專注力、強烈的驅力、清晰的目標及殘忍的本質。這類人有許多會執迷於自我改善和自我發展，因而帶來了巨大的成長和轉化；他們可能從一貧如洗變得相當富有，或是從犯人變成聖人。他們在人生的某個階段必須做出生死之間的抉擇，可能在過程中經歷絕望和自我毀滅，繼而揭露了深層的自卑感。在這種轉化未出現之前，他們通常會傾向於自我打擊，而且會投入最困難的情境裡。他們其實和父親有很深的連結，然而父親卻是個遙不可及的人物。父親的死亡可能造成極深的痛苦，但同時也會揭露許多真相，帶來深刻的轉化。

月亮與水星的組合 ☽☿

這個組合很適合談論日常事宜，有理解、探討和感覺的潛力；可能每一個有月亮與水星呈緊密相位的人，都能透過寫日記來獲益。這個組合在寫作上有豐富的想像力，可以寫一些肥皂劇類型的劇本。這類人一方面會展現出同情心，一方面卻喜歡談八卦。這個組合與豐富的常識有關，但也可能缺乏常識。困難相位代表理性和感性之間的衝突，或者有記憶力上面的問題。這類人的母親往往很喜歡說話，有可能過度理性或過度不理性。這類人和母親的兄弟姊妹很有緣分。

月亮與金星的組合 ☽♀

這個組合提供了強烈的女性特質，困難相位卻代表兩種女性法則之間的衝突。這個組合也意味著有愛心、善於關懷和體恤別人，或者渴望被關懷、被體貼地對待，不過要看其他的相位才能決定。四分相代表的是被寵壞的小孩，從小就不斷地得到禮物，卻一直渴望找到值得被愛的證據。母親可能喜歡享樂，卻又覺得沒盡到家庭或母親的責任，所以有罪惡感，而這類感覺有時是想像出來的，有時是真實的。這類人很想逃避物質和身體上的困境，渴望一切都很順利，因此在壓力下會展現出過度退讓或妥協的特質。這個組合也會使人熱衷於消費購買，有物質主義傾向，而且比其他的人都享受得到禮物的快樂。

月亮與火星的組合 ☽♂

有這類相位的人行為非常直接而真實，感受或行動通常是合一的。他們極少會滿足於當個旁觀者，有一種渴望投入的衝動。他們之中有許多人在年幼時經驗過家庭的不和，有的甚至是在砲彈轟炸區裡長大的。這類人對威脅很敏感，有強烈自保傾向，情緒很容易被激起。這個組合意味著勇敢、易怒、多變，特別是困難相位。這類人的母親性能量通常很強，或者缺乏當母親的經驗，很年輕就有了孩子。這類人很可能對母親光火，也可能有強烈的想要保護她的欲望。這個組合也跟「速食」有關聯（包括匆匆忙忙地用餐，吃東西很隨性，或是一生氣就想吃東西），同時也和家庭裝潢及ＤＩＹ的活動有關。

月亮與木星的組合 ☽♃

強烈地想要保護自己和他人，本質是慷慨和充滿關懷的。領域感經常伴隨著溫暖熱情的特質，也常常飲食過量或食物煮得過熟，而且有貪婪和浪費的傾向。困難相位代表的是誇大的感覺，容易情緒化，日常生活情感的起伏很大。他們帶有一種大嬰兒的感覺，而且這種狀態會一直持續到成年。他們的飲食模式與他們的信仰及信念有關，這類人在異國文化裡覺得很舒服，甚至可能住在國外。與母親的議題會被誇大，而且會把母親體認成缺乏理性、歇斯底里或攀龍附鳳的人。在事件占星學派裡，這個組合象徵的是集體的歇斯底里狀態，或是強烈的情緒釋放。

月亮與土星的組合 ☽♄

困難相位代表的是早期家庭裡缺乏溫暖或情感上的溫柔互動。這類人的父母必須辛苦地工作，把工作看得比家庭生活更重要，或者原生家庭貧窮，帶給他們一種蕭瑟感。這個組合有利於和時間及管理有關聯的狀況，但也帶有吝嗇的特質。有這類相位的男人在女人面前顯得很害羞，甚至有點畏懼女性。男女兩性都害怕在情感或家庭層面上負起責任，不過有些人卻會變成這類議題的權威，職業往往涉及到照料他人、餐飲、外燴或營造業。

月亮與天王星的組合 ☽♅

這個相位代表高度的意志力和瞬息萬變的情緒，同時也暗示著童年發生過難以逆料的事，父母的照料可能中斷過。這類人對於被排拒特別敏感，所以行為表現上顯得難以取悅。他們渴望獨立自主的傾向，也會導致不易妥協、拒絕接受幫助的行為模式，而這又會帶來一種孤立感。他們經常改變家庭生活的方式，譬如換伴侶、換居所、換國家，或是喜歡改變家裡的裝潢。如果這類相位的能量很強，便可能偏好自給自足或獨立的生活方式。如果女性的星盤裡有這兩個行星形成的四分相，則可能由單親扶養長大。

月亮與海王星的組合 ☽♆

這個組合代表敏感，容易受外界影響，願意配合別人，渴望無條件的愛、滋養和安全感。同時也代表渴望擁有理想的家和情感經驗。這個組合也意味著想要擁有一個理想的居家環境，但家裡卻往往很混亂。在童年時遭到棄養是這類相位經常發生的事；他們的母親會被體認成脆弱、不穩定或是受害者。這類人的關係帶有相互拖累的特質，或者他們本身有上癮傾向，但這個組合十分利於藝術、慈善和志願者的工作。

月亮與冥王星的組合 ☽♇

這類人比較喜歡強烈而短暫的關係，有的會覺得獨居比較舒服。他們有一種強烈的被母親侵犯和干預的感覺，因此非常渴望擁有私密性。這類人對被背叛和欺騙特別在意，但人生很少是輕鬆的，往往有處理危機的能力；這是源自於早年就經驗過悲劇、死亡，或是家族裡有人罹患精神病。月亮和冥王星形成相位的人很善於鼓舞別人、轉化家庭的負面情況，或是有能力讓家和花園起死回生。

水星與金星的組合 ☿♀

這個組合會讓溝通變成一種藝術，譬如字體很美或是很善於用運用語言文字。他們有美好的歌喉和嗓音，說話得體討人喜歡，具備外交上的技巧。他們需要談論愛，也對別人的親密關係十分好奇，所以適合做媒人，建立聯繫的網絡，寫情書或情歌。這類相位也對音樂、詩歌、文學、藝術有興趣，或是有才華。這兩個行星的距離不可能超過72°，所以不可能形成四分相、對分相或三分相。

水星與火星的組合 ☿♂

在思想和溝通方面非常果斷、敏銳、快速和直接，很少找藉口或繞彎子。這類人不害怕說出一般人不敢說的話，在言語、學習的環境裡帶有競爭性，往往是在充滿著爭執的環境裡長大的，或者兄弟姊妹之間經常對立。他們對理論性的探討很不耐煩，在學習和說話上也缺乏耐性，善於嘲諷、思維機敏，喜歡玩字謎和智力測驗之類的遊戲。這類相位也有性上面的好奇傾向，性關係有明顯的年齡差異，喜歡開快車，容易出現交通事故，或者會剽竊他人的文章，甚至有竊盜的習性。

水星與木星的組合 ☿♃

樂觀以及說話積極正向，可以為別人帶來信心，同時也有促銷和倡導宣傳的才華。這類人認為事實不應該是精彩故事的障礙，而以幽默感或說故事的才華聞名。不過他們也可能太快下結論，有虛張聲勢的傾向，所以容易造成誤解和缺乏正確的判斷。他們的興趣很廣泛，特別會對異國文化、政治倫理和宗教感興趣。這個組合代表一生中有許多旅行的機會，至少每天都會進進出出的。這個組合很利於行銷、旅遊，有幽默的言談和書寫能力。

水星與土星的組合 ☿♄

這類人總是在預期自己會被人批評（尤其是對分相），因此他們會控制自己的言論，很怕說錯話或犯錯，因此這個相位和思維的自制力有關。他們會為特定的主題進行深入的研究，而且有能力不落入膚淺型思考，能夠在知識和專業領域裡成為達人。其中有的人會拒絕一直受教育，而比較傾向於在實際生活中學習，有的人則會成為文化、編輯和書寫方面的權威，或在必須運用手眼的高度協調性的領域裡工作。這個相位也涉及到嚴格的學校教育、年長的兄弟姊妹或是必須為兄弟姊妹負責，也可能代表兄弟姊妹早逝。這類人中有多數都缺乏基本教育，或是早期生活裡缺乏書籍和交談，但也可能是相反的情況，譬如被送到非常高等的學府裡受教育。不論如何，這兩個行星的組合都需要證實自己的智力，方式是獲得某些資格或獎勵。

水星與天王星的組合 ☿♅

這類人有獨立思考的能力，富原創性；他們不懼怕建立自己的想法，能夠誠實地表達自己獨特的觀點。他們最糟的情況是抱持錯誤的觀點不放，和別人的意見對立，甚至覺得想法必須不同於別人，連自己上一分鐘的想法都可能不再認同！所以和他們達成協議很困難。他們很難妥協，也很難理解別人的觀點。水天相位的能量很明顯的話，往往會把事情本末倒置，而且缺乏說話技巧，一不小心就把真話說了出來，在溝通的過程裡很容易帶來障礙。這個組合也和學業中斷、反叛學校或輟學有關。這類人可能有同父異母或同母異父的兄弟姊妹，也可能因距離或主動的選擇而和兄弟姊妹分離。

水星與海王星的組合 ☿♆

這個組合代表把事實理想化，把訊息曲解或浪漫化，因此這是詩人、歌曲創作者、新聞記者及科學家的相位。這類人有能力滲透到別人的心念裡，而且能以正向的方式呈現訊息，所以很有利於廣告業或宣傳工作。這類相位是最擅長扭曲訊息的，也就是說謊（水星與土星的組合雖然很渴望給出正確的答案，但是在文宣上的技巧也相當不錯）。水海的組合也可能造成思維混亂、健忘、缺乏方向感、閱讀困難，或是能直覺而細微地理解別人。

水星與冥王星的組合 ☿♇

有利於任何一種形式的研究，心智帶有偵探的特質，總是不停地在分析、探究和蒐集資訊。知識對這類人而言就像是生存工具一般；他們永遠想知道更多，因此不會輕忽任何訊息，而且本質裡有懷疑傾向。但是有這類相位的人，最後也可能不得不把訊息埋藏起來，為他人保守秘密。這類相位也可能涉及到中傷的信件。他們對心理學或玄學都很有興趣，但也可能出現精神問題，或是兄弟姊妹有殘疾，甚至早逝。

金星與火星的組合 ♀♂

這個組合會造成競爭性與取悅的渴望之間的矛盾。這類人必須學會何時妥協，何時堅持己見；他們也經常掙扎在戰爭與和平、愛與鬥爭之間。這個組合會帶來浪漫和情色的傾向，而且往往把愛和肉慾混淆在一起，或者會很衝動地投入於一份關係。這個會快速結婚以及快速後悔的行星組合，也跟兩性之間的典型戰爭有關；這類人很容易涉入三角關係的習題中。當我們的魅力遭到別人的挑戰時，似乎也只能為愛而競爭了。這類人愛與競爭的議題從很小就開始了，可能是兄弟姊妹之間或孩子與父母之間存在著強烈的競爭性。這也是極富有創意的組合，他們的才華通常會展現在服裝設計、髮型設計或針織技術上，而且有極佳的服裝美感（有時設計的服裝帶有雌雄同體的感覺）。這類人在購買東西時除了會顯現衝動的特質之外，也會有強烈的領域觀。

金星與木星的組合 ♀♃

這個喜愛熱鬧的組合，通常擁有廣大的社交圈和忙碌的社交生活。這類人慷慨大方，過於配合別人，有強烈的取悅傾向，而且會粉飾問題。渴望攀登到很高的社會地位，往往是他們行為背後的動機。他們也可能過度耽溺、奢華及浪費，甚至可能欠下巨額的債務。他們把愛情上的理想看得比實際經驗更重要。有些人會認為別處的草總是比較綠一些。

金星與土星的組合 ♀♄

能夠很明顯地感受到愛的痛苦，不願讓別人太接近，有強烈的自保傾向。這類人常意識到責任和奉獻的重要性，而無法全心全意或毫無罪惡感地投入享樂，總覺得自己應該為別人的快樂負責。隨著年齡增長，有的人會成為性愛方面的權威。有這類相位的女性對自己女性的部分缺乏信心，這是源自於童年時的孤獨感，或是很少有機會與父親親近。衣著方面，他們若不是非常低調，就是非常高調。這個組合同時也代表可能靠性來賺錢、寡居、貧窮、為他人理財或處理金錢。

金星與天王星的組合 ♀♅

這類人必須將自由與空間的需求統合到愛裡面。他們對社交和性刺激的渴望容易導致關係的變化或是不斷地換伴侶，旁觀者根本不知道他們會帶什麼人回家，或者下一個要甩掉的是誰。如果他們的關係能保有空間或各自的獨立性，同時能維持住不可預測的興奮感，就可能朝著正面的方向去改善。這類人很重視關係是否誠實，非常不喜歡玩遊戲，可能在別人還未拒絕他們之前就把對方排拒在外；其實在他們毫不在乎的外表之下，埋藏著害怕被拒絕的敏感心態。這個組合意味著選擇非傳統式的伴侶，因為他們連選擇伴侶都是一種反叛的表現。這類人吸引別人的地方往往是他們的誠實、獨立和原創性，但不合作的態度可能會令別人裹足不前。這類相位有利於外匯交易，好運會突如其來地出現，但仍然要觀察星盤的其他元素而定。

金星與海王星的組合 ♀♆

這類人會藉由他人來尋找神聖的融合感。這個組合是浪漫的理想主義和童話式幻想的結合，輕易就能引誘別人，或是被別人引誘。他們對無法達成的境界非常渴望，而且總是朝著最好的面向去想別人，因此很容易上當受騙，或是很難面對愛人和關係的真相。有的人則會因過度專注於愛人的不完美之處，而失去了改善關係的機會。這類相位容易有幻想出來的或柏拉圖式的關係，而且其中往往帶有犧牲的成分和各種形式的渴望。有的人會因脆弱易感或糊裡糊塗的特質而吸引人，或者他們本身會被脆弱不幸的人吸引；他們可能在關係裡變成受害者，也可能成為救贖者。渴望美、和諧與和平，會強化他們想要逃離現實的渴望。這類相位非常有利於藝術發展，特別是舞蹈中的芭蕾舞。

金星與冥王星的組合 ♀♇

這類人會被深不可測或黑暗的特質吸引，他們本身也會因為這些特質而吸引別人。他們非常善於施展魅力，很知道如何取悅人。這類相位代表有強烈的幾乎像是命定的親密關係，或是因為害怕在關係中受傷、遭到排拒，所以一直保持獨身狀態。這類人有時會突然爆發出強烈的情緒，很容易有不知足、貪婪或嫉妒的傾向，也可能激起別人的嫉妒或涉入混亂的三角關係。這類相位最佳的一面，就是能夠在關係裡創造出誠實和深刻的對待方式。有的人也可能進入帶著禁忌成分的關係，譬如同性戀或是與不同種族的人戀愛。這類人深深地感覺到，美就是一種力量，因此喜歡改造自己的或他人的外表，很適合投入整形或美容行業。他們有能力把舊衣物改頭換面，讓它起死回生。這是一個金錢和權力組合成的相位，因此和股市交易、銀行或金錢勒索之類的事有關。

火星與木星的組合 ♂♃

有利於行銷、運動或政治，往往顯現出機會主義、企業精神及熱切的態度。這類人喜歡冒險和找麻煩，也會熱衷於觀賞相撲、政治辯論或實際的暴力活動。他們也可能到國外出征，包括和外國人打仗或是為外國人而戰，這是個代表十字軍東征的行星組合，這類人會為了宗教信仰、哲學或政治理念而抗爭。他們也喜歡性方面的冒險，可能擁有各式各樣的愛人，耽溺於胡鬧的活動裡。在事件占星學派裡，火木的組合通常和大型抗議活動有關，譬如參加政治性的街頭運動。

火星與土星的組合 ♂♄

這類人的生命經常遭到力量和勇氣方面的試煉，生理或情緒上都會經歷一些毅力的考驗。這個組合很適合攀岩、挖礦、焊接、從軍，或是任何一種磨練力量的工作，也可以從事勞力工作、與重金屬有關的行業，或必須控制性能量及精力的鍛鍊，如武術或瑜伽等。這類人的父親可能在軍隊或運動領域裡工作，或從事的行業必須用到特殊的工具及耐力。就女人而言，有這類相位意味著可能會跟粗獷而帶有暴力傾向的男人產生關係；這個組合有施暴或是被暴力威嚇的傾向。這類人在早期曾在性好奇心上受到壓制，家庭氛圍裡有一種關於性的禁忌感，因而導致他們對性有恐懼。無力或無能感可能會導致抑鬱，但他們若能勇敢地面對恐懼就能改變這種情形。

火星與天王星的組合 ♂♅

這類人不喜歡任何類型的制約，因此可能變成為自由而戰的人、革命家或是外籍傭兵。他們也可能促進改革和進步，但性格極為不耐煩、膽大包天、過動以及行事風格極端。這類相位也代表突發的暴力，特別是槍戰或受到槍傷。這類人熱愛速度，對危險的事感到興奮，可能在性上面做許多實驗，甚至會選擇變性或性解放，他們在這類議題上的態度是非常前衛的，或許會到達令人震驚的程度。這兩個行星的組合也涉及機器、縱火、消防員、煙火以及模特兒行業（冷靜地賣弄性魅力）。

火星與海王星的組合 ♂♆

這類人會勇敢地追求自己的理想，但自我懷疑也可能使他們無法達成目標。他們容易擔憂自己缺乏男性魅力，所以會特別強調陽性的一面，對勇氣和力量抱持著一種幻覺，也會讓這類人熱衷於健身、展現自己的雄風。這兩個行星的組合有利於各種類型的運動，特別是游泳、釣魚以及各種水上運動。女人可能會跟那些上一代不贊同的男人在一起——酗酒、嗑藥或犯罪的男人，因為這男人表面上看起來非常強壯，但骨子裡可能很需要被人拯救。有這類相位的人性取向的界線很薄弱，他們往往不知道自己想要的是什麼，也不知道該給出什麼樣的信號。這個組合與引誘以及被引誘有關。這兩個行星的能量都很溫和，但仍然和大部分的火星相位一樣。這種組合也可能有暴力傾向，原因是自覺無能，或者會把憤怒投射在任何人、任何事情上面。

火星與冥王星的組合 ♂ ♇

有這類相位的人不會被任何人或事情征服；他們是不退縮和不屈不撓的，而且拒絕被壓榨。即使在溫和的情況下，他們也有生存競爭和想獲得勝利的衝動。這類人早期也許經驗過暴力，包括性或是與性無關的層面，而這會導致一種憤怒，但可以善用這股憤怒來促成行動，反之則會有無能的感覺。這個組合與行動的勇氣有關，也可能害怕面對衝突（「如果失控的話，我會殺人或被殺」）。其中有些人已經適應了「暴力能戰勝公理」的態度。有些人則必須面對社會的性禁忌帶來的制約，他們也許會成為同性戀者，或者與不同種族的人形成親密關係。

比較緩慢的週期循環

由於冥王星的軌道相當古怪，所以它的週期循環時間會有很大的變化，舉個例子，它可能在某個星座上停留十二年，但也可能在另一個星座上停留三十年之久。

木星與土星的組合 ♃ ♄

這兩個行星大約每隔二十年會在同一個元素上形成合相，如果四個元素都通過，則可能得花上一個世紀的時間。從事件派的角度來看，它們和經濟的巔峰或谷底狀態有關，也代表立法上的重大變化。這兩個行星都和政府及政要的死亡有關，基於此裡，占星師一向將其與美國總統在任上死亡的週期作連結。從一八四〇年之後，每次當這兩個行星合相在土象星座時（大約是總統就職的時間），那位被選出來的美國總統，都會在任上死亡（不是自然死亡，就是被暗殺）。唯一的例外是雷根，因為他就職時，木星與土星正好合相在風相星座的天秤座上，所以他雖然中槍，後來還是康復了。

在個人星盤裡，這兩個行星的相位代表穩定的經濟成長，但這類人可能會擺盪在樂觀與悲觀、信心和缺乏信心之間。他們會努力地想找到對生命的信心，一旦喪失時，就會變得十分沮喪。他們經常會吸引來一些情況，迫使他們遭受到對生命、上主或自身信念的挑戰。這兩個行星的組合與道德法規、宗教教育或宗教修持有關。這類人往往有宗教上的訓練或身份，但一直想找到背後的意義是什麼。他們有強烈的對錯觀念，如果無法活出最高的標準會有內疚感。他們也可能成為宗教事務的權威。

木星與天王星的組合 ♃♅

這兩個行星都跟自由有關，所以從事件派的角度來看，它們每十四年形成相位的週期循環，往往會影響到資本主義及自由經濟市場。這個組合喜歡改變、探索、發明和發現（一九六九年七月二十一日人類登陸月球，就是在正合相時發生的）。這個相位也代表新的宗教派別或新的宗教狂熱現象會出現，教會裡也可能發生預期之外的事。

在個人層面上，它代表的是從原先的宗教信仰和政治理念脫離出來。這個組合基本上很需要尋找生命的意義，也需要靠自己來發現真理。如果這兩個行星和個人行星產生關聯，就會堅持擁有個人的自由。癌細胞的生長突變情況，也可能在這兩個行星形成相位時出現。

木星與海王星的組合 ♃♆

在事件占星學派上，這兩個行星形成的困難相位或和諧相位，都代表會揭露一些騙局。這兩個行星每十三年形成的相位週期循環，也可能涉及賭博、賽馬、媒體，以及製藥業的合併或接管，同時也跟各種類型的慈善及人道關懷有關。它們也代表奢華的海上長途旅行和音樂工業的損失，或是在航運上面出現一些故事。

個人星盤裡如果有這兩個行星的組合，則可能對海洋、航海或上述的行業有興趣。這兩個行星都帶有慈善意味，因此這類人通常有宗教信仰或精神生活，至少會尋找生命的意義或尋找上主；有這類相位的人很適合練習冥想。

木星與冥王星的組合 ♃♇

這兩個行星每十二年形成的相位及週期循環，通常和巨大的權力及財富有關（比爾・蓋茲的本命盤裡就有這兩個行星的合相）。簡而言之，這兩個行星的組合帶有財閥的意味。它們也象徵賭博的衝動、博奕、法律及稅收的改變（在英國，當這兩個行星呈合相時，政府建立了有獎儲蓄公債制度，並且開始發行國家彩票）。在這些時段裡會出現殘酷的政治領袖、權力鬥爭、礦業上面的事件和垃圾回收，各式各樣的地下組織也會變得活躍起來。在個人星盤裡，尤其是跟個人行星或四交點有關聯的話，那麼這個組合就代表渴望達成超人般的成就。這類人有強烈的信念，能夠讓不可能的事變成可能，方式是藉著內在的果決力。這個組合也代表深刻的宗教或政治信念。

土星與三王星形成相位的週期循環

這些緩慢推進的相位週期循環，代表的是政治和經濟上的變化，通常會涉及保守的理念和改革理念之間的衝突，因此這些階段裡人們會渴望維持現況，但又有一股想要突破的衝動。

土星與天王星的組合 ♄♅

這兩個行星每四十五年形成的相位週期循環，涉及的是科學、占星學或其他舊瓶裝新酒的議題。它們代表科學或科技上的洞見終於變成了現實，也可能代表科學被迫倒退，或者科學的突破遭到延誤；知名的科學家也可能在這些階段裡死亡。這些時段也和右翼政治及中東有關，也代表脫離傳統或推翻舊有的秩序。卡特將這兩個行星的組合描述成「精神很民主，但手段很獨裁。」那些權威者將改革的理念強加在大眾身上，因而遭到了嚴重的抗拒。這階段也出現罷工或是對異議份子的控制。

個人星盤裡如果有這兩個行星的相位，可能會一方面想服從傳統，但另一方面又想活出更激進的反傳統模式。

土星與海王星的組合 ♄♆

這兩個行星每三十六年形成的相位週期循環，代表的是安德烈・巴爾包特（André Barbault，法國占星學家）所謂的與社會主義及共產主義的關聯性，而已故的察理士・哈威（Charles Harvey，英國知名占星學家）則將這兩個行星的組合與英國皇室連結在一起（皇室強調的不外是責任與犧牲）。這段時間媒體上經常出現食物中毒事件和健康上的問題，而藝術界、影藝界和音樂界也有許多知名人物死亡。如同三王星的週期循環一樣，土星與海王星的組合也會造成社會的動盪不安；那些掌權的人會被視為懦弱的父權人物，因此他們的權威性很容易遭到推翻。

在個人星盤裡，這兩個行星的組合很容易成為藥物學、同類療法或醫學上的權威，也有利於酒類、電影、音樂或靈性上的事宜。在這個階段裡，人們會把責任議題扭曲或逃避責任，有的則完全避開社會規範。還有的人則因為無法活出自己的標準而感到內疚。

土星與冥王星的組合 ♄♇

這兩個行星每三十三年一次的相位週期循環，代表的是社會的偏執傾向和困境，同時也代表收縮、困難及毀壞。大體而言，這些時段裡會有一切從簡、裁減以及揭露真相的現象。這時人們很想知道如何以最低的條件存活下去。在這些階段裡，許多事都得重新來過，因為社會發生了一些悲劇和破壞，因此要學習的都是和生存有關的功課，並且要消除防衛機制，建構新的東西。這些階段也跟鐵路、印度、巴基斯坦、以色列有關，因為這些國家全是在一九四八年，當這兩個行星呈合相時獨立的。

在個人星盤裡，這兩個行星的組合會帶來一種無力感，所以很想創造出無法穿透的防衛機制。

三王星的週期循環

三王星的週期循環很慢，可能會持續許多年，因此會長期地影響一大群人。它們象徵的是巨大的文化變遷，但背後的意義往往得等它們離開之後才會被意識到。在個人星盤裡，如果這些外行星與個人行星形成緊密相位，就會有重大的意義，否則只代表個人誕生的那個時段裡社會發生的事。

天王星與海王星的組合 ♅♆

天王星與海王星每一百七十二年形成相位的週期循環裡，會出現藝術和科學之間的明顯互動，譬如文藝復興運動和啟蒙運動就是一個例子。在近代，我們期待的是音樂和藝術領域裡的新發現，如電子樂或任何一個由藝術和科技結合的發明創造。數位攝影技術的興起，和天王星推進由海王星主宰的雙魚座有密切關係。這兩個行星的組合也跟靈性上的覺醒及阻礙有關，例如新時代運動。同時，它們也和冰山、冰原、暴風雪或冰淇淋有關聯。

天王星與冥王星的組合 ♅♇

這兩個行星每一百二十七年形成相位週期循環，影響的往往是醫學、科技和科學方面的事。譬如六〇年代中期，當這兩個行星合相在處女座的時候，這個星座象徵的微小事物便掀起了巨大的革命，其中的避孕藥及矽片（製造電腦的小零件）都引發了集體性的革命。同時這兩個行星也和原子能有關，譬如一九八六年四月二十六日發生的車諾比核電廠災難，當時這兩個行星正形成半四分相，分別和太陽成對分相及八分之三相。這個最暴力、最具有轉化作用、影響力最大的行星組合，也可能造成突然意外死亡。希特勒的星盤裡就有這兩個行星呈緊密的八分之三相，正好落在他的太陽和月亮的中點上，而且土星也涉及了進來。

海王星與冥王星的組合 ♆♇

這個組合影響的是文化理想上的變遷，以及宏觀視野遭到質疑。這兩個行星每四百九十二年形成的相位週期循環，與最深的文化及心靈轉化有關，也代表集體意識的夢想及幻想的死亡再生。這時跨國企業或跨國藥廠會發生一些問題。這兩個行星都很喜歡神秘的事物，因此一八九〇年後，當這兩個行星合相在雙子座的時候，誕生了好幾位偵探小說作家。

涉及到四交點的相位

涉及到四交點的相位（請參閱第六章）都很重要，特別是合相及困難相位。我覺得讀者在這方面不該只是閱讀一些占星工具書就算了，而應該更進一步地去探究。舉個例子，在思考上升點、下降點、天頂及天底的相位時，也應該同時考量落在一宮、四宮、七宮和十宮裡的行星，但由於四交點行進的速度很快，所以出生的時間必須非常精準，才能確定這四交點的相位的確存在。讀者可以在我的《占星相位研究》書中找到更多這方面的資訊。

第六章 宮位

由於十二星座在黃道上的分佈區域是固定的（一種虛設的太陽路徑），而黃道在北半球每一年的起始點是春分，所以宮位的劃分乃是根據地球依其地軸自轉一天的週期循環。基於此理，所有的行星通過十二個宮位都是在一天內完成。

分宮制方面的棘手問題

將每日的週期循環劃分成十二個區域的分宮制有許多種，由於天上並沒有這些宮位的界線，所以占星師才會質疑是否有所謂的正確劃分方式。目前大約有十二種常用的分宮制，全是按照時間、空間或兩者的混合來訂定的。或許每一種劃分方式都可以達成不同的占星任務，但我個人的觀點是，學習者沒有必要去思考不同的分宮制的原理和出處，當我們在試圖詮釋一張星盤時，應該尋找的是星盤裡重複出現的主題——這是唯一能保證帶來深刻理解和精確度的方式。當占星家在實驗不同的分宮制時，往往會發現即使運用的是不同的制度，相同的主題仍然會出現，只是這些主題和故事顯現的方式稍有差異罷了。

等宮制被視為最古老的分宮制，也是最容易計算的制度，因為它很簡單明瞭，所以英國最重要的幾個占星學院都採取這個制度。按等宮制的算法，所有的宮位寬度都一樣，皆是按照上升點的角度平均推演的，因此如果一宮的宮頭是金牛座四度，那麼二宮的宮頭就是雙子座四度，三宮的宮頭就是巨蟹座四度，以此類推。等宮制看似過於簡單，但根據我的經驗，它並不亞於其他更複雜的分宮制；不過它會造成一個問題，那就是它無法像其他的分宮制那樣，令天頂、天底與十宮及四宮的宮頭對準。以時間或空間為準的分宮制，也會造成一些問題，譬如一個人誕生的地點若是在赤道附近，天頂就會接近十宮宮頭，但隨著緯度的增加，兩者的距離會越來越大。如果是在蘇格蘭北方這樣緯度極高的地方，宮位的寬度就會變得相當離譜；有的宮位會變得很大，有的則變得非常小。在最極端的緯度上，以時間為準的分宮制甚至會瓦解。顯然這一類的問題都不會在等宮制裡發生，這就是大家喜歡採用它的原因之一。儘管如此，誕生在緯度極端地區的人，有的還是不喜歡用等宮制；他們仍然採用以時間和空間為準的分宮制。

如果採用的是等宮制，我們就可以拿兩個部分的元素（十宮和天頂）來描述十宮的議題。同樣地，我們也可以拿兩個部分的元素（四宮和天底）來描述四宮的議題。這麼做好像會製造一些焦慮，但其實不然，因為學習者會發現十宮、四宮以及它們的主宰行星，都能正確地描繪出他們的事業、家庭和父母的情況。因此等宮制的確有效。即便如此，我們仍然需要把天頂和天底都加進來，因為四交點永遠是非常重要的元素。在等宮制裡面，落在天頂和天底的宮位往往可以提供額外或明確的訊息，舉例來說，如果天頂是落在九宮裡，就可能代表此人或他們的父母比較看重那些有旅遊經驗、來自異國、受過高等教育或是有哲學訓練的人，而比較不會重視那些企業主管（十宮代表的）；同時這也意味著此人的事業是在九宮的領域裡。如果天頂是落在十一宮裡，則代表此人想得到朋友、扶輪社友或某個慈善團體裡的人的重視，也可能很重視這類人；或者此人很渴望加入某個團隊，為社區帶來一些利益。占星師可以從天頂和天底做出各式各樣的研判。

此外，「普拉西迪制」（Placidus house system）可能是最被廣泛運用的分宮制。這個制度的名稱是源自聖本篤會修士兼數學家普拉西迪・提托（Placidus de Tito, 1603-1688）；雖然在他之前的占星家，如托樂米（Ptolemy, c. 100-178），似乎已經在採用類似但不盡相同的分宮制。普拉西迪制是以時間為基準的分宮制，由於時間和時機本來就是占星學的重點，所以這個制度那麼受歡迎可說是理所當然的。根據我的經驗，普拉西迪制的宮頭很明確，所以有利於預測工作，因為推進的行星經過宮頭帶來的影響是不可否認的。如果讀者想進一步地了解不同的分宮制，以及它們的用法和相關歷史，不妨可以上黛博拉・賀爾丁（Deborah Houlding）的網站瀏覽：www.skyscript.co.uk

宮位的詮釋

光是依賴行星的相位，而把宮位和星座置之一旁，仍舊可能對星盤做出一些正確的詮釋，但是對大部分的占星師來說，宮位仍然是解析星盤時最重要的基礎，因為它能增添分析時的樂趣和方便性。

我們可以把行星看成一齣戲裡的演員，星座則是這些演員的服裝和性格。舉個例子，太陽描述的是劇情裡的英雄人物，但英雄的類型到底是什麼？是納爾遜・曼德拉（Nelson Mandela，南非首任黑人總統）、俠盜羅賓漢（Robin Hood），還是依娃・培隆（Eva Peron，阿根廷第一夫人）？答案可以透過太陽落入的星座及宮位看出來。我們可以說，宮位描述的是一齣戲的活動發生的地點，譬如這齣戲是發生在廚房裡、臥室裡或森林裡。在一張天宮圖裡，宮位是我們投射出來的生命領域，我們既可能是接受的一方，也可能是給予的一方；我們本身可能是羅賓漢，而羅賓漢也可能進入我們的生命裡。宮位裡的行星代表的是，這股能量將在何處或何人身上顯現它最強的一面。讓我們再回到戲劇的類比上面，由於相位描述的是演員之間的對話和活動，因此相位也會強烈地影響角色的性格。

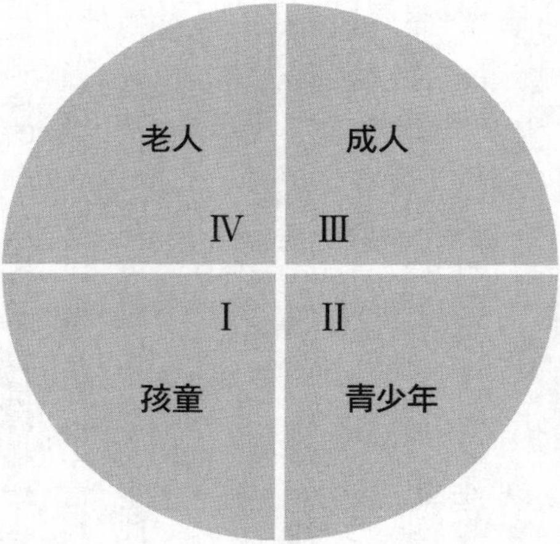

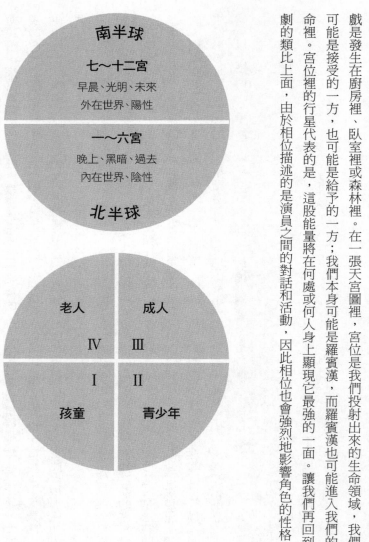

詮釋十二宮位之前，可以先認識一下將星盤劃分成上下兩半，以及四個象限的解釋方法（大部分的分宮制都要靠四交點來劃分，除了等宮制之外）。

- 在第一象限（一、二、三宮）裡，我們誕生、發現自己有副身體、學習走路和溝通，然後去學校上學。
- 在第二象限（四、五、六宮）裡，我們開始扎根於世界，知道什麼能帶給我們樂趣，我們的才華是什麼，而且開始懂得照料身體。這也是我們發現浪漫愛情和工作的學習階段。
- 在第三象限（七、八、九宮）裡，我們學會與他人合作及探索關係的真相，也明白了死亡和性是怎麼回事，而且有機會更深入地探索這個世界。我們開始質疑自己為什麼會誕生到這個世界、上帝究竟是什麼，人生到底是怎麼一回事。
- 在第四象限（十、十一、十二宮）裡，我們努力地在世上佔有一席之地，為社會帶來一些貢獻，接下去就準備要消融掉自我了。

雖然一至十二宮是以反時鐘方向開展的，但按照我的觀點來看，太陽、月亮及其他行星似乎是以順時鐘的方向在行進。

在任何一張星盤裡，太陽落入的位置都可以讓你立即知道一個人誕生的時間。太陽是從第一象限生起的，它會通過上升點往地平線上方（日出）攀升，然後進入第四象限（清晨），它會在中午之後通過天頂進入第三象限，然後再朝著地平線的方向往下推進。當它通過地平線（大約是日落時分）的下降點之後，就會進入第二象限（晚間）。到了子夜（太陽在天底的位置），則會從第二象限進入第一象限（太陽從天空圖的底部開始朝地平線攀升，於是新的日出又出現了）。

因此，太陽如果是座落在地平線的上方（包括三宮與四宮的象限），我們就可以確定這個人是在白天誕生的，而且是在日出和日落之間；如果太陽是座落在地平線的下方（在上升點與下降點的軸線下方，也就是第一象限和第二象限的位置），那麼此人一定是在日落之後和日出之前誕生的。

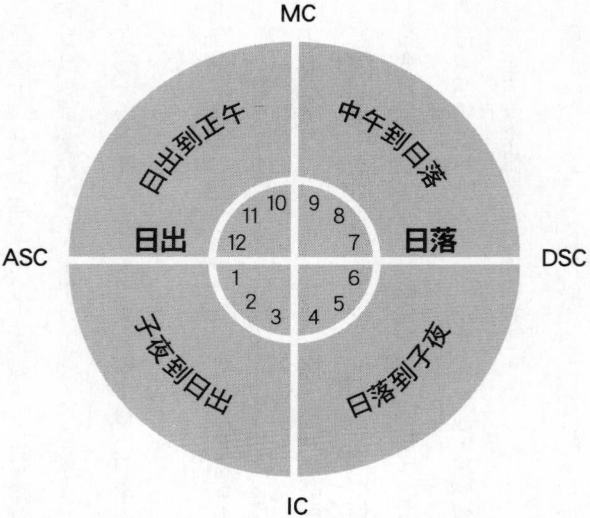

整張星盤也可以劃分為四個時區：

- 在日出和正午之間出生：太陽是落在第四象限內（包括十、十一、十二宮）。
- 在中午和日落之間出生：太陽是落在第三象限內（包括七、八、九宮）。
- 在日落和子夜之間出生：太陽是落在第二象限內（包括四、五、六宮）。
- 在子夜和日出之間誕生：太陽是落在第一象限內（包括一、二、三宮）。

請記住，日出和日落的時間可能會隨著地區的改變而有很大的不同。譬如在英國，日出的時間大約是早上八點，但是冬季裡太陽卻會在下午的中段時間西沉。仲夏時段裡，太陽在早上三點四十五分左右就升起了（英國的夏令時間上午四點四十五分），然後會在傍晚日落。同時，你也得留意日光節約時間的問題。舉例來說，如果你是在夏季的月份誕生的，那麼時鐘通常會調快一小時，所以你就必須減去一小時才行。最後請留意的是，天頂和十宮很少會在等宮制裡形成吻合的情況。

另外請檢視一下，看看整張星宮圖的度數是否正確。例如你如果是在早上十點生的，你的太陽就必定是落在第四象限內（十、十一、十二宮的範圍內）。

如何利用以下的工具式宮位詮釋

這種「工具式」（cook book）的詮釋方式必須謹慎地使用，它們大部分是簡短而淺顯的解釋，因為這種方式只是要帶給讀者一些概略性的觀念，所以星盤裡的其他元素還是必須串連在一起思考（包括一個人的年紀和文化背景）。因此每一個行星的詮釋方式都會因案主的不同而有很大的差異，尤其是三王星落入的宮位，因為這裡面帶有很複雜的意義和影響；三王星的星座位置及相位，往往會改變這三個行星顯現的方式。

落在宮頭上面的行星

許多占星師包括我在內，都覺得接近宮頭的行星會同時影響兩個宮位，因此一張星盤裡如果有海王星落在五宮和六宮的交接處，那麼這個行星就可以看成是同時落在五宮和六宮裡面。

如何看待空宮的議題

因為一張星盤裡有十二個宮位和十個行星，所以一定有某些宮位是沒有行星的，亦即所謂的「空宮」（empty house），但空宮並不意味這個宮位不重要。舉個例子，如果你沒有任何行星落在二宮裡，絕不代表你從未賺過一文錢或是花過一文錢！在這種情況下，你必須觀察什麼行星主宰這個空宮的宮頭星座，然後才能弄清楚與這個宮位有關的活動是什麼。即使一個宮位裡有行星落入，這個宮位的主宰行星落入的星座、宮位及相位也值得研究；但如果一個宮位裡沒有任何行星，那麼關鍵點就在它的主宰行星了。宮頭星座也會為一個宮位的活動帶來重要的訊息。

第一宮和上升點

如同對星盤裡其他要素的觀察一樣，第一宮和上升點也代表一些複雜的觀察方式。事實上，每當你看到上升點這個字的時候，就必定涉及以下的這些複雜聯想：

- 必須同時觀察與上升點形成相位的行星，以及落入一宮裡的行星。
- 上升點的星座
- 上升點的主宰行星——落入的星座以及形成的相位。
- 上升星座也能提供概略性的訊息，其主宰行星則會帶來更明確的信息。舉例來說，如果你的上升星座是巨蟹座，就意味著你到世界上與人互動時，會渴望照料與你產生關係的人事物，但是巨蟹座的主宰行星月亮是落在十宮裡，所以這股想要照料和保護的驅力，通常會顯現在事業領域裡（十宮代表事業）。

- 與上升點及下降點形成的任何相位，特別是出生的時間很精確而相位很緊密的話。

上升點和第一宮代表我們面對世界以及迎接世界的方式。我們會透過上升點去看這個世界，世界也會透過它來觀察我們。你不妨可以想像戴上了一付藍色鏡片的眼鏡，當你透過這付眼鏡看世界的時候，外面的每一樣東西都會帶點藍色調，而別人看你也會覺得你帶有藍色調。你可能未察覺到別人也一樣在看這個世界，而且由於他們也是透過不同顏色的鏡片在看世界，所以看到的東西和你不太一樣。

上升點以及第一宮裡的資料，往往會被童年時的重要關係人所影響，我們會從周遭的人身上接收一些信息，來表達這個宮位象徵的特質。第一宮，特別是上升點附近的相位，通常能描繪出一個人誕生時的狀況，包括誕生時旁邊有什麼人，曾經說了什麼話等。同時它們也代表早期的童年經驗，包括發生過什麼事，感受為何。這些早期的經驗會感染我們對世界及其他人的態度，就好像我們永遠以這種方式期待著世界似的。

也許我們不太了解早期經驗如何影響我們迎接世界的方式，但它們的確有明顯的關聯性。想像一下，你誕生的那天正下著大雨，這代表你可能會撐著雨傘去面對世界！

上升點和第一宮有時也被描述成「人格面具」（persona），它真正的意思就是「演員的面具」，這意味著第一宮代表的是虛假的自我，但實際情況並不盡然如此。事實上，它代表的是我們準備好要顯露出來的面向，這是我們性格的一部分，有點像個武士站在他盾牌後面的情況。你可以把第一宮想像成你的標籤或標記，也就是我們帶給別人的第一印象。第一宮甚至和我們的名字有關，尤其是我們的小名、在姓氏之前的名字，或是我們慣用的稱謂。

打個比方，你的整個星盤就是一棟屋子，裡面有臥室、起居室、廚房、浴室等。你的整個人格就像這棟屋子一樣，裡面有許多房間，有一部分的你在玩耍，另一部分在工作等，而這些都可以從行星和宮位看出來。其中的第一宮代表的是你的大門，但大門可能也可能無法真正代表屋子裡的狀況，而且我們必須穿過大門才能進入屋內；這道門同時也是我們回到自己內在，以及讓別人進入我們內在的關卡。請切記，一宮和對面的七宮代表的就是我們在關係中的作風。從大門的隱喻上面，我們可以了解為何一宮代表的是我們生命之旅的起點，同時也代表身為載具的我們。如果用載具來描述上升點和第一宮是很貼切的說法，那麼星盤裡的太陽代表的就是我們這個駕駛的角色，而月亮代表的則是乘客的角色，甚至是乘客攜帶的行李！

第一宮為整張星盤訂定了劇情的場景，而且是以精確的出生時間為基準的。出生的時間是人、動物或任何一項計畫在世上開展的那一刻。此外，第一宮也代表我們的肉身（肉身就是我們載具），因此也是與我們的健康有關的一個線索，尤其是上升點的相位本身。

太陽、月亮和上升點的差異性

請把人生想像為一段旅程：

太陽	月亮	上升點
駕駛	乘客或行李	載具或旅程本身
我須往之所	我所來之處	我上路的方式
未來	過去	現在及過去的交界點
我想要的	我需要的	我期待的
性格／覺受／核心	人格／行為 內建的行為模式 我自動產生的行為	人格面具／人格 顯現出來的狀態 學習來的行為模式 我面對人生的方式／ 我進入世界的點
我想要具備的品質／我努力想達成的狀態	我本能地會運用的特質	我被教導成或應該變成的狀態
我想知道的	我已經知道的	我通往世界的窗口
被賞識／英雄主義／榮耀	慰藉／安全感	

太陽在第一宮

會增強自我信心和領導能力，但必須看太陽落入的星座和相位而定。如果上升點和太陽都落在同樣的星座上，那麼這個星座的能量就會被強化——此人會跟這個星座特別相應。總之，這是一個富有自信心和自我意識的位置。這類人在童年時特別能得到家人的重視（但要看太陽的星座和相位，才能決定此人喜不喜歡這種情況），基於這個理由，他們可能會無意識地期待世界把焦點放在他們身上。他們的態度會因為自我意識過強而顯得不自然，他們絕不會讓人看見自己帶著髮捲的樣子。我認識的一個人星盤裡的太陽是落在上升點的雙魚座，他因為是在某個閏年誕生的第一個嬰兒，所以上了報紙，變成大眾關注的焦點。奇怪的是，他長大之後非常不喜歡成為別人矚目的焦點。

月亮在第一宮

這類人有豐富的想像力，面對世界的態度非常敏感。他們對環境和人的覺知都很敏銳，因而發展出一種適應別人和滿足別人需求的能力。這個位置的關鍵詞就是「反應靈敏」（responsiveness），其實他們的靈敏度是源自於對母親的需求有強烈的感受；也許母親很情緒化，所以孩子必學習解讀她的情緒、配合她，甚至學會照料她。這類人和母親的長相十分相似，他們的言行裡面都帶有照料別人的意圖，也可能激起別人的母性特質。

水星在第一宮

這類人對世界充滿著好奇，顯得不安於室、善於交流及多話（必須看水星落入的星座和其他情況而定）。這類人總是喜歡到處走動，我認識的幾個水星落一宮的人，從事的都是郵差的工作！更常見的是他們的好奇心和不斷打探的傾向。他們有一種想要分析自己和世界的需求，也很希望從別人那裡得到反饋，因此他們會提出許許多多的問題。這類人的態度和外表都很年輕。

金星在第一宮

很善於創造和諧的氛圍，會以迎合的態度面對世界。這個位置代表的是和事佬以及取悅人的傾向。他們會戴上友善的人格面具；童年時他們被教導成彬彬有禮、舉止友善、注重外表的孩子，小時候他們經常因外表而得到大人的讚美。金星落在某些星座上的確和美有關，譬如金星落在摩羯座，往往有美好的骨骼構造和牙齒。不論是否貌美，金星落在第一宮都代表會盡量打扮得很體面，也喜歡珠寶或其他裝飾品。這是一個有利於充門面的位置，這類人可以在櫃檯服務，因為他們會讓人覺得很舒服，創造出良好的第一印象。

火星在第一宮

這類人十分急於開拓新的計畫，而且急於採取行動。他們很渴望把事情完成，但是他人緩慢的速度以及物質世界或肉身的侷限，令他們感到相當挫敗。直接、真實、坦誠和果決，會令他們看起來比真實的狀態要粗率一些，但仍然得視整張星盤而定。他們早期接收的信息令他們覺得自己必須強壯，像個勇士一樣將人生掌握在手裡，因此很難向人求助或呈現脆弱的一面。他們也容易出意外，或是因童年的意外臉上留下疤痕。

木星在第一宮

這類人的心智有先天的哲學傾向，總是懷著熱切的心情走出家門，儘可能地擁抱世界，喜歡旅行和探索。從童年起他們就覺得自己很幸運，似乎擁有各種的可能性。這個木星的位置顯然會增強活力及樂觀心態，而且覺得人生就是一段旅程。這類人傾向於活在未來，不斷地尋找新的目標。有的人很關注最新的時尚和潮流，有的則急著規劃下一次的旅程。他們可能興趣太廣，過於奢侈、做計畫不謹慎，在金錢和承諾上有些粗心大意，但還是必須仔細研究整張星盤和相關的行星後才能下論斷。這類人父母的兄弟姊妹在他們的童年扮演了重要角色。自我耽溺的傾向可能會帶來體重上的問題。

土星在第一宮

這類人會以強烈的責任意識面對環境和其中的人。他們對人生的態度十分嚴肅認真，往往帶有謹慎焦慮的成分，通常起步得比較晚。經常面臨困境，令他們覺得每一步都不能走錯，不可以冒任何危險，而這會帶來一種想要掌控的欲望。他們注重形象，有明顯的防衛機制，可能很年輕就必須負起沉重的責任。他們可能因父親死亡、生病或被迫離開祖國，而扮演父親的角色。他們的身材多半瘦長，骨骼構造很突出。

天王星在第一宮

這類人的長相往往與眾不同，或是與家族成員有明顯的差異。他們的身材可能特別高大，或是在其他方面顯得很特別。如果沒有明顯的差異性，也意味著他們是怪異的局外人，因此很早就有疏離和拒絕別人的傾向。其中有許多人會展現出「我是不折不扣的個人主義者」的調調，他們好像很不想加入任何團體，渴望以獨立自主的方式面對世界。有明顯天王星傾向的人，一向是不肯妥協的，因此天王星在一宮的人之中，有許多是一整個世代的拓荒者，但是到了中年之後，這種叛逆傾向卻會變得越來越趨向主流。即使是年少輕狂的時期，這些天王星在一宮的人實際的狀態，也比表面的叛逆性要和緩一些。

海王星在第一宮

細緻、富想像力、有藝術和音樂上面的才華。這類人就好像攝影機的鏡片或鏡子一樣，如實地反映出對面的那個人或情況。這個位置的海王星的關鍵詞是敏感、容易受影響和覺知細膩，這類人缺乏強烈的自我意象，因此會以各式各樣的面貌呈現自己，而且會遊走在事物之間。這類人在童年時經常接收到一種信息，認為自己是脆弱的、不妥當的或無法處理問題的，或許這是因為健康方面的問題——他們的身體通常很嬌弱。有時他們會覺得被環境逐漸侵蝕，卻無法堅強地面對外在世界，因為早期的生活弱化了自己的力量和解決能力。他們的父母可能會把他們當成王子或公主一般看待，而他們的脆弱無力也許就源自於此。如果海王星與上升點合相在水象星座上面，便可能帶有先天的感應能力。

冥王星在第一宮

這類人面對世界的方式會有許多偽裝的成分，但卻很難被旁觀者看透。那些有這個冥王星位置的人，容易把世界看成是不安全的地方，至少不能透露真實的自己。他們必須行事謹慎來增加存活的機率，他們有自我控制的需求。這類人一生中至少會經歷一次重大的蛻變。舉個例子，我認識的一位有這個冥王星位置的女士，竟然從修女變成了心理治療師；她的整個外表或所謂的人格面具，都產生了極大的變化。這類人在出生時可能有瀕死經驗，或是母親有瀕死經驗。他們也可能在幼年時經歷了令人羞於啟齒的事，譬如因遭到強暴或其他的傷害而有過精神病，所以使他們無意識地想躲藏起來。有的人則會努力地掩飾他們的同性戀傾向。總之，這個位置的冥王星等同於「虛假的自我」；也許是沒有出櫃，或者對根本不該有羞恥感的事感到羞愧。

第二宮

代表的是我們的金錢、對金錢的態度、賺錢的方式、花錢的方式，以及會花在什麼東西上；不過最重要的還是我們的價值觀。傳統上這個宮位象徵的是我們的動產，但不代表我們的房子，因為不動產是由四宮掌管的。同時二宮也包括我們認同的東西；這些東西可以說是自我的延伸。金錢和財物往往是我們用來支撐自己的東西，因此我們對金錢、財物或資源的態度以及花錢的方式，都能直接顯示出我們最重視的是什麼。

從我們對資源的態度，也可以看出自我價值有多高。如果我們的工作收入很高，自然會有一種價值感；如果收入很低，就會覺得被低估了，因此第二宮往往能道出我們對自己的評價。它同時也代表我們的本錢，不只是物質上的本錢，也包括我們這個人本有的長處，因此落在二宮裡的行星，通常能描繪出我們值得別人仰賴的專長，也就是別人重視我們的那個部分，以及我們認為自己有價值的地方。再回到剛才所說的自我價值這件事上面，「價值」這個字的確很符合二宮的性質，當我們在面對特定的任務或選擇時，經常會問自己「這件事值得做嗎？」我們會質疑那件事是不是值得被重視。

人類第一個擁有的條件就是它的身體。擁有一副身體會讓我們有一種扎根在世界的感覺。同樣地，我們的財物也為我們帶來一種安全感，使我們覺得踏實穩定。

太陽在第二宮

這類人的自尊心和信心，往往和他們賺錢的能力連結在一起，他們會覺得自己擁有的東西就代表自己的身分，因此財物會被看成是支撐自我的東西。這類人的父親若不是相當關切賺錢的議題，就是在銀行裡工作，或者做的事與金錢有關。太陽落入的星座代表的則是這個人賺錢和花錢的方式。物質的保障，能夠帶給這類人一種幸福感。

月亮在第二宮

經濟上的保障是這類人獲得安全感的必要條件。他們從事的可能是餐飲業、房地產或照料別人的行業，也可能負責照顧別人的資產。他們額外的錢大多花在家庭和家事上面。他們對家和物質有一種情感上的執著。這類人的經濟情況可能有很大的變動性，但通常能適應這些變化。男人的星盤裡如果有這個月亮的位置，代表可能會因為女人而損失金錢或賺到錢。

水星在第二宮

這類人很重視教育和知識，因此會把錢花在書籍、課程或上課的交通費上面。如果星盤裡其他的元素也顯示出這種特質，而且如果水星落入的星座也帶來影響的話，那麼他們往往是非常好的行銷人才，賺錢的方式可能涉及到閱讀、寫作、電話交談等。文字上的才華、語言的表達能力及好奇心，是這類人最值得仰賴的本錢。他們很重視每個與人交談的機會，對兄弟姊妹也很重視，甚至能從兄弟姊妹那兒獲得金錢上的幫助。這是十分有利於商業的位置，如果星盤裡還有其他支撐的元素，此人就會對商業世界的運作感到好奇。他們也有可能因為被偷竊而損失金錢。

金星在第二宮

這類人會把錢花在服裝、裝飾品、美容產品和娛樂上面，也可能在上述的領域裡賺到錢，而他們想賺大錢的原因是渴望過奢華的生活。這類人很重視美和藝術，願意花錢來換取美好的生活。他們往往很大方（必須看星座和相位是什麼），喜歡買禮物給愛人，本錢之一是他們的人格魅力，以及外交手腕和老練的態度。

火星在第二宮

這類人花錢的方式很衝動，但是在投資方面相當果決，能夠快速地達成交易。他們獲得金錢的速度很快，也渴望很快地拿到錢，特別是火星呈困難相位。換句話說，他們很渴望能立即滿足欲望，因此儲蓄的能力不明顯。他們也許藉由工具、汽車、金屬和熱力來賺錢。另外有些人則會藉著勇氣或面對暴力的能力來營生（警察或軍人）。但大體而言，火星落二宮代表願意為自己的價值觀而戰，火星落入的星座則顯示出此人重視的是什麼。

木星在第二宮

這類人會以宏觀視野看待自己的資源，所以顯得很慷慨。他們總認為上帝及宇宙會提供一切，因而顯現出樂觀、慷慨或愉悅的人生態度。但也可能有奢華的習慣，或者即使擁有的很少，也覺得自己很富有，不過也可能有貪婪的傾向。如果星盤裡還有其他類似的要素，則可能錢財來得容易去得也快，或是在金錢的開銷上不懂得節制，更普遍的情況常是慷慨奢華到只顧眼前的滿足，不管未來有沒有收入。他們也可能拖延支票兌現的時間！這類人十分重視旅遊和高等教育，因此會把錢花在這上面，有的則會透過旅行、出版或教育來賺錢。

土星在第二宮

這類人很怕窮，但不一定會經歷貧窮。他們對擁有資源感到罪疚，所以對東西有一種責任意識。土星在二宮的人會很驕傲地告訴你他的衣服已經穿了N年了；這類人對金錢和財物的責任意識是很明顯的。他們的事業可能是管理公司或大面積的土地。縮緊荷包會使他們覺得安全，因此到了老年多半有非常穩固的經濟基礎。他們的長處是具有強烈的責任感，尊重年長的人和傳統。他們的父親可能損失過大筆的金錢，或者整個家庭因父親的死亡而遭逢物質上的困境。不過，享受物質的滿足也要付出代價，因此這類人的自由可能因物質短缺而被剝奪，但也可能源自於物質的富足。

天王星在第二宮

天王星落二宮的人往往從一貧如洗而突然致富，但相反的情況也會出現。他們的錢大多花在科技或機械裝置上面，也可能在這上面賺到錢。這類人重視的是自由和進步，因此喜歡把錢花在能幫助他們進步和省時的事物上。或許每一個有天王星落入二宮的人都會把金錢看成能帶來自由的東西。有的人完全不想擁有什麼，因為這會造成負擔和喪失自由，有的人則渴望透過財富來換取自己的或他人的選擇權。這類人的長處可能是原創性、獨立性以及對真相的重視。有的人會藉由自己的原創性和發明天份來獲得財富。

海王星在第二宮

這類人在錢財上有高度的理想主義傾向，但也非常缺乏現實感，甚至容易在金錢上面受騙；他們有可能損失金錢或是在財務上鬧醜聞，不過要觀察整張星盤才能決定。他們財物的分享上沒什麼界線感，所以往往覺得有權力分享你的錢！他們會覺得「我的就是你的，你的就是我的」，這種態度也會延伸到外在世界，而不只是針對身邊最親近的人。他們的錢會花在音樂、藝術、神秘學、夢的解析、催眠、酒精等的事物上。他們的長處可能包括對痛苦的覺知、慈悲心和敏感度。他們比較不重視世俗的事物和世俗之人。這類人有的在經濟上很有斬獲，這是因為他們對週遭世界的運作方式有一種感應力。

冥王星在二宮

這類人可能會把金錢視為魔鬼，因為冥王星座落的宮位代表的是，我們把邪惡投射出來的生命領域，因此，這類人可能有極端的反物質傾向，但也可能極為擅長在經濟拮据的情況下存活。金錢對冥王星落二宮的人而言，往往代表權力和生存能力；換句話說，金錢是一種生死交關的東西。這個位置很有利於為他人爭取福利，因為他們會努力確保別人有生存下去的最低收入。他們很渴望把舊有的東西全部拋掉，重新來過。冥王星落二宮也意味著花錢很衝動，可能無意識地想把資源全部扔掉，但也可能有儲蓄的衝動，甚至可能破產。他們對金錢的態度一生中至少會有一次巨大的轉變，例如有一位很有錢的商人把錢全部扔出去之後，開始過起非常簡單的生活，他變成了一名烘培師，而且把自己的勞斯萊斯換了一台腳踏車。這些人的特質之一是近乎殘忍的決斷力，其工作可能涉及到生與死（在醫院或葬儀社工作），也可能從事園藝、礦業、掌握大權的金融業或是廢物處理的行業。

第三宮

傳統上，三宮與各種形式的溝通有關——說與寫，以及一般的消息報導。它同時也管轄短途旅行、兄弟姊妹、鄰居、眼前環境裡的其他人、堂或表兄弟姊妹、甥或姪、學校以及小學教育。三宮也可以總結為從A到B的距離，包括物質和心理層面在內。在物質層面，三宮包含了交通和短途旅行，但不涉及探索與冒險；它也和信件、電子郵件及通電話有關，同時也代表書籍、雜誌或這一類的媒體。落在三宮裡的行星可以描繪出一個人感興趣的事情，包括此人喜歡閱讀和撰寫的書籍，可能會訂購的雜誌和談及的話題。要留意的是水星的星座、宮位及相位也代表這一類事物。

三宮和血親有關，父母則是由四宮和十宮來代表。三宮也代表同一個教會裡的教友，不過最主要的還是兄弟姊妹。落在三宮裡的行星往往能描繪出兄弟姊妹的各個面向、特質以及和我們的關係，因此天王星落在三宮裡可能有同父異母的兄弟姊妹，或是兄弟姊妹和我們的關係有一個時期會中斷。火星落在這一宮裡則代表兄弟姊妹容易反目，或者兄弟是軍人。月亮落在這個宮位裡意指我們得照料兄弟姊妹，或是被他們照料。

我們上學的日子也是由三宮管轄的，因為這一宮最關切的就是訊息的累積和消化。學校是我們學習以及和人事物連結的地方，而連結就是這個宮位最主要的活動，亦即今日所謂的互聯網；即使是成年之後，三宮仍舊代表各種知識的擷取。三宮、水星或任何一個落在雙子座的行星，都和我們的學習或資訊及知識的轉化有關。

太陽在第三宮

這類人在學校裡會有耀眼的表現，可能成為班長或班代表。不論屬於哪個年齡層，這類人都可能在學習的環境裡活躍地表現自己。他們也會在原生地的環境裡進進出出地活動，忙著與人溝通交流，特別是太陽落在變動星座上面。這類人可能不停地寫信、發電子郵件。他們的父親對學習也很感興趣，但不一定是知識份子，除非星盤裡有其他的要素顯示出這一點；他比較是對新聞很關注的人，或是經常有短途旅行，工作甚至可能和運輸業有關。這類人也容易在寫作或溝通方面得獎，或者他們的親戚因這類活動而得到獎勵。

月亮在第三宮

這類人在教室裡覺得很自在，他們的寫作技巧和想像力發展得很好，也可能善於演講。閱讀和學習能帶給這類人慰藉，只要拿起一本書來閱讀，他們就覺得眼前的情況是可以忍受的。扮演執行者的角色令他們覺得很自在，與人通電話會有一種被滋養的感覺。他們能夠在忙碌的辦公環境裡協調人事物。他們的兄弟姊妹很會照料人，或者他們必須照顧兄弟姊妹。他們也可能在住宿學校裡求學。父母或主要的照料者可能情緒不穩定。

水星在第三宮

水星落在自己的宮位裡，代表有廣泛的興趣，在眼前的環境裡來來去去地活動。這類人喜歡質疑，重視溝通和學習，他們的思維流暢，充滿著機智，表達很精確，往往很難放下電話筒。他們有頻繁的人際關係，很善於聯絡交流。他們也通常有語言方面的才華，和兄弟姊妹之間也有頻繁的互動。

金星在第三宮

這類人熱愛知識和學習，特別是藝術、音樂或歌唱，他們經常參觀畫廊，欣賞攝影展。他們的好奇心、知識和交談能力，往往是吸引人的特質。他們能夠優雅而技巧地溝通交流。他們的愛情通常是藉由信件、電子郵件或電話交談來進行。這個位置的金星和情書也有密切的關係。有的人會愛上隔壁的鄰居，或者在課堂、夜校裡遇見情感的對象。他們和姊妹的關係很緊密，但也可能出現亂倫或兄弟姊妹反目的情況，不過必須檢視星盤裡的其他要素才行。這類人很喜歡短途旅行，或是週末到郊外去散心。

火星在第三宮

這是心智上帶有競爭性的火星位置，但是對學習很熱衷，也有良好的表達能力。這類人的領域觀往往伴隨著敏銳、果決和機智的思考能力，因此在所有的學習環境裡都缺乏耐性。如果他們對某種知識無法立即了解，可能會很氣自己。他們在開車或搭乘交通工具時也沒耐性，因此會有開快車的嗜好，而且很善於賽車；他們也喜歡驚悚的冒險故事。他們容易和兄弟姊妹反目，也可能在學校裡被同學威嚇；求學的過程對他們而言相當艱辛。他們的兄弟姊妹容易發生意外，或者兄弟是軍人。如果星盤裡有其他的元素支持，兄弟姊妹之間的亂倫情況也可能發生。這類人也容易和鄰居起爭執。

木星在第三宮

在英國，這個木星的位置代表的是上教會學校求學，或者教育涵蓋的範圍很廣。除非木星的相位很緊張，否則求學階段或學校的環境通常是令人愉悅的。這類人對知識和訊息的擷取很熱衷，對學習也很飢渴，什麼書都想讀，而且很健談；如果星盤裡沒有其他元素，那麼理解的程度就會比較膚淺。這類人會努力地想看到某個議題的全貌，但容易被過多的資訊或細節阻礙，而無法達成這個目的。如果木星的相位不佳，則可能對自己的智力過於自豪。這類人對政治、宗教或哲學也很感興趣。木星落三宮是一個有利於教育、出版或旅行的位置。這類人經常到鄰近的國家旅行，或者兄弟姊妹住在別的國家裡。他們能夠從兄弟姊妹那裡學到許多東西。

土星在第三宮

對這類人而言，學校經常會帶來許多制約和懲罰。他們在童年時就埋下了許多必須克服的恐懼，因為只要一開口就遭到嚴懲；他們害怕自己被當成傻子看待，所以知道正確的答案變成一種護衛自己的方式。這類人早期可能有口吃或其他的語言障礙，也可能因為自己的口音而被取笑。這個位置也代表居住的國家使用的語言和自己的母語不同，而造成了語言障礙。還有的人因為害怕自己被誤解，所以在溝通上顯得特別小心，喜歡咬文嚼字。他們早期受教育的過程可能中斷過，但卻養成了終生學習的習慣，最後可能在某個知識領域裡成為權威。他們的兄弟姊妹可能會變成負擔，或者兄弟姊妹年紀較長，但也可能缺乏兄弟姊妹。這類人通常很晚才學會開車，而且手腳的協調性不佳。

天王星在第三宮

這類人的想法相當原創，意見和觀念很獨立，不喜歡追隨他人的腳步。由於熱愛真理，所以他們不怕表達相左的意見，甚至有非常極端的觀點。有這個天王星位置的人很難與別人看法一致，而且喜歡做出令人震驚的舉動，他們會被鄰居（或者更廣義的鄰人）視為意見特異的人。他們可能有一段時間和兄弟姊妹或親戚失去聯絡，也可能有同父異母的手足，但或許多年來都不知道有這回事。他們也可能驟然被迫離開原有的就學環境，因為家從城裡搬到了鄉下。

海王星在第三宮

這類人對藝術通常很感興趣，特別是音樂、攝影和電影，也可能喜歡研究神秘學，或者有寫詩的才華。這些人基本上需要藉著閱讀或聆聽來提升靈性，逃離日常生活的粗糙面。他們可能非常敏感，對別人的思想和感覺有敏銳的感應力。他們往往有能力表達難以言喻的觀點。海王星落三宮的小孩可能有幻想出來的玩伴。他們的父母也許會領養或過繼別人的孩子。學校教育必須富有想像力和創造性，才能讓他們覺得求學是一種享受。

冥王星在第三宮

這類人的思想相當深刻，不會從表面去看任何事情，所以很適合做研究或從事偵察工作。他們有強烈的學習驅力，會追根究底地探索下去；他們對心理學或玄學通常很感興趣。他們會覺得學校是一個懲戒人的地方，或者自己可能被老師、兄弟姐妹、同學或鄰居懲罰。他們或其兄弟姊妹可能有學習障礙。他們之中有的人具備和殘障人士溝通的才華，這裡的「殘障」指的是生理或心理上的殘疾。

第四宮和天底

在等宮制之外的所有分宮制裡，天底（IC）代表的都是第四宮的開端。

傳統上第四宮象徵的一向是我們的根源、祖先、家和不動產，以及和過往歷史有關的事物，這個生命領域和月亮一樣代表我們的源頭。和第四宮相關的複雜內涵（落在四宮裡的行星、天底的星座、四宮頭的主宰行星，以及這個主宰行星落入的宮位和相位），都代表我們的祖先及種族根源，譬如你的祖先如果是務農的人，就可以從上述的元素看出來。我們的家族歷史是非常久遠的，甚至可以追溯到山頂洞人及更古早的時代，基於此理，我不禁聯想起榮格所謂的「集體潛意識」，也許它和四宮及天底也有密切關係。

當然原生家庭也是我們的根源之一，因此第四宮也可以道出原生家庭的氛圍和情感狀態。第四宮加上其他的要素，可以使我們知道父母的狀況以及我們體認到的他們。如果我們是被領養或過繼的小孩，那麼第四宮一定會顯示出這類的信息，包括生理及心理層面。四宮描述的是我們生命的基礎和平台，由於它座落在星盤的最底端，所以和天頂剛好對立。天頂代表的是我們最外顯的一面，而四宮則是隱藏在最底層的部分，除了四宮之外，月亮也代表我們的情緒及生理上的覺受。我們在家總是穿著最舒服的舊衣裳晃來晃去，因此家就是一個庇護所和退守的地方。

或許我們可以用大樹來比喻天頂和天底的軸線。第十宮或天頂代表的是大樹的頂端，它所有的枝幹都是朝著天空的方向在發展；天底或四宮則代表這棵樹的樹根，而樹根往往是深埋在地底下的。如果一棵樹的樹根很牢固，就能長出豐盛的果實和枝葉，同樣地，一個無家可歸的人似乎也很難擁有真正的社會地位或事業。傳統上第四宮也跟生命的末期或結尾有關，一棵樹的果實最終一定會掉落到地面，再度滋養它的根部。白天通常是我們到社會上追求事業（十宮）的時段，晚上則是回到家裡過自己生活（四宮）的時段，如果從人的一生來看的話，四宮代表的是退休之後的晚年生活。但退休之後的生活也可能很忙碌，只是外在的活動會減少許多，以便放慢腳步、休養生息。

四宮也代表我們家居生活的方式，譬如我們會住在哪裡──屋子裡、拖車裡或船艙裡，還是在海邊或加油站的對面？也可能是酒吧附近？此外我們是住在原生地或外國？甚至我們可以從四宮看出住家的街道名稱。舉個例子，我的月亮是落在射手座、第四宮，當我在寫這本書的時候，我住家的街道仍然是「教會路」！我以前的那個家也在修道院旁邊；由於我的天底是落在天蠍座，所以我住家附近的戲院名稱恰好叫做「鳳凰」，而且附近有兩個墳場，甚至在五分鐘的距離內有好幾家葬儀社。天宮圖的四宮加上月亮也能顯示出我們和誰生活在一起，以及對方和我們生活在一起是什麼感覺，它也能顯示出我們在家裡會製造什麼樣的情緒氛圍，甚至能部分地說明我們更瑣碎的家居情況，譬如裝潢的風格等。

太陽在第四宮

有這個太陽位置的人，很需要一個令他感到驕傲的家，有的人甚至會創造出值得炫燿的房子。這類人就像君臨天下的國王或王妃一樣，有一種管轄自己房子的需求。他們對土地或家族傳承特別關注和重視，家庭和家族背景能夠帶給他們信心和身分認同。有的人很喜歡誇耀自己的族譜，甚至追溯到數個世紀之前的根源。

月亮在第四宮

這類人與大自然、土地或家族傳承都有很深的連結，而且有強烈的愛國意識。鄉間的景緻往往引起這類人的情緒反應，家在他們眼中是個避難所，這個避難所的風格和類型，則可以從月亮落入的星座和相位看出來。落入四宮的行星則能描繪出一個人的父母，月亮落四宮代表和父親有強烈的情感連結。這類人在童年可能般過許多次家，特別是月亮落在變動星座上面，但中年之後卻生活得比較穩定。

水星在第四宮

這類人有的會在家裡受教育，有的則被送到寄宿學校唸書。他們往往來自於高智力的家庭背景，譬如家人喜歡在晚餐時探討一些思想觀念，家裡總有些進進出出的人，或是有頻繁的溝通交流，譬如經常打電話、聽收音機、閱讀報章雜誌，或是每個房間都有電視；他們很可能來自於這樣的背景，但也可能為自己創造出這樣的家。他們的工作也許涉及房地產買賣，不過要看整張星盤才能決定。水星落四宮會增添不安於室的特質，所以很適合住在拖車裡，或是其他帶有機動性的住所。他們的父母從事的可能是教育或溝通方面的工作，兄姊或許會代替父母的角色。

金星在第四宮

這類人必須擁有和諧的家以及生活；家往往能反映此人的良好品味。他們的原生家庭也有藝術傾向。這類人對父親或母親有強烈的愛，父母之一的工作可能與藝術、外交或美容有關。他們的原生家庭通常很富有，即使沒有錢，父母之一也可能耽溺於物質享受。這類人退休之後應該活得相當舒服自在，但仍然得看其他的元素才能下論斷。他們很喜歡在家中宴客，而且會把錢花在這上面，或者花在美化家庭環境上面。

火星在第四宮

這個位置的火星代表父母經常爭吵，或者父母之一有別的性關係，或是在軍中服務。這類人經常與父母競爭，而且對他或她有一種憤怒。有時這個位置的火星也代表來自被戰爭摧殘的地方。這類人的祖先可能曾經為自己的家園而戰，或者家被徵召用於軍事目的上。他們的家裡可能有許多活動在進行，看上去就像是被轟炸過的地方一樣。這類人的家容易著火，至少曾經把鍋子燒壞過。這也是十分有利於園藝和農業活動的相位，因為他們的父母或其他祖先曾經在土地上耕種過。這類人到了晚年依舊很活躍。

木星在第四宮

這個位置的木星意味著祖先有雄厚的財富或道德意識。這類人往往有良好的家庭背景，祖先可能來自於外國，或者有好幾代的輝煌族譜。這類人的家空間通常很大，家裡的每個人都需要有自己的空間。他們的家可能改裝自教會、宗教建築物或馬廄。他們有明顯的好客傾向，一生中可能有一段時間是居住在國外。有的人不只是受了族譜的影響，而且可能受到過去世的觀念影響，而對自己的源頭非常感興趣。

土星在第四宮

這類人可能有意無意地害怕變成無家可歸的人，因此很渴望擁有一個家。反之，他們也可能覺得繳房屋貸款或住在同個固定的地方是一種限制。他們的祖先可能工作辛勞，但飽受貧窮之苦。有的則可能喪失過家園，因此潛意識裡有這方面的深層恐懼。他們的家族可能來自於務農或採礦的背景。他們的父親也許為家人帶來沉重的負擔或是罹患疾病，因此他們無法把家看成帶來歡樂的地方；為家負起沉重的責任或者必須照料年邁的父母，都是土星落四宮的議題。

天王星在第四宮

這類人容易和他們的源頭失去聯繫（例如父母不詳，或者父母之一從這類人的出生地移民到別處），不過他們也許很享受這種從家族背景裡解放出來的感覺。有的人可能幼年時父母無預警地變換住所，或是突然脫離了原先的根源；天王星落四宮也意味著有繼父或繼母。這類人無法期待家是一個永久的居所。他們的家裡可能充滿著高科技產品；他們喜歡獨居，或者從小就被教育成一個獨立的人。

海王星在第四宮

這類人經常渴望回歸自己的源頭，這意味著他們曾經脫離過自己的出生地；也許是住在離出生地很遠的地方，或者有過被領養之類的經驗。他們總是渴望有一個理想的家，譬如夢想住在一個河邊的小木屋裡，門前種了許多玫瑰花等；或者夢想自己的家是一個能收容別人的庇護所，一個供人靈修的地方。他們的父母之一帶有海王星特質，可能是溫和而慈悲的人，也可能是受害者或救贖者；他也可能消失不見了，或者很難與他們有所接觸。這個位置的海王星意味著父母之一有深刻的靈性傾向或是在海邊工作，但也可能有酗酒的習慣。這裡面有無數的可能性，所以必須看整張星盤才能下論斷。花一些時間創造出一個帶有庇護所特質的家（通常是在水邊），是一種善用這個位置的生活方式。

冥王星在第四宮

這類人和土地及大自然有緊密的連結，他們對史前史或人類最初的根源都很有感覺。他們可能很小就被迫脫離原來的環境（尤其是那些誕生在六〇年代中期，有天王星與冥王星合相的人。），被放在一個截然不同的、令人畏懼的新環境裡。有時冥王星落四宮也代表此人誕生的那個文化背景和時代，將他們的宗族或父母視為禁忌。冥王星落四宮意味著祖先是混血，或者家族裡有人犯過罪、罹患精神疾病，因此有這個位置的人最好弄清楚家族裡有哪些深埋的創傷，才能避免無意識地重複其中的悲劇。這個位置的冥王星很利於考古人類學、心理學及族譜學。這類人可以從挖掘自己的根源中獲益。

第五宮

傳統上第五宮一向和孩子、浪漫愛情、玩樂、嗜好、賭博及投機有關。這個宮位關切的是創造和娛樂。占星家羅勃・韓特（Robert Hand）在他的《天宮圖的象徵符號》（Horscope Symbols）這本書裡曾說過，第五宮代表的就是「做自己喜歡做的事」——為金錢、愛情、子女、名望或其他動機去做一些事。進入第五宮基本上就是要玩樂，而每個人喜歡的玩樂的方式都不一樣；第五宮描繪的是我們每個人對玩樂的概念，而非我們喜歡玩些什麼，同時也代表玩得是否輕鬆自在。

「創造」（create）這個字意味著帶來成長或加強能力，而「消遣」（recreate）則意味著重新儲備能量以便恢復到良好的狀態，或是藉著愉悅的活動來恢復精力。因此，第五宮代表的就是藉由玩樂和做自己喜歡做的事，來恢復生命力。同時五宮也意味著將內在孩童重新創造出來。五宮也是代表子嗣的宮位，對許多人而言，小孩就是他們重新創造的管道，這裡指的不僅僅是生育這件事，還包括小孩誕生之後的所有劇情；藉由生養小孩或是進行創造性的工作，我們可以達成某種程度的不朽。

第五宮這個代表浪漫愛情的宮位，強調的是享受愛情遊戲以及其中的歡樂。在這個成長階段裡，年青人開始外出約會，但不一定會發生性行為。對小孩而言，玩遊戲是他們學習社交互動的方式，因此不論是大人和小孩，遊戲都是一種為生命進程做排演的方式。我們在五宮裡為了享樂而冒險去探索一些事情，如同把腳拇指放在水裡，試試看是什麼感覺——當我們交男朋友或女朋友時就是在做這件事；我們試著弄清楚對方究竟是怎麼一回事，同時也在學習如何與他們互動。第五宮也是跟劇場有關的宮位——一個供人們觀賞戲劇的地方。在所有的文化裡，戲劇自古以來一向是我們認識人生和關係的地方，觀賞演員飾演某些角色和道出一些故事，可以讓我們知道行為的後果是什麼，這有點像是一種替代式的排演。

五宮也包含任何一種形式的創造活動，不妨把自己想像成一位陶藝家，如果你想銷售自已做的陶器，就必須以自己的方式親自下去捏陶，而你做的陶器就是你獨創的，因此第五宮往往是我們表現自己，告訴別人「這就是我」「這就是我做東西的方式」的宮位。有人曾經說過，小說家不論寫的是什麼題材，裡面都帶有自傳的成分，如果我們懂得觀賞的話，也能從一幅畫看出那個畫家的許多特質，因此五宮也是我們揭露自己的地方；揭露自己意味著冒險將自己攤開來給別人看，因此五宮也涉及各種形式的賭博和風險。

由於五宮是四宮的下一個宮位，因此我們的家一旦上了軌道，就可以到外面去享受和冒險了。在四宮裡面我們建構了一個庇護所，進到五宮就可以擁有自己的小孩。有了安全的基礎之後，才能到外面去歷險和創造。

太陽在第五宮

太陽在第五宮的人有強烈的被矚目的需求，而且很不喜歡被忽略。在浪漫愛情上面，這類人選擇伴侶是基於被愛的感覺，而不是因為被對方吸引。這也是一個非常有創造潛力的太陽位置（創造力的品質是由星座代表的），而且對戲劇有強烈的愛好。這類人也很愛孩子，他們和年輕人相處時最有活力。

月亮在第五宮

這類人有創造的需求；他們創造的本質是由月亮落入的星座所代表的。舉例來說，落在處女座意味著喜歡某種類型的手工藝；落在雙子座代表有寫作才華；落在金牛座可能有按摩或捏陶的才藝等。這類人的母親也可能富有想像力和創造力，因此童年的環境裡充滿著藝術氛圍；這也是一個有利於在藝廊工作的相位，也很適合藝術品保存的工作。這類人往往來自大家庭（尤其是落在水象星座），跟孩子以及年輕人在一起令他們覺得自在。他們很懂得以各式各樣的方式玩樂，在愛情關係裡他們扮演的是父母或孩子的角色。

水星在第五宮

這類人可能會變成作家。這個位置的水星意味著喜愛文學和閱讀，而且有演說才能。這個位置的水星也有利於為兒童寫書，或是表達有關愛情及運動方面的概念。任何一個涉及到手眼的協調性的運動或遊戲，都很適合這類人。他們很享受玩牌、猜字及填字遊戲，也很熱衷愛情的遊戲。這個位置有利於各種類型的社交活動，包括做媒在內，這類人對誰和誰交往往十分有興趣，他們本身的愛情故事也可以寫一整本書，但仍然要看整張星盤才能下論斷。他們和愛人之間往往有顯著的年齡差異，他們的愛人可能多話或是永遠在忙碌。

金星在第五宮

這個金星的位置很喜歡浪漫愛情和享樂，這類人會為了愛而愛，而且很懂得享受人生，喜歡去藝廊看畫或欣賞音樂會。有許多人本身也可能成為藝術家，但必須看金星落入的星座和相位而定。有的人會把錢花在奢華的物質和美容產品上面。這類人和小孩的關係良好，比較容易生女兒。

火星在第五宮

這類人熱愛速度、行動和冒險，所以有利於各式各樣的運動。他們可能喜歡騎摩托車，不過要看火星落入的星座是什麼。這類人在浪漫愛情方面偏好的是追求的過程，以及達成性享樂的目的。他們會盡情地玩樂，所以有不顧後果的傾向。在愛情方面他們的競爭性很強，容易涉及三角關係；熱衷於浪漫愛情令她們很早就懷了孕，或者可能會流產，而且生男孩的機率較高，但必須看其他要素才能下論斷。

木星在第五宮

這類人熱愛生命、喜歡享受，骨子裡有賭徒傾向，可能把錢賭在賽馬、梭哈或股市上；他們也喜歡比較細緻的冒險遊戲，譬如浪漫愛情、藝術創造和長途旅行。他們也可能有騎馬的嗜好。木星落五宮是一個有利於藝術的位置，而且會把慷慨的心胸延伸至兒童或兒童福利的議題，這可以說是一個最有利於扮演阿姨、叔舅、教父及教母角色的位置。這類人可能有許多小孩，而他們本身也往往是別人眼中的大小孩。

土星在第五宮

這類人對浪漫愛情抱持謹慎和冷漠的的態度，也可能失去許多談戀愛的機會。土星落五宮也代表一個人在愛情上面花過多的精力，或是以認真的態度對待各種形式的玩樂。在藝術方面，這類人對自己的表現缺乏信心，所以必須學習自發地表現自己。有的人會覺得孩子令他們有落實感，有的則強烈地感覺當父母會限制享受。孩子往往能教導他們遊戲的本質是什麼。他們有營造、建築、雕塑、規劃和組織的才華及嗜好。

天王星在第五宮

這類人的才華和原創性會展現在電腦、網頁設計及其他科技上。他們不會依循正規的學習途徑，跟叛逆的年青人可以相處得很自在。他們可能有繼父或繼母，也可能與自己的孩子隔離或切斷關係；許多有這個天王星位置的人往往會在擁有小孩或擁有自由之間做出選擇。他們的浪漫愛情可能是反傳統的，而且可能突然形成關係或突然分手。

海王星在第五宮

這類人有藝術家的本質或是帶有浪漫特質，最糟的情況是耽溺在逃避式的享樂之中（譬如酗酒及嗑藥），或者有過度發展的幻想傾向。他們有能力進入想像世界裡，因此很適合與孩子互動。在藝術方面，這類人喜歡的是音樂、戲劇、舞蹈和電影。他們的愛情裡多少帶有幻覺和犧牲的成分。海王星落五宮有時也代表會領養小孩。這類人很同情孩子，往往把孩子看成社會的受害者。

冥王星在第五宮

這類人執著於某種形式的創造活動。他們傾向於把每顆石頭都搬開來看一看，而且渴望有各式各樣的享樂經驗，雖然最終他們會發現這些經驗都不盡然像表面那麼愉悅。有的人則不認為有所謂的禁忌，甚至有一股衝動想要突破所有的性禁忌。他們很渴望擁有小孩，但必須十分小心，因為這個位置也意味著容易流產或墮胎；他們也可能會領養小孩。這類人早期的浪漫愛情經驗，令他們對情感非常老道。

第六宮

傳統上第六宮和工作、健康、僕人、員工、服裝及小動物有關。六宮基本上關切的是生活的維護，譬如付房租、吃飯、穿衣等等的瑣事，如果我們不會照料日常所需，很容易生病或出問題。

第六宮關切的是工作，這和事業或人生的召喚不太一樣。它涉及的是日常瑣事、每日實際進行的工作，以及我們對待它的態度。六宮也能描繪出我們如何進行手上的事情，喜歡做的事是什麼。六宮象徵的是每日的例行公事、瑣事以及和健康之間的關係——任何一個過修行生活的人應該都不會反對這一點。養育小孩的過程裡，我們也會很重視這些瑣事。六宮代表的工作能夠為我們的人生建立具體結構，提供這些瑣事必要的開銷，如交房租、維持生計等的費用。

六宮也能描繪出我們照料地球的方式，以及我們對服務他人這件事的態度，從這點我們可以看出六宮不一定代表領薪水的工作，而我們也不一定是雇員。從六宮也可以看出我們工作上的關係，而且通常是不平等的共事關係，它不但代表我們與同事的互動方式，也代表身為員工的感覺；如果我們本身是老闆，那麼六宮也能描繪出我們對員工的態度。工作是我們活出他人的意志的場所，而我們的僕役或家畜也是臣服於我們的意志之下的，因此即使我們不雇用僕役，也經常會在餐廳裡接受服務員的服務。其他如洗衣房裡的員工、送披薩的年輕人或店員，也都是屬於第六宮管轄。因此我們的六宮描繪的就是我們對服務抱持的態度，包括施與受兩方面。

工作也是一種將自己的心理特質帶到物質世界裡的方式，如果我們無法成功地協調這兩者，就可能導致疾病，因為疾病往往是內在世界與外在世界無法順利統合的結果。六宮和身心之間有密切的關係。

六宮也代表我們維護健康的方式，包括我們的飲食、衣著、衛生習慣等。飲食習慣通常可以從月亮看出來，但是六宮也能描繪出我們和這些例行活動的關係，譬如我們吃東西的習慣為何，因為攝取食物也是維護身體的方式之一。傳統上，這個宮位代表的比較是導致健康受損的因素（譬如工作太辛勞，或是過度耽溺與享受），因此不要只把第六宮當成和健康有關的宮位。其實整張星盤都能讓我們了解我們的健康和疾病的情況，不過本書並無意探討健康方面的專業占星知識，因此本文只著重提及的面向。

六宮同時也主宰著寵物或小動物。醫學研究已經顯示，照料寵物或小動物，包括照料它們的飲食、撫摸或安慰它們，的確能使我們長壽。由於它們能為我們帶來健康，所以從這個層面來看，它們仍然是我們的僕役。

太陽在第六宮

這個太陽的位置意味著藉由工作來找到自己的身分認同。這類人能夠藉由工作獲得自信心及自我認同，因此很希望自己的工作表現良好，是老闆不可或缺的幫手。他們也認為良好的服務是非常重要的事，基於這個理由，他們的英雄之旅就是全心全意地達成眼前的任務，不論那個任務是什麼。他們的父親可能有意無意地灌輸他們一種觀念：人必須以工作為榮，而父親本身也可能一直忙於工作。這類人也許因童年健康狀況不佳而得到父母的關注，所以這個位置也可能對保健方面的工作有興趣。

月亮在第六宮

這類人如果覺得自己是有用的，自我感覺會比較良好，因此非常需要工作。他們會以母性特質照料工作夥伴，當夥伴們哀傷時會提供支持和撫慰，或者可能在辦公室的抽屜裡放些零嘴，不時地拿出來和同事分享；那些情緒上比較不成熟的人，則可能在工作崗位上扮演嬰兒的角色。這類人的工作帶有月亮的某種面向，例如他們的工作可能和照料人有關，也可能任職於房地產業、保險業、餐飲業、服務業或是當管家。這個位置的月亮也意味著家是由老闆提供的，有的人真的是「生活在工作裡」，有的則會把工作的環境弄得像家一樣。這類人的母親很重視工作，或者他們選擇的工作強烈地受原生家庭影響。有這個月亮位置的人容易有消化不良的問題，而且是情緒引起的，所以在飲食上必須十分小心。

水星在第六宮

這類人的工作涉及到寫作、溝通或運輸（譬如以開車為業），而且經常旅行。他們喜歡在工作時和夥伴們聊天，或者以說話為業。他們很容易為健康擔憂，但神經緊張和擔憂傾向才是導致疾病的主要原因。他們也很適合當經紀人（可以開旅行社、從事進出口業或版權代理的行業。）總之，這個位置很適合扮演中間人角色，包括所有的商業和行銷在內；即使是店員，扮演的也是顧客和製造商的中間人角色。

金星在第六宮

這類人非常重視工作，有志趣相投的工作夥伴是他們相當看重的事。他們不但喜歡自己的工作，也喜歡自己的工作夥伴，其工作本身經常需要用到外交或社交技巧，而且不會是粗重的工作，除非星盤裡有其他的影響力。他們的工作可能涉及藝術或美容，也可能與外匯交易有關。他們的親密伴侶也許是在職場裡認識的。他們很喜歡養寵物，而且比較偏愛那些溫柔的小動物，譬如代表和平的鴿子。這類人的健康問題往往源自於耽溺的生活習慣，譬如懶惰或吃太多甜食。

火星在第六宮

這類人的工作和金屬、汽車、熱力、刀子、機械或工具有關，因此可能當屠夫、外科大夫、焊接工等。他們的工作環境裡有很高的競爭性。他們喜歡行動，所以不喜歡被綁在辦公室裡，如果必須被綁在辦公室裡，往往會有挫敗感。如果火星有困難相位，則容易在工作或職場裡與人發生爭執。這個位置的火星很有利於抗爭活動，譬如為工作夥伴抗爭或是在工會裡服務。女性如果有這個位置的火星，可能會在屬於男性的工作環境裡服務，愛人也可能是在職場裡認識的。這類人的健康問題通常是源自於壓力或工作過度，比較極端的情況是在工作中誤用精力，甚至發生意外。這類人容易有發炎的情況或是罹患性病。

木星在第六宮

這類人的工作似乎和未來性有關，譬如在出版業、教育界、法律界或是在旅遊有關的行業裡服務。他們的職業也可能和賭博有關，譬如在股市或賽馬場工作。不論這類人從事的是什麼工作，通常在求職方面是十分幸運的。他們的工作夥伴往往來自不同的文化背景，能夠提供他們許多成長的機會。他們的健康問題多半源自於飲食或飲酒方面的耽溺傾向，而導致肝臟不勝負荷。這個位置的木星也暗示著像癌症這樣的疾病，因為木星代表的是過度的成長與生長，不過治療效果通常很正向。這類人也可能很愛馬。

土星在第六宮

土星在這個位置最極端的情況是憂鬱症。由於擔憂自己的健康瓦解，所以這類人會努力地健身，甚至可能變成狂熱的健身者，希望把身體鍛練得像石頭一樣堅硬。這類人的父親也許因健康的關係而影響到工作。土星落六宮有潛力成為工作狂，亦即在工作上不怕辛苦，願意全心投入。他們有高度的組織力，工作形式涉及到規劃、效率、守時以及組織力，所以從火車駕駛員到建築師都有可能。有時這類人在工作崗位裡只能升遷到某個位置就上不去了，這或許是源自於害怕居高位要負更多的責任。土星在六宮裡也代表害怕失業或害怕負責。這類人的寵物可能是爬蟲類、兩棲類或甲殼類動物。

天王星在第六宮

這類人不適合朝九晚五的工作，因為例行公事令他們不耐煩，他們最理想的老闆就是任由他們獨立作業的人。這類人對別人的干預或過多的規範缺乏耐性，他們獨立作業時表現得最好，因此不適合坐辦公室。他們的工作會無預警地出現變化或是經常更換；最極端的情況是遭到解雇，也可能很快就辭職了；有的人很厭惡自己的個人自由被工作剝奪。他們的工作往往和電子及高科技有關，而且特別適合自由業，或者允許他們保持有自由及個人風格的行業。他們通常會被另類療法吸引。

海王星在第六宮

這類人的工作必須符合他們想要逃避現實的傾向，所以工作往往涉及到媒體、藝術、廣告、外燴餐飲、酒、藥物及麻醉藥。他們的工作形式帶有拯救、幫忙和照料的成分，而且必須培養慈悲心，或者必須做出某種程度的犧牲，譬如報酬很低、不受重視。他們對西藥和麻醉藥很敏感，如果海王星有困難相位，則容易中毒，或體內有大量的寄生蟲。許多有這個海王星位置的人對工作夥伴或大眾的痛苦極為敏感，可能像海綿一樣地將他們的負面能量吸納進來，但如果星盤裡有其他支撐能量的元素，就可以提供一些屏障。如果他們的工作涉及精微能量（譯注：這裡指的是氣），反倒能善用海王星的能量。他們的健康問題可以透過靈療來改善。

冥王星在第六宮

這類人的工作涉及到偵察或研究，不論從事的是什麼行業，他們都會以專注、投入和熱情的態度來面對，他們很需要有一份可以執著的工作。有的人會被禁忌領域吸引，譬如在殯葬業或性服務業裡工作，還有的則會在污水或垃圾處理場服務。這個位置的冥王星也有利於照料殘障人士。這類人喜歡在一個組織裡扮演沒沒無聞的幕後角色，或是投入比較低下的工作以便將自己藏起來。這個位置也有利於當警察或便衣刑警。他們對工作底層的暗流很有洞察力，但必須避免在事情變得緊張時出現偏執反應。不論他們從事的是什麼職業，都必須學會在職場上正確地運用權力。這類人比一般人容易遭到裁員。他們喜歡的寵物是狗。

第七宮及下降點

第七宮代表的是私人或職業上的一對一關係。它能夠描繪出我們對待關係的方式，以及我們被吸引的人。基本上，第七宮代表的是別人會「勾住」我們，或是我們會勾住別人的特質。七宮不但和婚姻伴侶及重要關係人有關，也跟事業夥伴有關；它涉及的是所有簽過約的夥伴關係，或是帶有映照成份的關係，因此也包括治療師／案主以及律師／委託人的關係。七宮也代表對方的狀態及我們與其相處的情況。我們看待對方的方式往往會決定自己的反應和對待方式，也就是所謂的映照作用，由於七宮是「非我」的宮位，所以能描繪出我們在每個人身上的投射，因此一個土星落在七宮的人，經常會指責別人（包括他們的伴侶在內）喜歡掌控，或是會習慣性地害怕對方，以為自己可能會遭對方懲罰。

基本上，七宮象徵的是我們有意無意地給予對方的東西。我們會無意識地將自己的特質投射到對方身上，而將對方經驗成七宮裡的行星或星座代表的那種人。我們也真的可能嫁給七宮裡的元素代表的那種人。七宮也能顯示出我們與他人互動的方式，因此我們會把其中的行星或星座的能量給出去，有時我們也會透過工作投注能量。例如，我有一位熟悉的美髮師，他星盤裡的金星是落在七宮裡，這可以詮釋成他將美和價值給予他人。我還認識一位名演員，人長得非常有吸引力，但總是扮演一些寒酸的角色，她告訴我說別人得到的永遠是美人的角色——這是由於她沒有把金星的能量擁抱進來，所以就藉由他人來發現金星的能量。因此，七宮代表的是與我們的上升點對立的狀態，除非我們發現自己身上也有這種特質，才能將其包容進來。由此可知，我們在別人身上發現的特質，最終都會在自己身上找到。

傳統上七宮也代表公開的敵人，十二宮代表的則是秘密敵人。有趣的是，我們的婚姻宮竟然是公開敵人的宮位，但如果能了解投射的機制，就不會感到驚訝了。因為公開敵人這個概念裡，包含了與上升點的特質相反的面向，或是自己無法接受的那一面。七宮也包括過往和目前的法律訴訟及法律糾紛。面對任何一份關係時，我們都必須在自己的需求和他人的需求之間取得平衡，因此七宮提供了一個機會，讓我們發展出更完整的覺知，使我們藉由一對一的關係學會合作的藝術。

從七宮我們也可以看出父母的關係，因為這是我們第一個認識的關係，所以會強烈地影響我們成年後對待關係的方式。占星家曼尼李奧斯（Manilius）稱下降點為「死亡的門檻」（The portal of death）。在實際的諮商經驗裡，我的確發現下降點與死亡有關，當行星推進下降點時，可能會出現與這個行星及下降點的星座有關的疾病；如果我們考慮到下降點是一個與上升點對立的交點，就不難明白下降點為何與身體有關了（譯注：上升點在第一宮的宮頭，而第一宮代表的就是我們的身體結構。）很悲哀的是，人們很少意識到疾病與自身的狀態有關，總以為是外來的影響力。

請記住，上升點與下降點會構成一條軸線，因此七宮的宮頭往往能描繪出我們誕生時的情況，以及當時涉及進來的人，譬如母親旁邊病床上的人、助產士或產科醫師。

太陽在第七宮

這類人會藉由與他人的互動來重拾自己的身分認同，這是個典型心理治療師的位置，因為他們能幫助別人透過一對一的關係發現自己。他們有一種內在驅力，想要為他人或關係本身帶來洞見。這類人有意無意地想扮演父親的角色。關係在他們眼裡是人生最重要的部分。比較內向的人則可能吸引來自我中心或自大的伴侶，而他們也可能賦予伴侶過多的權力。

月亮在第七宮

這類人會創造出相互照料的關係，也許雙方都喜歡扮演照料者，或是被照料的小孩。這類人在心理上等於是跟自己的母親結婚，至少在成年後的早期階段是如此，他們在選擇婚姻伴侶上也容易受母親影響。這類人之中有許多會按照傳統的方式結婚成家，但必須檢視月亮的星座和相位才能下論斷。他們的整個家族系統對他們而言都是非常重要的。

水星在第七宮

這類人在思想上會依賴別人，容易把伴侶看成是比自己聰明或能言善道的人。他們認為關係之中最重要的是溝通交流，而且可能吸引來有思想、能言善道的伴侶，或是吸引來非常愛說話的伴侶！還有的人會嫁給司機或是在運輸業工作的人。這類人也可能有孿生兄弟姊妹，因而渴望找到孿生靈魂伴侶。還有的人扮演的是發言人的角色，或是負責調解仲裁的人，他們也很適合扮演兩造之間的合約擬定人。他們也可能透過婚姻介紹所找到自己的對象。

金星在第七宮

這類人會把伴侶看成有價值或美好的人。這是一個有利於當美容師、髮型設計師或藝術家的金星位置，而伴侶也可能從事這類行業。他們會透過婚姻或夥伴關係改善經濟狀況，也可能吸引來溫暖有愛心的伴侶，但可能因過度配合而顯得缺乏果決力。這類人本身也可能太取悅別人，或者需要一個伴侶來教他們如何分享，如何把別人放在第一位。不論是男性或女性，金星落七宮都代表工作夥伴是女人。這類人的親密關係帶有自我耽溺和懶散的成分。

火星在第七宮

這類人很急於找到一個伴侶，就好像有許多競爭者似的，他們可能因此而早婚。他們很容易和帶有火星特質的人結成親密關係，這意味著對方的性格也許輕浮善變，或者關係容易生變。他們的伴侶的工作方式往往帶有火星特質，因此可能是軍人、警察、焊接工、運動行業裡的人，或者對方的工作帶有高度的競爭性（譬如銷售員）。這類人得透過關係學會獲勝、競爭和確立自己。他們也得學習讓自己的憤怒有個出口，譬如和伴侶一起運動。他們很容易在性上面和伴侶起爭執，或者任何事都可能起爭執；學習處理憤怒，就能把這類的困難降低。不論是男性或女性，工作夥伴都可能是男人。這個火星的位置會把憤怒的感覺投射到對方身上，也容易遭到攻擊，或是自認為遭到了攻擊。

木星在第七宮

這類人會把伴侶看成幾乎和神一樣偉大的人；他們對伴侶關係往往抱持樂觀態度；他們可能有好幾次婚姻，或是總認為別處的草比較綠一些。他們也可能從哲學的角度來看婚姻的起起伏伏，而對自己的婚姻感到很滿意。伴侶則可能因為與他們結合而變得富有，或是體重比以往要重。他們的伴侶可能是哲學家、教育界人士或外國人。這個位置的木星意味著婚姻能帶來物質資源及社會地位。

土星在第七宮

這類人對婚姻抱持認真嚴肅的態度。他們比較重視婚姻契約，所以往往不會選擇同居。他們可能既害怕結婚，也害怕沒有婚姻。他們會把婚姻看成一種牢籠，而這是源自於父母對婚姻的感覺，或是出自於自己的想像。也許他們會遲婚或否定婚姻，也可能因害怕失去結婚的機會而早婚，那些選擇早婚的人或許會在土星第一次回歸原位的二十八歲左右，遭到婚姻上的挫敗。有的人會選擇像父親一樣的長者結婚，因為對方比較有責任意識，但是等自己成熟且有能力負責之後，卻可能發現伴侶掌控性過強；反之，這類人也可能在年長之後選擇比較年輕的人結婚，以便掌控自己的親密伴侶。這類人可以藉由關係來解決心理上的父親議題（father issues）。其中有的人是經由父母安排而結婚，或者有一種選擇不多的感覺，所以只好讓周圍的人來安排了。

天王星在七宮

代表的是突然形成伴侶關係，但很快又分開了。他們的婚姻可能是突然成立的，而離婚也可能是瞬間決定的。他們的伴侶會覺得自己像個局外人，或許真的是局外人，譬如來自不同的文化背景。這類人也不容易付出長期承諾，往往把自己的獨立性看成是最重要的東西，但也可能無預警地在中年後決定願意被栓住。這類人比較適合開放式的關係，如果伴侶能不斷地帶來意外的驚喜，就更理想了。他們希望所有的一對一關係都很誠實友善。

海王星在第七宮

這類人會選擇需要被拯救的伴侶；他們會被那些需要幫助的人吸引，他們也會創造出敏感、慈悲以及相互理解的關係；有的人則會被專業治療師、藝術家或音樂家吸引。最糟的情況是在伴侶的選擇上容易受騙，因為他們會透過粉紅鏡片去看對方，往往把對方看成像神一樣的人。海王星的星座、相位和主宰行星，都能描述這類人的關係進行的方式。如果一個人的覺知比較敏銳，那麼海王星就不會帶來太大的問題，但如果覺知力不夠，便可能形成相互拖累的關係（譬如嫁給酒鬼之類的人）。這類人對商業上的合作關係必須十分謹慎，因為有可能損失金錢、犧牲奉獻或是幻滅。

冥王星在第七宮

這類人可能會完全避開親密關係，或是畏懼一對一的關係。還有的人會渴望投入親密關係，但關係一形成之後，卻有一種想要摧毀它的衝動。還有的人會發現自己必須幫助伴侶經歷憂鬱症、心靈創傷、精神疾病，甚至死亡，不論情況是什麼，他們通常會覺得自己的關係是一種宿命，好像沒有選擇只能投入於特定的關係裡。冥王星落七宮基本上代表關係非常緊密而強烈。這類人可能會跟帶有冥王星特質的人結合，譬如對方是在警界服務，或是在垃圾處理場、廢水處理場工作，也可能在葬儀社服務，或者伴侶是病理學家。

第八宮

第八宮和生、死、性有關，同時也涉及業力或遺產。這個宮位一向和他人重視的東西，譬如財產和資源有關。這裡的「資源」指的不但是我們伴侶的錢財，同時也包括每一個人的錢財，因此八宮一向是保險、稅務及遺產的領域。透過買彩票得來的錢，也和這個宮位有關聯，因為我們得到的是別人的錢，所以八宮意味著藉由他人而獲利或損失金錢，包括稅收、贍養費、保險費或遺產。八宮的範圍也包括股票市場及所有的投資行為。每當我們把自己的錢儲蓄起來的時候，我們就是在做一種投資的動作，但我們獲得的利息並不是自己賺來的。同時八宮也包括與他人的共同投資，在情感上和經濟上的共同資產，當然房屋貸款與銀行貸款也歸於這個宮位。

更重要的是，八宮一向代表生命的根本議題，如生、死及性。這個宮位也代表所有無法逆轉或不能改變的事物，與這個宮位相關的議題都帶有無法再回頭的特質。八宮同時也說明了從父母的關係那裡承繼過來的心理模式，包括他們曾經有過的行為，或指涉已經達成或尚未達成的自我治療。所以「遺產」（bequeathed）這個字真正的意思是：祖先或前人遺留下來的東西。

八宮也是親密關係的宮位，裡面當然帶有性的成分。雖然五宮也暗示著性，但五宮的性比較是一種浪漫的享樂，而且帶有傳宗接代的欲望。八宮裡的性則包含著對金錢和財物的佔有慾，我們不妨歸納一下夫妻倆在臥室裡吵架的原因，其實涉及的議題大多和金錢有關。痛苦真正的源頭和本質，往往是非常不文明的，而這些負面情緒大多被掃到了地毯下面。

雖然八宮的關係都帶有性的基調，但最主要的還是如何與另一個人融合。在親密關係裡我們必須將自己的價值觀、生命經驗、過去和未來的情況，與另一個人的價值觀及經驗結合在一起，因此這個生命領域是我們必須學會分享的地方。二宮代表的是「我」擁有的東西，八宮代表的則是「我們」擁有的一切，因此我們對生命各個面向的態度，尤其是跟親密伴侶及事業夥伴有關的態度，都會在八宮裡遭到一些挑戰。我們的這些態度大部分是源自父母的價值觀，以及他們對生命的態度，我們會在八宮的領域裡發現父母的關係殘留下來的一些東西，而且是我們必須面對的。我們生命裡第一個親密關係就是和父母的關係，成年之後進入到自己的親密關係裡，就勢必得面對早期和父母互動的一些心理議題了，難怪八宮會被稱為「業力宮位」，因為父母關係的果的確會在此宮裡呈現出來，而且承受果報的人是我們。占星學家霍爾德•賽斯波特司（Howard Sasportas）在他的《占星十二宮研究》（The Twelve Houses）這本書裡曾提到：「童年時的斷垣殘壁會在八宮裡被挖掘出來。」因此親密關係使我們有機會清理這些斷垣殘壁。象徵親密關係的第八宮，一向是我們心理陰影面的曝光之處，這些東西在八宮裡是無處可藏的。當我們深入地和另一個人生活在一起時，根本沒有躲藏的空間。我們會在這個宮位裡發現自己既是人類，也是一種動物，因為我們都有強烈而不文明的基本需求及欲望。身為文明的成年人，我們很想把這些本能欲望埋藏在地毯底下，但是每當生存議題浮現出來的時候，這些東西也會跟著曝光。

我們可以說七宮描繪的是我們的婚姻，或是擺在櫥窗裡展示的關係，而八宮代表的則是儲藏室裡的東西。

八宮也和玄奧的事物有關。「玄奧」（occult）這個字的意思就是深埋在底層的東西，因此我們八宮裡的行星、宮頭的星座及主宰行星，都能說明我們對那些陰暗的、深不可測的事物的態度。深度心理學的目的就是要挖掘潛意識裡的東西，所以也是八宮掌管的領域。

這個宮位也代表我們對死亡及各種經驗轉化的態度，包括對重大變故的態度。八宮同時可以說明死亡或誕生時的情況，但必須看整張星盤的其他元素而定，因為死亡就像我們的工作、健康及主要的關係一樣，不是單憑一個宮位就能描繪出來的。八宮不但和死亡有關，同時也跟危機和蛻變有關，代表從一種狀態蛻變成另一種狀態。至此我們又必須回到剛才談到的親密關係，因為只有藉著親密關係我們才能真的蛻變。親密伴侶是我們生命裡的一個新人，他會為我們帶來各式各樣的新鮮事物；我們會因為對方而改變衣著，聽不同類型的音樂，接受新的價值觀，調整我們老舊的信念。危機之所以和八宮有關，是因為八宮一向掌管保險方面的事物，因為保險就是一種預防危機發生的舉動。保險制度提供了一個安全的網絡，以便我們在危機發生時能夠藉由別人的資源度過難關，獲得再生。

太陽在第八宮

這類人渴望活出生命的極致狀態，所以其人生往往充滿著危機、多彩多姿的劇情和強烈的感受。從太陽的相位可以看出父親那一方的財務狀況和家族背景。這個位置的太陽也意味著和父親有強烈的精神及性方面的連結，也可能會從父親那裡得到遺產。這類人也許會在銀行裡工作，或者對治療感興趣，他們覺得能轉化別人的生命是一件值得興奮的事。

月亮在第八宮

這類人對照料他人的資源很有本領，因此適合當股票經濟人、經濟學者或會計。他們很需要和另一個人結成親密關係。他們對自己的關係以及他人的關係潛在的暗流非常敏感，對危險的察覺也很敏銳，所以不會以理所當然的態度面對人生。當你面臨危機的時候，月亮落八宮的人會願意陪伴在你身邊。這類人也可能從母親那裡得到遺產（金錢和房地產），或者透過女人而得到金錢的利益，他們也可能從母親那裡承繼文化上的素養，譬如沿襲母親的宗教信仰。

水星在第八宮

這個位置非常利於當股票經紀人或稅務員。這類人對大規模的金融活動很有興趣，對臥房後的親密關係也很好奇，或許對心理學或玄學議題也有興趣，譬如喜歡研究死後是什麼情況。這個位置的水星很適合加入像「薩瑪利亞組織」（samaritans organization）這樣的團體（譯注：一個救助窮困者的慈善團體）。這個團體裡的人藉由諮商來幫助窮人度過危機，使他們打消自殺的念頭。水星在八宮也可能和電話性挑逗有關！它同時也代表與兄弟姊妹的性關係，或是兄弟姊妹的親密關係或死亡。

金星在第八宮

這類人會藉由婚姻及其他私人關係獲得金錢上的幫助。他們的事業夥伴也可能帶來經濟上的利益。這個位置有利於各種類型的遺產，而且和保險公司及稅務員的關係良好。那些在性服務業工作的人，也往往有這個位置的金星。在親密關係裡面，這類人很善於撫慰伴侶。這個位置的金星也很懂得享受神秘的事物，以及感官上的快樂。

火星在第八宮

這類人可能會在共同資產上與合夥人起爭執，也可能衝動地花你的錢！他們容易和保險公司、稅務員或是與遺產有關的事起衝突，也容易和伴侶為了離婚而打官司。他們很適合當執行長。他們的憤怒表面上源自於金錢議題，其實是源自於性關係的瓦解。這類人在性上面非常熱情和直接了當，熱中於征服的過程，如果達不到目的會十分惱怒。這類人不畏懼死亡，能夠以勇敢的態度面對一般人不願面對的狀況。如果火星還有其他的困難相位，便可能不顧後果地冒險。他們也渴望了解和探索玄學及心理學議題。

木星在第八宮

這類人可能透過遺產或投機而致富（譬如贏得大樂透頭彩），也可以藉由夥伴關係和親密關係增加財富。一般而言，這是一個在物質上比較幸運的位置，這類人相當慷慨，但也可能因花費過度或過於貪婪而損失金錢。他們往往把死亡看成是令人興奮的旅程終點，所以不怕面對死亡，同時也會以樂觀的態度看待各種危機。他們在性上面的胃口很大，但目的通常是為了探索關係或心理的隱密面向。這類人對法人團體背後的經濟情況也感興趣。他們可能被異國人士吸引。

土星在第八宮

這類人害怕親密，不敢面對危機，會儘可能地逃避各種創傷，甚至日常生活裡與伴侶互動都會感到焦慮緊張；或許他們害怕的是在性上面被對方掌控。這類人可能有從父母那裡繼承許多心理議題，但隨著時間也可能變成親密關係及危機處理專家。在臥室裡若是能掌控對方，他們會覺得比較自在一些，因此他們需要認識自己最深的情緒和感覺。他們可能會害怕死亡，但也有潛力成為這方面的專家。這個位置的土星有利於性、死亡及金錢有關的工作，特別是保險業。他們也許會掌管別人的金錢資源，但也可能覺得為別人的錢負責很受限制。這類人的責任感背後有一種莫名的罪疚感。他們很適合扮演遺囑執行人的角色，或是掌管一家人的花費。這金錢方面他們會控制得很嚴格，因此能帶來安全的生活保障。

天王星在第八宮

這類人在財富上會經驗突如其來的改變，如果天王星和木星有相位，便可能有好運，譬如在樂透或金錢投機上獲利，但也可能造成損失，譬如股市突然崩盤。有的人會因為充當別人的經濟人，而為別人的錢帶來巨大的變化。這個天王星的位置也意味著突然死亡，但星盤裡必須有其他元素才能下論斷。這類人有的非常想發現死亡的真相是什麼，因此對玄學或心理議題都感興趣。他們也可能在性上面抱持開放態度，甚至會跟變性人交往，或者本身有雙性傾向。這個天王星的位置代表的是突發的、帶有轉化效果的性經驗。

海王星在第八宮

這類人容易被引誘，也善於引誘別人，因為他們在性和親密關係上非常浪漫或混亂。有的人因為渴望與另一個人融合，所以界線不太清楚。這類人在親密關係上一點都不想回到現實面，有的人則必須犧牲掉性生活；他們經常有柏拉圖式的關係，尤其是還有其他要素支撐的話。他們能夠敏感地覺知自己的伴侶，甚至能偵測到更精微的面向。他們可能偏好性幻想。在金錢的開銷上他們必須十分小心，有關金錢的契約也要十分謹慎。

冥王星在第八宮

這類人對金融業抱持懷疑態度，甚至可能把自己的錢藏在床墊下，而不是存在銀行裡；還有的人會覺得金融界很迷人，這是一個有利於探索「金權」的位置。這類人的家族裡可能有人破產過，而且是在他們未誕生之前。如果有這種情況，他們在金錢上就可能變得十分精明。這類人的原生家庭或許埋藏著謀殺或強暴等等不可告人之事（仍然得檢視整張星盤才能決定）。還有的人喜歡將每塊石頭都掀開來檢視一番，但卻不知道自己為什麼想去做這件事。他們必須認識自己不文明的那一面，然後以社會允許的方式將其表達出來。

第九宮

傳統上九宮是跟長途旅行、高等教育、哲學、法律、政治、宗教、教會及國家有關的宮位。九宮最關切的就是探索人生和追尋意義，它帶有一種向外延伸的特質，目的是為了拓寬意識、增強理解的能力，因此包含了地理上的、形而上的以及隱喻上的探索。三宮代表的是身心的短途旅行，九宮代表的則是身心的長途旅行，我們會在九宮裡發現旅行的確能拓寬心胸和理解力，也有利於高層教育的追求，而這樣的學習方式使我們脫離了擷取事實的膚淺次元。在九宮裡我們質疑的是特定的訊息背後的意義是什麼；不只是個人性的意義，也包括集體性的意義。九宮關切的是更大的畫面，它使我們有機會了解知識的精髓及核心，因此知道事實為何並不是它最重要的目的，也不是它的重點。

九宮裡的行星也代表我們旅行的目的、方式及目的地，同時也代表我們對外國人的態度，以及我們身為外國人的感受是什麼。如果這個宮位裡沒有行星，就必須觀察宮頭星座的主宰行星落入的宮位和相位，九宮裡的行星及宮頭星座的主宰行星，也能描繪出我們在高等教育上的經驗（我們研究的主題，在哪裡做研究，以什麼方式來進行），以及對我們的重要性有多大，還有我們的道德觀及人生哲學是什麼。

九宮關切的是社會及其建構的方法。在個人星盤裡，九宮描述了我們對社會的觀點，以及我們對法律結構的適應性。社會的穩定性是靠著價值觀、倫理道德和信念來維繫的，而形塑這些信念的組織往往是教會、政府及立法單位，因此九宮裡的行星也代表我們和整體社會的關係；我們自己的道德觀和是非觀念，也能從九宮的情況看出來。這和土星的「應該怎麼樣」不太相同，因為土星著重的是法律規範的實施及維護，九宮關切的則是個人真正的信念是什麼，或是什麼促使一個人做出了不同於他人的行為。

九宮裡的行星（或是九宮的主宰行星）描述的則是我們投射出來的神，以及我們和神的關係，它同時也代表我們對特定的教會、組織或精神修持方式的態度，從這個角度來看，在九宮之外還有一些要素得考量，包括木星以及任何一個落在射手座的行星。與九宮有關的行星、星座及相位都代表我們會在何處扮演上帝，以及如何扮演、為何扮演。其實給別人建言也是一種「扮演上帝」的方式。

九宮也和姻親有關，九宮裡的行星則能描繪出姻親的狀態。

太陽在第九宮

這類人對教育非常重視。對他們而言，英雄就是行萬里路讀萬卷書的人，也可能是一個善於教育別人的人。他們之中有的人會在高等教育上表現卓越，或者在遙遠的異國受到重視。旅行對這類人而言也是非常重要的事。這是一個有利於當人類學者的位置，因為他們可以從其他的文化和信仰獲得啟發。

月亮在第九宮

這類人有哲學上的本能，在學習和擷取知識時有一種被滋養的滿足感。他們可能住在國外，在國外擁有第二個家，或者有來自異國的女性夥伴、親戚或朋友。他們和外國人在一起覺得很舒服，也可能扮演照料外國人的角色，譬如為難民尋找居所，或是在旅館裡服務。簡而言之，這類人會幫助他人維護信仰及文化。

水星在第九宮

這是一個有利於教育、廣播及出版的水星位置，亦即有利於理念的傳播。「理念」這個詞可能意味著宗教，但是在現代世俗社會裡，傳播宗教的可能性已經越來越小了。這類人對其他文化或生命的大哉問都很好奇，例如「上帝是什麼？」「什麼是對或錯？」之類的問題，都是他們很關切的議題。這不是一個帶有批判性的水星位置，這類人比較帶有質疑傾向。

金星在第九宮

這個位置的金星很容易和其他文化裡的人形成親密關係。有的人會以自己的異國作風吸引他人，或者被住在國外的人吸引，他們也可能會在長途旅行中遇見戀愛的對象。他們與姻親相處得很和諧。這也是一個有利於外交事物的金星位置，因為這類人很善於將來自不同信仰或文化背景的人結合在一起。在教育方面，他們往往會對藝術及人際關係的議題感興趣。

火星在第九宮

這類人在人生的某個階段裡，可能會接收到一種為自己的信念而戰的召喚。這是一個有利於聖戰士的火星位置。在信仰和教育議題上他們的態度是積極的，譬如可能在大學裡和教授爭辯，或是對宗教、哲學及道德方面的教育感到不耐煩。他們有強烈的想要探索生命意義的驅力，而且很難忍受太落伍、太傳統的觀念。他們也可能為上主而戰，或者起而對抗神及宗教。他們的人格面具裡帶有先天的好戰特質，往往會投入好戰的宗教信仰，譬如錫克教或救世軍。在旅行方面，這類人很勇於冒險，所以很適合露營、扮演童子軍隊長的角色，或是成為背包族；懶洋洋地躺在沙灘上並不是這類人喜歡做的事。他們也可能在國外旅行的途中，與外國人進行性上面的冒險。

木星在第九宮

木星回到自己的宮位，意味著熱愛探險、旅行和學習。這些喜歡扮演上師的人，十分熱衷於探索生命的意義、接觸各種不同的人，而且認同世界就是一個地球村的概念。這類人如果遇到法律訴訟，最後的結果往往對他們有利；他們本身也可能扮演法官的角色。這類人有強烈的道德意識，認為上主應該是自由開放的，這種觀念會鼓舞他們做出慈善和愛國的舉動。

土星在第九宮

這類人的教育裡可能有嚴格的道德觀及宗教制約。他們眼中的上帝往往是嚴厲的、會處罰人的神，這類人本身也有嚴苛的道德觀或強烈的良知，所以很怕做錯事。他們必須靠自己來探索上帝和對錯的議題，因此是一個有利於法律及政治的位置。這類人也可能成為老師或牧師，或是變成終身學習、不斷蒐集證書的人。他們也許在年輕時曾錯失受高等教育的機會，所以很遲才接受高等教育。這類人在心智上或身體上都不太敢冒險，不過隨著年齡的增長，也可能在自己最困難的領域裡變成權威。

天王星在第九宮

這類人認為每個人都應該有探索世界或任何一種信仰的自由，對教育的觀念往往是強烈而激進的；認為教育的作用就是要解放人心。他們有強烈的哲學觀，渴望將真理和信仰結合在一起，而且很想脫離從小接受的信仰和道德約束，所以可能從原有的文化和家庭背景抽離出來，確立自己的獨立性和自主性。他們也可能偏愛新時代思想及占星學，在政治上的觀點也相當激進。他們時常會有意料之外的旅行機會，而且喜歡到令人興奮的地方去探險。

海王星在第九宮

這個海王星的位置有利於神秘學和心靈上的探索，但也有利於犯罪行為！這類人在接受高等教育的過程裡，可能會去嘗試迷幻藥和酒。他們在對錯的議題上非常開放，甚至認為對錯的觀念是沒有意義的。他們心目中的上主是寬宏大量的而非喜歡嚴懲的神。音樂可能是他們探索和表達信仰的重要工具。他們非常渴望將現實瑣事與更美好的東西融合在一起，因此會被神秘學和宗教形式的生活吸引，甚至可能逃避到海外去過日子。他們很喜歡搭船旅遊。在宗教或政治上有理想主義傾向，很願意為自己的宗教、政治、哲學或信念犧牲奉獻，甚至會過度理想化，最後卻發現自己崇拜的對象仍然是個凡人。

冥王星在第九宮

這類人的信仰和生存本能是結合在一起的。冥王星落九宮意味著最深的宗教信念，也可能意味著必須把所有與神有關的事物全都淘汰掉，才能以理性的態度活在世上。這類人多半厭惡偽善的態度，甚至認為應該把所有的偽裝連根拔除。那些投入高等教育領域裡的人，容易被人類學或史前史所吸引。這也是個有利於心理學、研究及探索的冥王星位置。這類人喜歡去有過創傷歷史的地方旅遊，譬如原子彈爆炸的地點，或是火山爆發的地區。他們有強烈的信念，但也可能因為自己的信念而受害。在五〇年代遭受「麥卡錫主義」（McCarthyism）迫害的人就是一個顯著的例子。這類人也可能因為自己的文化背景而遭到迫害，或者對種族歧視有第一手經驗。

第十宮和天頂

在等宮制之外的分宮制裡面，天頂（Midheaven或MC）都是在十宮的宮頭。MC在拉丁文裡的意思就是「上層天堂」（upper heaven），因此第十宮和天頂代表的是我們的人生目標和最高的企圖。如果說一棵大樹的樹根是落在天底和第四宮，那麼十宮象徵的就是這棵樹的頂端，以及會生出果實的部分，亦即我們最渴望變成的狀態。要達成這個目標可能得花很長的時間，因此十宮與四宮的軸線一向代表未來與過去兩個方向，有點像是太陽象徵的未來和月亮象徵的過去歷史。「渴望」這個詞彙是對十宮很貼切的描述，因為我們的「事業」或「天職」都意味著人生的深層召喚與渴望。和上升點一樣，天頂和十宮也必須從較為複雜的面向去審視（十宮裡的行星和星座，以及宮頭的主宰行星落入的星座和相位），這些複雜的內涵都能描繪出我們的志業或事業（其實整張星盤都得納入考量，因為一個宮位還不足以完整地涵蓋一切），以及我們將如何活出自己的社會角色和專業身分，還有我們進入的事業領域的開端。

十宮代表的是我們渴望被尊重、被眾人記住的成就及貢獻，同時也代表我們獲得這份尊崇的方式，而這又和我們留給世界深刻印象的方式有關，同時它也代表令我們尊敬的行事風格。現在請思考一下什麼樣的人能激起我們的仰慕之情？想像一下正你在一個宴會裡，有個陌生人走到你身邊問你說：「你是做什麼的？」事實上這個問題包含的範圍很廣，其重點並不在於你的工作是什麼（第六宮）；它可能涉及到你的聲望、地位、階級以及在社會扮演的角色，而你給出的答案也能道出你真正憧憬的狀態，因此十宮象徵的是我們想要讓世界看到的狀態。天頂是一張星盤裡最高的點，所以它代表的是我們的聲望和地位，而和天頂最接近的行星一向被視為最高地位的行星。在對面的第四宮裡，我們往往會展現自己最私密的部分，譬如穿著舒服的舊衣裳在家裡自在地走動，但是在十宮裡我們卻會穿戴整齊，展現出最專業的公眾形象。

人生中我們首先要爭取的就是父母的器重，因此十宮也代表父親或母親；它同時也能描繪出父親或母親的事業企圖心（有沒有達成，是否能意識到），同時也代表父母對我們的事業發展的期許。由於父母之一可能整天都在外面追求事業，所以我們也會在十宮裡經驗到父母在社會扮演的角色。如果你的父親或母親是在警界裡服務，那麼你的冥王星便可能落在十宮裡。十宮也代表訓練你適應社會的主要照料者；她或他也許會告訴你世界是個令人興奮的地方，或是艱困和恐怖的地方。因此，十宮顯現出的訊息有各種的可能性，換言之，父母帶給我們的信息是非常複雜的，而這些都可以從十宮裡看出來。這個宮位也能描繪出我們身上的社會制約。

十宮也代表我們生命裡所有的權威人物，以及我們自己扮演的權威角色，因此它不但能描繪出你的上司，也能顯示出你會如何扮演上司的角色（第六宮代表的是下屬的角色）。此宮也代表我們和父母的關係，因為我們會把對父母的印象投射到外在的權威人物身上。我們心目中的上司，往往是對父母的觀感的投射。同樣地，十宮也代表社會投射在我們身上的形象。舉例來說，黛安娜王妃的海王星是落在十宮裡，所以社會大眾對她的印象是王妃、聖人、救贖者、受害者、有魅力的女性，而十宮同時也代表我們帶給社會的貢獻，以黛安娜為例，她為社會帶來的是慈悲心，方式是促進社會大眾去關注那些受苦及迷失的人。

太陽在第十宮

代表的是此人可能有強大的企圖心，想要獲得成就和聲望，而且很可能成名，至於是好名或壞名，就必須看太陽落入的星座和相位了。這類人十分認同他們在社會上扮演的角色，事業往往能帶給他們一種獨特感，但過度認同社會地位或事業也可能帶來一些問題，因為一旦被裁員或失去了原有的地位，勢必會覺得非常失落。他們的父母之一可能很有成就。太陽落十宮的女性必須活出自己的事業企圖心，否則她們很可能只是不斷驅使先生追求事業成就。這類人無論男女都喜歡扮演上司而非下屬的角色。

月亮在第十宮

這類人在社會上扮演的是母親或照料者的角色，我們可以說月亮落十宮的人是職業母親，譬如在孤兒院裡照料孩子，他們在辦公室裡也可能扮演撫慰別人的角色，再不然，其職業也可能要求他們具備管家的能力。這類人對社會聲望很敏感，若是遭到一點批評，就會有一種不被父母認可的感覺。這種敏感度也會顯現成十分理解大眾的需求，所以能貼切地予以回應。如果月亮是落在變動星座，那麼此人的社會形象或事業就會有明顯的起伏。

水星在第十宮

事業裡的溝通活動非常頻繁，需要不斷地閱讀、書寫、談話或開車。這類人經常需要公開演講，工作可能涉及各種形式的協商、談判、交易、運輸和電信溝通。這類人在學習上的企圖心很強，願意藉著高等教育來獲得事業上的技能。他們的父母也可能是善於溝通、好奇心重、喜歡說話、智力很高的人，他們的兄弟姊妹之中也有人以溝通技巧著稱。

金星在第十宮

這個位置的金星涉及的是藝術或美容事業，也會有社交方面的技巧，更明顯的特質是善於在公眾面前展現美好的一面，包括友善的態度和吸引人的外表。這類人不會在公共場所罵髒話，也不可能不考慮裝扮就外出，他們會利用魅力來達到最高的成就。有時金星在十宮也代表為了金錢地位而結婚，他們的婚姻和事業往往是交織在一起的。他們的父母也可能具有金星特質，譬如善於社交、討人喜歡、性格柔順或是愛慕虛榮。

火星在第十宮

這類人會為了事業努力打拼、爬到最高的地位，因此這個火星的位置象徵的是力量和野心。他們的事業可能涉及金屬和熱力（焊接工、消防員、機械工、外科醫師或屠夫），或者和速度、勇氣及面對危險有關。他們也可能在軍隊中服務。身為上司的人如果有這個位置的火星，往往缺乏溫和的態度，如果是雇員，則極容易和上司起衝突。不論這類人的職業是什麼，早期可能和父母之一競爭，長大之後則可能把這種傾向延伸到職業領域裡。這類人也會因為性上面的本領而成名或變得聲名狼藉；他們的父母也可能有性魅力。

木星在第十宮

這類人在事業上面非常幸運，很容易在某個領域裡獲得成就。這個木星的位置會使人渴望成就大事業，而且容易得到權威人物的賞識，尤其明顯的是早期可能被視為在道德上有卓越表現的孩子。他們在職業上扮演的是上帝的角色，這意味著變成老師、牧師、廣播界名人或是給予別人建言的人。他們的父母也可能是努力爬到社會最高層的人，或是情緒上帶有歇斯底里的傾向，作風過度張揚。

土星在第十宮

這類人對自己的事業非常負責，他們覺得自己必須有成就、受人敬重、被人認真看待，同時有強烈的領域觀。有的人會把世界投射成嚴苛的父母，繼而覺得世界在監督他們，若是犯錯就會遭到懲罰。有時父母之一在事業上遭到了挫敗，而必須由子女完成父母的野心；或者父母有非常成功的事業，因此孩子覺得很難達成父母的期望。他們也許很遲才決定事業的方向，因此發展得比較緩慢，這可能源自於害怕嘗試不同類型的工作。他們之所以選擇不多，就是因為無法藉由實驗來發現各種的可能性。他們的事業涉及的是結構、法則、規範、時間或是被強加的領域觀，如同土星落在六宮一樣，他們從事的工作也可能是火車駕駛員、建築師，或是國家領導人等。這個土星的位置代表工作的形式非常辛苦，或是很善於和年長的人一起共事。有時他們的工作必須負極大的責任，或是很遲才得到升遷。這個土星的位置和幸運無關，因為必須憑著自己的努力和其他條件來完成工作。

天王星在第十宮

這個位置的天王星很利於科技、科學及科技產品的製造，或者適合投入反建制、帶有前衛性或是不尋常的事業。這類人往往以自己的發明創造才華著稱，而且必須獨立作業，所以不適合在大型組織裡工作；如果是在傳統的職場環境裡就業，也許會覺得上司就像是掌控性極高的父母，而產生叛逆的反應。

海王星在第十宮

這類人的事業可能涉及藝術、媒體、廣告策劃等。他們經常幻想自己成為公眾人物，因此有許多變成名人的事業機會。如果他們本身無法變成名人，就可能反過來對名人過於著迷，甚至讓自己落入到不幸的情況裡。這類人可能會把母親看成是受害者，譬如他們的母親可能為了扶養小孩而放棄了成為藝術家的機會；而他們往往會把拯救母親的渴望延伸到外在世界。

冥王星在第十宮

這類人可能投入與心理學、殯葬、醫藥、廢物處理、原子能有關的行業，或是任何一種涉及研究的領域。他們很怕被權威人物掌控，這是源自於早期父母的掌控性過高，或是有別的權威人物令他們感到恐懼受威脅，而這又會導致將外在世界投射成是一個恐怖的地方，繼而想要避開被眾人矚目的場合。總之，冥王星座落的宮位會讓我們變成被迫害的對象，或是成為迫害別人的人。它會使我們努力爬到掌權的位置，讓自己覺得所向無敵，其他的人則仍然受社會體制的壓榨。暗地裡破壞上司或是被上司陰謀破壞（如果是名人的話，便可能遭到大眾的破壞），是這個位置的冥王星的主題。這類人一生中至少可能遭到一次的解雇。

第十一宮

傳統上第十一宮是跟朋友、團體、希望及願望有關的宮位。我們在十宮裡追求的是社會地位、渴望活出父母的野心，而且不一定是能夠意識到的。基本上我們在十宮裡達成的事，大部分是基於自我膨脹的需求，但是在十一宮裡我們開始有能力為整體社會考量。如果我們在十宮裡已經有了事業成就，到了十一宮就可以出外結交一些好友，譬如加入扶輪社、婦女會、環保團體、樂團或抗爭團體。在十宮裡我們除了達成某種社會地位之外，也可能成為某個領域裡的權威，到了十一宮我們就會利用這份權威性來服務社會。

十一宮也帶有政治的基調。在對面的五宮裡我們可能是一位陶藝家，到了十一宮我們則會加入陶藝家的團體，我們可能在這裡和別人一起做陶，為陶藝界做出一些貢獻，裡面的參與者也都很熱衷這個主題，因此這裡面有一種共通的目的，共同的價值觀，一種同盟的感覺。當人們為了共通的目的結合在一起的時候，也會希望別人能加入這個團體，於是政治的特質就出現了；團體裡的成員分享著未來的希望和願望，這份使命感或目標往往會變成一種向心力。

十一宮裡的行星或是宮頭的主宰行星，通常能描繪出我們被吸引的團體的類型，以及我們在其中扮演的角色。太陽如果是落在十一宮裡，代表我們可能會變成領導人；天王星如果是落在十一宮裡，則代表過於獨立的特質很難在團體裡順利地運作；月亮落在十一宮裡則意味著喜歡照料朋友，或是熱衷於社區生活。羅勃・韓特（Robert Hand）在《占星學的象徵符號》（Horoscope Symbols）裡把十一宮的朋友描繪成「與我們共享相同理想的人」，這真是非常正確的說法。我們的第七宮代表的是我們的暱友，十一宮代表的則是與我們有相同意識形態或嗜好的朋友，所以十一宮的關鍵詞是「同道者」，也就是一群有相同目的和興趣的人結合在一起。

第十一宮同時也代表我們在一個團體裡的情況，這也包括工作的環境，因為在工作場所裡我們也是團隊成員之一，因此十一宮能讓我們看出一個人在團隊裡扮演的角色。十一宮裡既沒有上司，也沒有下屬，大家都是平等的，所以也和同輩帶來的壓力有關，因為我們和組織成員的價值觀及標準是綁在一起的。

五宮和十一宮都和娛樂有關，但十一宮代表的比較是大型的娛樂活動，譬如全國性的運動比賽或演唱會。十一宮一向和群體有關，包括小型和大型的群體。在第五宮裡藝術家的活動是以自我為中心的，但十一宮裡的活動卻帶有去中心化（decentralized）的特質。

如果五宮和玩樂有關（記住「玩樂」指的是孩子透過這個方式來學習社交），那麼十一宮代表的就是玩伴。在五宮裡一個人會關切自己的獨特性和重要性，但十一宮卻強調沒有一個人是獨特的；十一宮裡的行星顯示的是我們對社會或小團體的貢獻。

太陽在第十一宮

這類人早期結交的一些朋友，往往能提供他們一種身分認同。他們在任何一個團體裡都是天生的領導者。這個位置的太陽也有利於扮演團體裡的英雄人物，因為這類人會把社會或朋友放在自己前面。這類人的父親經常和伴侶外出（如果有海王星涉及進來的話，則會在酒吧裡流連忘返！）或者父親是某個團體的成員之一。那個說出「團隊精神」這句話的人，很可能就有太陽落在十一宮裡，因為這句話已經把此宮的特質做了總結。

月亮在第十一宮

這類人很可能住在像公社一樣的環境裡，而且一生中至少有一次這樣的經驗。他們有一種持家的才能，深知各種的社交關係都可以創造出家的感覺。他們在團體裡很自在，而且很需要團體的支持，其本身也善於支持或照料別人。反之，朋友也會提供他們情緒上的安慰。有這個月亮位置的男人比較偏愛女性朋友，而且渴望他們的伴侶關係帶有一種好友的特質。

水星在第十一宮

這個水星位置有利於讀書會之類的團體活動。有這個水星位置的人喜歡與人交談，分享各種理念。這類人是典型的團體發言人，但他們的言論通常相當前衛和帶有政治性；他們並不想談論純個人性的議題。兄弟姊妹是這類人最好的朋友，或者朋友能提供這類人從未有過的手足情誼。

金星在第十一宮

這類人可能有女性密友，而且往往有活躍的社交生活。他們渴望擁有貌美的朋友，而且會選擇能夠和自己匹配的朋友圈子。對女性而言，這個金星的位置也許會帶來女性敵手。這類人的愛人可能是朋友介紹的。這個金星的位置有利於與志同道合的人結合在一起，也能促成人與人合作的意願，幫助大家找到彼此的共通點。

火星在第十一宮

這是一個有利於運動團隊的火星位置，因為它能帶來健康的運動，朋友之間的競爭性也比較屬於良性的。但朋友可能會變成性伴侶，性伴侶可能變成朋友。就女性而言，這個位置的火星意味著朋友大多是男性。這類人往往為了朋友而和別人起衝突，或是和朋友一起對抗別人。那些不容易確立自己的人如果有這個位置的火星，便可能選擇果決而堅定的朋友，至於那些本身有決斷力的人，則可能會過度操控朋友以及所屬的團體。這類人並不一定是合群的玩伴。在比較深的層次上，火星落十一宮意味著為團體而戰，譬如代表貿易公會出來抗爭。有的人則會為別人或所屬的團體對抗不公不義的事，而且更容易展現憤怒的情緒。

木星在第十一宮

這類人的社交生活範圍很廣，和各種不同的團體都有關係。他們所屬的團體可能是宗教組織、哲學研討會或是做善事的協會。他們經常和朋友在賽馬場和賭博的場所聚會！他們偏好團體旅行，在朋友圈中被視為外國人。有的人會在所屬的團體裡扮演老師的角色，而且朋友大多慷慨而正直。這類人容易交到位高權重的朋友；有的人會覺得結交與他們地位相稱的朋友是很重要的事。

土星在第十一宮

這類人在生命的某個階段裡會儘量避免和社會接觸（通常是感到憂鬱的時候），他們在早期可能害怕無法打入同儕的圈子裡；這個位置也代表和朋友之間有明顯的年齡差異。許多有這個土星位置的人必須學習更自發地與朋友或團體互動；土星造成的嚴肅態度既是他們的恩寵，也是一種詛咒。有的人會在團體裡扮演書記或執行長的角色，而這會令他們覺得在團體裡是有用的。

天王星在第十一宮

這類人不會加入主流團體，比較會被激進的政治團體或新時代團體吸引。他們雖然相信打破藩籬是很重要的事，但缺乏為了團體的和諧而妥協的意願，他們也可能覺得消弭團體成員的嫌隙並不是容易的事。天王星落十一宮的人，雖然可能因為太獨立而無法在團隊裡順利地運作，但因為天王星回到自己的宮位裡，仍然有一種大家都是一體的概念，因此可以和別人一起推動人道關懷或其他的先進觀點及理想。有許多天王星落在十一宮的人會被古怪的人或局外人吸引。

海王星在第十一宮

這個海王星的位置意味著以忘我的精神融入於團體之中。他們可能屬於某個音樂團體、慈善組織或靈修團體；加入這些團體意味著犧牲個人，但也有一種與更大的東西融為一體的感覺。這類人往往能接納來自各種不同背景的人。他們的開放性和不批判的特質，令他們成為朋友圈子或團體裡的理想主義者，但也可能上當受騙。這個位置的海王星比較困難的顯現方式，就是被朋友欺騙或是加入錯誤的團體。

冥王星在第十一宮

這類人在團體裡可能覺得很不舒服，這是因為他們能意識到團體裡面的負面能量或破壞性；不過他們也能覺知到團體裡的良善意圖，故而展現出超凡的熱情和奉獻精神。這類人也可能為了生存的需求而加入某個團體，因為這會帶來更大的福祉，或者他們會覺得團體對他們的威脅性過高，甚至到達威脅生存的程度。有的人可能會加入各式各樣的權貴團體，而且願意為這類的組織做一些低下的服務工作，而有的人則會在團體裡扮演掌權者的角色。不過這些都要看整張星盤才能決定。還有的人和朋友的關係非常深刻而複雜，或者朋友的死亡會強烈地影響他們的情緒。

第十二宮

反對黨佔據的是你前面的席位，敵人則是坐在你的後方。

——邱吉爾

位於第一宮之前的十二宮，帶有一種明顯的「幕後」特質。那些有許多行星擠在十二宮裡的人，具有一生都隱身在幕後的能力，譬如那些在電視台做幕後工作的人（燈光師或服裝設計師），或是那些在博物館、圖書館這類地方默默工作的人；他們的角色是在幕後支持那些有發言權的人。這個宮位的活動通常是隱密的、不公開的。

和對面的六宮一樣，十二宮也關切服務的議題，但這裡指的比較不是日常的瑣事，而是沒有報償的服務。在六宮裡我們付的是此生的租金；在十二宮裡我們償付的是過去世的租金。許多人把業力的概念和十二宮連在一起，因為十二宮關切的就是還掉過去世的債。

跟十二宮有關的事往往是我們控制不了的，也是我們無法輕易理解的。此宮一向被稱為自我消解或枷鎖的宮位，因為這裡面埋藏著我們的一些弱點——從小就被教導不該被接受的一些特質。矛盾的是，我們的潛力也可以在這個宮位裡發現。十二宮裡的行星以及宮頭的主宰行星，不但能顯示出我們不為人所知的能力，同時也代表連我們自己都不知道的潛能。十二宮裡的問題如果被否認的話，是最糟糕的事，這個一向被稱為秘密敵人的宮位，最終會讓我們發現最大的敵人就是自己不熟悉的某個面向，而這個不熟悉的面向會投射出來，變成我們的秘密敵人。舉個例子也許能幫助理解，譬如火星如果是落在十二宮裡，意味著此人從小就被灌輸不能生氣、不能自私，或是不該與人競爭的概念，導致他長大之後往往無法以直接了當的方式確立自己，如果他們真的有秘密敵人的話，那麼這個人可能是在背後攻擊他的一位男士。但這個位置的火星也代表內在埋藏著很大的力量，而且有潛力深刻地了解火星的能量。古奎倫夫婦的研究顯示出，善於和自己或他人競爭的那些卓越的運動員，大多有火星落十二宮的情況，因此這部分的能量也可以變成有用的燃料。古奎倫的研究十分有趣，因為十二宮裡的行星不但代表一個人的人格特質，同時也是事業的潛力所在，因此絕不是一個脆弱的宮位。

此宮也代表脫離主流生活的監管機關，譬如醫院、精神病院或監獄；被關在這些地方的人某種程度上等於喪失了個人性，他們之所以被隔離出來，是因為他們多少被視為社會的敵人。或許這樣的概念未曾公開地表達出來，但裡面的確隱含著這樣的結論。在監管機關裡生活的人通常只有一個代號，而且必須穿上不帶有個人性的制服。傳統上，奴隸也屬於這個宮位，因為奴隸也是沒有權力的人。因此毫無疑問地，自我在十二宮裡是沒有什麼意義的，但這不代表此宮裡的能量應該被否定，或是一定會帶來困擾，重點在於，這些能量不能用在自私的目的上，此宮的能量必須奉獻給集體意識，而且是個人的意識無法掌控的。

十二宮裡的行星並不一定曖昧難解，因為英國首相布萊爾（Tony Blair）、柴契爾夫人（Margaret Thatcher）或著名外交官季辛吉（Henry Kissinger），以及其他的許多政治領袖都有太陽落十二宮的情況。這類人必須犧牲掉私人生活，把精力投注在群眾身上，如果從這個角度來看的話，就不難理解為什麼政治人物往往有太陽落十二宮的情況。事實上，政治領袖很像是群眾手中的玩偶一般，他們完全被外在的巨大力量掌控，幾乎是無法自主的。柴契爾夫人曾經派英軍到福克蘭群島打仗，這也等於在對那些軍人說：「你們要準備好犧牲自己的生命。」我們也必須記住十二宮基本上是一個退隱的地方。因此太陽落在這個宮位裡，等於把聚光燈照在自己的隱身之處，亦即否定了自己的私生活。

我們對十二宮裡的能量，往往帶有一種隱微的罪惡感，如果十二宮裡沒有行星，就必須觀察宮頭星座的主宰行星。從這個角度來看的話，太陽落十二宮意味著對自我中心或渴望被認同的欲求帶有罪疚感，而不論裡面的行星的本質是什麼，似乎都得透過自我犧牲來釋放那股罪惡感。

在十二宮裡，我們必須把自己交給其中的行星代表的能量。如果我們能心甘情願地帶著覺知去做這件事，就會有一種心靈上的進化感。崔西・馬爾克斯（Tracy Marks）在她那本精彩的《你的秘密靈魂》（Your Secret Soul）裡曾說過：「十二宮可以說是帶來制約的宮位」，這意味著可能被送到監獄裡或醫院裡，或者主動選擇在醫院或監獄裡工作。我們也可能把自己的力量奉獻給慈善工作，譬如在任何一種派別的宗教道場裡服務。總之，十二宮是犧牲奉獻和慈善活動的宮位；我們對此宮的評價和觀點，完全取決於我們對無私的奉獻抱持什麼態度。

太陽在第十二宮

這類人最重要的任務就是把自己貢獻給集體，有的人會成為掌權者背後的支撐力量。但我們在前面也曾經說過，許多政治領袖往往有太陽落十二宮的情況，不過這樣的領袖勢必得犧牲自己的私人生活。有的人則可能成為電視台的燈光師或其他的幕後角色。這類人在童年時有一種被父親忽略的感覺，長大之後不易察覺渴望被認同的深層需求，因此他們的秘密敵人就是潛藏的自我。他們內在有一種聲音不斷地告訴自己說：「你會被忽略，沒有人會注意你！」於是便竭盡所能地引起別人注意，但也可能決定留在幕後。這類人在陰陽交接的時刻（譯注：twilight hours，黃昏或黎明時分）特別有活力。

月亮在第十二宮

這類人的內在有一個被綁住的小孩，或者小時候母親生病住在醫院裡，因此必須學會照料自己；有的人則是很年輕就生病住院，因此覺得孤獨、脆弱、缺乏支持。我曾經遇到過一位月亮在十二宮的人，他小的時候被送進住宿學校求學，過了許多年不快樂的日子。還有的人是在人生的某個階段被送進了精神病院。但這個位置的月亮不代表其中的經驗一定是不快樂的，或者一定是被迫送到這些監管機關裡，重點仍然在於整張星盤都得仔細地檢視。這類人也可能照料那些被關在監獄、醫院或療養院裡的人。他們也很可能在博物館裡當館員。

水星在第十二宮

這類人在圖書館和資料室裡做研究感到很快樂。這個位置的水星也代表在住宿學校或兒童之家裡學習。童年時他們可能被暗示要保持沉默，所以逐漸學會了觀察和聆聽，發展出一種偵測別人心念的能力。他們對別人的動機很感興趣，也善於隱藏內心真正的想法。他們的秘密敵人可能是內心裡的一種聲音：「沒有人了解你，沒有人會聽你說話，所以你必須閉上嘴，只跟自己交談就夠了。」這個位置有利於幫助別人溝通，或是幫助別人檢視內心的動機。

金星在第十二宮

有這個金星位置的人不太敢展現虛榮心，他們被大人教導成不該注意外表的人。我認識的一位女士得到一份貴族學校的獎學金，但是她在學校裡覺得非常孤立，因為家境比較貧窮，所以衣著完全無法和同學們相比。這類人的內心深處十分渴望擁有財富，也渴望自己有別人稱羨的美貌；他們也許無意識地渴求別人的愛和讚賞，同時也真的愛好和平與隱密的私生活。他們渴望自己是受歡迎的人的那份需求，會促使他們展現出樂意助人的態度。

火星在第十二宮

這類人從小就被教導成不可明目張膽地滿足自己的需求，如果他們展現出自私、堅持自我及憤怒的能量，就會遭到大人的壓制。或許是基於這個理由，他們反而會變成受害者，或者遭到集體意識的火星能量的壓迫。他們往往會跟有精神疾病或是受虐的人一起工作。有一位我認識的女士就是在特殊教育學校裡，教導那些因過度憤怒而無法適應主流教育的孩子，這些孩子在早期多半遭受過性侵害，因此經常把憤怒宣洩在眼前的人和事件上。這類人的內在秘密通常和性有關。他們在早期雖然遭到不同形式的壓制，但通常有能力勇敢地面對其中的議題。有的人會透過運動改善自己的感覺，包括上健身房、跳舞或其他形式的運動。

木星在第十二宮

人們經常用「受守護天使眷顧」這樣的形容詞，來描述木星落十二宮的意義，因為這類人遭逢危機時經常會有救兵出現，這是能得到庇祐的木星位置，但也代表可能先出現危機。這類人從小就被教導成不該倚賴自己的幸運，或者在信仰、宗教修持及樂觀心態上的發展曾遭到大人反對，故而學會了秘密地藉由信仰來度過黑暗時刻。這個位置的木星也意味著未出櫃的賭徒——這類人會無意識地逼使自己進入危險的情況，來試探上帝是否能提供援助。這類人通常是很仁慈的，他們心中的秘密可能是對別人的慷慨付出應該到什麼程度。

土星在第十二宮

這個位置的土星有許多顯現的方式，首先這類人有一種傾向，總覺得自己必須為眾人的苦難負責。他們會去照料那些有精神疾患的病人，或是被剝奪公民資格的人，以及需要幫助的人。有的人會把他人看成是孤獨、抑鬱的人，其實他們真正的秘密是內心有一種孤立感。他們很害怕混亂，害怕和另一個人融合會喪失自己，害怕像精神病人那樣失控，但土星仍然會讓這類人隨著時間而變成這個領域裡的專家。我認識幾個有土星在這個位置的人，童年都受到嚴格的規範，但他們的敏感度都足以看透這些規範背後的真相。這類人也會有莫名的愧疚感，如果有這種情況，就很難建立自己的權威性和藩籬。反之，也可能因企圖防止混亂而發展出很強的掌控性。他們也許意識不到自己的父親很容易影響他們的心情，而且父親可能藏身在幕後或消失不見了。

天王星在第十二宮

這類人的父母總是教導他們要適應社會，隨順傳統，因此他們在公眾面前顯得很保守，但私底下的行為卻相當反傳統。這種未出櫃的情況，會讓他們有各式各樣的秘密，譬如他們可能無意識地對抗自己表面認同的事情。他們可能非常渴望自由和獨立，內心卻覺得自己被綁住了。他們會一直抱怨自己的婚姻或工作，卻無法做出任何令他們自由的改變，所以會一直停留在原來的狀況裡，但內心充滿著反動的情緒。

海王星在第十二宮

海王星回到自己的宮位，使得這類人對發生在周遭的事有極深的感觸和理解，但也可能因此而造成困擾。從正向來看，這類人有能力映照出每個人的真相，不過他們和別人之間的界線相當薄弱。他們缺乏保護的屏障，所以能充分感應到世界的苦難，而這會令他們對受害者充滿著慈悲，繼而促使他們扮演救贖者的角色，但也可能從主流社會退隱下來。他們有強烈的逃避傾向，或者有非凡的夢境。

冥王星在第十二宮

這類人對世界的苦難的感受力非常強，所以很容易演變成嘲諷的人生觀。他們就像吸塵器一樣，把外面的負面能量全都吸進來，包括所有未表達出來的痛苦和恐懼，或是隱藏在笑臉背後的各種動機。他們很容易懷疑自己或別人的生命頻臨危險，甚至連日常的情況都會變成他們的秘密敵人；其實是他們自己有偏執傾向或破壞性。正面的說法是，這類人很少以退縮的態度面對現實情況，而且對別人的動機有很深的洞察。他們想探究生死奧秘的傾向，是他們做每件事背後的驅力。他們往往會從事和心理學或死亡有關的事。

宮位主宰行星的重要性

落在某個宮位裡的行星和宮頭的主宰行星之間，一向是有關聯的。舉個例子，譬如某個人的四宮頭的主宰行星是落在九宮裡，這意味著此人會在一生中的某個階段到國外（九宮）居住（四宮），不過當然，這樣的詮釋還是太薄弱了，因為凡是可以被確定的論點，都必須在整張星盤裡找到重複出現的主題做為支撐（這種論點成立的標準我稱之為「三腳櫈」），因此，如果一個人同時有九宮的主宰行星落在四宮裡，而月亮又是落在射手座上面，那麼占星師就可以信心十足地預測這個人將會到國外居住。

宮位的主宰行星範例

- 第七宮的主宰行星如果落在九宮裡，代表此人可能會嫁給外國人，或是和伴侶分享不同的文化及信仰。
- 第十宮的主宰行星如果落在七宮裡，則意味著與伴侶共同創業，或者與父母的心理議題會顯現在關係裡。

- 第七宮的主宰行星如果落在十宮裡，代表此人的婚姻或親密關係就是他的事業，或者他的親密伴侶是透過事業活動而結識的。
- 第二宮的主宰行星如果落在五宮裡，可能會藉由藝術或小孩而獲得金錢，也可能在孩子身上花許多錢。
- 第六宮的主宰行星如果落在三宮裡，意味著此人可能從事秘書工作，或是工作和運輸及溝通有關。
- 第六宮的主宰行星如果落在九宮裡，那麼此人的工作也許在國外，或是在教育、法律、宗教領域裡。

一個宮位的宮頭星座代表的是概略的現象，其主宰行星落入的宮位卻能提供更具體的訊息，而且能指出故事的走向。如果主宰行星落入的星座也包括進來，就可以做出更細膩的詮釋。想像某位女士的冥王星是落在十一宮裡，而三宮的宮頭是天蠍座（三宮頭的主宰行星是落在十一宮裡），這代表她對團體抱持懷疑態度，但其對待朋友的態度是很深刻的，她也可能覺得遭到兄弟姊妹的朋友的背叛。不管劇情如何，她通常能透過學校或夜校結識一些朋友或加入某個團體。她喜歡研究的主題可能是心理學、人類學、玄學或族譜學。對這位女士而言，知識就是力量，但也可能在受教育的過程中發生了某些事，而造成她對團體不信任。如果能透過學習的環境發展出更深的智慧和理解，便可能轉化這種負向的感覺。

第七章
次要星體

這一章要探討的是十個主要行星之外的其他次要星體，由於這些星體的數目繁多，所以應該先明瞭星盤裡的基本要素——行星、星座、宮位及相位，再進一步去探究別的星體。這並不意味其他星體與我們不相干，而是它們代表的東西很有限，而且往往太瑣碎或過於特定，如果把焦點放在這些次要星體上面，就像是在著火的房子裡尋找掉到地上的別針一樣。

英國的占星師最常採用的非行星星體，就是月交點（Moon's Nodes）和凱龍星（Chiron），歐洲其他國家的占星師則會連帶採用一些小行星。

月交點的信息多半示現在內心而非外境上，再加上它們的意義經常在別處被描繪出來，所以初學者應該暫時把月交點擱置一邊，直到星盤裡的其他要素充分揭露了月交點的秘密為止。

凱龍星的本質似乎與主流的分類方式不太符合，因此企圖按照僵固的法則來詮釋它，是不太能生效的。最好的方式就是仔細聆聽有凱龍相位的個案怎麼描述自己的人生，然後再深入地領略它帶來的意義。

我的建議是不要把月交點及凱龍星的相位畫出來，只要留意它們有哪些相位就夠了，因為這樣才能快速地看出主要的元素是什麼。如果我們把小行星也納入考量的話，同樣也應該將它們列在星盤的一側，而無需將它們清楚地畫出來。

第一部分：月交點

月交點也被稱為龍頭和龍尾，但是它精確的意義和重要性，在西方占星學裡一直受到爭議。印度吠陀占星系統一向重視南北交點（North and South Node），在梵文裡它們被稱為 Rahu 和 Ketu。

月交點指的是月亮繞地球的軌道與地球繞太陽的軌道交錯時形成的點。由於月亮的軌道向黃道面傾斜了五度九分左右，所以形成了南北兩個交點，其中的北交點是月亮從黃道面南方往北方升起時交叉出的點，南交點則是月亮從北方往南方下降時交叉出的點。

人們往往會從宿命的角度是去看南北交點，這是因為日月蝕只會出現在月交點的路徑上，也就是當太陽、月亮、地球形成一直線時。如果太陽和月亮都在南北交點之一的十七度之內，這時形成的新月就是一種日蝕現象，但如果形成的是月圓，則是一種月蝕現象，這意味著太陽和月亮都在南北交點之一的十一度之內。假如新月或月圓是發生在南北交點的五度之內，就是完全的日月蝕。

- 週期循環：每十八．六年向西沿著黃道往後退轉。
- 它們在每一個的星座上大約停留十八個月，每天大約移動三分，每個月移動一度四十分。

平均交點與真交點

當南北交點在行進時，月亮和地球形成的複雜引力關係，會導致南北交點的活動出現一種平均值，但「真交點」（True Node）的位置和「平均交點」（Mean Node）比較起來，只可能出現二度左右的變化，而且平均交點都是逆行的，真交點則是向前行進或靜止狀態。到底該採用平均交點還是真交點，占星家各有不同的看法，不過平均交點已經被沿用了數個世紀之久，直到近年來發展出一些新的技術，才讓真交點有機會被繪製出來。從天文學的角度來看，真交點是否屬實仍受到爭議。

詮釋方式

在占星學裡面，南北交點或任何一個交集點都是主要的參考部分（譬如上升點和天頂都是交集點），尤其在關係的詮釋上面，包括與個人及團體的關係。

為了對南北交點的意義有比較清晰的理解，我們不妨想像一下這個情況：當我們腦子裡正在規劃一些東西，這時走出家門就意外地碰到了某個人（也許是一位十九年未見的老友），這個人一直有他特定的人生道路。你和他的相遇可能改變了你的人生方向；你覺得你和他的相遇好像是一種命定的事，但是當你們分手之後，又各奔南北地朝著自己的方向發展。當然這並不是一個非常正確的類比，因為南北交點的交集位置上，其實並沒有真的行星存在，所以和兩個具體的人相遇是不同的。更正確的比喻應該是，每一個交點以前曾經擁有過某個特定的位置，就像地球和月亮曾經在某個位置上，而且會再度運轉到那個位置上。因此，南北交點代表的過去和未來，指的是我們對已往出現的交集存有一種記憶，而且會期待未來再度交會。這令我們不禁聯想到命定的概念，難怪南北交點一向和業力及過去世有關。

「交點」（node）這個字是源自於拉丁文的 nodus，意思是「結」（knot）。在醫學裡面，node 這個字代表的是某種類型的組織被封鎖在不同的組織裡面。換言之，身體裡面有兩個不同的世界是相互牴觸的。

「結」這個字經常被用來描述複雜的糾結關係，而這就是南北交點的關鍵點。瑞因侯德・艾柏丁（Reinhold Ebertin）在《星體的綜合影響力》（The Combination of Steller Influences）一書中並沒有把南北交點做出區分，反倒將它們視為息息相關的法則，這與我自己的經驗十分雷同。的確，月交點是令事情產生交集的星體位置，因此南北交點軸線的關鍵詞就是結合、加入、牽扯、相會、記憶或關聯。在星盤比對中，緊密的南北交點相位（或是和南北交點星座的主宰行星的相位）是十分常見的，而且當行星推進南北交點或是南北交點推進時，往往能顯示出和另一個人的互動方式以及那個人的狀況。舉個例子，你的南北交點可能推近海王星形成合相，這代表你在這個時段會跟音樂家、神秘主義者或酗酒者有頻繁的往來。

傳統占星學認為南交點代表的是令我們產生執著的領域，因為南交點象徵的是我們熟悉和經驗過的生命領域，所以會產生執著，而那個生命領域可能和我們的家族、童年或過去世有關。很顯然地，停留在我們熟悉的領域是比較輕鬆的方式，所以往往會深陷其中；每當我們遭逢困難的時候，就會退回到這個生命領域裡。請記住南交點是龍的尾巴，所以裡面含有「撤離」的意思。

北交點描述的則是我們不熟悉的生命領域，所以要達成北交點的發展可能得付出一些努力。如果我們發現自己是處在一個陌生的環境裡，很自然會想要保持警覺，而且得用些腦筋才能順利地運作。因此，北交點帶來的是挑戰和更高的發展，也就是一個讓我們發展出潛能的地方。由於北交點是從南往北上升的點，因此它和往上攀升的概念有關，包括物質、社交或靈性各個層面在內。毫無疑問地，南北交點一向被視為和靈性相關的軸線，甚至帶有越來越接近上帝的意思；反之，南交點這個龍的尾巴，則暗示著比較本能或原始的面向。龍頭象徵的是帶著覺知的思考方向和決定，龍的尾巴由於缺少五種感官，特別是眼睛的作用力，所以會按照原始的本能運作。

無論南北交點的正確定義是什麼，它們極少顯現在世俗層面上，因為它們和內在經驗比較有關聯，特別是我們的心靈之旅。但如果南北交點和其他行星形成緊密相位，尤其是合相，就不盡然代表內在特質了；這類相位有時會表現成明顯的外在現象。它們代表的是和我們有緊密關係的個人或團體，譬如許多占星師都有天王星（代表占星學的行星）和南北交點的緊密相位。

不論南北交點顯現在內心或外在次元，我們的主觀經驗都會讓我們意識到，它們的確能為整張星盤的精髓做出總結。當我們試圖了解南北交點的時候，必須把重點放在它們的主宰行星上面，如果只觀察南北交點的星座或宮位，幾乎永遠會被誤導。

第二部分：凱龍星和半人馬星體

（本文為作者與梅蘭妮・瑞因哈特Melanie Reinhart合著）

當梅蘭妮同意與我共同撰寫有關半人馬星體的內文時，我感到十分振奮。以下的文字內容大部分是她的想法，有關波洛斯（Pholus）和奈瑟斯（Nessus）的部分，則完全是出自她的貢獻。為了節省篇幅，她原先的文章已經做了一些刪節，讀者不妨瀏覽她的網站www.melaniereinhart.com，或閱讀她的著作《凱龍和治療之旅》（Chiron and the Healing Journey, Arkana出版，1989年），以及《土星、凱龍星和半人馬星體》（Saturn, Chiron and the Centaurs, CPA Press出版，1996年）。

凱龍星的發現及天文學

凱龍星（Chiron）是查理斯・寇渥（Charles T. Kwal）在一九七七年十一月一日早上十點左右發現的，地點在美國加州的帕撒迪那。一開始凱龍星並不符合既存的行星類別，所以被重新歸類了許多次，譬如曾經被視為小行星和彗星。到目前為止它仍然有兩種身分，一是彗星95P，另一個是小行星2060。大部分時候它都是位於土星和天王星之間，但有時和太陽的距離比土星還要近，有時卻比天王星要遠。它有一條慧星的尾巴，可以長達十八萬六千四百二十英哩（三十萬公里），而且是忽隱忽現的。凱龍星被發現之後天文學家才意識到，早在十九世紀晚期它已經被拍攝了下來；它一直存在於那裡，只是沒有被發現罷了。星盤裡的凱龍星意味著我們視而不見的問題，因為太明顯，反倒被忽略了。凱龍星的直徑非常小，只有一百一十英哩（一百八十公里）；它雖然很小，卻非常有影響力。

凱伯帶

凱伯帶（Kuiper belt）是在一九九二年被發現的，它是位於太陽系周圍的一條環帶，包含了大約數千萬的小型星體，而且是最近才被發現和歸類的。它的名稱是源自於荷蘭的天文學家傑拉德・凱伯（Gerard Kuiper, 1905-1973），因為他預測出凱伯帶的存在。凱伯帶中也包含了許多新的星體，譬如半人馬星群。在凱伯帶中，某些較為大型的星體，譬如誇歐爾（Quaoar）、塞德娜（Sedna）、伊克西翁（Ixion）以及齊娜（Xena），在占星學上引起的注意多半一閃而逝，但半人馬星群卻一直受到占星家的關注。半人馬星群是從冥王星附近的冰狀廢物中誕生出來的，它們被海王星的引力場吸引而進入了太陽系；有二十個半人馬星體被發現，但只有十二個左右被命名。在希臘神話中，半人馬是一個半神半馬不受管束的族群，其中只有幾個被賦予名稱和故事；同樣地，凱伯帶裡面也可能有無數半人馬星體正等著被發現，但只有幾個被賦予了名稱，因此和神話劇情不謀而合。其中的凱龍星可能是最為人所熟知的。在神話學裡面，只有凱龍、波洛斯和奈瑟斯具有人們熟悉的劇情故事，到目前為止，這三個半人馬星體已經被證實是占星學中比較有用的星體。占星家和天文學家共同合作為好幾個半人馬星體命名，這是歷史上首度出現的占星學與天文學的合作案例，而這正好反映出了半人馬星體的主題：結合科學與直覺、理性與靈感，就像半人半馬的形象一樣，將兩種對立和陌生的特質融合在一起。

軌道特徵

半人馬星群是次級行星，它們帶有某些明顯的特徵。它們會穿過木星和冥王星之間的軌道上的一或多個星體，而且其軌道的形狀非常橢圓，這意味著有時以很快的速度通過某些星座，有時則花較長的時間通過其他星座。舉例來說，凱龍星在雙魚座與牡羊座上可能是八年的時間，在處女座和天秤座上面則大約花兩年的時間。凱龍星繞完黃道一圈大概是五十年的時間，波洛斯是九十年，奈瑟斯則是一百二十四年。凱龍星和太陽的平均距離是13.73AU，在近日點的距離是8.453AU，在遠日點的距離則是18.899AU，其自轉一周的時間是五．九小時，距離黃道的傾斜度大約是七度。

凱龍星象徵的事物

凱龍星被發現的時段反映的是意識、信念、行為、生活方式及科技上的大躍進與革新。某種程度上，凱龍星為天王星（激進的改變、革命及推翻老舊的集體結構）和土星（既定形式的維護者、物質顯化的主宰）搭起了一座橋，凱龍星把這兩股衝動結合成一種更高的狀態，而且比天王星和土星更帶有個人的獨特性，因此能幫助人類超越集體意識的壓力，朝著個體化的方向發展。它使我們專注於自我治療，也幫助我們治療別人和外在環境。

在希臘神話裡，凱龍被箭意外地射中，這根箭上面沾有海德拉的毒血。「毒素」這個主題的確和凱龍星及半人馬星群有關，因為當它們被發現的那個階段，人類正開始意識到地球的環境已經遭到嚴重的毒害；在那個階段裡，媒體不斷地報導核廢料、化學廢料和污染、工業意外，以及各種形式的毒害問題，我們也發現每日吸進來的空氣、飲用的水以及牙齒裡的汞，都在不斷地侵害我們的健康。基本上土星象徵的是我們的免疫系統，因此凱龍星穿過土星的軌道也許就是代表，免疫系統疾病在過去幾十年裡已經成為普遍現象。

與冥王星的關係

凱龍星的角色可能是要幫助我們整合天王星、海王星與冥王星帶來的經驗，而這三王星事實上就是凱伯帶之中最主要的幾個星體。凱龍星似乎是冥王星的使者、仲介或逃亡者，而且某種程度上可以被詮釋成冥王星的小一號版本。

半人馬星群似乎和靈性的發展及進化過程有關，它們的出現使人類開始意識到靈魂的某些領域，而在過往，只有隱士、神秘主義者、薩滿及獻身於內在旅程的修行者，才有能力意識到這些領域。

神話學

凱龍在神話學裡和創傷治療者這個主題有關。凱龍是克羅諾斯（土星）和海仙女菲莉拉生下的兒子。由於父母懷他的時候都是馬的身形，所以他一生下來就是半人半馬的樣子。當菲莉拉看到兒子的那一刻，著實被他的長相嚇到了，於是她趕緊祈禱孩子能變成不一樣的長相。後來她還是拋棄了凱龍，幸好有一位牧羊人拯救了他，將他帶到太陽神阿波羅的面前。在這裡，菲莉拉代表的是製造痛苦的原始心態——無法如實接納事情的真相，只是一味地反應出負面和抗拒的態度。凱龍被帶到阿波羅面前，則反映了神話學與天文學的呼應關係，因為凱龍星和半人馬星群都是向內朝太陽行進的。這部分的神話劇情提醒了我們一件事，那就是內心的痛苦和衝動必須以慈悲的覺知加以觀照，因為阿波羅象徵的就是治療、音樂、預言能力和其他的技藝。

凱龍贏得受創治療者稱謂的那個神話故事中，也提到其學生海克力斯意外地弄傷了凱龍。由於凱龍是帶有一半神性的生物，所以是不死的，卻因為傷口中了毒而無法治癒，基於此理，凱龍在占星學裡代表的就是有能力救別人，但無法救自己。由於凱龍歷經長時間的痛苦而無法成功地治癒自己，於是決定和普羅米修斯交換位置，後者因為愚弄了宙斯（木星）而被綁在岩石上接受懲罰。交換位置之後的凱龍和普羅米修斯都從痛苦中解脫了，凱龍最後終於求得一死，而且成為南十字星群裡不朽的半人馬星體。這個典故強而有力地象徵著人類痛苦的解決方式——徹底地發展出同理心以及對痛苦的接納度，同時要對他人的痛苦產生悲憫之心。

凱龍與放逐

在神話裡凱龍一向和放逐的主題有關，星盤裡的凱龍星代表的則是我們不被了解，或感覺被排斥在外的生命領域。從這個角度來看，凱龍星似乎意味著比較弱一點的天王星能量。我們可以把天王看成是叛逆及改革的力量，或許也代表喚醒他人的叛逆性的驅力，但凱龍星帶來的經驗，則是靜靜地在族群的圈子外面旁觀。

凱龍、死亡與過渡期

星盤裡和死亡有關的議題，主要是由土星、冥王星、八宮及天蠍座所代表，但凱龍星無疑地也和死亡有關，特別是安樂死、協助人自殺、立遺囑以及死亡的權力等議題。這樣的角色似乎意味著清醒地接受死亡，但這種接受性在治療過程中是非常重要的。在推進法裡面，凱龍星象徵的是我們生命裡重要人物的死亡，當然還得有其他元素指向同樣的結果才行。它在疾病裡也扮演著活躍的角色，因為它能促使我們面對自己的必朽性。在神話學裡面，凱龍是被海克力斯意外射傷的，所以凱龍星似乎也和個人陷入雙方人馬交叉射擊的情況有關。在巨大災難的星宮圖裡，凱龍星通常也有明顯的相位，特別是跟土星成對分相。

凱龍星與殘疾

美國的占星學者金・羅傑・嘉利弗（Kim Rogers Gallagher）發現凱龍星的象徵符號和輪椅十分類似。她指出當凱龍星進入象徵開端的牡羊座〇度（一九六八年）時，輪椅的象徵符號剛好開始被採用。凱龍星和冥王星一樣代表某種形式的傷殘，當它被發現的那個時段，人們才開始願意探討和認識有關傷殘的議題；在美國為傷殘爭取權力的高峰期就在一九七七年，當時的倡導者是住在校園裡的一名嚴重傷殘學生愛德華・羅伯茲（Edward Roberts）。七〇年代之前，死亡這個議題和傷殘一樣，都是不能公開討論的。舉個例子，羅斯福總統從一九三三年掌權到過世時的一九四五年，這段期間他的下半身幾乎是完全麻痺的（原因是他在一九二一年罹患了小兒麻痺症），但美國大部分的民眾都不知道這件事。直到今日，你仍然看不到顯示出他的下半身或輪椅的照片。在羅斯福的本命盤裡，主宰他六宮頭星座的水星，和冥王星形成了正九十度角，而凱龍星是落在八宮裡；前者象徵的是傷殘，後者代表的則是身為公眾人物，但他的殘疾卻是一個秘密。他默默地承受著下半身麻痺的痛苦，很可能在性上面也有某種程度的無能現象；這是另一個必須忍耐和接受的功課。

凱龍星和冥王星一樣都象徵著傷殘，而且可能得用到輪椅，或是未來有可能用到輪椅，特別是當事者如果羞於面對殘疾事實的話。我有一位案主的太陽與凱龍星合相在射手座，落在第七宮裡，她的先生就因為罹患了多發性硬化症而不良於行；射手座和其主宰行星木星都掌管身體的臀部一帶。凱龍星除了象徵心理和靈性的創傷之外，也代表遺傳上的健康弱點。雖然疾病有許多顯現的方式，但是從同類療法的觀點來看，很少能連根拔除，因為它們是代代相傳下來的，就像神話裡的九頭蛇海德拉一樣，頭被斬掉之後立刻會長出兩個頭來。

凱龍、醫藥及音樂

依芙・傑克森發現足病治療術（chiropody）、整脊療法（chiropractice）以及手相術（chiromancy），全都跟凱龍（Chiron）一樣源自於希臘文的字根cheir，意思就是「手」（hand），這也讓我們聯想到另外一個字「障礙」（handicap）。自從凱龍星被發現之後，主流醫學及外科手術上必須用到手和眼的協調性的技術，都有了顯著的進步，而另類療法方面也有巨大的進展。從神話學來看，凱龍教導的不只是治療，還包括兵法、狩獵及音樂。他除了傳授如何殺人的方法之外，也協助人自殺，不過他也象徵著音樂，至少是灌錄下來的音樂。「灌錄」是其中的關鍵詞，因為凱龍有一種喜歡回顧的傾向。

凱龍回歸到原位

由於凱龍星運行的軌道十分橢圓，而且週期循環很不規律，所以只能藉由星曆表來加以追蹤。例如，凱龍星第一次和本命盤的凱龍星成九十度角，可能是在五歲至二十三歲之間，主要是取決於它座落的星座是什麼；但是它大約每五十年會回歸到本命盤原來的位置，因此不論男女，這個年紀都是很重要的轉捩點。因為凱龍星回歸原位之後的幾年內，我們都可能重新回顧過往的許多年裡發生的事情，並因而有機會治療那些經驗帶來的創傷，而且生命也可能提供一些揭露這些創傷的機會。理解這個過程會帶來很大的改變，因為這能幫助我們超越眼前發生的事物，深入地理解過往經驗裡的元素。

星盤中凱龍星的詮釋

在研究凱龍星的時候，不要把它帶來的治療和受苦的議題，與其他的行星帶來的議題相比，譬如水星和溝通之間的關係。換句話說，最好不要以詮釋其他行星的方式來詮釋凱龍星，你該做的應該是等待、觀察、聆聽、覺知和感受，並且要抱持開放和質疑態度，因為這會使你預留一些空間，讓某些明顯的問題自動顯現出來；這些問題往往和凱龍星的宮位、星座及相位有關。例如聽收音機時，如果你調對了頻率，就能找到播放音樂的電臺！因此理解凱龍星最佳的方式，就是觀察行星推進它的時段裡發生了什麼事，特別是合相、四分相和對分相。

典型的凱龍星主題

把凱龍星納入觀察的元素之一，可以使我們更認清一個人的模式，找出他非常明顯的問題，而且是其他要素無法反映出來的，因此，觀察凱龍星往往有一種「啊哈！我終於明白了！」的效應。那些無法意識到凱龍星象徵的議題的人，通常可以分為兩大類，其中之一是因為恐懼而遮蔽了靈魂最深的面向，另外一種人則是因為太貼近心理上的原型議題，所以無法意識到它們！

凱龍星座落的位置象徵明顯而無法治癒的創傷，或是一些想逃也逃不了的情況，但卻因此而得到長期做靈魂功課的磨練機會。誠如神話帶來的啟示，問題永遠有解脫和解決的辦法，而這意味著接納無法接納的事實，或是接受無法理解而又不公平的遭遇；同時也意味著不再試圖弄清楚問題所在，也不再試圖處理它們，只是允許自己和那份經驗共處。凱龍星也代表足以定義一個人的才華或卓越的長才，也代表令我們感覺像局外人、游離份子或自有主張的人的生命領域；我們在這個領域裡會拒絕被沉重的社會制約綑綁，並展現出狂放、新穎和輕快的能量，但也帶有一種往極端方向發展的不穩定性。它同時也可能造成除了我們之外其他人都能看出來的盲點。在心理層面上，我們可以說凱龍星象徵的是從我們之中分裂出去的一個部分，這個部分由於創傷、痛苦或缺乏認識，或是缺乏適當的語言來分析個中的經驗，所以才被解離了出去。當行星推進本命盤的凱龍星時，就像薩滿典型的招魂過程一樣，跑掉的那一部分的魂魄會再度回來。

波洛斯——象徵蓋子被掀起來

波洛斯（Pholus）是在一九九二年被發現的，它被發現的過程就像是小小的事件引發了一連串的內在和外在的反應。在希臘神話裡，波洛斯是戴奧尼索斯的神聖酒甕的守護者，戴奧尼索斯是神話裡的酒神，他掌管的節慶總是充滿著混亂、暴力和酩酊大醉，所以和波洛斯相關的事件也經常涉及失控的情況，而對應波洛斯的方式就是採取一些必要的行動，直到事情完全平息下來為止。波洛斯守護的酒甕長達四代的時間都沒有被打開，因此在占星學裡波洛斯象徵的就是祖先的秘密被揭露的過程。在某種程度上，見證過往的歷史的確能幫助我們了解祖先傳承裡的議題，而且必須做些事情去解決這些議題，譬如寬恕或是在墳前獻花等，不過最主要的還是得在內心裡意識到祖先承受的苦難，了解其中的悲劇是什麼。

奈瑟斯——責無旁貸

奈瑟斯（Nessus）是第三個被發現的半人馬星體，它似乎和濫用權力或其他的祖先議題有關。它似乎能讓我們了解和釋放內心深埋的無助感、被利用的感覺，以及被佔便宜或受到壓制的感覺，特別是那些少數民族，很容易有這一類的感覺。同時奈瑟斯也似乎真的會讓我們解開和人、情況及地方的難解之結。藉由它，我們可以分析自己的重要關係，努力地了斷糾纏不清的綑綁，但只有在這份努力和靈魂更深的需求達成和諧狀態時，我們才能真正解脫。當這種情況出現時，就會帶來明顯的療癒，因此奈瑟斯會促成事情的了結，幫助我們轉換到另一個層次，但往往得通過一段痛苦被強化的過程。奈瑟斯的推進會了斷過於天真的期望，讓我們發展出更深的智慧，有時也會造成皮膚上的發炎現象和過敏，譬如出現濕疹、蕁麻疹、花粉過敏症等。在希臘神話裡，奈瑟斯曾企圖綁架和非禮海克力斯的妻子迪雅涅拉，當海克力斯發現妻子正要遭到強暴時，便放箭射向奈瑟斯，瀕死的奈瑟斯把自己的血液和精液混合成的毒藥給了一旁的迪雅涅拉，並且告訴她說這劑魔藥能夠讓她的丈夫永遠忠心耿耿。後來迪雅涅拉開始懷疑海克力斯有了不忠的行為，於是將這劑藥擦在丈夫的衣服上，海克力斯因中毒而皮膚灼痛，為了逃避巨痛，最後跳到火葬堆裡自焚而亡，迪雅涅拉也引咎自殺。

第三部分：小行星

小行星帶位於火星和木星之間的太空裡，這段距離有兩千萬英哩（三千兩百萬公里），其間有無數的小岩塊繞著地球運轉。這些星體的大小不一，最小的就像個卵石一般，有的甚至還有衛星繞著它們運轉，其中大約有三十個具有一百二十四英哩（兩百公里）左右的直徑。小行星之中約有十三萬個星體已經被歸類，其中約有一萬三千個被命名。其中的穀神星（Ceres）、智神星（Palleas）、灶神星（Vesta）及婚神星（Juno），代表的是女性的幾個不同的面向，特別是女性的才藝。穀神星一向和大地有關，它促使我們察覺人類如何在謀殺地球，因此小行星近年來被提升為矮行星，而且被大眾意識到，也是不足為奇的事。穀神星與月亮有相似之處，因為它也代表我們滋養和照料別人的方式，更精確一點地說，穀神星和不可避免的母子分離帶來的痛苦有關。占星家認為，它和所有的分離都有關係，包括死亡在內。同時它也和農業有關，而且「穀類」（Cereal）這個字就是源自於穀神（Ceres）這個字。

小行星和其他次要的行星一樣，代表的大多是生命的特定領域，但需要更深入地研究才能確定是什麼領域。

去年我住在一棟小木屋裡，廁所位於屋外。和我同住的那位友人很怕蜘蛛，每次我們打開廁所的門，都會有兩隻巨大的蜘蛛掛在它們的網上歡迎我們；我的朋友完全沒膽量再進那間廁所，幸好我並不怕蜘蛛，所以就將它們移到了一個不太顯著的位置。我落在天蠍座的土星與我朋友的蛛女星（Arachne）合相，這似乎代表我得負責把蜘蛛移走，而天蠍座當然和廁所有關，同時也跟蜘蛛有關。當時天體的蛛女星與我本命盤的太陽合相，與土星成四分相，因此也和我朋友的蛛女星成四分相。有趣的是，英國的電視當時正在播映「蜘蛛恐懼症」（Arachnenophobia）這部影片（一九九九年的十月一日），那一天太陽和蛛女星剛恰呈合相。請留意，這些小行星必須採用一度的容許度。

對小行星有興趣的讀者，可參閱由狄米翠・喬治（Demetry George）與道格拉斯・布拉克（Douglas Bloch）合著的《小行星女神》（Asteroid Goddesses），該書於一九八六年由ACS發行。

第八章
星盤的綜合詮釋

以下章節要探討星盤綜合詮釋的要點。

首先要擺脫好壞的概念

詮釋星盤時根本沒有好或壞這件事，也沒有所謂的好行星、壞行星，或好星座、壞星座之分。人類經常主觀地設定對錯、可以接受或不可以接受的行為，但是從占星學的角度來看，這樣的說法是沒有意義的，因為某個人的偏好在另一個人的眼裡可能有截然不同的意涵。不論是聖人或罪人，每個人的行為都能夠為另一個人帶來挑戰和成長的機會。每個占星學的象徵符號都有詮釋上的作用，但如果過度重視或過度不受重視，都會帶來一些問題。

接著考量時間、地點、內容及文化背景

由於本命盤代表的是某個時間點呈現出來的星圖，所以它本身沒辦法顯示主人是誰。一張星盤既可能是某隻昆蟲誕生那一刻的星圖，也可能是出現某個念頭的那一刻繪出的星圖，或是在商業交易過程中與某人握手的那一刻設定的星圖。在下一章裡讀者可以看到英王亨利八世的本命盤，光憑這張星盤，你根本無法看出這是國王的或任何一個男人，甚至是人類的星盤，但我們一確定這是十五世紀英國的某位白種男性貴族的星盤，這個人的性格和人生就可以被描繪出來。在看盤時，我們必須把文化背景納入考量，同時要思考我們為什麼要研究這張星盤。在觀察一張本命盤的過程裡，星盤及案主的人生是跟占星師連結在一起的，因此占星師本身也在成長。同時占星師在看一張星盤的時間點也很重要，因為會選擇這個時間點也不是意外。舉例來說，當我在寫這本書的期間以及過去的幾個月裡，天體的木星正跟海王星成四分相，這段期間來找我諮商的個案幾乎都有這兩個行星的緊密相位。在二〇〇六年的四月間，天體的太陽是在牡羊座、火星是在雙子座、木星則是在天蠍座，而這時我恰好正在研究奧林匹克選手凱莉・霍姆斯（Kelly Holmes）的星盤。我發現非常巧合的是，她的太陽正是落在牡羊座、火星落在雙子座、木星落在天蠍座，而且她的相位也帶有木星和海王星的基調。

請記住「三腳凳法則」

一張星盤裡有些主題可以描繪出這個人以及他的人生經驗。這些主題可以看成是一個人的次人格、心理情結、個人迷思及人生故事，而占星師的工作就是要發現、了解和描述這些資訊。因此當我們在觀察一張星盤時，最好從「三腳凳法則」入手，因為一張凳子沒有三隻腳的話，很可能會垮掉！換句話說，如果某個主題是可以確立的，那麼它極可能會被重複三到五次以上。

詮釋時必須有順序和方法

一個經驗老道的占星師可能會從任何一處下手，但是對初學者而言，最佳的策略就是按照某種法則有條不紊地加以詮釋。譬如先列出一張清單，然後從上升點開始觀察，接著觀察上升點的主宰行星。占星師通常會把上升點的主宰行星視為一張星盤的大門，通過它，我們才能進入這張星盤的主要劇情。大約詮釋到三分之二的程度時，整張星盤重複出現的主體才會浮現出來，因此只是按照一兩個元素來詮釋，勢必會導致錯誤的觀察。譬如只看某個行星落在哪個星座，是很難看出這個人的人格特質的。

不要認為自己什麼都得了解

當我們在進行觀察和做註解時，也許會遇上無法充分了解的象徵符號，即使是經驗老道的占星師，都可能發現某些象徵符號是無法說明什麼的。這時你只需要在這個符號旁邊寫下一些備忘的想法，等到有更深的發現時，再來研究它的意義。理解一張星盤有點像是猜字謎，當你了解了某些字謎之後，原先似乎很難看懂的部分也會變得明朗化。不過當然，占星學的符號不像字謎那麼易解，因為我們要了解的是一個人最深的真相。雖然我們可以一無所知就開始詮釋一個人的星盤，但我們必須明白，星盤裡的象徵符號可能以許多方式顯現出來，所以案主能夠提供某些有關他自己的訊息，將會使解盤的內容變得更豐富一些。

請記住……

• T型相位、大十字及其他的緊密相位，是一張星盤裡主要劇情的象徵符號。

• 最緊密的相位和緊密相位，都代表一張星盤的主題。找到最緊密的相位，往往能幫助我們發現一些重要的線索。

• 如果一張星盤的出生時間很準確，那麼和四個交點形成合相的行星，也能顯示出主要的劇情，特別是困難相位。

• 從星群的行星、相位和宮位，也能看出一個人的生命主題。

• 如果缺乏某個元素、模式、相位，或上述某要素佔了優勢的話，也會形成不平衡的情況，而且這種不平衡的情況會以各種方式顯現出來。如果某個要素過於被強化，那麼其他的部分便可能呈現出不足的情況，因此必須從各個面向來觀察這種不平衡性。明顯的不平衡性一向是非常重要的部分，也代表一張星盤的主題；這就像是一張油畫的底色一般，決定了整張畫布的基調。

觀察主宰行星的路徑

• 上升星座代表的一張星盤的概要，其主宰行星則會令這個概要變得更明確，譬如你的上升星座是巨蟹座，這代表你面對世界的方式是想要保護；如果其主宰行星月亮是落在十二宮裡的雙子座上，那麼你的保護傾向可能會顯現成維護圖書館裡的書籍、博物館裡的檔案，或是保護住在學校、監獄、醫院或其他監管機關裡的手足。

• 如果一個宮位是空宮，那麼就要觀察其主宰行星的宮位和相位。行星和它主宰的宮位之間一向有緊密關係，譬如七宮的主宰行星如果是落在九宮裡，就可能嫁給外國人（請參閱457頁）。

請特別留意……

- 行星落在自己的星座，能量上會有一種「雙重撞擊」的意味。
- 行星落在自己的宮位，也會顯得更有力量。
- 形成最多相位的行星或最接近天頂的行星，都有特殊的重要性。

請忽略

- 容許度比較寬的三分相和六分相。
- 福點（Part of Fortune，或譯為幸運點）雖然也有一些重要性，但其意義是放在最後才來考量的。
- 逆行的行星。在推進法裡面，逆行的行星有助於我們做出一些預測，而且在事件占星學派上也十分重要，但是在詮釋本命盤時卻最好不要太強調。譬如水星每一年會逆行兩個月左右，木星會逆行四個月，土星和三王星則會逆行五個月之久；這麼長的逆行時間不可能提供什麼精確的、純屬個人性的訊息。

為星宮圖列清單

為一張星盤列清單，可以幫助我們留意到所有的重點。以下就是我為大家舉出的範例。

星盤詮釋清單表

觀察整張星盤

- 首先要觀察整張星盤的元素，先觀察一張星盤裡的陽性元素（火和風）或陰性元素（水和土）被強化的情況，因為它們能顯示出一個人的性格是外向或內向。
- 星盤裡最強勢和最弱勢的元素是什麼？哪個模式最強勢，哪個最弱勢？
- 有沒有明顯的相位模式，譬如T型相位、大十字、大三角、大風箏等等。

最強勢的行星、星座和宮位

- 有沒有行星和上升點合相？如果有的話，這個行星勢必會帶來強大的影響力。
- 有沒有行星和天頂、下降點或天底成合相？如果有的話，也必須加以重視，但其重要性略遜於和上升點形成合相的行星。
- 有沒有行星是沒有相位的？有沒有互融的情況？
- 有沒有任何行星是落在自己的星座上面？
- 有沒有任何行星是落在自己的宮位裡面？
- 有沒有任何行星是落在強勢或弱勢位置？

- 有沒有任何星座在星盤裡特別被突顯出來？
- 有沒有任何宮位裡面擠進了許多行星？
- 一～三、四～六、七～九、十～十二的星座和宮位哪一部分被強化，哪一部分缺少能量？
- 哪一個行星是落在太陽和月亮的中點上面？如果星盤的出生時間很精確，也可以觀察哪一個行星是落在上升點和天頂的中點？

能量最強的相位

- 星盤裡有無特別明顯的相位類型（譬如有許多大三角），或者缺乏任何一種類型的相位（譬如四分相）。
- 把最緊密的相位列出來（包括所有類型的相位）。
- 把所有重要相位都列出來，包括合相、對分相、四分相、三分相和六分相。容許度在兩度之內。

給預備當專業占星師的人

占星學的美妙之處就在於只要付出一點努力，每個人都可以將其運用在生活中，但只有少數人會選擇進一步地鑽研這門技藝，並且透過考試將其變成一門職業。當然這本書不可能用太多篇幅來探討職業占星師必備的內涵，所以下文是針對初學者或是對占星學有興趣的人做出的提醒。

除了上課和閱讀書籍之外，學員們可以先藉由周遭的熟人來研究星盤。如果我們很熟悉愛人的星盤，並且能仔細地聆聽朋友和親戚的故事，思考他們做過的事以及生活方式，就是研究占星學的最佳方式。如果你手上有某個名人的星盤，而且有機會閱讀他的自傳，也能認清許多占星學上面的事實。請記住自傳永遠比傳記更深入，因為自傳是作者用自己的話寫出來的，而且是他親自對自己的一生做出的詮釋。

過程的重要性

許多學生在學習描述性格時往往會遭遇困難。大部分的讀者可能都很熟悉以下的描述方式：某人有三個行星落在金牛座，所以此人性格很可靠、很頑固，而且有一點冷淡。事實上，我們每個人都避免不了占星上面的性格描述，也不該避免。但我們必須清楚性格描述是過於籠統的做法，況且帶來的幫助很有限（大部分的成年人都能精確地運用一些基本辭彙來描述自己的性格），除非你能說出一個人為什麼會有某種行為，在何種情況下會有這種行為。你必須有能力分析行為底端的動機，因為只有理解了動機之後，才可能獲得自由與解脫。如果我們能覺知自己的行為，而且能理解行為背後的動機，那麼下一次遇到同樣的情況時，就可能以不同的方式產生反應。不過當然，我們在行為和人生上的選擇性永遠受星盤能量的制約，然而其中似乎仍有改變的空間。人並不是靜止不動的，他在五歲、二十五歲或五十歲時反應出的星盤能量都可能截然不同，因此我們的占星學必須能反映我們的來處和去處。所有的人都在人生的旅途上不斷地改變、發展和進一步地揭露，即使是看似倒退的情況，也可能有助於未來的發展。

家族遺傳或靈魂及靈性的引力

占星學有一個攸關心理層面的重要辯證，那就是一個人的狀態到底是源自於天性，還是因為受環境影響？人究竟是受了家族遺傳的影響，還是因為兒時經驗和教育的方式，而形成了日後的人格？事實上，星宮圖既能反映出我們的天性，也能說明我們受到的教育和養成方式，因此我們應該問的問題是：什麼樣的先天性格加上後天教育，製造出了眼前這個人的人格？由於星盤反映的是一個人的命運，所以是否在某種程度上這個人也「選擇了」自己的身體、家庭、生長環境，以及其他和養育有關的經驗，為的是活出他的命運，變成他應該成為的人？

詹姆斯・希爾曼（James Hillman）在他那本精采的著作《靈魂的密碼》（The Soul's Code）中做了以下的解釋：我們每個人在誕生之前都被賦予了所謂的「元神」（譯注：Daimon一般譯為原魔或戴蒙，但似乎都不夠精準。元神這個中國人慣用的詞彙，和本書作者的意思較為接近一些）而且終生都受到祂的守護。這裡所謂的「元神」指的是靈魂、靈性或守護天使，這跟心理學所說的無意識裡的意象有關，但心理學的講法是比較化約的概念。

即使我們不認為一個人的人格等同於他的成長背景，也不代表我們就應該忽略這個人的童年歷史。誠如希爾曼所言，我們應該觀察「元神」是如何在一個人的童年裡運作的，這樣我們才能夠了解「元神」到底要我們做什麼。以我來看，若是能瞥見一個人的童年，甚至他誕生的那一刻（如果有精確的出生時間）發生的事情，往往會對這個人深埋的無意識動機有驚人的發現，但顯然在研究名人的星盤時，這一點很難辦到，或許只能理解到某種程度而已。

認識你自己

自我發現是一生中擺脫不了的旅程；對所有的人來說，自我認識都是永遠無法充分達成的任務。但身為個案諮商的占星師或試圖扮演這種角色的人，應該很積極地去認識自己。我們越是有自知之明，越有可能認識另一個人的真相，否則很可能假設自己的經驗和每個人的都一樣；這可能是最常見的一種投射作用了。

在尚未與個案預約之前，占星師必須徹底研究整張星盤，這樣即使不了解星盤的內容究竟意味著什麼，至少已經對相位或其他元素有所認識。占星師基本上應該在個案未按門鈴之前，已經有能力在腦海裡描繪出整張星盤。此外，星盤裡所有不平衡的元素應該都注意到了，而且可以在推進法和移位法上面做出一些預測，對行星和相位也有了一些印象。這些話或許會帶給初學者一些壓力，其實只要有了一些經驗之後，通常都能在很短的時間內做好準備。

投射——把自己拋出去的藝術

「投射」（project）這個字的意思就是「投出去」（to throw），這有點像投影機將影像投射到對面的牆壁上；心理上的投射作用指的則是將無意識裡的某種性格特質投射到外界，或是投射到個人及團體身上。換句話說，我們會在外面的事物、人或團體身上覺知到這份性格特質，繼而產生反應。所有的人都有投射傾向，這就是為什麼每一位占星師都得努力認識自己的理由，否則很可能把自己的性格、動機和劇情投射到個案身上，而忽略了個案真實的狀態。最常見的投射形式就是假設對方會以我們的方式感覺或行動。

投射作用也是一張星盤裡內建的特質之一。一張星盤裡的所有元素都和這張星盤的主人有關，其中的行星、星座和宮位，也都代表此人生命裡的其他人和遇到的一切狀況：朋友、父母、小孩、伴侶、寵物、工作、學校、教會等。

你的個案比星盤更重要

「詮釋」（interpret）這個字的意思就是解釋、轉譯、釐清或找出意義來，inter的意思則是居中或是在中間。基本上，占星師就是一個仲介和詮釋者，或是在個案和星盤之間的中間人，也可以說是星盤的解圖者。占星師了解的象徵符號越深入，越有能力清晰地解釋，而個案也就能更了解自己的人生意義。初學者不可避免地會覺得無法掌握這麼多的象徵符號，或運用自如地進行諮商，但經過幾次諮商之後信心就會增加，而比較有能力自在地反應了。由於占星師是透過一張星盤在協助一個人——不論是收費或是義務性地服務，所以必須把焦點放在個案而非星盤上面。占星師如果能提出正確的問題，並能貼切地和個案的話語交流，而不是一直花時間敘述預設好的詮釋內容，往往會有比較好的效果。星盤詮釋的方式有許多不同的方向，但不論方向是什麼，都可以從個案的星盤、占星師的星盤、星盤比對以及諮商的時間定出的星盤看出端倪。某些個案基於各種不同的理由（害羞、希望證實或駁倒占星學、想要試探占星師的功力等）可能會想保持沉默或不願意透露任何信息，而只是靜靜地聆聽占星師解說。但大多數的人都會在某個時間點開始投入於星盤的探討，因此氣氛會在這時變得比較放鬆。不論個案有多麼沉默，到了某個時間點都會覺得比較安全，而願意或是有興趣進一步地探討；而會讓個案有興趣加入討論的時間點，通常是在個案覺得自己完全被占星師了解的那一刻，這時就會產生非常美好的治療經驗。暢然無阻地溝通能夠讓雙方都學到一些東西，但前提是占星師必須有能力聆聽個案說話，而不是一直想證實占星學的準確度或炫耀自己的功力。

督導者

即使是經驗老道的占星師，也能從其他的占星師身上學到一些東西。有其他占星師的協助，或許能看到自己所忽略的面向。督導者可以擴大我們的視野，幫助我們從錯誤中學習，獲得更大的信心和覺知力。

第九章 星盤實例解析

實例解析：亨利八世的T型相位例解

如同我們在第五章探討過的，緊密的合相及困難相位永遠是一張星盤的重點所在，因為它們不但代表一個人的性格和動機，而且能顯示出此人主要的生命故事。如果一個行星形成了兩個或多個緊密的困難相位，譬如T型相位和大十字，那麼這個行星無疑也是值得注意的。大約有百分之四十的星盤會出現T型相位，百分之五會出現大十字相位，但必須看我們採取的是什麼容許度。

我不知道占星學的統計學者對擁有兩個T型相位的人做過多少調查，不過英王亨利八世（Henry Ⅷ）的確有兩個T型相位，其中的一個涉及到木星、火星及海王星，另外一個涉及的是水星、土星及冥王星。

亨利八世是眾所皆知的人物，他以娶了六個妻子、砍掉其中兩人的頭著稱。他創造了英國國教會、將自己封為教會領導人，可以說是第一個將君王和教皇的權力區隔開來，並解散掉隱修院的政

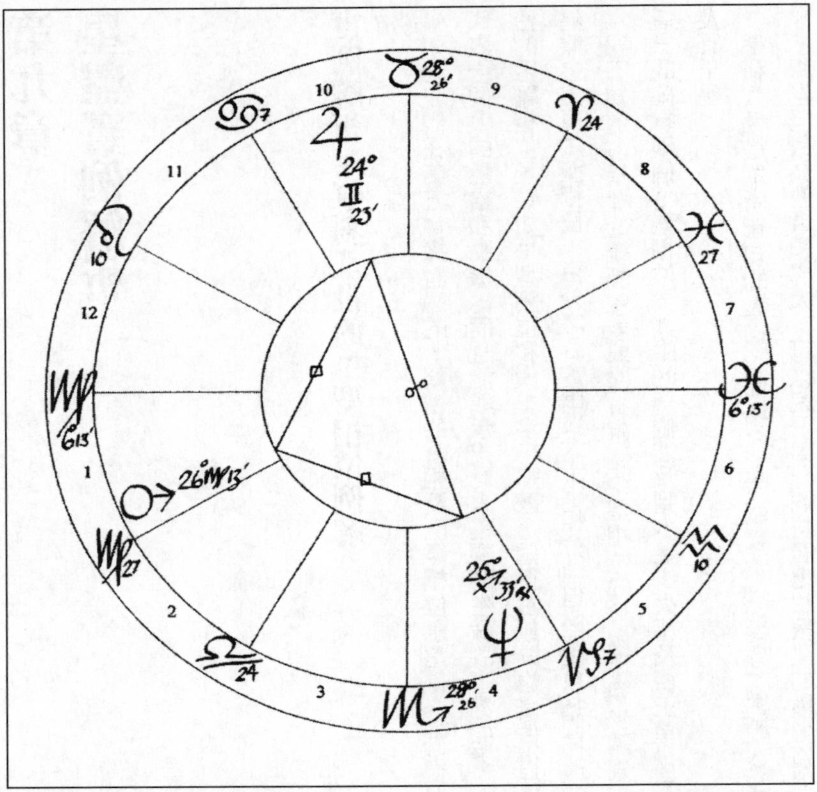

英王亨利八世的星盤中出現了兩個T型相位，其一為木星、火星、海王星的T型相位。

治領袖。他的性格多采多姿、胃口其大無比，脾氣極壞。年輕時的他體力非常好，喜愛搏鬥、狩獵、馬上比武及其他運動，同時也是一位學者、音樂家、嗜賭之人、藝術鑑賞者，而且喜歡設宴以歌舞美食款待賓客。我的目的並不是想從特定的心理角度來詮釋亨利的星盤，因為我對十六世紀的英國或亨利早期的家庭生活所知甚微，我想顯示的是他星盤裡的困難相位，如何透露出他的性格和他生命中的事件。

我首先要從木星、火星、海王星的T型相位落在創始宮（一、四、十宮）說起。開始考量T型相位和其他相位的方式，就是留意有沒有重複出現的能量。亨利的木星帶有三重能量：首先，木星和其他兩個行星形成了相位，接著海王星又落在射手座（傳統上這是由木星主宰的星座），而火星又是第九宮的主宰行星。由於火星是落在水星主宰的處女座，木星是落在水星主宰的雙子座，所以水星的能量也帶有加倍的意味。水星、木星和這麼多的變動星座，使得這張星盤無疑帶有不安於室、喜歡探索和冒險的特質。這張星盤的主人很渴望探索各式各樣的領域，包括心智和肉體的層次。由於七宮頭的星座是雙魚座，而木星和海王星都是這個宮位的主宰行星，因此顯示出亨利的婚姻受到這些因素強烈的影響，而有重婚的情況。同時，在他星盤裡的T型相位對面的那個所謂「空的腿」（empty leg），也是落在第七宮。

亨利八世建造了龐大的海洋艦隊這一點，可以從T型相位的火星代表的戰鬥、木星代表的海外及海王星代表的海洋看出來；火星主宰九宮頭的星座也代表到海外出征。亨利認為他的任務就是要保護他的國家，擊敗那些外國侵略者。

亨利從小信仰的是天主教，長大之後卻跟天主教會決裂，並摧毀了隱修院，創立了英國國教會，這是因為他渴望生個男孩來繼承王位，但首先他必須有離婚的自由，才能達成這個目的。如果以占星學的語言來詮釋，我們可以說亨利對教會（木星）很光火（火星），所以就把它解散（海王星）。海王星是落在四宮裡，這代表的是亨利瓦解了教會的房子——修院。這個T型相位顯示出宗教上的理想主義傾向，或是願意為自己的信仰（木星）而戰（火星），也會為了使夢想（海王星）成真而戰。這個T型相位同時意味著亨利對國家的未來有宏大的願景，對教會也有同樣的理想。火星落在處女座和木星成四分相，代表的是吹毛求疵、把小事誇大的特質，而且脾氣很大。海王星則會帶來擴大的效應，火星、木星、海王星的組合也會誇大男性的雄偉面向，將其視為一種理想。火星和海王星形成相位顯然會夢想自己在運動場、戰場或臥室裡皆能獲勝。以亨利的例子來看，這種夢想的確變成了事實；他生了許多小孩（雖然存活下來的不多），十分擅長運動。木星形成的相位則能描繪出他對賭博的熱衷，木星與火星的相位代表他的性慾很強；由於火星是落在處女座，所以也可能難以取悅（同時也代表皇室對處女的偏好！）火星與海王星形成的四分相，卻可能讓亨利在性上面和其他方面自覺無能。四分相往往會讓我們對展現相關的行星能量產生懷疑，繼而做出過度的行為，想證實自己在這方面是無所不能的。從亨利的例子來看，他一直想證明自己是強壯的、精力旺盛的，能夠在所有的競賽中獲勝。這個T型相位和他喜歡威嚇的行為舉止也不謀而合。

亨利的木星與火星的相位，代表的是性上面的冒險傾向，再加上海王星的影響，就會更渴望去除所有的界限。這意味著他對各種的可能性都抱持開放態度，因此很容易被引誘或引誘別人。他甚至引誘了大部分的公民去接納他主戰和解散隱修院的決定。如同賈斯博・瑞德利（Jasper Ridley, 1920-2004，英國作家）在《亨利八世》這本書裡所言：「當時倫敦的五萬居民全都痛恨外國人。」

當時嗜血的英國人渴望狠狠地打它一仗，難怪亨利會這麼吻合一般人心目中的男性及男性君王形象。基於這個理由，亨利的龐大海洋艦隊才會孕育出來。從星盤中也可以看出亨利的奢華傾向；他在金錢和飲食上不知浪費了多少資源。

由於射手座與身體的大腿部位相關，而火星和發炎及受傷有關，所以亨利的T型相位代表的是在馬上長矛比武中（一五三六年）意外受傷，後來傷口潰爛而從此無法運動和鍛鍊，繼而導致了他日體重過重，健康惡化。歷史學家從他遺留在倫敦塔裡的盔甲，看出他當時的腰圍大約是五十四英吋（一百三十七公分）。起先他的貪吃還不是個問題，因為運動量夠大，後來無法再運動，貪吃便成了嚴重的問題。他的T型相位也代表容易得性方面的傳染病，許多歷史學家都認為亨利後來感染了梅毒。

亨利的第二個T型相位涉及的是土星、水星和冥王星，這裡面也有好幾個雙重撞擊的能量。由於他的五宮裡有許多行星（代表小孩的宮位），而水星也落在代表孩子的獅子座，所以才會有那麼多子嗣。獅子座和五宮都代表創造力。這個T型相位的另一個主題是死亡，因為涉及到土星和冥王星。由於這個相位也涉及到水星和第三宮，因此教育和溝通也是主要議題之一。如果我們把落在2度金牛座的凱龍星也納入進來，那麼這個T型相位就會變成大十字。

身為亨利七世的次子，亨利起初並沒有希望成為國君，所以他接受的是準備進入教會的教育，後來亨利的哥哥亞瑟（1486-1502）因染病而身亡，亨利才繼承了王位。亨利的星盤也顯示出亞瑟（以及其他手足）的死亡，因為水星（代表手足）和土星成對分相，和冥王星成四分相（水星是這張星盤的主宰行星，而土星和上升點也形成五分相）；冥王星則是落在第三宮裡（代表手足的宮位）。上

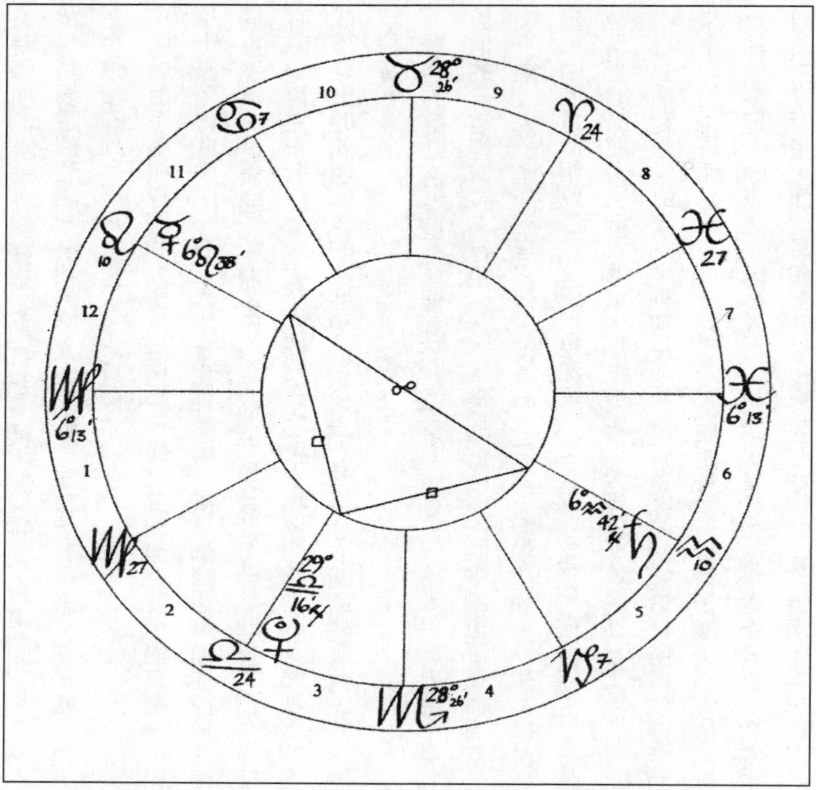

亨利八世星盤上的另一個T型相位，涉及的是土星、水星和冥王星，
顯示了好幾個雙重撞擊的能量。

述的這些要素也顯示出亨利自己的小孩夭折的原因。今日的占星學不再把土星落五宮看成是孩子的死亡，但十六世紀嬰兒的死亡率是很高的，所以土星落五宮在那時的詮釋是子嗣容易死亡。此外，這張星盤五宮的主宰行星也是土星，而水星分別和土星及冥王星形成困難相位，甚至天王星也落在五宮裡，和冥王星成四分相。天王星與冥王星雖然是世代行星，但仍然代表出乎意料之外的死亡，包括亨利的哥哥（冥王星落在三宮）以及亨利的孩子的死亡。這個T型相位顯示出亨利非常執著於生小孩這件事，也代表他不喜歡文書工作，以及他不容小覷的智力，因為土星和冥王星都會使人發展出專注力，排除掉不必要的念頭。土星與水星呈對分相，能夠使人發展出非凡的智力和心智上的自制力；水星與冥王星的相位則會帶來想要分析、蒐查和認知的驅力。落在獅子座的水星意味著亨利以自己的知識為傲，而且絕不想被人當成蠢蛋。土星落五宮則意味著他對戲劇和藝術很感興趣。這個T型相位也代表容易有負面思想，標準嚴苛，能夠察覺任何的風吹草動。亨利年邁時變得非常多疑，甚至到達偏執狂的程度，況且那時的確有許多人變節和不忠。這個T型相位也代表對運動和其他的手眼協調活動有興趣。

雖然我無意徹底詮釋亨利的本命盤，但仍然值得說明這張盤裡其他的一兩個要素。首先，金星和天頂及南交點合相：亨利一向以跟許多（雙子座）女人戀愛（金星）著稱（天頂）；他也喜愛享受，擅長寫作和歌唱，「綠袖子」（Greensleeves）這首歌就是他唱紅的，但顯然不是他的創作。這個合相也顯示出受大眾歡迎的程度；在他統治的時期裡，他一直廣受人民愛戴。我對亨利的父親所知不多，只知道他和兒子不一樣，是位愛好和平的人；他很愛錢，不想把錢浪費在戰爭上面。這些特質都可以從亨利的金星與天頂合相看出來（譯註：因為第十宮可能代表父親，也可能代表母親。）

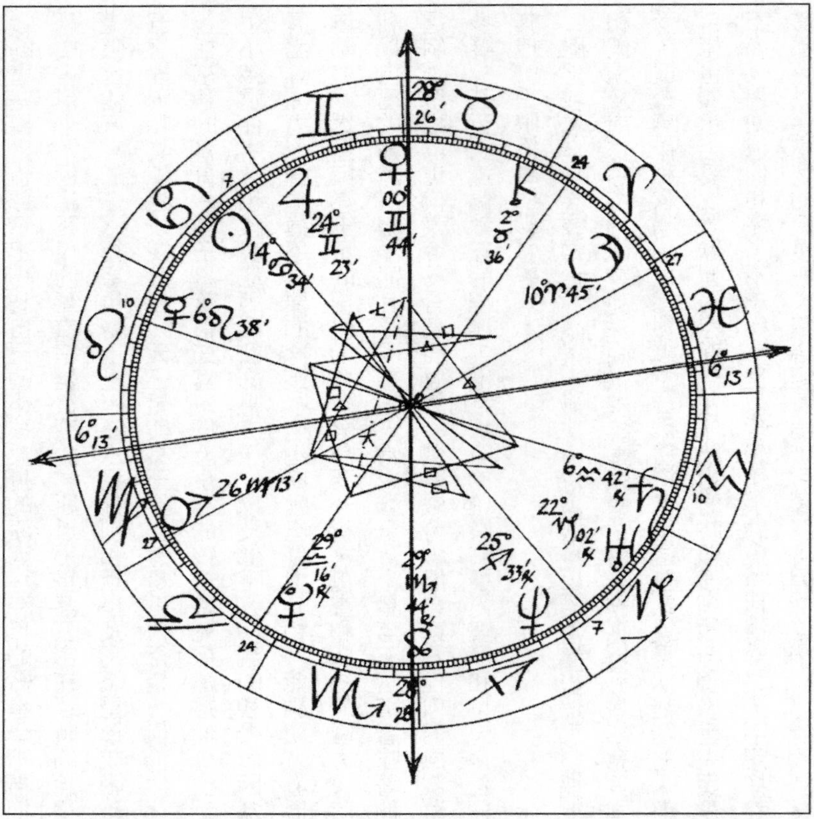

亨利八世出生時間：1491年6月28日8時45分（早晨）LMT，英國格林威治（51N29, 0W00）

亨利八世的母親，來自約克家族的伊麗莎白，其實比他的丈夫更有資格稱王，但那個時代女性君主並不受歡迎（難怪亨利一直想生男孩兒）。根據瑞德利的說法，伊麗莎白人長得美，性情又溫和，是一位有愛心的母親和受人愛戴的女性——這些也都可以從亨利的金星與天頂合相看出來。

亨利娶了六個太太，其中的兩個被砍頭身亡，這可以從亨利落在八宮（死亡）和牡羊座（頭部）的月亮（女人）看出來。他落在八宮裡的月亮代表的是強烈地需要親密關係（也需要子嗣），落在牡羊座則似乎代表急於開展一份關係，卻不善於維持！即便如此，他和長兄的寡妻凱薩琳的婚姻還是維持了二十四年之久，雖然中間他不斷有外遇。亨利的月亮落在八宮也意味著他對死亡很敏感，他的家族史裡面也經常出現死亡。月亮落牡羊座則可以詮釋成月亮與火星的相位，再加上亨利的月亮和太陽成四分相落在巨蟹座，因此無疑地帶有月亮和火星的意味，這會顯示出過度敏感、易怒、容易被觸犯、脾氣一發不可收拾，戰鬥時反應敏捷，不易考慮以和平的方式達成和解等的特質。這個相位也跟貪吃、早產和流產有關。因為是落在天蠍宮裡面，所以格外帶有令人透不過氣和憂思的味道。

除了高高掛在十宮裡的木星之外，落在十一宮和巨蟹座的太陽，也顯示出亨利喜歡設宴狂歡的傾向，因為這兩個行星的位置都代表：「要像對待貴族一樣地招待你的朋友，同時要保護及照料他們，更重要的是餵飽他們！」在事件占星學派裡面，十一宮代表議會，太陽落在這個宮位裡，意味著亨利這位都鐸王朝的君主帶領的是一個集權政府。換句話說，他是一個團體的領導人，而團體在這裡可以解釋成他的友人們，或是經常和他在一起的貴族們。他的太陽和月亮成四分相，象徵的則是他的家庭傳承和他渴望創造出的未來，是相互矛盾的，換句話說，做他自己想做的事和他的家族歷史是有衝突的。這個四分相再加上強烈的火星能量，代表他的家庭生活和他的國家都動盪不安。太陽與月亮呈四分相，也意味著他的父親不喜歡他，而導致他缺乏安全感。

歷史背景

由於亨利在位的時期外行星還未被發現，因此那個時代的占星師繪出的星盤可能和現代的很不一樣，甚至可能沒有T型相位。但即使在今日，某些占星家仍然會排除掉外行星，因為只要我們採用宮位的主宰行星，那麼即使沒有外行星也不會帶來多大的改變，我們仍然可以看到亨利的人生大部分的面向，包括他在海外發動戰爭，跟教會及妻子之間的衝突。沒有任何一個元素能夠像海王星落在射手座及四宮裡，這麼完美地描繪出解散隱修院這回事，而火星和木星成四分相代表的則是肆意破壞教會資產。由於那個時代嬰兒的死亡率很高，因此與水星成對分相的土星落在五宮裡，已經足以暗示他的小孩及手足的死亡，但在今日的西方世界裡，土星與水星的對分相卻不足以代表上述的命運；反而是土星和冥王星分別與水星成緊密相位，才是造成這個命運的主因。土水對分相可以描繪出亨利的學者傾向和負面思考的習性，但卻不一定會造成偏執狂傾向，只有冥王星會造成此種結果。雖然那個時代並沒有「偏執狂」（paranoia）這樣的詞彙，但亨利的晚年的確飽受這方面的痛苦。因此，是否應該將外行星納入考量，完全取決於你從哪個角度在觀察一張星盤。如果你很精通英國十六世紀的歷史，而且想從歷史的角度來詮釋這張星盤，那麼就可以排除掉外行星；但如果你想從比較現代化或心理學的角度來觀察這張星盤，就必須把外行星納入考量。

實例解析：凱莉・霍姆斯的太陽／月亮中點例解

凱莉・霍姆斯（Kelly Holmes）在二〇〇四年的雅典奧林匹克運動會上，分別獲得八百米及一千五百米的田徑金牌；她是第一位獲得兩項奧林匹克冠軍頭銜的英國女性。她的其他運動成就還包括獲得英聯邦兩面金牌、六面銀牌及三面銅牌獎，她同時也獲得英國女爵頭銜以及BBC年度傑出運動員的獎勵。一九八八年她因為在英國陸軍裡的服務表現而被升為中士。雖然她在第二年度的田徑賽中獲得英國一千五百米的大獎，但仍然放棄了運動生涯選擇從軍。她在沒有成為體育教練之前曾開過大型機動車。她被說服回到運動場之前，已經在九年的軍旅生涯中服務了四年之久。

凱莉的自傳一開頭是這麼寫的：

> **我母親生我時年紀才十七歲……她將我生下來一定有某些深層的意義，因為她當時談戀愛的對象是一名牙買加男子，這在七〇年代是不太體面的事，至少是肯特郡這樣的白人區裡的白人女孩不會做的事。我可以說是一個無人願意面對的意外。**

只有木星和太陽有相位的人（或是有強烈射手座傾向的人），才會在自己的傳記一開始就甘冒名譽受損的風險，或許木星落在天蠍座才會促使一個人以突破不利情況的方式來談論自己的私事！無論如何，凱莉的開場白的確為她的運動生涯做了總結——她的金牌是突破種種困難才得到的。但這並不意味她不是天生的運動員（我敢說她絕對是天生的運動員，而且現在仍然是），她之所以困難重重，是因為她一再地在運動場上發生意外。她後腿的大肌腱曾經拉傷過，腿部骨折過，腳跟的肌

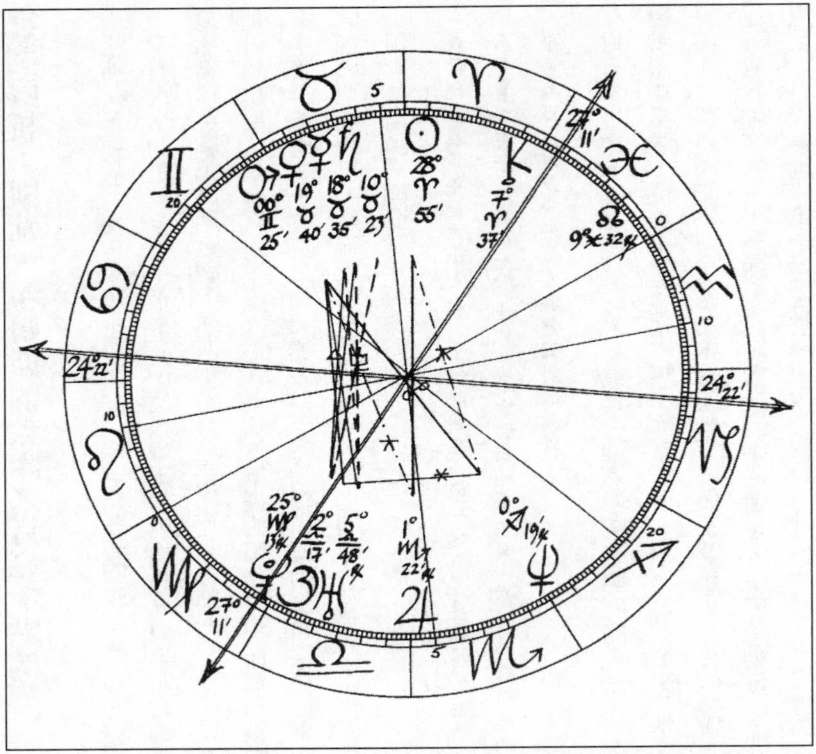

凱莉·霍姆斯出生時間：1970年4月19日11時整（早晨）CET，
英國潘姆貝瑞（Pembury），（51N29，0E20）

腱曾斷裂過，小腿後部的肌肉也扭傷過，同時她也有階段性的下腹疼痛現象，後來發現是卵巢囊腫和其他併發症造成的。儘管有這麼多的不幸，凱莉仍然達成了童年的夢想，成為奧林匹克冠軍得主。

凱莉的童年可以從她四宮裡的行星看出來。當時凱莉的祖父母告訴她的母親說，如果不選擇脫離家庭，就得找人收養凱莉，而她選擇了飛往倫敦和凱莉的父親生活在一起，但這份關係一年之後就破裂了。凱莉後來被暫時安置在兒童之家，她的母親由於無家可歸，身上又沒錢，只好回到肯特郡尋找出路。後來凱莉的母親被家人說服重新收養了凱莉，但社服單位派了一名女社服員將凱莉接走，她的母親為此幾乎抓狂。凱莉後來又回到兒童之家住了一段時間，那時她才四歲。受到天王星落在四宮的影響，凱莉到七歲才算是有了穩定的生活，因為她的母親改嫁了一位舊時的校友，於是凱莉得到了一位繼父；她認為繼父米克才是她一生中真正的父親。

星盤詮釋清單表

觀察整張星盤

- 看看星座的陽性元素（火和風）和陰性元素（水和土）有沒有被強化，這意著性格比較外向或內向？沒有。
- 什麼是這張星盤裡最強而有力和最弱的元素？元素上沒有被強化或缺乏的現象。
- 星盤裡哪個模式是最強而有力或最弱的？創始星座是最強而有力的（太陽、月亮和上升點都落在創始星座上面）。

- 星座裡有沒有明顯的相位類型（譬如T型相位、大十字、大三角、大風箏）？如果把四交點也納入進來，那麼上升點、天頂和海王星就會形成一個大三角。

最強的行星／星座／宮位

- 有沒有行星和上升點合相？沒有。
- 有沒有行星和下降點或天底合相？冥王星和天底合相。
- 有沒有行星缺乏相位？有沒有互融的情況？沒有。
- 有沒有行星是落在自己的星座上面？金星。
- 有沒有行星是落在自己的宮位裡面？如果採用的是普拉西迪制，那麼月亮就是落在四宮裡，土星則是落在十一宮裡。
- 有沒有任何行星處於強勢或弱勢位置？太陽落在牡羊座。
- 有沒有任何星座在星盤裡居於主控地位？有五個行星（其中有三個是個人行星）落在金星主宰的金牛座和天秤座上面，所以不能算是居於主控地位。
- 有沒有任何宮位擠滿了行星？如果採取的是普拉西迪制，那麼四宮、十宮和十一宮裡面的行星算是比較多的。
- 一～三、四～六、七～九、十～十二的宮位或相位是否被強化或缺乏能量？七～九這個部分是空的。
- 有沒有行星是落在太陽和月亮的中點上面，或者落在上升點及天頂的中點上面？火星和海王星是落在太陽和月亮的中點上面。

最強的相位

- 星盤裡有沒有佔優勢的相位（譬如有許多大三角），或是缺少的相位（譬如T型相位）？這張星盤裡沒有行星形成T型相位，佔優勢的比較是對分相和八分之三相。
- 請列出容許度最窄的相位。火星與海王星成緊密的對分相（只有六分的距離），而土星和冥王星成八分之三相（只有十分的距離）。
- 列出所有在容許度二度之內的重要相位（合相、對分相、四分相、三分相和六分相）。太陽和木星成對分相；月亮和火星成三分相；月亮和海王星成六分相；水星和金星合相；如果出生時間很準確，那麼冥王星和上升點也成六分相。

凱莉的上升點是落在巨蟹座，這意味著她面對世界的方式是想要保護別人。她的月亮是落在四宮裡面，無疑地她很善於保護家人、家、私生活和她的根源。她傳記裡有一段描述自己有「強烈的保護傾向」，我認為這是因為月亮和火星有相位，同時太陽是落在火星主宰的牡羊座上面，和上升點的巨蟹座成四分相，而且上升點的巨蟹座也代表她和母親有強烈的連結。

月亮和天王星合相會增加敏感度和急躁的脾氣。上升點落在巨蟹座也暗示容易覺得受到排拒，原因是不擅於求救。月亮和天王星的相位也和父母的養育中斷有關（父母不一定有什麼錯）；這類人早年容易有情緒上的創傷，多半源自於被排拒在外的感覺。月亮和天王星合相落在四宮裡，意味著經常搬家而帶來更強烈的不安感。

對凱莉而言，月天合相意味著她不喜歡被人圍繞的感覺。她已經習慣獨立和自給自足的生活，因此很需要一個隨心所欲的空間。她渴望能隨時改變居住環境和同居的人。月亮落在四宮裡則代表有愛國主義傾向；這也代表無論她居住在哪裡，她的家必須成為一個庇護所。冥王星和天底合相則意味早期的生命經驗有一種失根的感覺。此外，冥王星（或是行星落在天蠍座）也可以看成是黑人的象徵符號；她的生父是牙買加人，外祖父則是鐵匠（blacksmith），同時木星又落在天蠍座和四宮裡。

如果我們採取的是等宮制，則天月合相就會落在三宮裡面，這意味著她的母親嫁了（天秤座）一位老校友，而且母親還是女學生時就當了媽媽。這也象徵著凱莉會有同母異父或同父異母的的手足——她的母親後來改嫁，她的生父也成立了新的家庭（多年後凱莉和生父見了面）。月亮落在天秤座也代表凱莉的母親很在乎良好的禮節和禮貌，而且喜歡整齊。天秤座的主宰行星金星的甜美特質也影響了她的月亮，因此她母親的名字潘美拉（Pemela）的意思就是「蜜糖」（honey）。

凱莉的太陽落在牡羊座第十宮裡，代表她很渴望獲勝、有強烈的競爭性，因而促成她在雅典的奧林匹克運動會上獲得第一名；太陽落在十宮則強化了她的身分認同。我們也可以把太陽和黃金聯想到一起，而凱莉的確是第一位獲得兩面金牌的女性，這一點也可以從太陽落牡羊座、主宰行星火星落在雙子座（一雙）看出端倪。火星與木星成對分相（星座彼此沒有關聯）會增加十宮裡的太陽的企圖心，而且代表凱莉有能力預見未來的可能性，喜歡活在未來的願景中。她在十四歲的時候就夢想自己會得到奧林匹克的金牌；太陽和木星有相位的人往往有遠大的目標，而且相信自己能達成這個目標，這兩個行星的組合添加了星盤的活力和熱情，帶來了高度的樂觀精神和自信心。但這兩個行星也會使人過度擴張自我，因此不禁使人懷疑凱莉的意外受傷，可能是源自於過度冒險或是太仰賴運氣（加上土星與冥王星呈八分之三相造成的影響力）。太陽落牡羊座和木星成對分相不但有高度的競爭性，而且很喜歡冒險，難怪她在軍中那九年的時間裡覺得非常自在。如同月亮和天王星合相一樣，太陽與木星的對分相也有不安於室，以及不容易滿足的傾向，這使得凱莉需要很大的空間去探索和成長。木星落在四宮裡代表她有好幾個階段都住在國外，這也可能和九宮宮頭的主宰行星落在射手座有關。火星與海王星的對分相是她星盤裡最緊密的相位，也是她太陽和月亮的中點，所以非常重要。

由於她的十一宮裡擠進了許多行星，所以她會跟一群有共同興趣（水星）和價值觀（金星）的人聚在一起。但金星和火星都在十一宮裡，這代表朋友之間有競爭性，而這可能是每一個運動員都會有的傾向。

火星落雙子座很精確地描繪出一群人（十一宮）共同參與短程（雙子座）賽跑（火星）。從占星學的角度來看，八百米的距離應該被設定為短程。如果火星落在十一宮意味著很適合在運動團隊中競賽，那麼火星和海王星成對分相可能就意味著凱莉童年的兩個夢想，一是在軍隊裡做體育教練，另一個是成為得獎的運動員。火星落雙子座是一個消息特別靈通的火星位置，和海王星成相位則顯示出解決問題上的想像力，火星落在十一宮和雙子座上面，代表能夠在運動團隊裡扮演串聯者的角色。由於海王星是落在第五宮裡、和火星成對分相，因此意味著有能力鼓舞別人，特別是鼓勵兒童參與運動，追求運動方面的夢想。火星落在十一宮裡，也意味著凱莉會發現為團體而戰比為自己奮鬥要容易一些，因此凱莉參加田徑比賽等於是為大英帝國而戰。落在十一宮裡的行星，一向會促使我們為自己及他人做出貢獻。

當我們在研究一張星盤時，必須留意什麼行星、星座和相位的能量，在星盤裡佔有優勢和劣勢。如果從相位來看凱莉的星盤，我們會發現最重要的就是對分相和八分之三相。對分相也許代表她的人生像雲霄飛車一樣，起伏非常劇烈。由於土星沒有和個人行星形成困難相位，所以星盤裡沒有令凱莉減緩下來的能量。太陽落牡羊座和木星成對分相，再加上火星強烈的能量，使得凱莉容易遭到意外，但這也是有利於運動員的能量，因為能增加勇氣、速度和膽量。上升點落巨蟹座帶來的是頑強的特質，土星落金牛座帶來的則是穩定性，再加上木星落天蠍座形成的意志力、信心、果斷力，以及金牛座／天蠍座的對立軸線之間有四個行星通過，所以更強化了上述的運動員特質。凱莉的土星和太陽合相，但容許度很寬，而土星和冥王星形成八分之三相，容許度卻只有十分，可以算是這張星盤裡最緊密的相位，因此極為重要。這兩個行星的組合帶來極高的自制力和持續力，幾乎有一種自虐和不知疲倦的傾向。瑞恩侯德・艾柏丁（Reinhold Ebertin，德國占星學家）將其描述為：「有能力創下最高記錄。」再加上冥王星是在凱莉的天底，因此這個相位無疑能描繪出她的父母和外祖父母的特質；她的外祖父是一位鐵匠，從冥王星的位置可以看出端倪。

由於金星是這張星盤裡的主宰行星，而且是落在自己的星座上面，所以也十分有力量，這為凱莉帶來了受歡迎的特質，而金星落在十一宮則意味著有許多好朋友。佔優勢的金星不但為凱莉帶來受歡迎的特質，也使得她和運動夥伴們有良好的友誼；但是和天王星的八分之三相，卻代表有激烈而容易產生誤解的關係。天頂的星座是雙魚座、主宰行星落在五宮裡，意味著凱莉對運動的專注奉獻，某種程度上犧牲了她的社交生活。土星落十一宮裡也意味著和朋友的相處時間有限，比較難和朋友形成表面上的友好關係，而且童年的窘境也可能是促使凱莉變成運動員的理由之一。在孩子的世界裡，竭盡所能地爭取注意力和溫情是很常見的事，我對這部分的解釋是，在比賽中獲獎使得凱莉有機會得到手足或同學所不能得到的東西。此外，送凱莉去參加比賽，也可以讓她的父母暫時放下所有的活動和責任，陪伴在她身邊；況且變得強壯和善於跑步在其他方面也很有用，因為從孩子的觀點來看，這可以使其發展出保護自己的落跑能力。也許月亮和天王星的相位也是關鍵所在，因為凱莉的母親作風與眾不同（和黑人談戀愛），她也認為凱莉之所以能成功，其中的一個原因是身為白人環境裡的一名黑白混血兒，必須證實自己是優秀的。

凱龍星（請參閱464頁）落在牡羊座、第十宮裡，也意味著凱莉善用她的才華爭取到第一名的位置，並且在事業上有拔尖的地位。凱龍星和月亮及天王星都成對分相，代表的是混血的家族背景在當年是相當不尋常的事。

由於凱莉的海王星是落在五宮裡面，而且主宰著她的天頂，因此她很自然地成為年青人的運動大使，為青年人帶來追求運動方面的夢想及勇氣。

什麼是中點？

中點指的星盤裡的任何兩個行星之間的中央點。舉個例子，如果太陽是落在牡羊座13度，月亮是落在雙子座13度，那麼太月的中點就是13度金牛座，而這只是太月的中點之一，因為還有許多的可能性。其實太陽和月亮可以有八個中點，包括與13度的金牛座呈對分相、四分相、八分之三相、半四分相的點，都可以算是它的中點；基本上任何與其成45度角的點，都是它的中點。以上述的例子來看，所有落在13度的固定星座、落在28度的變動星座，都是這個例子中的日月中點。

如果我們採用的是十個基本行星，再加上升點、天頂、南北交點和凱龍星（總共十四個要素），就會形成91個中點。星盤裡的任何兩個行星都會在它們的中點上形成強而有力的能量交流，並且會在那個點上結合兩者的法則。如果還有第三個元素落在這個中點上面，那麼這第三股的能量也會活化其他的兩股能量。假設冥王星是落在28度的射手座，就像凱莉·霍姆斯的本命盤顯示的那樣，我們就可以說冥王星是日月的中點。大部分的中點都不會被另一個元素觸及，因此可以說是「空」的中點，但是在推進法、移位法或正向推運法（direction）上，當行星推進這個空的交點時仍然會被暫時激活。請留意這裡採用的容許度通常只有1度。以凱莉的星盤為例，13度的金牛座和13度的天蠍座可以算是最直接的中點，其他的都是間接的中點。在實際諮商時我們會發現，所有的中點不論是直接或間接的，都同樣強而有力。

仔細探討中點不是我們這本書的目的，之所以談到這個議題，只是要顯示檢查太陽與月亮中點的價值，因為行星落在這個中點上的影響力是非常驚人的。此外，上升點和天頂的中點也非常重要，但由於四交點運行的速度很快，所以星盤的時間必須精準，才有辦法計算出來。

如何計算中點

最佳的方式就是把你感興趣的那個行星轉換成絕對經度。譬如你想要把落在寶瓶座18度的行星轉換成絕對經度，那麼1度寶瓶座就是絕對經度300度，而18度寶瓶座的絕對經度就是318度。

因此凱莉的太陽轉換成絕對經度仍然是28度55分，月亮則變成182度17分，這兩者加起來變成211度12分，所以你得到的中點就是105度36分。

絕對經度表			
0°	牡羊座	180°	天秤座
30°	金牛座	210°	天蠍座
60°	雙子座	240°	射手座
90°	巨蟹座	270°	摩羯座
120°	獅子座	300°	寶瓶座
150°	處女座	330°	雙魚座

當你在做總結的時候，請記住1度有60分，一個星座有30度。如果你最後的絕對經度是大於360度，就要減掉360度。舉個例子，絕對經度105度36分，轉換之後會變成巨蟹座15度36分。由於凱莉的太陽和月亮其實有八個中點，而這些中點都是跟15度36分的巨蟹座成正對分相、四分相、八分之三相或半四分相的任何一個點，因此意味著每一個成15度36分的創始星座，以及每一個0度36分的變動星座，都是她日月中點。由於她星盤裡的火星是落在0度25分的雙子座，海王星是落在0度19分的射手座，所以我們會發現這兩個行星都落在她的日月中點上面。

日月的中點描述的究竟是什麼？

太陽和月亮是星盤裡極重要的兩個行星，它們代表的是對立但互補的法則；陽性與陰性、顯意識與潛意識、未來和過去、我們渴望的和我們需要的，及麥克・哈爾丁（Mike Harding，英國藝術家）所謂的「左腦與右腦的活動」。

太陽和月亮的中點代表的則是這兩組根本法則之間的融合點，因此是非常具有創造性的；它能描繪出一人會創造什麼以及創造的方式。星盤裡的這個中點是一個人能夠全力連結的點，包括身心靈三個層面在內，這意味著凱莉透過運動或是火星與海王星的活動，得到了身心靈的統合。

中點的詮釋並不是容易的事，但有一個很快能掌握住核心的方式，就是去考量凱莉的火海相位的意義。一般而言，有這個相位的人會努力地創造出一種超人和所向無敵的幻象，此人可能害怕自己會展露脆弱的一面，所以不會在面臨挑戰時退縮下來，而這顯然是凱莉面對運動場的敵手時顯現出來的態度。符合競賽精神會被這類人視為最佳的展現，幾乎帶有一種屬靈的意味。這兩個行星的組合，會以各種不同的方式理想化傳統的男性特徵。由於海王星和集體的渴望及幻想有關，所以有火星海王星相位的人，往往會變成整個社會投射出來的性偶像，或是運動場上的代表人物。一般人或許也很渴望在田徑場上贏得冠軍，但事實上他們永遠不可能辦到，而一個有火海相位的人，卻可能為他們活出這個目標，因此會成為他們的典範。當然，火海的相位可能以各種不同的方式顯現出來；譬如可能會對藥物敏感或是有藥癮（包括注射進來的藥物，不論有沒有醫師的處方）。這類人也可能擅長音樂和舞蹈，在運動方面也許傾向於游泳或水上運動。這兩個行星也代表心理或身體層面的弱點，譬如肌肉（火星）比較無力。在女人的星盤裡，火海的相位也代表與她結合的男性類型。

如果火星和海王星是日月的中點，那麼這兩個行星就成了生命的焦點，他們代表的是一個人需要（月亮）去做和渴望（太陽）去做的事；這時火海就不再代表一般相位所象徵的人格面向了，它們會變成一個人存在的理由，因為太陽和月亮在一張星盤裡實在太重要了，尤其是它們融合在一起的那個點。火海的組合也意味著一個人的母親（月亮）和父親（太陽）組合成的英雄（太陽）形象。它代表的是超越父母的痛苦的英雄形象，這個人會竭盡所能地打破受害者的自我形象。凱莉想要獲得奧林匹克金牌的夢想，一直是她生命的重點所在，讓這個夢想成真，涉及到極大的努力和勇氣，而這完全可以從她的火星和海王星看出來。

實例解析：艾格莎・克莉斯汀

艾格莎・克莉斯汀比任何一個女人更能提供床上樂趣。

——南西・班克司・史密斯（Nancy Banks Smith）

占星學子有時喜歡將整張星盤劃分成不同的領域，譬如工作、關係、健康、金錢等。雖然這個做法也行得通，但事實上一個人的性格特質，是無法被侷限在某些生命領域裡的。人格議題會在人生的許多層面上獲得轉化，每一個層面彼此之間都能提供一些訊息，同時，一個人的生命主題（關係、健康、工作等），往往會濃縮成一張星盤的心理重點，因此不會只侷限在幾個宮位裡面。讓我們以知名作家艾格莎・克莉斯汀的星盤為例，來檢視一下裡頭有哪些元素和她的工作及職業有關，

艾格莎一共寫了七十七本偵探小說，好幾本短篇故事，並且以瑪麗・衛斯麥考特（Mary Westmacott）的假名，撰寫了六本浪漫愛情小說，也出版過好幾本劇本（包括歷史上演出最久的一齣舞台劇「捕鼠器」Mousetrap），還有一本自傳和詩集。她的傑出之處不在於她寫了什麼或寫了多少

書，而在於她寫的書比任何一位小說家都要暢銷，她的著作已經銷售了數十億本，而且改編成無數的電視劇和電影。艾格莎並不是一位驚悚小說作家，她寫的東西比較偏向輕鬆的犯罪小說。她的懸疑犯案故事裡沒有流血，沒有令人毛骨悚然的細節描述，書裡的人物通常是模式化的角色，所以能帶給讀者一種舒適的熟悉感。書裡頭的道德意識相當守舊，故事結尾總是好人戰勝壞人，正義的一方獲得了勝利。這類輕鬆的犯罪小說之所以能大受歡迎，主要是描繪出了一個井然有序、符合正義法則、令人感覺舒適安全的世界，而這正是月亮落在天秤座的人的理想世界。

除了艾格莎受歡迎的程度和多產之外，整張星盤裡也有非常明顯的成為作家的徵兆。艾格莎寫偵探小書很顯然不只是一份工作而已（更像是她靈魂的使命，一種個人的治療方式，也是她潛意識裡的心理議題出口）。讓我們先提醒自己什麼是代表工作和寫作的象徵符號。與工作有關的宮位一向是二宮、六宮和十宮，與寫作有關的宮位則是三宮。與寫作有關的行星是水星和月亮，星座則是雙子座。第九宮及木星也和出版有關，但象徵犯罪行為的符號又是什麼呢？犯罪活動，尤其是偷竊，大部分是由水星管轄的，火星則跟暴力有關。不過小偷多半有明顯的火星能量，因為速度和膽量是偷竊行為中必備的條件。冥王星則往往與謀殺有關。天蠍座、海王星和冥王星全都和神秘的迷思相關。翻開艾格莎的星盤我們會發現：

- 上升點是處女座，主宰行星水星是整張星盤的命主星，而水星又是太陽星座的主宰行星。水星落在第二宮裡，說明了案主的個人收入和水星的活動有關。我們要留意的是水星不但涉及到寫作，也涉及到其他的溝通活動。如果單從水星本身來看，則代表此人可能從事秘書工作、行銷或是在運輸業服務，同時這個位置的水星也代表此人會重視教育、閱讀、溝通及書信往來，而且溝通得非常和諧（天秤座），因此可能從事的職業類型也包括記帳員；水星落在天秤座帶有平衡帳目的意味。

- 金星是天頂（事業）的主宰行星，落在代表寫作的第三宮和天蠍座——與神秘偵探及謀殺有關的星座，而金星又跟火星呈半四分相。由於三宮頭的星座是天秤座，因此金星也是三宮的主宰行星。
- 代表事業的十宮裡有成合相的海王星與冥王星及北交點，而且全部落在與寫作最有關的雙子座上面。冥王星則是代表謀殺最主要的象徵符號。冥王星和海王星合相，顯然意味著此人的職業和想像的謀殺案有關，或者可以說是把謀殺案理想化（也可說是美化，以脫離原來的恐怖現實）。透過電視和電影，艾格莎的謀殺故事的確變成了大眾的逃避管道。海王星和冥王星合相在雙子座一直維持了數十年之久，但是對大部份人而言，都沒有顯現在十宮這個事業宮位裡，因此我們可以說艾格莎的著作等於為她那個世代的人「發言」，因為她的著作出現在英國歷史上的某個特定的時段。
- 六宮是跟工作最有關係的宮位，艾格莎六宮宮頭的主宰行星正好落在三宮裡。三宮也是代表手足的宮位；艾格莎的姊姊可以是第一個說服艾格莎寫作的人。
- 水星由於和上升點成緊密的半四分相，所以帶有更明顯的能量。如果艾格莎誕生的時間比目前的時間早一點或晚一點，這個相位就不可能出現，因此對她而言是非常具有代表性的。同時水星還有一點很值得注意，那就是除了這個半四分相之外，沒有跟其他行星形成任何相位。

• 太陽落在處女座和火星成緊密的四分相，而月亮和火星也呈現比較寬的四分相，這代表艾格莎的小說是以社會能接受的方式來表現暴力。這類相位非常有利於犯罪，不過當然有這類相位的人大多不是罪犯。

艾格莎星盤裡的土元素和風元素的組合，代表了她的小說作品呈現出的枯躁風格，她不是一個喜歡耽溺在熱情與情緒當中的人。她的土象特質再加上升點附近的土星，意味著她的自我控制非常嚴格。即使是她的自傳，雖然寫得很長，都鮮少透露她真正的感覺，也沒有說明她為什麼會在1926年消失一段時間。她的土元素和風元素的組合以及火星落在射手座四宮裡，代表她在沙漠裡感覺非常舒服，因為風與土再加上處女座，都和沙漠有關。

艾格莎的金星落在天蠍座、第三宮裡，意味著喜歡以神秘的方式溝通，即使談到她自己，也明顯地令人感覺她需要保有隱私——她不談自己人生的某個部分，而且以同樣的方式粉飾她小說裡的恐怖謀殺案。

她的土星合相上升點落在處女座，代表她面對世界的方式帶有某種程度的恐懼和不安，特別是年幼時期。她可能對自己很嚴苛，不斷地批判自己，總覺得會遭到懲罰，結果是她很希望呈現出有自制力、負責和有效率的形象。最重要的是她很渴望服務別人，做個有用的人。艾格莎創造出來的兩個角色，瑪爾波小姐及海格利．普拉特，的確是處女座的漫畫版本，也代表艾格莎本身被誇大的次人格。這兩個人物都有單調及格外注重細節的特質。瑪爾波小姐（Miss Marple）是一個典型的老處女姨媽，喜歡為自己的姪兒打毛衣和服務社區。她看似非常平凡，很容易被忽略，但是讀者和書裡面

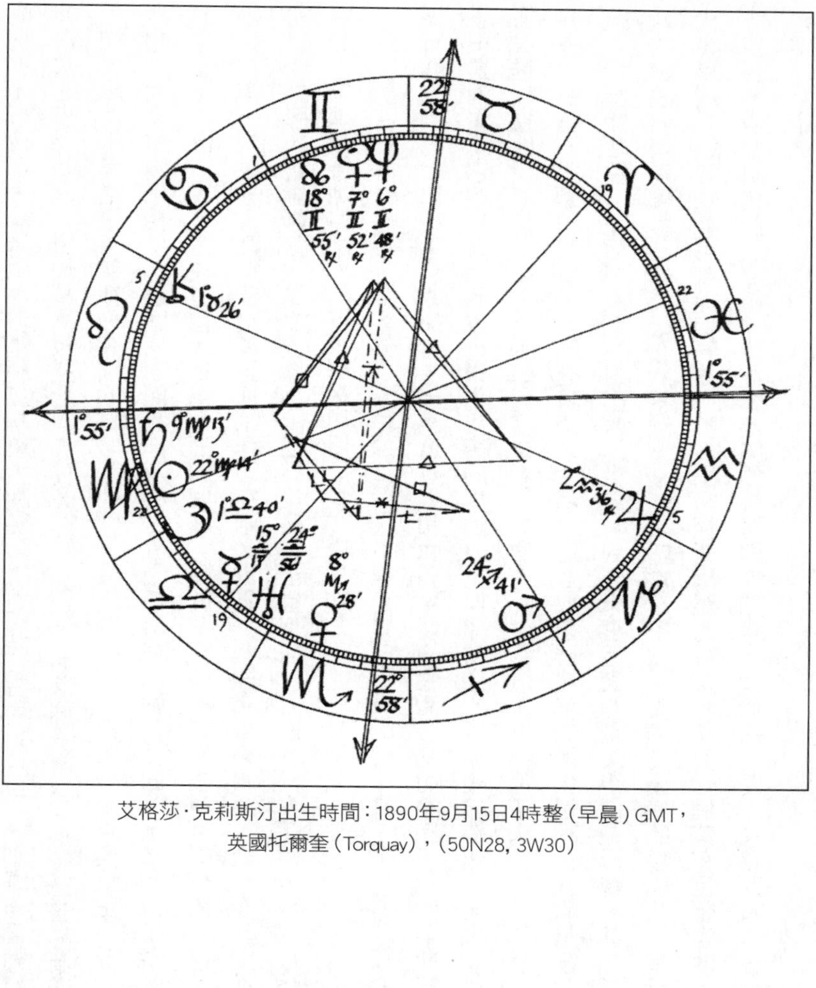

艾格莎·克莉斯汀出生時間：1890年9月15日4時整（早晨）GMT，
英國托爾奎（Torquay），（50N28, 3W30）

的警察，最後都會跌破眼鏡對她肅然起敬。海格利．普拉特（Hercule Poirot）則是一個對自己的外表非常吹毛求疵的人，但相當具有觀察力，善於分析，理性，而且經常嚴格地批評警察的服務品質。

如果處女座是這張星盤裡最突出的星座，那麼最突出的相位就應該是土星與海王星及冥王星的四分相，因為這兩個相位都很緊密，而且涉及的行星全都落在創始宮裡面。土星和海王星的組合代表的是害怕中毒，或是變成毒物或化學方面的權威。由於艾格莎的星盤裡有好幾個處女座，所以難怪她會在第一次世界大戰期間從事護理工作，在兩次世界大戰裡充當藥劑師；她也從其中獲得了一些毒物學知識，這對她後來撰寫偵探小說很有幫助。土星落在一宮裡，代表艾格莎是個有強烈責任意識的人；她覺得她對別人的健康和疾病似乎有一份責任。

為了進一步探討最後這個論點，讓我們檢視一下艾格莎的童年和雙親。本命盤往往能顯示出許多有關我們的父母和手足的信息，因為這些人和我們早期的生活有密切關係。我們早期接受到的信息很難消失；它們是我們的言行舉止背後的驅動力，但什麼樣的童年經驗造成了後來的行為舉止，卻很難輕易地說清楚。從占星學的角度來看，每個人降生到這個世界都帶來了自己的星盤，裡面有許多的主題、迷思和故事，我們的整個人生就是這些故事一連串的顯化過程。我們是按照自己的年齡、資源和經驗，來面對我們投射出來的世界。到底十宮代表的是父親還是母親，仍然是經常被爭執的議題（請參閱438頁），依我的是觀點來看，四宮、十宮、天頂及天底的星座及主宰行星，全都代表雙親，這意味著可以從相同的符號看出父親與母親的特質。任何一個落在巨蟹座的行星，往往能精確地描繪出我們的母親，落在摩羯座的行星則能描繪出我們的父親。艾格莎沒有任何行星落在這些星座上面。

艾格莎星盤裡象徵父母的部分如下：

- 海王星落雙子座，因為它是落在十宮裡。
- 冥王星落在雙子座，因為它也是落在十宮裡，而且是四宮的主宰行星。
- 火星落在巨蟹座，因為它是在四宮裡，而且是四宮的主宰行星。
- 金星落在天蠍座，因為它是天頂的主宰行星。
- 金牛座和天蠍座，因為它們分別落在天頂和天底的軸線上。

象徵她母親的一些符號：

- 月亮落在天秤座、二宮裡，因為月亮和母親有關。

代表她父親的一些符號：

- 太陽，傳統上這是代表父親的行星，而且太陽和火星成四分相，和金星成半四分相。
- 土星，傳統上也是代表父親的行星。它和海王星及冥王星都呈四分相。

艾格莎的父親佛萊德是一位喜歡迎合別人的人，因此很受人歡迎，「他有許多朋友，而且他很喜歡招待朋友。」由於艾格莎天頂的星座是金牛座，太陽和金星又成半四分相，所以她的父親也帶有金星人的懶散特質。艾格說：「他沒有特別明顯的性格，也沒有專業訓練，智力也不算太高。」但是她覺得他的心非常單純而富有情感。他的一生似乎沒做出什麼了不得的事；他有自己的收入，大部分時間都花在板球俱樂部裡（擔任會長），只有吃飯時才回家。艾格莎的太陽和火星成四分相，而火星是落在四宮裡，主宰著四宮頭的天蠍座，這意味著父親對運動很感興趣。火星落在射手座，則意味著父親是外國人（美國人）。此外，他也有良好的幽默感，對別人的錯誤很寬容，性格平易近人。

艾格莎十一歲的時候父親佛萊德過世，這可以從土星和海王星及冥王星呈四分相看出來：她的父親是因為死亡而離開了她，但父親活著的時候就是一個逃避責任的弱者，因為他對責任有一種扭曲的觀點。佛萊德的死因大家並不清楚（土星與海冥的四分相，意味著父親的疾病從未妥當地診斷過），也許太陽和火星的四分相代表的是心臟病發。不論真相是什麼，艾格莎一直認為父親的健康不佳是因為不斷地為金錢擔憂，這聽起來仍然是土星加海王星的議題；父親覺得虛弱無力，因此無能面對現實，他是一個不想面對挑戰，也不想觸犯別人的好人。艾格莎童年時的家庭經濟情況相當富裕，但由於父親運氣不好，投資不當，接受了錯誤的建言，於是經濟情況越來越差。佛萊德過世之後，家境就變得相當窮困了。

當一個孩子失去了身邊的重要人或是情況變得很糟的時候，某種程度上孩子會覺得是自己的錯，但可能意識不到這種自責傾向。艾格莎當時年紀太小，因此無能改變父親的疾病和死亡、家庭的貧窮或是母親相繼過世這些事，但因為土星與上升點合相，所以她一定覺得自己應該負責。這一直是偵探小說的重點所在，因為偵探永遠想弄清楚誰在一味地搪塞找托詞，亦即誰是有罪的，誰是無罪的；她好像花了一輩子的時間去弄清楚誰應該為父親的死負責，來證實她是無罪的。或許她在內心深處一直覺得父親是因為被下毒而身亡。我們也可以說，她的父親藉由死亡而逃離了犯罪現場；他再也不必面對家裡缺錢這件事以及內心的罪疚感了。

艾格莎的母親克萊拉是一個很容易感到乏味的人，她可以在同一時間裡思考好幾件事，談話總是從一個主題跳到另一個主題，她對自己所談的每一個題材都感到興奮，這聽起來實在太像海冥都落在雙子座！後來我們才了解克萊拉天生就有神秘傾向，而且直覺很強，甚至可能有天眼通。讓我們再回到剛才雙子座的主題；克萊拉在七十二歲的時候過世，起因是支氣管炎。行星落在四宮和十宮都代表雙親，艾格莎的火星落在四宮裡和太陽成四分相，意味著佛萊德過世之後克萊拉也開始出現心臟病發的情況，而且發病的速度非常快。艾格莎經常在深夜裡驚醒，以為母親已經死了。土星與上升點合相落在處女座，代表此人面對世界時帶有一種焦慮感，其實她早期就經常接收到他人的焦慮感，她對母親健康的擔憂也在自傳裡描述得很詳盡，所以寫作可能是艾格莎逃避的管道，也可能是平撫焦慮的一種方式。艾格莎的月亮是落在天秤座，代表她和她的母親都喜歡維持和諧，她們就像維多利亞式的中產家族一樣，很怕在公眾場合出糗，總是竭力維持妥當的行為舉止。艾格莎小的時候，她的母親就有這種特質，艾格莎長大之後也有同樣的特質，這從她的月亮可以清楚地看出這種心理傾向，而她的父親也竭力維持表面的和諧。從艾格莎的自傳可以看出她所體驗到的母親，一直帶有典型月亮天秤座的性格特質，因為她母親總是在取悅別人，而且傾向於從別人的觀點來看事情。舉例來說，佛萊德死後，克萊拉覺得應該把那幢老舊又難以維持的大房子賣掉，去買一個比較小的房子，但孩子們都反對，所以克萊拉就保留了原先的大房子。艾格莎的月亮是落在二宮裡面，這顯示出她的母親是掌理金錢的人。同時木星和海冥形成了大三角，雖然這是我可能會忽略的相位，但因為月亮和木星也有一個緊密的三分相，因此代表艾格莎有能力保持樂觀積極，而且相信宇宙的正義法則。在艾格莎的推理小說裡，宇宙的天秤最終總是帶來了正向結果，善良的人從此過著快活的日子，壞人則被捕入獄。她的書裡雖然有許多犯罪事件，但從不會出現過於醜陋或暴力的場面。雖然她描寫的故事都和神秘難解的事有關，但次要的劇情往往是愛情關係，這可以從月亮落在天秤座，水星也落在天秤座，再加上金星落在代表寫作的三宮裡看出端倪。

艾格莎的第一任丈夫的性格可以從她的火星落射手座與太陽成四分相看出來。他的名字是阿爾契（Archie！）人很聰明，博學，膽子很大，一心想得到自己渴望的東西。阿爾契和艾格莎的父親一樣都很熱中運動──阿爾契喜歡打高爾夫，而且喜歡以自己的方式做事情。太陽和火星成四分相，可以從阿爾契率先當飛行員這件事得到印證。那個時代做飛行員是需要很大膽量的，因為當時的飛機相當不安全。

艾格莎第二位先生是麥克斯・馬洛文（Max Mallowan），他是一位考古人類學家，和艾格莎結縭了三十五年，這可以從艾格莎七宮裡的情形及主宰行星和冥王星（和考古人類學有關的行星）合相看出來。麥克斯比艾格莎小了十四歲（七宮頭的海王星落在雙子座這個代表年輕的星座上），他寫了許多論文和書籍，在考古領域裡相當有成就。艾格莎對他的描繪很粗略，但大體而言他是一個友善待人、有技巧、富同情心的人；這些都很符合雙魚座的特質。他們結婚之後，她也開始對考古活動感興趣，時常加入麥克斯的團隊一起挖掘古物，他們一年之中大約花六個月的時間在敘利亞和中東一帶。艾格莎七宮頭的主宰行星落在十宮裡，意味著將婚姻和事業連結在一起。其實考古人類學家和偵探，都喜歡把時間花在挖掘事物上面，目的是為了揭露埋藏在底端的秘密。我們前面談過沙漠是一個乾燥的地方，因此艾格莎的風及土元素令她在沙漠裡很自在，火星落射手座和太陽成四分相，則顯示出她是一個有冒險精神的旅行家；直至今日也鮮少有女人敢隻身前往異國，更何況是四〇年代了。艾格莎是在中東旅行時遇見麥克斯的，火星落在四宮裡的射手座，也能描繪出她可能住在海外，而且是住在一個熱而乾燥、經常發生戰爭、宗教氣氛濃厚的地方。火星落在四宮裡，也代表艾格莎倫敦的房子在大戰期間曾遭到轟炸，同時她的家也被美國海軍用在軍事目的上。

一九二六年的十二月，艾格莎消失了十天左右，那時她的母親剛過世不久，阿爾契又對外宣布他愛上了別人，想要離婚。這段期間艾格莎發生了什麼事，消失的動機是什麼，都沒有說清楚，有許多書籍及和影片皆以這一點做為題材。這件事其實和海王星與冥王星落在十宮裡有關——以保持神秘著稱！她聲稱自己是因為飽受壓力和哀傷，而導致了短暫的失憶症。有的人認為她故意消失一段時間，讓阿爾契擔憂她可能自殺身亡，做為一種報復的手段。這可能和艾格莎的天王星落在天秤座三宮裡有關；她的婚姻（天秤座）破裂（天王星）帶給她很大的刺激，使得她暫時喪失了理性，而且那個年代裡離婚的人寥寥無幾；但她的月亮落在天秤座則使得她可以假裝自己的婚姻很快樂。無論事實為何，我們都可以推測她當時經驗到了最大的焦慮感，而渴望暫時逃離現實。

綜合分析：阿曼達的案例

當我們在研究一張星盤時，占星學子往往會面臨一些問題：某人的星盤裡有某種元素，這元素會不會消解掉星盤裡其他的元素？答案永遠都是否定的。譬如某甲的星盤裡有X與Y的要素，雖然X對Y會造成了一些壓力，但這兩者不會彼此抵銷；在最佳情況下這兩種要素會彼此合作，相互依賴。以阿曼達的星盤為例，一方面裡面有強烈的土星能量，但也有強烈的獅子及木星的特質。她的月亮落在摩羯座和土星呈緊密的四分相，意味著她是一個認真、自制力很強、害怕自己不夠好、羞於表達感覺的人；同時她除了企圖心很強之外，這個月亮的位置也代表不炫耀、實事求是、踏實和辛勤工作的特質。太陽落在五宮裡，與落在獅子座的木星合相，與海王星成四分相，則代表她另外的一些面向：興致高昂、活力充沛、勇於冒險、非常外向，這些相位同時意味著她很喜歡盛大的儀式和聚會。太陽和海王星成四分相，代表她很想逃離現實，過多采多姿的生活，而且渴望與眾不同。以下要解析的是阿曼達整張星盤的要素綜合起來的故事。

阿曼達的父親是一位有嚴格訓練的音樂家和指揮家，她的母親若不是因為家庭責任，很可能成為一位職業歌唱家。承繼了父母音樂上的才華，阿曼達天生就有美好的歌喉，後來她甚至進入劍橋大學專攻音樂。不幸的是她在劍橋就學時，因為老師的教導不當而傷了聲帶，雖然那時她並未發現自己已經受傷。離開學校之後，她進入了廣告公司工作，但如同星盤所顯示的，她真正的天職應該是歌劇聲樂家，後來她花了許多年的時間和努力達成了這個夢想。她動過聲帶手術，接受過嚴格的專業訓練；她一邊從事原先的工作，一邊接受聲樂訓練，目前她已經是英國的一位卓然有成的歌唱家，經常到國外演唱。在我為她諮商的階段裡，她被選為英國皇家歌劇院當季的演出成員之一。

在星盤裡與歌劇相關的星座是獅子座和天蠍座。個人星盤裡如果這兩個星座被強化，往往會熱愛歌劇。獅子座代表的是多采多姿的戲劇性，天蠍座象徵的則是激情、悲劇和復仇（歌劇最偏愛的主題）；再加上木星的能量，就會把原先的戲劇化和悲劇特質誇大。海王星這個與音樂有關的行星是落在六宮裡，和太陽成四分相，形成了更顯著的影響力。與音樂相關的另一個行星金星則是落在處女座，意味著音樂上的才藝和技巧，而且是落在代表創造力的五宮。水星和木星合相與落在六宮裡

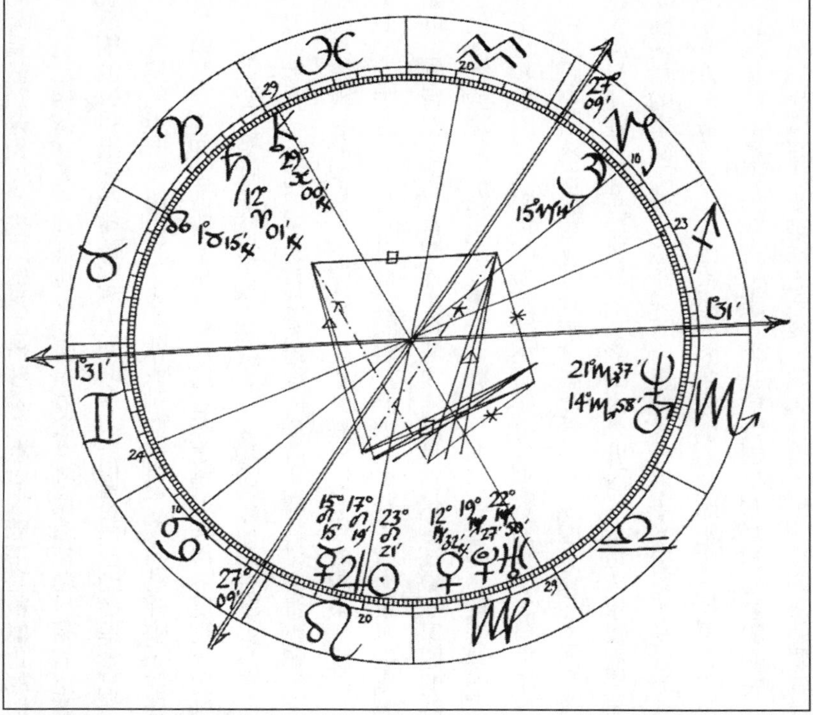

阿曼達出生時間：1967年8月16日11時30分（早晨）GDT，英國利物浦（53N25, 2W55）

的火星呈四分相，代表的則是工作涉及的歌劇情節帶有戲劇化的憤怒和暴力情緒；即使是天王星與冥王星合相落在五宮裡，也代表具有爆發性的創造技巧。讀者應該不難從四宮、五宮、六宮裡的行星及相位，看出阿曼達在歌劇方面的潛力，但星盤裡的其他部分呢？

阿曼達的上升星座是雙子座，代表她面對世界的方式是很渴望學習和溝通。雙子座的主宰行星──水星則是落在四宮裡與木星合相，這意味著她的父母（四宮）對她的教育有遠大（木星）構想（水星）。他們在她身上展現了很大的野心；希望她能接受高等教育（木星），不，應該說是最好的（獅子座）教育。她對自己也可能有這樣的期許，難怪她會進劍橋──這所數個世紀以來一向被視為英國的教育殿堂的學校，一開始是皇室貴族（獅子座的象徵）受教育的地方，也是宗教慶典（木星的象徵）的中心，而在十五世紀的君主們創立了許多所大學，劍橋為其中之一。由於水星是這整張星盤的主宰行星，所以重要性不可忽視，而且它是落在象徵家庭的四宮裡，以及和皇室有關的獅子座上面。阿曼達就是在皇家歌劇院裡演唱，而大部分的人都稱皇家歌劇院為House。此外，這張星盤也清楚地顯示出以戲劇化的方式（獅子座）在歌劇院裡面（四宮）和觀眾交流（水星）。

由於月亮是落在摩羯座（別忘了月亮和土星成四分相），而且落在象徵高等教育的九宮裡，因此代表阿曼達進入了英語世界最古老的大學就讀。在這所學校裡受教育需要付出極大的努力，必須接受極嚴格的學術訓練，似乎只有土星能承受得了。這可不是一所普通的古老大學，劍橋大學是全世界（九宮）最受尊崇（摩羯座）的學術機構（摩羯座）。讓我們再回到這張星盤的主宰行星水星。由於水星與木星合相在獅子座，因此代表劍橋大學和皇家歌劇院一樣聞名於世。劍橋是一個有許多中世紀及都鐸石造建築物的老城，換句話說，星盤裡的每個要素綜合在一起，都象徵著劍橋和皇家歌劇院之類的古老建築物。我們會以為月亮落在摩羯座代表的是職業母親或照料者的角色，但是在這張星盤裡，月亮代表的卻是阿曼達會到國外的「歌劇院」演唱，因為摩羯座也代表專業用途的建築物。月亮落在九宮裡以及四宮的主宰行星落在九宮裡，都代表阿曼達可能會到海外居住，或至少在海外有另一個家。海外的那個國家也應該帶有強烈的土星特質，她演唱的城市也應該有這種特質。

至於阿曼達本人，由於她的太陽、木星、水星都落在獅子座，所以絕對有能力以虛張聲勢的方式展現自信心。這三個行星都和海王星成九十度角，意味著她也可能是自欺欺人的人！她很善於做表面功夫和秀出自己。不論在真實生活裡或是演唱時，她都是一個卓越的演員。我們同時要記住太陽在一張星盤裡並不代表我們真實的狀態，而比較是我們竭力想變成的狀態，換句話說，阿曼達越是有成就，越受到別人肯定，就越能發展出真正的自信心。

她的音樂生涯有機會讓她逃避粗糙的現實生活，由於太陽和海王星成九十度角，因此她對這種粗糙性是很敏感的，但是她土星的特質卻能面對這份粗糙性。身為一名歌劇演唱家，阿曼達唱出了背叛、報復、死亡和悲劇的主題，並藉此逃避現實生活裡的這些問題，但也可以說是因此而轉化了它們。由於月亮是落在摩羯座和土星成四分相，所以她一定對自己的能力有過許多懷疑，而且會一直出現這種感覺。但是落在獅子座的行星和木星的相位，卻帶來了足以防止她過度感覺挫敗的樂觀特質。

整合療法占星學——彼得與印度眼鏡蛇

我舉這個案例有三重目的。首先我要證明的是，即便是非常簡易的占星學，也能提供令人興奮和帶有整合性的解說；接著我想說明同類療法和占星學的相似之處，而且想把同類療法介紹給讀者。第三，我要闡明第一章裡略為提及的一些哲學觀點，其中最主要的觀點就是：在大宇宙示現出來的現象，全都會反映在小宇宙身上。這意味著從占星學可以看出所有的植物、動物、地質和各式各樣的地理情況。卡特（Charles Carter, 1887-1968，英國占星學家）告訴我們：「每一種生命都可以藉由占星學來分類。」我很贊同他的說法。以鳥類為例，我們會發現它們的管轄星座是寶瓶座，但如果想了解其中每一個物種的管轄星座是什麼，就必須進一步地細分：譬如知更鳥是由牡羊座管轄；家禽是由巨蟹座管轄；天鵝是由獅子座管轄；麻雀是由處女座管轄；掠食的鳥類則是由天蠍座管轄。這種進一步細分的概念，和吠陀系統的占星師採用的技法很類似。在前面幾個章節裡，我介紹了國家、動物等等的分類方式，接下來的案例解析是以我個人的觀察為基礎，其中有一部分和傳統的觀點相同，其他部分則有明顯的差異。

同類療法的原理是：呈現出某些病癥的疾病，可用某些同類療法的藥物治癒，但若把這些藥物給健康的人服用，卻會製造出和那種疾病相似的癥狀。例如切開的洋蔥會使我們流淚，但若把它製成藥丸給有花粉過敏症的患者服用，卻能治癒他們的過敏現象。希波克拉底（Hippocrates，紀元前460-370）是他那個時代偉大的醫者和占星家，他被譽為西方現代醫學之父。他最著名的觀點就是，「以引發同樣癥狀的藥物來治療那個疾病。」但同樣的話語，數個世紀前在希臘和印度都有人說過。

身為占星師的人往往會說，天上如是、地上亦然。我們可以說星宮圖是一張地圖，反映出了我們的外在情況和心態。占星師的角色就是拿起這面鏡子，讓眼前的個案更能看清楚自己，做出最後的抉擇；至少它能幫助個案更了解眼前的情境。從這個角度來看，占星師就像同類療法的醫師一樣，把潛伏的癥狀帶到表面，以治療個案的心病。

一九八八年的一次例行健康檢查，讓四十四歲的彼得獲知自己有先天性心臟瓣膜不全症。他小時候就罹患過支氣管肺炎，十年之後他肺部的功能幾乎瓦解，這兩種疾病都和他的先天性心臟病有關，但沒有被及早診斷出來。彼得半生以來最危險的癥狀就是呼吸非常費力；早年他這個癥狀還算輕微，一九九八年開始變得比較明顯，我和他見面時是公元二〇〇〇年，這時他的癥狀已經相當明顯了。彼得一向不是運動型的人，因為他小時候根本無法參與這類活動，但是他很喜歡觀賞比賽。雖然彼得的體力不及其他男孩，但這一直不是個嚴重的問題，別人也似乎沒太注意到這一點。

到了二〇〇〇年的春天，彼得開始出現高血壓和動脈血回流的問題。由於他完全無法深呼吸，所以人變得相當陰沉。醫生告訴他必須做心導管繞道手術，而且愈快愈好；他在機場雷達站的工作資格也被取消，因為身心都處在極度的壓力之下。

彼得的婚姻一直很穩定，有一個小女兒，而且他很喜歡自己的航管工作。健康出問題之後，他開始擔憂失業和缺錢的問題；他被告知可以換別的工作，譬如變成地勤人員，但這意味著地位降低，薪水也減少了。

彼得對同類療法沒什麼認識，也不怎麼相信，但由於他的情況很緊迫，最重要的還是他想安撫姊姊的情緒（他的姊姊是我的朋友），所以才答應和我見面的。我們見面的地點是在彼得的起居室裡，因為我出門前並沒有做任何準備，所以對他一無所知。後來我才發現彼得是一個有懼高症的航管人員，他最常做的夢就是飛翔，很顯然這是一個重要的線索。他說他另外有一個健康問題，就是臉上不斷地冒出東西來。

彼得的星盤裡有好幾個寶瓶座和天蠍座的四分相。火星和上升點合相落在天蠍座上面，意味著這個男人到社會上與人競爭時，容易有一種被攻擊的感覺，所以必須護衛自己。由於火星是落在天蠍座上面，所以他特別善於保護自己的私生活。火星和上升點分別與冥王星呈緊密的四分相，因而更強化了他的生存危機感。冥王星是落在與心臟有關的獅子座上面，很顯然他真的有存亡議題（他的心臟問題多年以來都沒有被發現，這非常符合冥王星的隱密作風），所有的生物都必須面對適者生存議題，但這個議題在動物王國裡格外明顯。彼得的火星與上升點合相，又跟冥王星成四分相，代表他需要的同類療法藥劑可能是來自動物王國；也許是一種很容易覺得被威脅的動物，而它也會威脅到別的動物。

太陽一向和心臟有關，獅子座／寶瓶座的對分相也和心臟及循環系統相關。同時我們又發現彼得的太陽與金星合相、與土星成四分相，這意味著他在愛上面的功課有些困難，包括情感的表達在內。他這三個行星都落在寶瓶座，因此土星是它們的主宰行星之一，更精確一點地說，他的太陽與土星、月亮與土星以及金星與土星，都有緊密相位，這代表彼得非常克己自制，而且有強烈的責任意識。他很可能覺得自己必須為一切事情負責，但又缺乏必要的自信心和體力，來承擔這些責任，他的土星是落在天蠍座，這意味著彼得必須為死亡和危機負責，而且由於土星觸及到太陽和月亮，所以彼得也可能覺得必須為父母的健康負責。責任意識顯然是他最大的心理議題，難怪他這麼需要

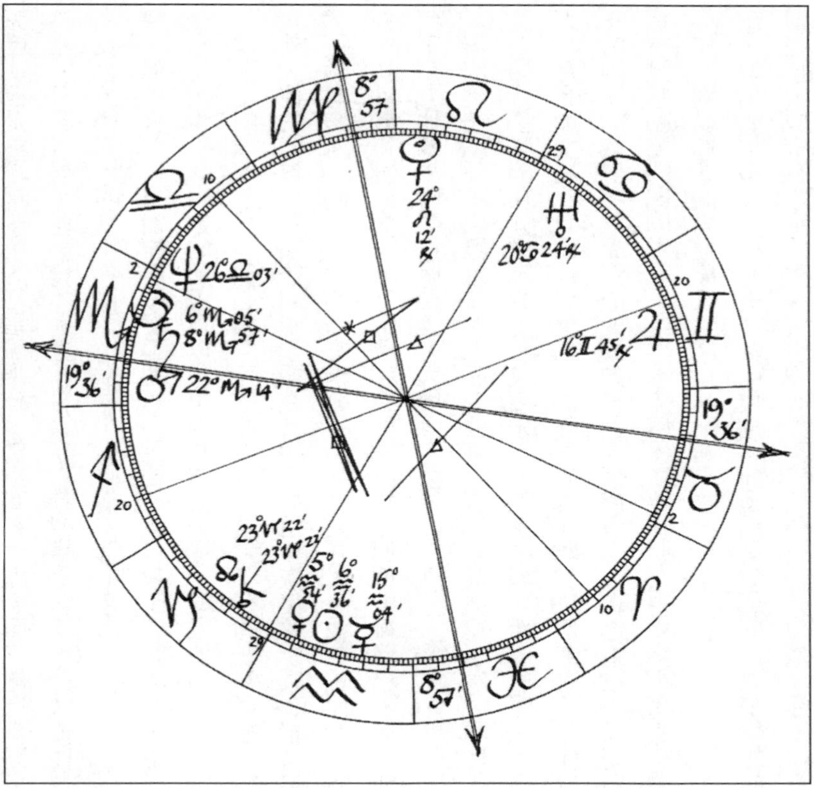

彼得出生時間：1954年1月27日2時20分整（早晨）GMT，
英國艾浦森（Epsom），（51N20, 0W16）

克己。但是落在寶瓶座的行星卻十分渴望空間和自由，而責任意識顯然無法和個人的自由並存。身為一名航管人員，彼得每天都得面對生死攸關的巨大責任；他的工作就是要避開危機。

我為彼得選出的藥劑是naja：這是從印度眼鏡蛇身上萃取的毒液製成的藥物。這並不是常用的一味藥，但確實會用來治療心臟瓣膜閉鎖不全的問題。我所謂的治療，不代表他的瓣膜可以因此而變成正常的，也不代表他的健康可以恢復到和常人一樣。但是他的病況在用了這味藥之後的幾星期內，的確有了明顯的改善，他必須開刀這件事也不再是必要的。到現在已經五年了，除了不再需要開刀之外，他的病情一直在控制中。醫生們對他的逐漸恢復健康感到相當狼狽，他們彼此暗指對方誇大了彼得的病情，此外，他的呼吸困難、失眠問題及焦慮感，也都有了明顯的改善。服用naja之後，他很快就覺得舒服多了，不久便回到原先的工作崗位繼續服務。最後他決定不再從事航管工作，換到了壓力比較小的單位服務，因此覺得更快樂一些。

再回到彼得呼吸困難這件事上面。他有三個行星落在寶瓶座，顯然代表他很渴望有呼吸的空間；這三個行星和落在天蠍座的土星成四分相，則意味著一種窒息感。我們可以將其想像成彼得覺得女人（月亮加金星）令他感到窒息。他強烈的責任感和恐懼則會阻止他做自己想做的事，因而產生了呼吸困難的感覺。以蛇做成的藥劑，在同類療法上大多運用在心臟問題上面：呼吸困難通常會顯現在有冠狀動脈問題的人身上，況且蛇殺掉它獵物的方式也多半是讓對方窒息。

印度備受尊崇的同類療法大師拉姜・商卡拉（Rajan Shankaran）說過，naja這味藥和其他的蛇類製劑，對治的都是與責任意識有關的病癥。他說naja類型的人與眼鏡蛇的行為模式很像，他們只有在遭到巨大威脅時才會反擊。這也和有火冥相位的人十分類似，因為他們總認為暴力是一種禁忌；彼得的火星與冥王星分別落在天蠍座和獅子座，這代表他認為施暴是有失尊嚴的事。當他被問到最害怕的情況是什麼的時候，他的回答是：「我最不喜歡涉入與人爭執的情況。」

彼得看起來很瘦，但是他告訴我以前他有體重超重的問題。他十七歲的時候體重一度高達二百三十八磅（一百零八公斤）。他姊姊告訴我說，他後來可能患了輕微的厭食症；他說自己必須在飲食上十分小心，因為很容易暴飲暴食。我問他如何把體重減輕的，他說他偶爾會做一星期的斷食，而且每隔一段時間就做一次長期斷食。這聽起來是否很像蛇類的行為模式？蛇不需要經常吃東西，當它們進食時，整個身體會膨脹到和獵物一樣大。

彼得說他有懼高症，但是他最容易做的夢卻是飛翔。如同許多蛇類一樣，眼鏡蛇最大的敵人也是鳥類。讓我再從動物王國的角度來看黃道十二星座，我們會發現蛇與天蠍座有關，而鳥和寶瓶座有關。彼得的星盤可以看成是寶瓶座與天蠍座的矛盾衝突，也可以看成是鳥與蛇的對立。鳥能夠飛，這使得它可以不受蛇的威脅；身為一名航管人員，彼得管轄的是天空裡的大鳥——飛機。很巧合的是，與naja有關的症狀之一，就是時常做飛翔的夢——這是讓我選擇這味藥的理由之一。彼得經常做飛翔的夢，可能意味著他很想受人尊崇，而且想攀升到一個沒有敵人的位置。

彼得喜歡永遠很熱的氣候，是不足為怪的事，他喜歡搖滾樂也很正常。比較有趣的是蛇這種冷血動物經常在岩石上被發現，因為它喜歡曬太陽，而且我們會發現人格面具特別冷漠的人，經常有天蠍座與寶瓶座的組合。此外，心臟病患者也容易感覺身體發冷。拉姜・商卡拉說，需要用到naja的患者，臉部看起來很像是眼鏡蛇的頭部，如果此人戴眼鏡的話，就更符合這種形像。以彼得的例子來看，他臉部的皮膚非常乾燥，而且會沿著髮際、眉毛、鼻子的兩側脫皮，看起來就像是眼鏡蛇的樣子。他說有時還會紅腫發癢。彼得星盤裡與皮膚（土星）相關的行星是落在天蠍座（蛇），而且和金星有相位，這意味著彼得覺得自己缺乏魅力。naja這味藥完全治癒了他的濕疹問題，他覺得許多方面都比以往有信心多了。

小時候彼得喜歡養蛇，有時也會把受傷的小鳥帶回家，有趣的是他的姊姊很怕鳥（彼得落在寶瓶座的行星，是在第三宮這個代表手足的宮位裡），而且他的中國生肖就是蛇！

這篇文章被刊登在占星學會月刊和倫敦占星分會季刊上，很感謝這兩份刊物的編輯允許我將這篇文章納入此書。

同類療法藥劑

同類療法藥劑可以從許多東西萃取出來；動物、植物、礦物，甚至是致病的物質本身，都是常見的藥劑來源。由於這類藥物的成分微小到連科學儀器都無法偵測出來，所以即使裡面含有毒素，經過稀釋之後仍可安心使用。譬如一隻自然死亡的蜜蜂，竟然可以製成供應給全世界的Apis藥丸，而且可以持續供應好幾個世代。但製造這種藥丸卻是很複雜的事。簡而言之，所有的物質都必須經過稀釋震盪之後，才能變成帶有療效的藥物。但究竟該稀釋震盪到什麼程度，就得按照這個藥物的威力來決定了；威力越高，越需要稀釋。換句話說，藥的物質成分越少療效越高。即使藥劑本身已經沒有任何物質成分，仍然有明顯的療效，不過重點是必須對症下藥。同類療法醫師遵循現代物理學的發現，主張同類療法藥物最後留下來的是一種模式、精華或原來那個物質的記憶；是它的精華引發了治療的效應。

印尼的立國星盤

占星學可以運用在許多主題上面。如果想把占星學用在詮釋事件上面，就必須具備特定的占星技術，接下來我要舉出一兩個和非個人性主題有關的簡略解析。

印尼和大部分的國家一樣，總是有好幾個版本的星盤，以下顯示出來的星盤，是這個國家宣布獨立的那一天由官方記錄下來的時辰。

這個國家以前是荷蘭的屬地，大約有兩億至兩億五千萬人口。它包含了一萬八千多個島嶼——是世界上最大的群島，其中大約有六千個島嶼有人居住。它最大或最著名的島有蘇門達臘、爪哇、加里曼丹、巴里和蘇拉維西島。它星盤的上升點是落在雙子座，很顯然反映了這個國家的多元化和分散的地理情況，而且它的國家座右銘就是「在多元中求統一」。它位於好幾個板塊斷層的邊緣地帶，所以經常發生地震。它有六十個活火山，最著名的是喀拉喀托火山。一八三三年它曾經爆發過一次，造成了史上最大的一次火山爆發事件。此外，印尼的星盤上還有一個涉及到太陽、月亮、火星和天王星的大十字圖型，與這個大十字產生關係的還有冥王星，分別和火星及天王星成半四分相。事實上，天王星與冥王星形成的半四分相，是非常精確的半四分相，而冥王星又和金星成對分相。太、月、火、天、冥的組合看起來非常令人興奮，卻帶有爆發性的意味，所以印尼絕不能稱為安全的地方。這個星盤帶有強烈的暴力、突發的死亡和極高的煽動性，而這完全反映出這個國家極容易遭受地震、海嘯和火山爆發的侵襲；這種不穩定性也會顯現成政治上的動盪不安，以及種族之間的緊張局勢。這個大十字圖型也暗示著印尼最著名的物種和石油。

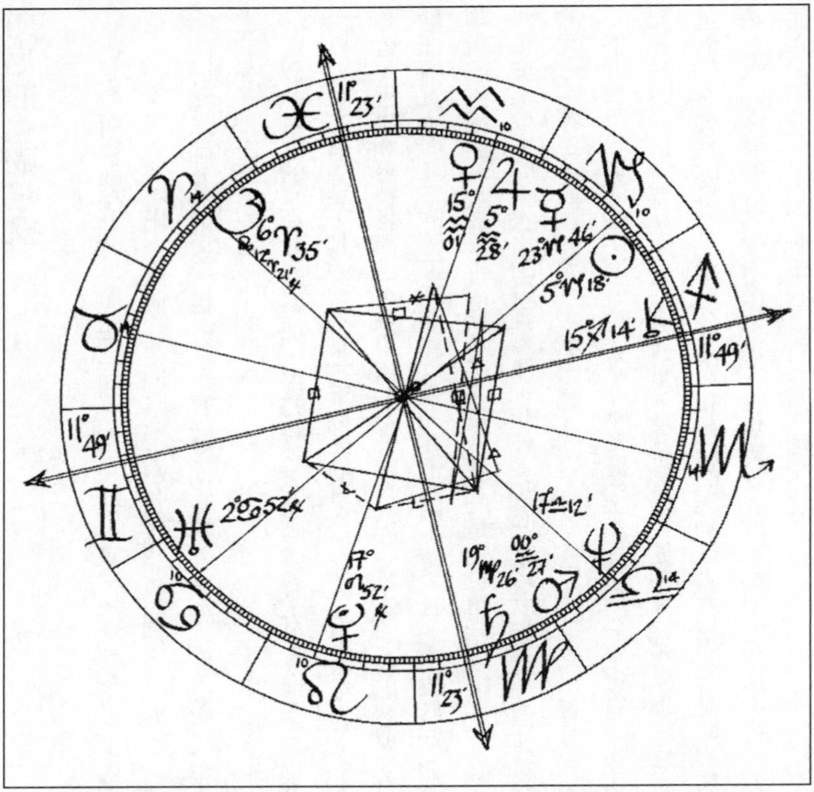

印尼建國時間：1949年12月27日5時22分（下午），印尼雅加達（6S10, 106E48）

從這張星盤我們可以看出來，這個國家非常需要一個好的政府，特別是二〇〇八至二〇一二年之間，因為這時的天王星落牡羊座，冥王星落在摩羯座，因此星盤裡的大十字能量將會被啟動。

一個意外事件的星盤

在看某個特定事件的星盤時，不妨將它想像成一個人的本命盤。下面這個案例顯示出了與上升點成相位的行星力量，同時也帶出了意義方面的議題。

請想像倫敦北方住宅區狹長的道路兩旁，有許多大大小小的維多利亞式房屋，唯一有損美觀的景象的就是來來往往的汽車和交通阻塞。一九八三年六月的某個清晨，大約是四點過後，一輛三十八噸重的重型卡車（譯注：juggernaut，帶有「巨大破壞力」的意思。）駛進了這條路旁的幾幢房子裡。房子裡的住戶當時正在後面的臥室睡覺，所以沒有受到傷害，但是這輛卡車的駕駛和副駕駛都重傷身亡。

觀察這張星盤時，你首先看到的是它完全沒有土元素，這就好像卡車沒有著地似的；星盤裡的其他元素也帶有同樣意味。這張盤有三個緊密的合相以及好幾個對分相，但沒有四分相。如果這是一張個人星盤的話，我們可能會懷疑這個人有極端傾向，而且不見得有足夠的力量脫離危險。上升點是落在代表短程旅行的雙子座，火星和北交點及上升點合相，意味著它和眼前的環境及人之間的交流，是很有力量的，可以說是以驚人的驅力去進行交流。火星、北交點及太陽合相與海王星成對分

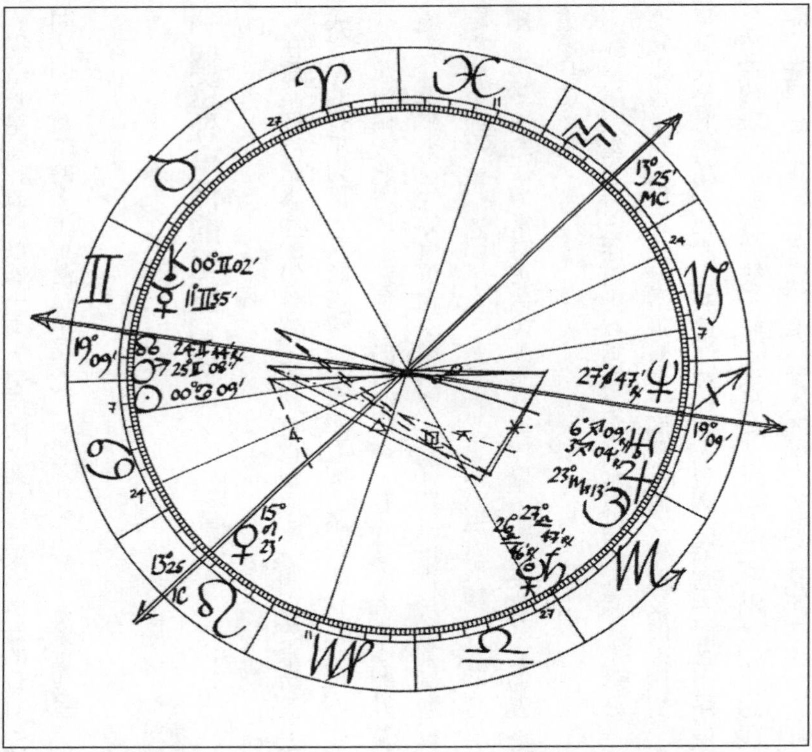

某意外事件發生時間：1983年6月22日4時5分（早晨）GDT，（51N33, 0W06）

相，意味著雖然有許多能量，卻是不集中的（雙子座）、缺乏方向，以及被消融掉（海王星）了。上升點的主宰行星是水星，與天王星成對分相落在十二宮裡，似乎也沒什麼力量。如果這是一張小男孩的星盤，那麼他可能是一個自有主張的小孩，有學習上的困難，或許他的溝通也是斷斷續續的；他的思維速度很快，但也可能反覆無常，雖然他有能力掌握住重點，可不要期待他是精準明確的。他的父母或老師很可能認為他需要一些自制力！

在這個意外事件發生之前，當地的居民對附近的交通情況已經十分火大了，其中有一位婦女甚至能在二樓的房間裡聽出卡車的噸數有多大，有沒有載滿貨物，但是在這個事件發生之前，居民們還沒開始和鄰居討論交通的噪音問題。這些卡車載的是一箱箱的肉類；它們負責把肉運往當地的肉商，於是這些居民終於找到了可以抗議的目標。如同火星落在雙子座的作風一樣，這些憤怒的居民開始組成一個交通問題行動委員會，那個事件發生後的幾個月裡，這個行動委員會成功地向地方法院提出了告訴。這張星盤裡的土星和冥王星合相在天秤座，跟與海王星成對分相的火星及太陽成三分相，這意味著噸數過大的貨車（土星加冥王星）不夠平衡（天秤座），而且嚴重地威脅到人們的健康（六宮）。如果這個意外事件沒有發生，當地的居民不會組成行動委員會；而這張盤的誕生時間若是早一點或晚一點，那輛貨車很可能駛向截然不同的方向。這一切都可能帶來一些哲學上的問題，讓讀者在餘暇時間可以好好地深思。最後我要提出來的是，請觀察一下這張星盤的圖型，它看起來是不是很像一輛敞篷卡車，左右兩邊都懸掛著許多貨物？當這輛車轉彎的時候，掛在某一邊的肉全都會往另一邊傾斜，因而造成了這輛車的不平衡。此外，這輛車本來是要把貨物從克爾布萊德（Kilbride）運往馬賽（Marseilles）（譯注：Kil代表死亡，Mars代表意外）。

參考資料

第一章

1. 讀者如果想知道占星學的應用方式，以及如何從現代觀點來看占星學背後的哲學，請參考Dennis Elwell《Cosmic Loom》，Urania Trust 出版，一九九九年。
2. 業力與輪迴的概念，主要源自於紀元前三千五百年的印度吠陀經。

第二章

1. 史蒂芬・阿若優《占星、心理學與四元素》，中文版由心靈工坊出版。
2. 瑪麗蓮・夢露出生證明書上的時辰：一九六二年六月一日早上九時三十分，PST，洛杉磯，加州。

第三章

有關天文學的資料，可以搜尋 www.nasa.gov 及 David Rothery 撰著的《Teach Yourself Planets》

1. 羅伯・甘迺迪的生辰為一九二五年十一月二十日晚上三時十一分，EST，Brookline，麻州。
2. Robert Graves《The Greek Myths》，Penguin Books出版，一九六〇年。
3. Jean Shinoda Bolen《Goddesses in Everywoman》，Harper Perennial 出版，一九八四年。
4. 史蒂芬・阿若優《Relationships and Life Cycles》，CRCA 出版。
5. Michel Gauquelin（古奎倫）《Written in the Stars》，Aquarian Press 出版，一九八八年。
6. 更多天王星被發現的訊息，請參閱 Dava Sobel《The Planets》，Harper Perennial 出版，二〇〇六年。
7. Jeff Mayo《The Plantes and Human Behaviour》，CRCS 出版，一九九七年。
8. Liz Greene《The Astrological Neptune and the Quest for Redemption》，Red Wheel／Weiser 出版，二〇〇〇年。

第五章

1. Bil Tierney《The Dynamics of Aspect Analysis》，CRCS 出版，一九九三年。
2. Charles Carter《The Astrological Aspects》，L.N. Fowler 出版，一九六七年。
3. John Addey《Harmonics in Astrology》，Cambridge Circle 出版，一九七七年。David Hamblin《Harmonic Charts》，Harper Collins 出版，一九八七年。
4. Nick Kollerstrom 和 Mike O' Neill 合著《The Eureka Effect:Astrology of Scientific Discovery》，The Uraria Trust 出版，一九九六年。
5. Geoffrey Dean和Arthur Mather 合著《Recent Advances in Natal Astrology》，The Astrological Association 出版，一九七七年。
6. Michael Baigent、Nicholas Campion和Charles Harvey合著《Mundame Astrology》，The Aquarian Press 出版，一九八四年。

第六章

1. Howard Sasportas的《The Twelve Houses》，Flare／LSA 出版，二〇〇七年。
2. Tracy Marks《Your Secret Self: Illuminating the Mysteries of the Twelfth House》，CRCS 出版，一九八九年。
3. Robert Hand《Horoscope Symbols》，Schiffer 出版，一九八七年。

第七章

1. 人馬星群與凱龍星的相關網址：
   www.expreso.co.cr/centaurs
   www.zanestein.com/chiron
2. 羅斯福總統的生辰：一八八二年一月三十日晚上八時四十五分，LMT，海德公園，紐約市。

3. 有關南北交點的古吠陀觀點，請參考 Komilla Sutton《The Lunar Nodes:Crisis and Redemption》，Wessex Astrologer 出版，二〇〇一年。

第九章

1. Reinhold Ebertin《The Combination of Stellar Influences》，AFA出版，一九九四年。
2. 有關「中點」請參考：Charles Harvey和Mike Harding 合著《Working with Astrology》，Consider 出版，一九九八年。
3. Charles Carter《The Zodiac and the Soul》，Theosophical Publishing House 出版，一九六八年。
4. Rajar Sankaran《The Soul of Remedies》，Homoeopathic Medical Publishers 出版，一九九七年。

國家圖書館出版品預行編目

當代占星研究／Sue Tompkins著；胡因夢譯
—初版—台北市：積木文化出版：家庭傳媒城邦分公司發行，
民98.07；560面；14.7×21
譯自The contemporary Astrologer's Handbook:
an in-depth guide to interpreting your horoscope
ISBN978-986-6595-26-4（平裝）
1.占星學　2.星座　3.命盤　4.倫敦占星學院
292.22　98009877

LIGHT 01

當代占星研究 The Contemporary Astrologer's Handbook

原著書名／The Contemporary Astrologer's Handbook: An in-depth guide to interpreting your horoscope
著　　者／SUE TOMPKINS
譯　　者／胡因夢
選 書 人／蔣豐雯
責任編輯／李嘉琪

發 行 人／涂玉雲
總 編 輯／蔣豐雯
副總編輯／劉美欽
行銷業務／黃明雪、陳志峰
法律顧問／台英國際商務法律事務所　羅明通律師
出　　版／積木文化
100台北市信義路二段213號11樓　電話：(02)23560933　傳真：(02)23979992
讀者服務信箱：service_cube@hmg.com.tw
官方部落格：http://cubepress.pixnet.net/blog
發　　行／英屬蓋曼群島商家庭傳媒股份有限公司
城邦分公司　台北市民生東路二段141號2樓
讀者服務專線：(02)25007718-9　24小時傳真專線：(02)25001990-1
服務時間：週一至週五上午09:30-12:00、下午13:30-17:00
郵撥：19863813　戶名：書虫股份有限公司
網站：城邦讀書花園　www.cite.com.tw
香港發行所／城邦（香港）出版集團有限公司
香港灣仔駱克道193號東超商業中心1樓
電話：852-25086231　傳真：852-25789337　電子信箱：hkcite@biznetvigator.com
馬新發行所／城邦（馬新）出版集團 Cite (M) Sdn. Bhd. (458372U)
11, Jalan 30D/146, Desa Tasik, Sungai Besi,
57000 Kuala Lumpur, Malaysia.
電話：603-90563833　傳真：603-90562833

美術設計／鄭宇斌
內頁排版／葉若蒂
製　　版／上晴彩色印刷製版有限公司
印　　刷／東海印刷事業股份有限公司

城邦讀書花園
www.cite.com.tw

2009年（民98）7月1日 初版　Printed in Taiwan
Copyright@Sue Tompkins 2006
First published in 2006 by Flare Publications in conjunction with the London School of Astrology.
Flare Publications : www.flareuk.com
The London School of Astrology : www.londonschoolofastrology.co.uk

售價／550元
ISBN: 978-986-6595-264
版權所有·翻印必究

廣告回信
台灣北區郵政管理局登記證
台北廣字第000791號
免貼郵票

積木文化

104 台北市民生東路二段141號2樓

英屬蓋曼群島商家庭傳媒股份有限公司 城邦分公司

地址

姓名

請沿虛線摺下裝訂，謝謝！

積木文化

以有限資源，創無限可能

編號：VS0001 書名：當代占星研究

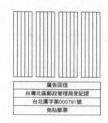

積木文化　讀者回函卡

積木以創建生活美學、為生活注入鮮活能量為主要出版精神。出版內容及形式著重文化和視覺交融的豐富性，出版品包括心靈成長、占星研究、藝術設計、珍藏鑑賞、繪畫學習、手工藝、飲食文化、食譜等主題，希望為讀者提供更精緻、寬廣的閱讀視野。

為了提升服務品質及更了解您的需要，請您詳細填寫本卡各欄寄回（免付郵資），我們將不定期寄上城邦集團最新的出版資訊。

1.您從何處購買本書：＿＿＿＿＿＿縣市＿＿＿＿＿＿書店

□書展 □郵購 □網路書店 □其他＿＿＿＿＿＿

2.您的性別：□男 □女　您的生日：＿＿年＿＿月＿＿日

您的電子信箱：＿＿＿＿＿＿

您的身分證字號：＿＿＿＿＿＿

您的聯絡電話：＿＿＿＿＿＿

3.您的教育程度：

□碩士及以上 □大專 □高中 □國中及以下

4.您的職業：

□學生 □軍警/公教 □資訊業 □金融業 □大眾傳播 □服務業 □自由業

□銷售業 □製造業 □其他＿＿＿＿＿＿

5.您習慣以何種方式購書？

□書店 □劃撥 □書展 □網路書店 □量販店 □其他＿＿＿＿＿＿

6.您從何處得知本書出版？

□書店 □報紙/雜誌 □書訊 □廣播 □電視 □朋友 □網路書訊 □其他＿＿＿＿＿＿

7.您對本書的評價（請填代號1非常滿意2滿意3尚可4再改進）

書名＿＿＿內容＿＿＿封面設計＿＿＿版面編排＿＿＿實用性＿＿＿

8.您購買本書的考量因素有哪些：（請依序1～7填寫）

□作者 □主題 □口碑 □出版社 □價格 □實用 □其他＿＿＿＿＿＿

9.您是否曾進修過哪些身心靈相關課程？

＿＿＿＿＿＿

10.您曾閱讀過哪些身心靈主題的大師經典？

＿＿＿＿＿＿

11.您希望我們未來出版哪些身心靈主題的書籍？

＿＿＿＿＿＿

12.您對我們的建議：

＿＿＿＿＿＿

＿＿＿＿＿＿

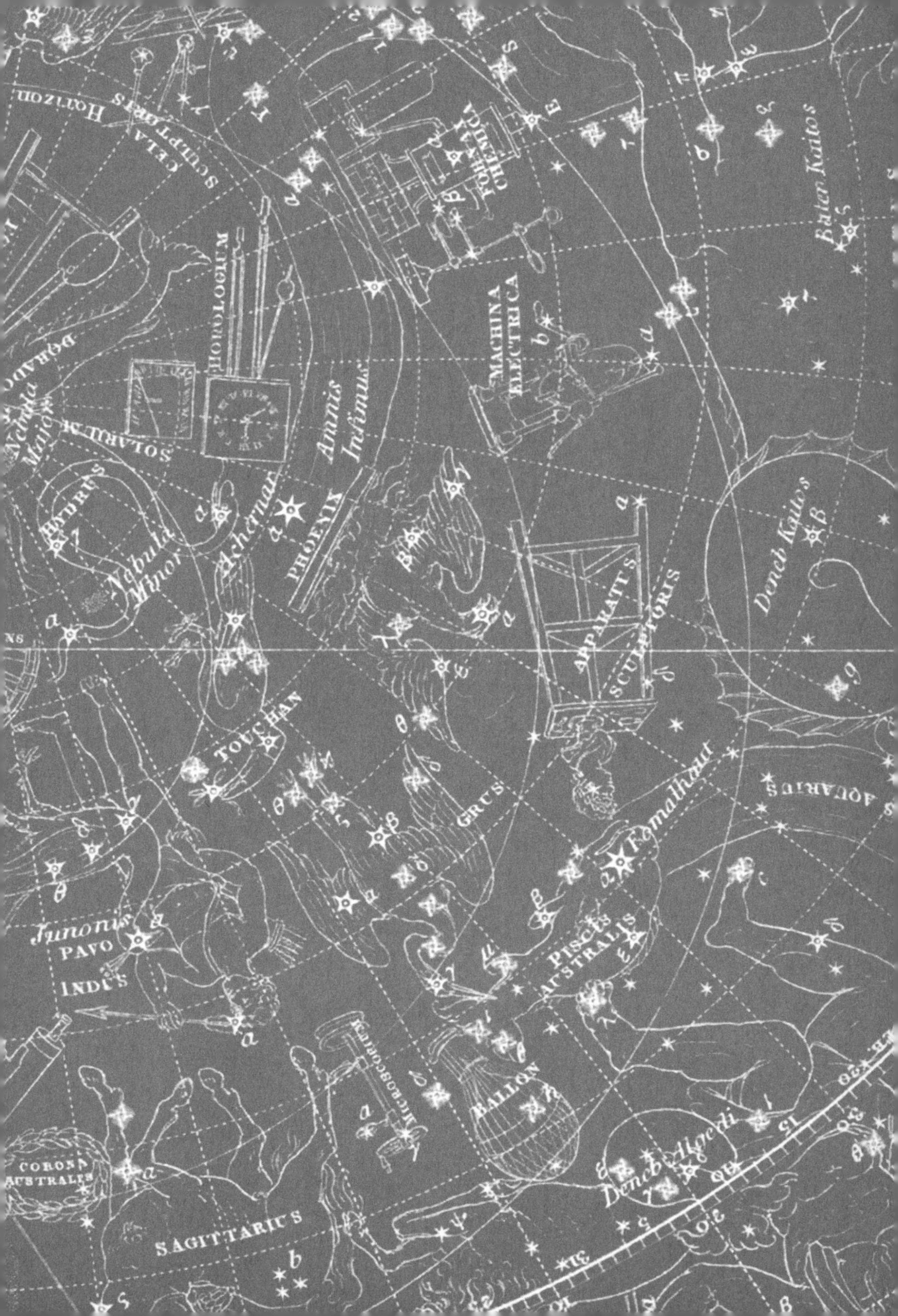
Horizon
CELA
SCULPTORIS
FORNAX
CHEMICA
HOROLOGIUM
MACHINA
ELECTRICA
Baten Kaitos
DORADO
Nebula
Major
SOLARIUM
Amnis
Infimus
HYDRUS
Nebula
Minor
Achernar
PHOENIX
APPARATUS
SCULPTORIS
Deneb Kaitos
TOUCHAN
GRUS
AQUARIUS
Fomalhaut
PISCIS
AUSTRALIS
Junonis
PAVO
INDUS
MICROSCOPIUM
BALLON
CORONA
AUSTRALIS
SAGITTARIUS
Deneb Algedi

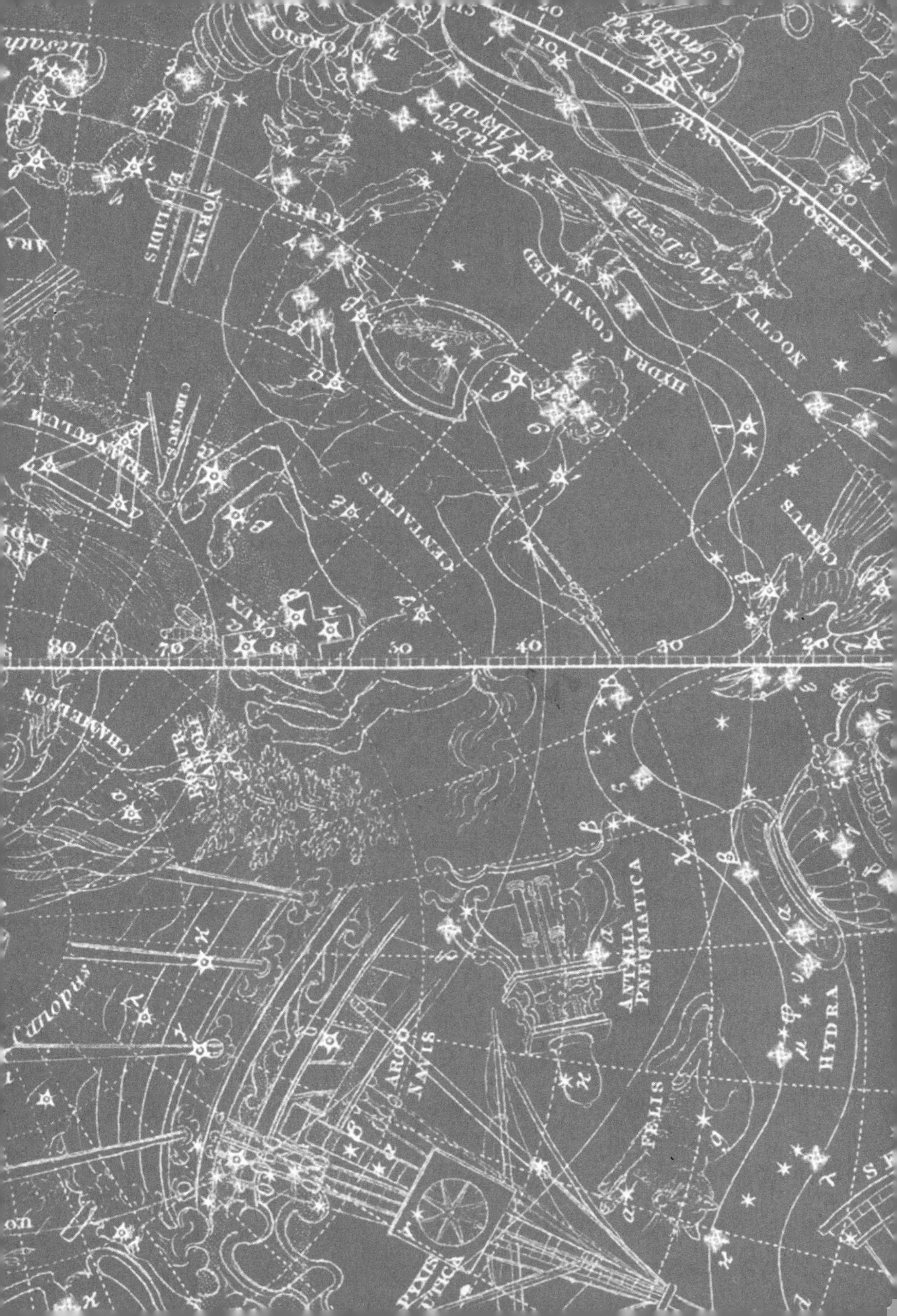

CENTAURUS
CRUX
HYDRA CONTINUED
NOCTUA
CORVUS
NORMA EUCLIDIS
CIRCINUS
ROBUR CAROLI
ANTLIA PNEUMATICA
ARGO NAVIS
FELIS
HYDRA
Canopus